현장에서 본
경제위기 대응실록

經濟

危機

아시아금융위기에서
글로벌경제위기까지

현장에서 본
경제위기 대응실록

강만수 전 기획재정부 장관 · 대통령경제특별보좌관 지음

삼성경제연구소

기획재정부 장관으로 글로벌경제위기에 맞설 때
수많은 비판과 비난에 함께 싸우며 고통받았고
그리고 천국으로 간 사랑하는 나의 딸 제연에게
이 책을 보낸다.

"In a system of government, if a statesman is determined to describe a straight line, and in all things to go against the inclinations of the people, such rigour must make his administration odious: and, on the other hand, if he suffers himself to be carried along with their most erroneous motions, the government will soon be in a tottering and ruinous state."

1997년 아시아금융위기는 아시아 사람들에게 큰 좌절을 남긴 재앙이 었고 2008년 글로벌경제위기는 지구촌 사람들에게 큰 상처를 남긴 재 앙이었다. 아시아의 좌절과 지구촌의 상처는 불편한 진실과 많은 교훈 을 남겼다. 한국은 중심국과 주변국의 중간에서 아시아의 좌절과 지구 촌의 상처를 모두 경험하였고 진실과 교훈을 함께 배웠다.

나는 1997년 재정경제부 차관으로서 아시아금융위기를 겪었고 2008 년 기획재정부 장관으로서 글로벌경제위기와 또다시 마주쳤다. 실수가 용납되지 않고 국가의 명운이 걸린 위기를 맞아 과거에 경험하지 못했 던 길을 걸으면서 많은 비판 속에 외로운 싸움을 했다. 민중은 아우성이 었고 정치인들은 비판의 목소리를 높였다. 2,000여 년 전 로마시대 플 루타르코스(Plutarchos)가 말한 역설은 지금도 마찬가지였다. 민중을 거스르자니 정부가 어렵고 민중을 따르자니 나라가 걱정이었다.

아시아금융위기는 성장에 대한 과대한 욕구가 불러온 유동성의 문제였다면 글로벌경제위기는 소득에 대한 과도한 탐욕이 불러온 불균형의 문제였다. 유동성과 불균형의 근저에는 탐욕의 투기자본과 불안정한 국제금융질서라는 불편한 진실이 있었다. 아시아금융위기는 도쿄를 진앙으로 하여 아시아에 퍼진 국지적 지진이었다면, 글로벌경제위기는 뉴욕을 진앙으로 하여 세계를 뒤흔든 지구촌의 지진이었다. 한국 사람들에게 아시아금융위기는 예상하지 못하고 당한 영토 안의 전쟁이라 참혹하게 기억되지만 글로벌경제위기는 예상하고 치른 영토 밖의 전쟁이라 심각하게 인식되지 않았던 것 같다.

나는 1997년 아시아금융위기와 싸우고는 1998년 최초의 여야당 정권교체로 공직에서 물러나 세월을 낚으며 10년을 살았다. 2008년 위기 때는 정권을 되찾는 데 참여한 후 장관이 되어 아시아위기에서 배운 교훈에 따라 위기를 탈출하기 위해 대내외적인 위협요인에 대한 '선제적이고, 결정적이며, 충분한 대응책(preemptive, decisive, and sufficient measures)'을 추진했다. 고평가된 환율, 과도한 자본유출입, 과도한 세율, 부진한 R&D투자에 대한 대응전략을 추진하였고, 세계 7위 수출대국 한국과 함께 40여 년에 걸친 공직생활을 마감했다.

우리는 아시아위기와 글로벌위기에서 좌절과 상처를 받았지만 패기로 일어섰다. 어쩌면 유일하게 차관과 장관으로 두 번의 위기에 대응했던 사람으로서 현장에서 경험한 도전과 응전의 실록을 중심국 사람들의 리더십과 주변국 사람들의 분발을 위해 중간의 입장에서 글로벌 시각으로 엮었다. 외부의 시각에서 자료의 분석에 의해 쓴 것이 아니라 내부의 시각에서 경험에 의해 위기극복 과정과 불편한 진실에 관한 사실들을 지구촌의 공동번영을 위해 기록하였다.

나는 관료였고 현장인이었다. 비판과 분석을 당하는 입장에서 자전적인 회고보다 사실적인 실록으로 실전경제학을 썼다. 현장 관료로서 이론보다 직관을, 논리보다 당위를 따라야 하는 경우가 많았고, 경험하지 못한 위기 때는 더 그랬다. 이론적 오류와 논리적 모순도 있음을 고백한다. 오류와 모순까지 후배들에게 교훈이 되고 학자들에게 참고가 되기를 바라 마지않는다. 더 큰 가치를 위하여 사실을 기록하는 과정에서 본의와 다르게 상처를 입을 사람들, 특히 중심국 사람들에게 양해를 구한다.

경험한 사실, 동료들의 보고서, 그리고 한국 정부의 기록을 중심으로 이 책을 썼기 때문에 내가 모르는 사실과 통계적인 차이가 있을 수 있다. 미국의 《월스트리트저널》과 영국의 《이코노미스트》에 많이 의존하였고, 아시아금융위기에 대해서는 박정태 기자의 《아시아경제위기

1997~1998》, 글로벌경제위기에 대하여는 루비니(Nouriel Roubini)와 미흠(Stephen Mihm)이 쓴 《위기경제학(*Crisis Economics*)》에서 많은 도움을 얻었다는 것을 말하고 싶다.

두 번의 위기극복을 위해 밤낮도 없이 함께 일했던 동료들에게 감사를 표한다. 2008년 위기 당시 기획재정부 최중경 차관, 신제윤 차관보, 이용걸 예산실장, 윤영선 세제실장, 임종용 경제정책국장, 최종구 국제금융국장, 이찬우 종합정책과장, 손병두 외화자금과장, 그리고 최상목 비서실장에게 특별한 감사를 표한다. 많은 자료를 챙겨주고 교정을 보는 데 큰 수고를 한 KDB금융그룹의 심미란 차장과 장석진 차장, 그리고 출판에 많은 도움을 준 삼성경제연구소 정기영 사장과 김동구 박사, 임진택 출판팀장과 이유경 에디터에게도 특별한 감사를 보낸다.

"강자가 살아남는 것이 아니라 살아남는 자는 강자다. 그들은 햇빛 쨍쨍할 때 우산을 빌려주고 비 올 때 우산을 뺏어갔다. 필요할 때 친구가 진정한 친구다."

2014년 겨울
청설헌에서 강만수

제4부 │ **불균형과 거품의 파열**
　　　　│ 글로벌경제위기

제5부 | 위기가 기회였다
위기의 대응

제6부 │ **공격해야 승리가 있다**
일류국가의 정치경제학

"인류사에 두 기적이 있다. 하나는 한 세대 만에 산업화와 민주화를 이룬 한국이고 또 하나는 2,500년간 나라를 잃고 유리하다가 나라를 재건한 이스라엘이다."

우리는 전쟁의 폐허에서 한 세대 만에 가난과 권위주의를 벗어나 산업화와 민주화의 기적을 이룬 나라였지만 아시아금융위기(Asian Financial Crisis)와 글로벌경제위기(Global Economic Crisis)에서 큰 좌절과 아픈 상처를 받았다. 잃을 것이 없었던 우리는 패기 하나로 기적을 이루었지만 아시아위기와 글로벌위기는 패기로 견디기가 힘들었고 많은 것을 잃었다.

1970년 시작한 나의 공직생활은 10년간의 야인생활을 포함하여 43년에 걸친 긴 여정이었다. 산업화와 민주화를 한 세대 만에 동시에 이루어 낸 한국사의 가장 큰 변혁기를 살았다. 1960년부터 2008년까지 1인당 국민소득이 80달러에서 2만 달러로 늘어났고, 경제규모는 세계경제가 6배 정도 성장하는 동안 우리는 30배를 성장하여 2010년에는 세계 7위 수출대국으로 섰다. 같은 기간 미국은 5배, 일본은 8배, 중국은 20배 정도 늘어난 데 비하면 기적이라 할 수 있다. 2차 대전이 끝나던 해 해방둥이로 태어나 최빈국에서 개발도상국을 거쳐 선진국 문턱까지 살면서 다른 나라에서 100년 이상이 걸리는 일들을 보아온 우리 세대는 '가장 긴 세대'였다고 말하고 싶다.

빈곤탈출을 위한 제2차 경제개발5개년계획 기간이었던 1970년대에 나는 재무부에 들어가 부가가치세와 금융실명제 도입, 개발금융과 부실기업정리, 금융시장 개방과 금융감독체계 개편 등 재정금융분야에서 일하다가, 1997년 아시아에 불어닥친 외환위기와 싸웠다. 처음 야당으로 정권이 교체된 1998년부터 10년을 야인으로 살면서 좌파에 넘어간 정권을 탈환하는 데 참여했다. 2008년부터 기획재정부 장관과 대통령경제특별보좌관으로서 글로벌경제위기와 싸웠다. 2011년부터 KDB금융그룹 회장으로 금융경영을 하다가 2013년에 공직생활을 마감했다.

"No food, one problem." 배가 고플 때 문제는 "잘살아보세" 하나였다. 1970년대는 조국근대화를 위해 이성을 바탕으로 정책을 선택한 시대라고 생각된다. 부가가치세와 금융실명제를 도입하고 금융감독체계를 개편할 때는 논란과 찬반은 있었으나 합리적인 결론이 나올 수 있었다. 우리는 근면과 저축을 미덕으로 생각했고 10% 전후의 고도성장을 했다. 경제적 효율을 추구하는 과정에서 정치적 갈등의 그림자는 있었지만 감성보다는 이성이 앞섰던 '성장의 경제학' 시대라 생각된다.

우리는 1962년부터 5차에 걸친 경제개발5개년계획을 추진하는 과정에서 저축을 초과하는 투자와, 수출을 초과하는 자본재 수입에 의해 몇 차례 위기를 맞았다. 금융시장이 개방되지 않은 상황에서 월남전 특수와 중동건설 특수라는 외생변수에 의해 위기를 극복할 수 있었다. 1990년대 금융시장이 개방된 후 국내로 유입된 외국의 단기자금이 급격히 유출되는 과정에서 1997년 외환위기를 맞았고 2008년 미국의 서브프라임사태(Subprime Mortgage Crisis)에서 비롯된 글로벌경제위기에 휩쓸려들었다.

위기는 반복하여 온다. 옛날에도 어떤 형태로든 있었을 테지만 자본주의가 발달하기 시작한 18세기 이후 거품이 만들어지고 터지는 순환(bubble and burst cycle)은 반복되었다. 거품은 신대륙, 철도, 광산, 노예를 가리지 않고 만들어졌다. 나는 재정경제부 차관으로 1997년 아시아 금융위기와 싸웠고 기획재정부 장관으로 2008년 글로벌경제위기에 맞섰다. 말만 무성하고 행동이 없는 상황 속에서 과거 누구도 걸어보지 못했던 길을 걸으며 비판 속에서 외로운 싸움을 했다. 경제전문가들의 말은 빗나갔고 경험과 직관으로 상황을 판단하고 대책을 추진할 수밖에 없었다. 위기의 원인을 만든 사람들은 보이지 않았고 위기와 싸우는, 눈에 보이는 사람들에게 민중은 돌팔매를 던졌고 정치인들은 비판의 목소리를 높였다. 경제정책의 시차 때문에 위기극복의 씨를 뿌린 사람에게는 정치적 단죄가 있었고 열매를 따는 사람들에게는 찬사가 있었다. 평화와 풍요가 계속되면 나태와 타락이 오고 결국에는 위기를 맞는다. 재앙을 맞으면 모두 네 탓으로 돌리며 굿을 하고 마녀사냥을 하는 인간의 속성이 표출된다. 흑사병, 대공황, 전쟁 같은 재앙은 사람들을 놀라게 하고, 내가 예고했다고 말하는 현자들이 나타나 단죄의 소리는 높아간다. 단죄가 끝나면 새로운 질서 속에서 사람들은 재앙을 잊고 또 다른 위기로 달려가는 역사의 반복을 '위기의 경제학'은 말해준다.

아시아금융위기는 유동성의 만기불일치(maturity mismatch)가 직접적인 원인이었다면, 글로벌경제위기는 가계수지, 재정수지, 국제수지에 관한 경제구조의 근원적 불균형이 핵심적 원인이었다. 유동성의 문제는 달러를 투입하면 해결될 수 있는 단기적인 급성병이지만, 구조의 문제는 구조개선을 해야 해결될 수 있는 장기적인 만성병이다. 우리의 입장에서 1997년 아시아금융위기는 단기자본의 숨은 진실을 모르고 당한, 국경 안에 상륙한 점령군과 싸운 육상 전투라 참혹했지만, 2008년 글로벌경제위기는 과거에 당한 위기의 경험과 교훈에 따라 국경 밖의 침략군을 저지하기 위한 전투라 참혹성을 인식하지 못하고 넘어간 것 같다. 나는 1997년 위기의 혹독한 경험과 교훈에 따라 2008년 위기에 대응하여 환율, 금융, 재정에 대한 선제적, 결정적, 충분한 대책(preemptive, decisive, and sufficient measures)을 추진하였고, 우리는 위기를 가장 빨리 벗어날 수 있었다. 그리고 위기를 넘어 세계 7위 수출대국으로 발돋움했다.

아시아금융위기는 기업인들의 과욕과 관료들의 미숙과 정치인들의 무력이 원인이었다면, 글로벌경제위기는 금융인들의 탐욕과 관료들의 안일과 정치인들의 선심이 원인이었다는 것이 나의 인식이다. 아시아금융위기는 경제성장에 대한 과욕과 미숙이 만든 불안정성(instability by eagerness and unskillfulness)의 거품이 터진 것이라면, 글로벌경제위기는 투기소득에 대한 탐욕과 과신이 만든 불확실성(uncertainty by greed and overconfidence)의 거품이 터진 것이다. 아시아금융위기는 도쿄를 진앙으로 하여 아시아를 흔든 국지적 지진이었다면, 글로벌경제위기는 뉴욕을 진앙으로 하여 세계를 뒤흔든 지구촌의 지진이었다. 미국, 일본, 유럽의 싼 단기자금이 아시아의 비싼 장기대출로 연결되는 캐리트레이드(carry trade)가 과욕의 도관이었다는 것을 '위기의 경제학'은 말한다.

좋은 공약은 나쁜 정책이고, 표를 얻지 못하는 정책은 좋은 공약이 아닌 경우가 많다. 나는 1998년 좌파에게 넘어간 정권을 탈환하기 위하여 2007년 대통령선거공약을 만드는 일을 했다. 공약은 민심과 표를 얻어야 한다. 민심은 옳고 그름이 아니라 좋고 나쁨에 의해 좌우되고, 나라의 미래보다 개인의 이해관계에 따라 움직이는 속성이 있다. 표를 얻기 위한 정치적 대중영합주의는 선거마케팅의 현실이고 민주주의의 불가피한 정치비용이다. 대중영합주의는 효율성과 정당성보다는 대중성과 득표 가능성이 우선이고 이성보다는 감성에 호소해야 한다. 2002년의 수도이전 공약은 대중영합주의의 전형이었고, 이에 따라 탄생한 세종시는 많은 비용을 치르게 될 것이다. 선심의 선거공약은 재정적자와 거품 창출의 온상이 된다는 것을 '선거의 경제학'은 말한다.

미래를 위해 필요한 정책도 득표에 도움이 되지 않는 것들은 접어두어야 한다. 우리에게는 고교평준화 문제, 복지낭비 문제, 노동유연성 문제와 같은 정책이 그러했다. 후손들이 낼 세금도 당겨쓰는 대중영합주의 공약은 선진국이라고 예외는 아니다. OECD 국가들의 평균 국가채무는 GDP의 100%를 넘어갔다. 유권자들은 선의로 포장된 선심들을 선호하고 안타깝지만 선거공학은 그렇게 하라고 가르친다. 지옥으로 가는 길은 선의로 포장되어 있는데!

"Much food, many problems." 사람은 배가 고픈 것보다 배가 아픈 것을 더 참기 힘들다고 한다. 많이 배우고 부유할수록 더하다. 기획재정부 장관이 되어서는 글로벌경제위기와 싸우는 것보다 갈등과 다투는 것이 더 힘들었다. 지나치게 고평가된 환율을 정상화하고 경쟁국보다 높은 법인세율을 인하하는 것을 두고 재벌 봐주기로 치부했다. 과도한 소득세율의 인하나 정치폭력과 같은 종합부동산세의 경감을 두고 부자감세로 매도했다. 정치인뿐만 아니라 경제학자들도 가세했고 감성이 이성을 지배했다. 나는 재벌을 비호하거나 부자를 비호할 이유가 없는 인생을 살아왔다. 재정을 담당하는 장관이 오직 세입을 줄이기 위한 감세정책을 쓴 역사는 보지 못했다. 감세정책은 장기적인 증세정책이다. 질투와 증오가 묻어나는 '공멸의 경제학'이었다.

어떤 학자는 정부 정책을 마구잡이로 비판하는 글을 인터넷에 올린 '미네르바'라는 블로거를 "국민 스승으로 모셔야 한다"라고까지 거들었다. 나중에 검찰조사를 받은 결과 미네르바는 경제학을 전공한 것이 아니고 인터넷에 떠다니는 글을 짜깁기하여 올렸다고 밝혀졌다. 나는 세금이라는 이름을 빌린 정치폭력 종합부동산세는 폐지돼야 한다고 주장했고 비판을 넘어 비난까지 받았다. 선의의 비판은 사람을 바른 길로 이끌지만 악의의 비난은 사람의 영혼을 파멸로 몰고 간다. 나는 정치적인 수사를 배제하고 대중에게도 정치인에게도 옳은 것은 옳다, 틀린 것은 틀리다고 확실히 말했다. 그래서 더 비판을 받았다.

관료는 국민의 비판에 굴하지 않고 나라를 위하는 길을 가야 하는 책무를 지고 있다. 국민은 무력하거나 방관적인 관료를 진심으로 원치 않는다. 2008년 기획재정부 장관이 되었을 때 환율정상화, 경상수지 흑자 전환, 종합부동산세 폐지 이 세 가지는 기필코 관철하고 물러나겠다고 생각했다. 종합부동산세는 경감만 하는 데 그쳤지만 나머지 둘은 그렇게 했다. 내가 외로운 싸움을 할 때 기업인들은 말이 없었고 정치인들은 정의로 포장된 갈등을 증폭시켰다. 원유가격의 폭등은 불에 기름을 부었고 민중들은 환율이 올라 물가가 오르고 유학 간 자녀들에게 보내는 송금액이 많아졌다고 돌팔매를 날렸다. 이런 분위기를 이용해 새 정부의 기를 꺾어놓겠다는 야당의 정치 공세는 교활했지만 비판의 대열에 가세한 여당의 일부는 야비했다. 모두 나라야 어떻게 되든 상관없이 자기의 이익과 표에 매달렸다. 나는 조국에 대한 마지막 봉사라고 생각하며 위기와 외롭게 싸웠다.

위기에 대한 응전의 결과에 대해 국내로부터는 비판과 정치적인 단죄가 컸다. 내가 장관직을 물러나고 나서 경상수지가 흑자기조로 돌아서고 OECD 국가들 중 가장 빨리 플러스 성장으로 회복되었을 때 비판의 대열에 섰던 사람들은 침묵하였고, 경제정책의 시차를 인식하지 못하는 대중들은 결과가 나올 때 자리에 있던 사람들에게 찬사를 보냈다. 씨를 뿌리지 않고 열매를 딸 수는 없는 것이다. 한국의 결과에 대해 해외로부터 찬사가 시작되었다. 미국 블룸버그통신은 "서울의 관료들에게 경의를 표한다(Hats off to officials in Seoul)"라고 보도했고, 국제통화기금(International Monetary Fund, IMF)은 한국의 위기돌파정책을 "교과서적인 사례(textbook example)"라고 평가했다.

패기에 의지하여 두 번의 위기에 응전한 기록을 비판과 함께 엮어본다. 부족한 주변국 사람들의 분발과 협력을 위하여, 풍요한 중심국 사람들의 관용과 리더십을 위하여, 중간에 있는 한국의 입장에서 글로벌 시각으로 지구촌의 패기와 발전을 위하여 현장에서 본 대로 실록을 쓴다. 나는 스스로 우파에 속하며, 자유시장의 원칙과 함께 시장의 실패를 해결하는 현장주의자(fieldist)였고, 중심국과 주변국의 공영(common prosperity)을 생각하는 평화주의자(pacifist)라고 생각한다. 나의 공직생활은 누구를 탓하기보다 우리를 먼저 탓하고, 빈곤을 벗어나기 위해 선진국을 배우려고 노력하는 과정이었다. 국제금융질서와 IMF 구제금융의 모럴해저드에 관한 불편한 진실도 있었고 투기자본에 큰 상처도 받았지만 투기자본을 미워했지 IMF와 그들 나라를 미워하지는 않았다. 때로 투기자본과 그들 나라가 혼란스러웠기는 하였지만!

한 가지 말하고 싶은 것은 위기와 싸우는 것보다 중심국 경제학과 싸우는 것이 더 힘들었다는 것이다. 최고의 기술이나 자원을 가지고 있고 준비통화를 찍어낼 수 있는 경제학과, 기술도 자원도 부족하고 달러가 모자라면 위기를 당해야 하는 경제학은 같을 수 없다. 기술과 자원 그리고 풍요와 달러가 가득한 팍스아메리카나의 경제학을 공부한 사람들의 생각은 한국에는 화석화된 공룡의 모습과 같았다. 중심국은 위기를 만나면 준비통화를 찍어내고 통화스왑도 가능했지만, 주변국은 외환보유고로 버티다가 안 되면 위기의 늪으로 빠질 수밖에 없었다.

글로벌경제위기 극복을 위해 수많은 대책들을 쏟아냈던 2008년, 기자단 송년회에서 어떤 기자가 "18년 기자생활을 했는데 지난 1년간 쓴 기사가 과거 17년간 쓴 기사보다 많았다"라고 말했다. 장관에서 물러난 지 2년여가 지나고 그때 그 기자들로부터 다음과 같은 감사패를 받았다.

"한국경제는 시련과 위기 속에 피어난 도전의 역사입니다. 당신은 늘 그 도전의 앞자리에 섰습니다. 2008년 글로벌금융위기 때는 기획재정부 장관으로서 한국경제가 위기를 딛고 일어나도록 이끌었습니다. 설득엔 서툴렀지만 포기하거나 돌아가지 않았습니다. 세월은 흐르지만 영혼이 깃든 정책은 남습니다. 당신의 헌신은 오래도록 기억될 것입니다. 때로는 비판하며, 때로는 옹호했던 기자단이 오늘 이 자그마한 감사패를 드립니다."

– 2012년 11월 15일 글로벌금융위기 당시 기획재정부 출입기자단

제1부

위기는 반복된다

위기의 역사

01 위기는 항상 있었다

:: 위기의 반복

나는 돈과 함께 공직생활을 했다. 차관으로 아시아위기를 맞았고 장관으로 글로벌위기를 맞았다. 수많은 부실기업과 부실금융기관을 정리하면서 돈이 무엇인가 생각했다. 물과 불은 인류발전의 원동력이지만 관리하지 못하면 둑이 터지고 화재가 나는 것처럼 돈도 관리하지 못하면 탈이 났다. 물이 낮은 데로 흐르듯이 돈도 위험이 낮은 데로 흘러가는데 사람의 탐욕은 위험을 감수하고 물을 거꾸로 흐르도록 만들고 결국에는 둑이 터지게 만들었다. 순리를 따르는 이기심은 인류발전의 원동력이 되었지만 탐욕은 물불을 가리지 않고 투기에 뛰어들게 해 재앙을 일으켰다.

위기는 항상 있어왔다. 자본주의 역사는 이기심의 한계를 뛰어넘는 탐욕의 거품을 만들고 파열하는 순환을 반복해왔다. 과거에 사람들은 재앙을 만나면 마녀사냥을 하면서 분풀이를 하였다. 사람의 지식이 발전한 18세기 이후에는 재앙을 만나면 새로운 형태의 마녀사냥인 근린 궁핍화정책(beggar my neighbor policy)이 전개되었다. 더욱 나쁜 것은 보복적인 근린궁핍화정책의 악순환이 전쟁의 원인을 제공하기도 한다는 것이다. 2차 세계대전의 배경에는 미국의 대공황(Great Depression)과 이에 따른 독일의 경기침체가 있었다는 분석도 있다.

과거 경제위기는 영어권을 중심으로, 자본주의가 발전한 유럽과 미국을 중심으로 일어났다. 자본주의가 발전하기 전 아시아에는 위기가 일어날 만한 시장도 없었다. 자급자족 수준의 아시아경제는 물 흐르듯이 생존을 위한 이기심에 따라 흘렀고 투기를 할 자본도 대상도 드물었다. 세계가 지구촌으로 연결된 후 아시아에서 먼저 위기가 일어났다. 이어서 중심국에서도 위기가 일어났다. 1997년 주변국에 최초로 일어난 아시아금융위기는 무엇을 의미하는가? 2008년 중심국에 일어난 글로벌 경제위기는 무엇을 의미하는가? 미국이 뿌린 달러와 일본이 찍어내는 엔화는 무슨 의미가 있는 것일까? 위기는 끝난 것인가?

거품과 파열의 순환

위기의 역사

오랜 옛날에도 어떤 형태로든 거품은 있었지만 자본주의가 발달하기 시작한 18세기 이후 거품과 파열의 순환(bubble and burst cycle)은 커다란 파도를 일으키며 반복되었다. 18세기 이후 위기의 역사를 보면 주로 금융이 발달한 영어권을 중심으로 일어나 금융을 매개로 여러 나라로 번져나갔다.

1720년 남미 무역의 신기루에 투자했다가 주가가 폭락한 사우스시위기(South Sea Crisis), 남미 광산에 투자했다가 은행들이 파산한 1825년 공황, 단기자금시장의 부도에 의한 1837년 공황이 영국을 중심으로 반복되었다. 19세기 후반부터 위기의 중심은 대서양을 건너 미국으로 넘어갔다. 노예에 투자하다가 터진 1857년 공황, 철도에 투자하다가 터진 1873년 공황, 신탁회사들이 주식에 투자하다가 터진 1907년 공황, 루머에 의한 주가 폭락으로 터진 1929년 대공황이 미국을 중심으로 반복되었다.

전형적인 공황의 시작으로 불리는 영국의 1825년 공황은 존재하지도 않는 중미 포이에스공화국(Republic of Poyais)에 많은 사람이 투자하여 발생한 것으로 탐욕과 사기가 합쳐진 믿을 수 없는 신기루 같은 이야기였다. 18세기 이후 반복된 위기의 요인은 금융기관의 과도한 신용팽창과 사람들의 탐욕적 투기라고 분석하고 있다. 인간의 탐욕에 의한 투기는 섬유, 철도, 광산, 주식, 부동산, 노예를 가리지 않고 이루어졌고, 그리고 허황한 결과로 끝나는 소설 같은 이야기였다.

2차 세계대전 이후 세계경제는 브레턴우즈체제(Bretton Woods System) 아래서 1997년 아시아금융위기가 발생할 때까지 50여 년간 인류사에서 가장 빠른 발전을 구가하였다. 1980년대 남미의 국가부도와 1990년대 일본의 '잃어버린 10년(Lost Decade)'이 있었지만 1980년대 중국의 시장경제 편입은 이를 보상하고 세계경제는 비약적인 발전을 이어갔다. 1990년대 들어 세계무역기구(World Trade Organization, WTO)의 출범과 인터넷의 발전에 의한 디지털혁명(digital revolution)으로 세계가 하나의 지구촌으로 네트워킹되어 상품과 서비스의 교역량이 확대되고 자본의 이동도 자유로워졌다.

지구촌이 하나로 네트워킹되고 자본이동의 자유화가 이루어진 다음 최초로 1997년 아시아금융위기가 발생했다. 아시아금융위기는 비영어권인 주변국에서 일어났다는 점에서 과거에 경험하지 못한 위기였다. 2008년 발생한 글로벌경제위기는 중심국과 주변국이 모두 위기에 휩싸이게 된 최대 규모의 위기였고 전례 없는 위기(unprecedented crisis)였다.

과거 영어권을 중심으로 금융위기가 주로 발생한 이유는 국제교역에서 영어가 중심언어가 되고 런던과 뉴욕이 금융의 중심지가 되면서 투기소득의 기회가 많은 런던과 뉴욕에 투기자본이 집결된 결과라 생각된다. 1997년대 아시아위기는 금융시장이 개방됨에 따라 아시아가 런던과 뉴욕의 금융권에 포함된 후 일어났고, 2008년 글로벌위기는 중심국의 금융거래가 세계로 연결되어 세계로 쉽게 번질 수 있었다.

성장의 유혹과 유동성의 미스매치

1997 아시아금융위기

1997년 7월 1일 150여 년 만에 홍콩이 중국에 반환된 다음 날인 7월 2일, 지구촌이 세계화된 후 처음 발생한 아시아금융위기는 태국의 바트화 폭락으로 막을 올렸다. 1944년 7월 1일 브레턴우즈체제가 성립된 후 50여 년간 공황 없이 눈부신 발전을 이룩한 세계경제의 새로운 시련이 시작된 날이기도 했다.

조그만 어촌에서 아시아금융센터로 발전한 홍콩의 반환은 식민지와 동인도회사의 두 얼굴, 즉 개척과 착취를 보여준 사례였고, 해외자본으로 빠르게 성장하던 태국의 위기는 개방과 세계화의 두 얼굴, 즉 발전과 좌절을 보여준 사례였다는 점에서 인류사에 의미 있는 전환점이 되었다.

7월 28일 태국이 IMF에 구제금융을 요청하였고, 10월 8일 인도네시아가 구제금융을 요청한 데 이어, 11월 21일 한국이 구제금융을 요청하였다. 말레이시아는 해외자본에 대한 봉쇄정책으로 위기에 정면 대처를 하였고, 필리핀은 1998년에 가서 구제금융을 신청하였다. 홍콩과 싱가포르는 아시아금융센터라는 강점으로 위기의 파도를 함께 타고 넘었고, 대만은 높은 외환보유고가 있었고, 중국은 덜 개방된 상태라 상처는 입었어도 위기를 피해갈 수 있었다.

IMF가 아시아금융위기의 극복을 위해 국제부흥개발은행(International Bank for Reconstruction and Development, IBRD), 아시아개발은행(Asian Development Bank, ADB), 미국과 일본 등 주요 선진국과 함께 투입한 자금은 태국 172억 달러, 인도네시아 430억 달러, 한국 583억 달러 등 1,185억 달러였다. IMF 구제금융과 함께 추진된 경제프로그램은 개방의 가속화와 시장경제의 발전을 목표로 하여 금융구조조정, 재정금융 긴축, 물가안정과 경제안정을 주요 내용으로 하였다. 구제금융의 전제인 경제프로그램에 의해 금융기관의 폐쇄, 기업부도와 정리해고, 경제성장의 둔화라는 상처를 입었다. 이러한 상처와 함께 2008년 글로벌경제위기의 내성도 길러주었다.

1997년 아시아의 위기는 의욕적인 경제성장을 위하여 일본, 미국, 유럽 단기자본의 과도한 유입, 단기자금의 장기대출에 의한 만기불일치, 자본재 수입에 의한 경상수지 적자가 직접적인 원인이었기 때문에 금융위기로 부르는 것이 맞다고 생각한다. 나라마다 다르지만 구조적으로는 중국이 1980년대에 시장경제에 편입됨으로써 일어난 가격경쟁력의 상실과 노동과 자본투입에 의한 경제성장의 낮은 생산성이 공통적인 요인이라 할 수 있었다.

OECD의 추정[1]에 따르면 위기를 맞은 한국, 태국, 인도네시아, 말레이시아, 필리핀 5개국에 대한 1997년 은행대출은 일본 867억 달러, EU 986억 달러, 미국 220억 달러로 전체 2,073억 달러였다. 특히 전체의 42%에 달하는 최대 채권국이었던 일본의 엔캐리자금의 급격한 유출과 이에 따른 통화가치의 폭락이 직접적인 요인이었다. 경제의 펀더멘털보다 투기성 자본의 과도한 유출입이 더 큰 문제였다. 위기를 당한 아시아 5개국에 870억 달러의 엔캐리자금은 위기의 가장 큰 에너지가 되었다.

펀더멘털의 불균형과 거품의 파열

2008 글로벌경제위기

2008년 9월 15일 리먼브러더스(Lehman Brothers)의 파산을 기폭제로 하여 금융파생상품(financial derivatives)의 거대한 거품이 파열되면서 지구촌은 글로벌경제위기로 전진했다. 그린스펀(Alan Greenspan) 미국 연방준비제도위원회 의장의 저금리와 신용팽창으로 만들어진 1980년대 '대안정(Great Moderation)'은 그가 물러난 후 2008년에 터졌다. '대안정'의 배후에는 미국의 재정과 무역의 대쌍둥이적자(Great twin deficit)라는 불균형이 있었고, 이러한 불균형은 1980년대 후반 중국의 시장경제 편입에 의한 값싼 제품의 무한공급[2]으로 가려져 있었다. 그린스펀의 '대안정'은 거품과 불균형의 산파였다. 경제에 공짜 점심은 없다는 것을 다시한 번 증명했다.

2차 대전이 끝나가던 1944년 브레턴우즈체제가 성립되면서 미국의 달러화가 가장 강력한 기축통화가 되었고, 1900년대 후반부터 금융시장이 개방됨에 따라 세계의 자본이 뉴욕으로 집결되었다. 뉴욕의 금융거래는 세계로 연결되었고 뉴욕의 위기도 세계로 쉽게 번지게 되었다.

뉴욕의 상업은행과 투자은행들은 20세기 후반에 눈부신 성장을 했다. 뉴욕의 증권시장을 중심으로 일어난 인수합병으로 씨티그룹(Citigroup), JP모건체이스(JPMorgan Chase), 골드만삭스(Goldman Sachs), 리먼브러더스, AIG와 같은 거대한 금융괴물(financial behemoth)이 출현하게 되었다. 거대한 금융괴물은 신흥국 금융시장의 개방과 세계화의 파도를 만들어 전 세계에 영업망을 넓히고 '무분별한 신용팽창과 사나운 투기(reckless expansion of credit and wild speculation)'에 의해 거대한 이익을 창출하였고 은행가들과 증권거래인들은 엄청난 성과급과 스톡옵션을 받게 되었다. 거대한 금융괴물들은 누구도 손댈 수 없을 만한 대마불사(too big to fail)의 상황을 만들었고, 세계의 금융시장에 뻗어나간 그들은 너무 엉켜 못 죽이는(too interconnected to fail) 형국을 만들었다.

2008년 글로벌위기의 근본 원인은 경제적 불균형과 국제금융질서의 한계, 두 가지였기 때문에 시작은 금융위기였지만 경제위기로 보는 것이 맞다고 생각한다. 2009년 지구촌 경제는 마이너스 성장을 하게 되었고 선진국은 더 심했다. 글로벌경제위기는 세계가 너무 엉켜 중심국 혼자 쉽게 관리하고 해결하기가 어려웠다. 서브프라임사태를 맞아 미국이 구제금융과 경기대책에 GDP의 90%에 달하는 9조 달러 전후를 투입하고, EU, 일본, 중국도 엄청난 규모의 자금을 투입하게 되었다. 글로벌경제위기를 극복하기 위한 국제공조가 불가피하게 됨으로써 2차 대전 이후 국제금융질서를 주도하던 브레턴우즈체제와 함께 G20체제(Group of 20)가 태동하게 되었다.

위기의 시작이었던 서브프라임사태의 뿌리는 금융파생상품의 거대한 거품이었고 그 에너지는 동아시아를 탈출한 투기자본이 뉴욕에 집결된 결과로 추정된다. 동아시아에 이어 지구촌을 위기로 몰고 간 투기자본의 뿌리는 낮은 금리와 과잉통화에 있다는 것을 2005년 오스트리아학파는 지적했다. 지구촌의 과도한 소비국과 과도한 저축국의 불균형이 해소되지 않으면 2008년 글로벌위기가 투기꾼의 마지막 잔치가 되지 않을 수도 있다고 생각한다. 돈을 풀어서 해결될 위기라면 벤 버냉키(Ben Bernanke)나 구로다 하루히코(黑田東彦)보다 고성능 화폐인쇄기(high-performance currency printer)가 더 효율적이지 않을까?

패기가 위기도 불렀다

한국의 위기역사

한국은 1950년 한국전쟁의 폐허 위에서 가진 것도 잃을 것도 없이 잘살아보자는 패기 하나로 한 세대 만에 선진국의 문턱에 왔다. 1960년부터 2008년까지 1인당 국민소득이 80달러에서 2만 달러로 늘어났고, 경제규모는 세계경제가 6배 정도 성장하는 동안 우리는 30배 성장하여 2010년에는 세계 7위 수출대국으로 발전했다.

한국은 1962년부터 5차에 걸쳐 추진된 경제개발5개년계획 과정에서 국내의 저축을 초과하는 투자를 위해 외자를 도입하고, 국내에 부족한 자본재를 해외에서 수입하는 과정에서 경상수지 적자에 의해 몇 차례 위기를 맞았다. 1990년대 금융시장이 개방된 후 국내로 과도하게 유입된 단기자금이 급격히 유출되는 과정에서 1997년 외환위기를 맞았고 583억 달러의 IMF 구제금융을 받아 많은 상처를 남기고 위기를 극복했다. 2008년 미국의 서브프라임사태가 발생했을 때는 아시아금융위기의 학습효과에 따라 큰 시련 없이 견디어낼 수 있었다.

첫 번째 위기는 1962년부터 시작된 제1차 경제개발5개년계획을 위한 원자재 수입으로 무역수지 적자가 11억 2,000만 달러로 누적되어 발생했고, 1965년 한·일 국교 정상화에 따른 대일청구권자금 8억 달러로 극복했다. 두 번째 위기는 제2차 경제개발5개년계획(1967~1971년) 기간 중 5년간 62억 6,000만 달러의 무역수지 적자를 기록하여 일어났고, 1966년 월남파병에 따라 미국이 아시아에서 조달하는 물자와 용역을 한국이 공급함으로써 외환수급의 어려움을 넘겼다. 세 번째로는 1973년 1차 오일쇼크(oil shock)에 의해 무역수지 적자가 1974년부터 45억 8,000만 달러로 급증하고 외환보유고가 1975년에 10억 달러 이하로 감소하여 외환수급에 위기가 왔고, 미국 씨티은행과 체이스맨해튼은행을 중심으로 한 2억 달러의 점보론(Jumbo loan)으로 위기를 넘겼다. 네 번째로는 제4차 경제개발5개년계획(1977~1981년) 기간 중 중화학공업투자에 대한 과잉 투자에 의해 무역수지가 적자인 상태에서 2차 오일쇼크가 일어남으로써 1979년부터 149억 5,000만 달러의 엄청난 적자가 쌓여 외환위기가 왔으나 1982년 일본과 체결된 한·일경제협력자금 40억 달러에 의하여 외환수급을 해결하였다. 다섯 번째로 1994년부터 3년 동안 380억 달러 경상수지 적자가 늘어나는데도 원화를 절상하는 방향착오를 하여 IMF가 주선한 583억 달러의 구제금융으로 위기를 넘기게 되었다.

다섯 번의 위기가 있었지만 대일청구권자금, 월남전 특수, 중동건설 특수라는 외생변수에 의존하여 위기를 수습할 수 있었다. 1997년 외환위기 때는 행운의 외생변수가 없었고 IMF 구제금융이라는 외세에 의해 혹독한 비용을 치르고 넘었다.

1   *OECD Economic Outlook* (1998).

2   "China and the world economy – From T-shirts to T-bonds" (2005. 7. 30).
The Economist.

02 거품은 터진다

: : 위기의 본질

사람은 에덴동산에서 쫓겨날 때 수고하고 땀 흘려야 먹고살 수 있도록 운명이 지어졌다. 영국 《파이낸셜타임스(*Financial Times*)》의 마틴 울프 (Martin Wolf)는 글로벌경제위기의 본질에 대해 이솝우화를 들어 개미같이 일하는 독일, 중국, 일본 사람들과 베짱이같이 노는 미국, 영국, 스페인 사람들에 비유[1]했다. 개미 나라는 더 써야 하고 베짱이 나라는 덜 써야 문제가 해결된다며 베짱이에게 돈을 빌려주지 말라고 했다.

풍요와 평화가 지속되면 사람은 나태와 타락으로 가고, 나태와 타락 다음에는 투기와 탐욕이 오고, 투기와 탐욕이 과도하면 탈이 나는 것이 세상의 이치라는 것을 역사는 말해준다. 이런 역사를 알면서도 사람은 탈이 날 때까지 가고 탈이 나야 회개한다.

2차 대전 후 생활은 풍요해졌고 국지적인 전쟁은 있었지만 반세기 이상 평화가 유지되었다. 1960년대 이후 30여 년간 이어진 일본의 '대성장(Great Growth)'과 1980년대 후반부터 20여 년간 이어진 미국의 '대안정'의 결과에 대해 모두가 낙관적이었다. 일본은 'Japan as Number

One'이라고 칭송받았고 'No'라고 말할 수 있는 일본'이라고 자신했다. 그린스펀 미국 연방준비제도위원회 의장은 '경제대통령'으로 칭송받기도 했다. 그러나 오스트리아학파는 중국의 시장경제 편입으로 높아진 실질균형금리에도 불구하고 낮은 금리를 유지하여 과잉주택투자를 불 지른 그린스펀의 통화정책에 우려를 표하며 주택거품의 문제[2]를 예고했다. 일본의 '대성장'은 왜 지속되지 못했을까? 그린스펀이 과연 경제대통령일까? '대성장'과 '대안정'이 진정한 것이었다면 1990년대 '잃어버린 10년'과 2008년의 글로벌경제위기의 에너지는 어디서 왔을까?

내가 하면 투자, 네가 하면 투기

투자와 투기

내가 하면 투자, 네가 하면 투기? 투자와 투기의 구분은 사실상 어렵다. 공직생활에서 돈과 함께 살면서 항상 만난 질문은 투자와 투기의 구분이었다. 부동산과 증권이 달아오르면 투기를 억제하는 대책을 찾았고 식으면 투자를 부추기는 대책을 찾았다. 투자와 투기의 구분은 모호했지만 한 가지 확실한 기준은 과유불급, 즉 과함은 모자람만 못하다는 것이었다. 인간의 탐욕은 불과 같이 발전의 원동력이지만 과도하면 재앙의 뿌리가 된다.

드러커(Peter Drucker)는 경영학 저서에서 경영의 최고 목표는 이윤창출이 아니라 혁신에 의한 고객창조이고 이윤은 혁신의 전제조건이라고 말했다. 싸게 사서 비싸게 파는 것은 장사라고 했다. 여기에서 투자와 투기의 정의를 얻을 수 있을 것 같다.

투자(investment)는 기업가정신(entrepreneurship)에 의한 가치창조 (value-creating)를 말하고, 투기(speculation)는 탐욕(greed)에 의한 이윤 추구(profit-seeking)를 말한다고 정리해보자. 투자와 투기 모두 위험인 수(risk-taking)와 부의 창출(wealth-creating)이라는 점에서 같지만 가치 에는 사회적 공헌이 따른다는 점에서 이윤과는 다르다고 생각해보자. 남이 창출한 이윤까지 빼앗아가는 사람을 모리배(rent-seeker)라고 정의 해보자.

아시아금융위기와 글로벌경제위기의 뿌리는 탐욕적 투기라고 말하 는 사람이 많다. 저금리의 캐리자금(carry money)이 주변국 기업의 투자 에 활용되고 그 이윤을 나누는 것은 누구에게도 피해를 주지 않고 발전 의 원동력이 된다. 보이지 않는 손(invisible hand)도 관리되지 아니하면 본능적인 탐욕으로 갈 수 있다. 관리되지 아니한 금융자본주의(financial capitalism)가 1930년대 대공황의 뿌리였다면, 관리되지 아니한 카지노 자본주의(casino capitalism)가 2008년 글로벌경제위기의 뿌리라고 말 해지고 있다. 카지노에는 판돈이 필요하다. 판돈은 어떻게 만들어졌 을까?

1997년 아시아금융위기의 근저에는 일본, 미국, 유로지역의 저금리 자본의 급격한 유입과 유출이 있었다. 자본수출국과 자본수입국 모두 저금리의 단기캐리자금에 대한 관리는 없었다. 거꾸로 중심국의 압력으 로 개방된 아시아의 금융시장에 투기성 자금은 탐욕을 타고 마음대로 드나들었다. 한국의 경우 이들 자금의 유출입 자유와 함께 투기소득에 대한 과세도 없었다.

위기의 에너지, 탐욕과 투기

투기의 거품

공황의 에너지가 되는 거품은 사람의 탐욕과 통화의 과잉공급에 의해 이루어진다. 통화의 과잉공급은 전통적으로 정부의 재량에 의해 이루어졌지만 1929년 대공황 이후에는 과도한 재정수지, 경상수지와 자본수지의 불균형에 의해 이루어졌다. 미국은 재정과 경상수지의 과도한 쌍둥이 적자가 문제였다면 일본은 과도한 경상수지의 흑자와 재정수지의 적자가 문제였다.

1997년 아시아금융위기는 해외차입자금의 과도한 유입에 의한 통화절상과 경상수지 적자를 뿌리로 하여 과잉공급된 통화가 만든 부동산과 증권의 거품, 그리고 기업의 차입경영이 요인이었다. 1997년 한국, 태국, 인도네시아, 말레이시아, 필리핀 5개국에 유입된 2,073억 달러의 해외자본은 거품의 에너지가 되었다. 일본의 경상수지 흑자와 재정수지 적자가 만든 과도한 통화공급은 거대한 자산과 부동산거품을 만들었고 이것이 1990년대에 터지면서 국내에서 넘치는 867억 달러의 자본이 아시아 주변국으로 흘러간 것이다.

2008년 글로벌경제위기는 아시아금융위기를 탈출한 투기성 자본과 과도한 파생상품이 만들어낸 유사 이래 최대의 거품이 터진 것이다. 2007년 기준으로 세계 증권잔액이 61조 달러인 데 비해 파생상품은 10배에 가까운 596조 달러였고, 외환거래를 보면 세계 수출거래가 17조 달러인 데 비해 세계 외환거래 규모는 46배나 되는 803조 달러였다는 점에서 2008년 거품의 규모는 1,000조 달러를 넘을 것으로 추정된다.

실로 엄청난 규모의 과잉통화가 창출한 거품은 실물과 따로 돌았고 실물경제를 교란했다. 1997년 아시아금융위기는 일본의 엔캐리자금에 큰 뿌리를 두고 있다면, 2008년 글로벌경제위기는 그린스펀의 '대안정' 에 큰 뿌리를 두고 있었다. 실물이 뒷받침하기에는 거품의 규모가 너무 컸다. 거품의 규모에 비해 아시아의 경제는 취약했고 지구촌의 경제는 불안정했다. 카지노의 판돈이 고갈되면 게임은 끝날 수밖에 없다.

거품은 언젠가 터진다

거품의 파열

2008년 글로벌경제위기는 그린스펀의 '대안정'이 만들어낸 저금리 자본이 '거창한 거품의 잔치(grand binge of bubbles)'를 벌인 것이다. 아시아위기로부터 탈출한 자금이 뉴욕으로 집결하여 잔치를 더 성대하게 만들었다. 투기성 자본의 자유이동이 중심국에 부메랑이 된 결과다.

1960년대 이후 30여 년간 엄청난 규모의 무역수지 흑자를 쌓아간 일본의 '대성장'이 1990년대 '잃어버린 10년'의 뿌리가 되고, 1980년대 후반부터 20여 년간 인플레이션 없는 저금리를 이어간 미국의 '대안정'이 서브프라임사태의 뿌리가 될 줄은 몰랐던 것 같다. 일본의 '대성장'과 미국의 '대안정'의 결과는 제로금리와 거대한 거품 시대의 도래였다.

일본에서는 '대성장' 기간 동안 1985년 플라자합의(Plaza Accord) 이후 경기침체를 극복하기 위해 금리를 최저 2.5%로 내렸고 주가가 50배로, 도쿄 부동산이 200배로 상승한 후, 1990년 금리를 8%대로 올리자 거품이 터지고 '잃어버린 10년'이 왔다. 일본은 '잃어버린 10년'의 경기침체를 극복하기 위해 1995년 제로금리시대를 열었다. 미국에서는 IT거품

의 붕괴를 극복하기 위해 2001년 금리를 1.0%까지 내리고 저신용자에
대한 저금리의 주택대출을 확대함으로써 이를 근거로 한 파생상품, 그
리고 파생상품을 근거로 한 또 다른 파생상품에 대한 투기적 거래가 거
대한 거품을 만들었다가, 금리가 2006년 5.25%로 올라가자 주택거품
이 파열하면서 서브프라임사태가 왔다. 서브프라임사태가 몰고 온 경기
침체를 극복하기 위해 일본에 이어 미국도 2008년 제로금리시대를 열
었다. 2008년 9월 15일 미국 5대 투자은행의 하나인 리먼브러더스의 파
산이 거대한 거품 파열의 서막이 되었고 거품과 파열의 순환(bubble and
burst cycle)은 지구촌을 함께 공황상태로 몰고 갔다.

2008년 거품의 파열사태는 2005년 오스트리아학파가 지적한 대로였
다. 뉴욕의 금융시장은 중국의 시장경제 편입 후 실질균형이자율이 상승
했음에도 불구하고 저금리를 유지함으로써 고금리 시절 설계된 상품을
판매한 보험회사는 파산상태를 면할 수 없게 되었고 종국에는 다른 나라
부도를 보험물건으로 한 신용부도스왑(credit default swap)이라는 황당한
파생상품까지 탄생하게 되었다. 그리스는 저금리의 유혹으로 국채 발행
을 통한 거품 창출에 협력한 결과 거품 파열과 함께 경제도 파열했다.

일본과 미국은 시차를 두고 같은 모양의 거품 파열의 순환을 만들었
다. 제로금리가 실물경제와 연결되지 않으면 또 다른 거품의 에너지가
된다. 미국은 양적완화(Quantitative Easing, QE)를 통하여 3조 달러가 넘
는 달러를 투입하고 일본도 무제한 돈을 풀고 있다. 글로벌경제위기는
어디까지 갈 것인지, 돈 찍어내기는 어디까지 갈 것인지 아무도 모른다.
거품의 에너지를 관리할 수 있는 장치는 아무것도 없다. 언제까지 얼마
나 거품의 에너지가 창출될 것인지 아무도 모른다. 언젠가 거품이 터지
면 중심국과 주변국 모두 더 많은 고통을 받아야 할 것이다.

1 Martin Wolf (2010. 5. 26). "The grasshopper and the ants—a contemporary fable". *Financial Times*. 관련된 내용은 다음과 같다.

"Yet life is more complex than in Aesop's fable. Today, the ants are Germans, Chinese and Japanese, while the grasshoppers are American, British, Greek, Irish, and Spanish. [⋯] When the crash comes to America and households stop borrowing and spending and the fiscal deficit explodes, the government does not say to itself: "This is dangerous; we must cut back spending." Instead, it says: "We must spend even more, to keep the economy humming." [⋯] If you want to accumulate enduring wealth, do not lend to grasshoppers."

2 "China and the world economy—From T-shirts to T-bonds" (2005. 7. 30). *The Economist* 참조.

O3 위기는 태풍처럼 밀려온다

: : 위기의 전개

한여름 적도지방의 뜨거운 열기가 만드는 저기압의 소용돌이는 강력한 비바람을 동반한 태풍이 되어 수확을 앞둔 초가을의 동북아시아를 강타한다. 카리브 해에서는 허리케인, 인도양에서는 사이클론으로 불리는 태풍은 알고 있더라도 피할 수 없다. 위기는 태풍처럼 밀려오고 많은 상처를 남긴다.

자본주의 역사에서 탐욕의 뜨거운 에너지가 만든 거품의 소용돌이는 금융시장을 공황으로 만들고 경제를 강타한다. 탐욕의 에너지는 태풍과 같이 되풀이하여 재앙을 일으키지만 태풍 전야에는 언제나 따사로운 햇빛과 평화가 내리고, 태풍이 지나가면 폐허에서 사람들은 마녀사냥의 푸닥거리를 하고 시간이 지나면 잊어버린다. 태풍은 예비하고 잘 관리하면 재앙을 줄일 수 있듯이 사람의 탐욕도 잘 관리하면 재앙을 줄일 수 있다.

자본주의 공황의 전형이라 불리는 1825년 영국의 공황은 영란은행의 자본공급을 매개로 하여 남미 신생공화국 페루의 광산 개발에 관한 주식투자와 중미의 가상공화국 포이에스의 채권투자가 어우러진 거품의 파열로 일어났다. 이 공황은 유럽 대륙으로 건너가 파리, 라이프치히, 빈의 금융시장을 흔들고 경제에 큰 타격을 남겼다. 1929년 대공황은 루머에 의한 뉴욕의 주가 폭락이 금융시장 경색을 몰고 오고 공업생산을 마비시킴으로써 1,500만 명의 실업자를 만들어낸 후 독일, 영국, 프랑스에도 전염되어 큰 타격을 입혔고 1939년 2차 세계대전의 발발로 막을 내렸다.

공황의 발생 전야에는 은행, 투자자, 기업 모두 호경기를 누리다가 어느 날 임계점을 넘어 거품이 파열하면 생존게임(survival game)이 벌어진다. 생존게임은 관세전쟁(customs war)과 통화전쟁(currency war)을 유발하고 고통을 주변국으로 떠넘기는 근린궁핍화정책이 등장한다. 2차 세계대전으로 몰고 간 근린궁핍화정책에 대한 반성은 인류사 최초의 세계적 공조체제인 관세 및 무역에 관한 일반협정(General Agreement on Tariffs and Trade, GATT)과 국제통화기금(IMF)을 탄생하게 만들었다.

위기의 전개과정은 태풍 전야의 고요, 태풍의 소용돌이, 폐허 속의 생존게임, 반성과 망각으로 이어졌다. IMF체제는 1971년 미국이 금태환을 중지함으로써 기능이 크게 저하되었고 이런 상황에서 투기자본은 1997년 아시아금융위기를 일으키고 다음에는 2008년 뉴욕에 집결하여 또 하나의 잔치판을 벌이게 되었다. GATT체제가 우루과이라운드(Uruguay Round)를 통해 1995년 WTO체제로 진화하면서 관세전쟁은 사라졌다.

당국자들의 빗나간 소리들

위기 앞의 행태

태풍이 오기 전 바다는 고요하고 태양은 따사롭다. 어부들은 고기잡이

나가고 태풍은 예고 없이 불어오고, 배는 침몰하고 어부는 구사일생으로 탈출한다. 일기예보가 없었던 시대의 이야기다. 1997년 아시아금융위기 때 우리가 그랬고, 그때 우리를 가르치던 선진국들이 2008년 위기를 맞았을 때의 행태도 다를 것이 없었다. 1995년 IMF는 위기를 대비해 조기경보체제(early warning system)를 도입하였지만 1997년 한국이 외환위기를 맞기 직전 10월 15일 IMF 연차협의단은 "성장, 물가, 경상수지 등 한국의 기초경제여건은 건실하며 한국경제는 위기가 아니다"라고 발표했다.

1997년 아시아금융위기와 2008년 글로벌경제위기의 양상과 본질은 다르지만 위기를 앞에 둔 정부 당국자들의 행태는 비슷했다. 또한 위기를 예고하는 지표들이 나타나고 경고하는 목소리도 있었지만 알지 못하고 듣지 못하는 당국자의 인식도 비슷했다. 그중의 백미는 아시아위기에서 "세 마리 토끼를 잡을 수 있다"라는 호언과, 글로벌위기에서 "서브프라임 문제의 경제일반과 금융시장에 대한 충격은 억제할 수 있을 것 같다"라는 장담이었다. 아시아금융위기와 글로벌경제위기가 오기 전 한국과 미국 당국자들의 말들은 다음과 같이 너무 닮았다.

1997년 아시아금융위기 전 당국자의 말들
- "성장률 7~7.5%, 물가 4.5% 이내, 경상수지 적자 50억~60억 달러 등 거시경제의 세 마리 토끼를 모두 잡을 수 있다." (1996. 3. 29. 정부)
- "올해의 3대 거시경제 목표 중 성장률과 물가는 이룰 수 있을 것으로 보이고 국제수지는 어려우나 환율정책 같은 단기적, 대증적 대책은 바람직하지 않다." (1996. 5. 23. 정부)
- "청와대 수석비서관회의에서 최근 경제상황에 관한 우려의 목소리들이 제기되

지만 현 경제상황에 대해 위기는 아니다라는 입장이다." (1996. 6. 29. 청와대)
- "재정경제부 부총리는 불가능해 보였던 물가 억제 목표 4.5% 이내를 달성해
  준 것이 고마워 물가정책국 망년회에 참석하여 직원들과 소주도 꽤 마시고 노
  래까지 불렀다." (1996. 12. 30. 신문 보도)
- "새해 첫날에 눈보라가 몰아친 뒤 햇빛이 비친 것처럼 우리 경제도 새해에는
  어렵게 출발하지만, 하반기 들어 활력을 되찾을 것이다." (1997. 1. 4. 정부)
- "원화가치의 가파른 하락으로 인해 외환시장이 출렁거리고 있지만 현재의 환
  율 수준이 우리 경제의 현재 상황을 제대로 반영하고 있다." (1997. 1. 16. 한국
  은행)

2008년 글로벌경제위기 전 당국자의 말들
- "아시아경제위기가 미국에 미치는 영향은 GDP 성장률을 0.3~0.4% 위축시
  키는 데 그칠 것이며, 미국경제는 이 충격을 충분히 흡수할 수 있을 것이다."
  (1998. 1. 21. IMF 총재 미셸 캉드쉬)
- "서브프라임 문제의 경제 일반과 금융시장에 대한 충격은 억제할 수 있을 것
  같다." (2007. 5. Fed 의장 벤 버냉키)
- "나는 금융시장이 최근의 혼란(서브프라임사태)에 의해 별로 영향을 받지 않
  고 경제 일반의 여건에 의해 영향을 받을 것으로 본다." (2008. 5. 미국 재무
  장관 헨리 폴슨)
- "패니메이와 프레디맥의 정부인수와 리먼브러더스에 대한 공포가 보여주는
  바와 같이 경제에 문제점이 있고 실업률도 조금 올랐지만 침체나 공황에 비유
  할 만한 원인은 아니다." (2008. 9. 14. 《워싱턴포스트》 도널드 러스킨)

한국은 세 마리 토끼를 잡을 수 있다고 최고정부당국자가 호언한 다
음 해 외환위기에 휩쓸렸다. 미국은 증권전문가 러스킨이 리먼브러더스
는 걱정 없다고 한 다음 날인 2008년 9월 15일 파산신청을 하면서 뇌관
이 터졌다. 희극 같은 비극이다.

언제나 현자의 목소리는 있다. 사람들이 듣지 못할 뿐이다. 한국의 외환위기에 대해 1997년 1월 3일 돈부시(Rudiger Dornbusch) MIT 교수는 "불안할 정도로 큰 경상수지 적자폭을 줄이기 위해 즉각적인 원화의 절하가 필요하다. 한국은행은 절상을 위해 개방경제체제에서는 있을 수 없는 외환시장의 차르 같은 역할을 해왔다"라고 경고했다. 그해 10월 미국 컨설팅회사 부즈 앨런 앤드 해밀턴(Booz · Allen & Hamilton)은 "한국은 저비용의 중국과 고기술의 일본의 협공으로 호두가위에 낀 호두(nut in nutcracker) 같다. 스스로 변하지 않으면 종국에는 변화를 강요(eventually force change)당할 것이다"라고 경고했다.

글로벌경제위기에 대해 2005년 6월 30일 영국 《이코노미스트》는 "중국의 싼 노동력의 세계경제 진입은 세계적으로 자본수익을 높였다. 그것은 균형이자율 수준의 증가를 의미한다. 그러나 중앙은행들은 실질이자율을 역사상 가장 낮은 수준으로 유지하고 있다. 그 결과는 잘못된 자본배분이고 특히 과도한 주택자금차입과 투자의 모습으로 명백히 나타난다"라고 선진국의 위기도래에 관해 경고했다. 2006년부터 미국의 부동산거품이 꺼지기 시작할 때 루비니(Nuriel Rubini) 뉴욕대 교수는 2006년 9월 "아직 구체화되지는 않은 주택부문 불황(yet-to-materialized housing bust)은 금융시스템의 구조적 문제(systemic problem for the financial system)로 전개될 수 있다"라고 경고했다.

위와 같은 경고가 나오게 된 배경에는 그린스펀 미국 연방준비제도위원회 의장이 저금리와 주택대출 확대를 통하여 위기의 씨를 계속 뿌려왔던 것이 있다. 1998년 9월 4일 아시아금융위기의 파장이 동구권, 중남미를 거쳐 미국에 밀려가고 있을 때 그린스펀은 "전 세계적인 경제위축 현상에 전혀 영향을 받지 않은 채 미국만이 번영의 오아시스(an oasis of prosperity)로 남아 있을 수는 없습니다"라고 말하고는 9월 29일 연방기금 금리를 0.25%p 인하했다. 10월 7일에는 "제 생각에는 미국경제가 1999년에 상당히 위축될 것이라는 전망은 틀림없습니다. 우리는 지금 위축되고 있는 수요를 어느 수준까지 끌어올려야 하는 분명한 압력에 직면해 있습니다. 통화정책 당국자에게는 지금이 매우 긴장된(especially alert) 순간입니다"라고 말했지만 2001년부터 1%대의 금리를 이어간 것을 보면 저금리가 실물투자가 아니라 거품 창출의 에너지가 될 줄 몰랐던 것 같다.

1980년대 후반부터 그린스펀이 만든 '대안정'은 모두를 행복하게 만들었다. 월스트리트의 천재들은 금융혁신(financial innovation)에 의해 위험을 계속 돌리는 파생상품을 만들고 거액의 연봉을 받았다. 감독당국은 모두가 행복한데 문제를 일으킬 이유가 없었고 입법당국은 남은 규제가 거추장스러웠다. 모두가 행복했던 '대안정'은 그린스펀이 물러난 후 2008년 거품으로 터졌다. 현자의 목소리를 당국자들은 왜 들을 수 없었을까?

태풍 전야의 불안한 고요

위기의 전조

태풍이 오기 전 수확을 앞둔 동북아시아의 하늘은 푸르고 태양은 따사롭고 바람은 고요하다. 적도상의 열에너지 과잉과 북극권의 열에너지 결핍의 불균형을 해소하기 위해 태풍이 북쪽으로 올라오는 것은 자연의 섭리다. 흑자국의 과잉 에너지와 적자국의 결핍 에너지가 임계점에 달하여 파열하는 것은 균형을 찾아가는 섭리다.

1960년 이후 30여 년간 거액의 경상수지 흑자를 내며 일본은 '대성장'을 이어갔다. 1980년대 후반부터 20여 년간 인플레이션 없이 미국은 '대안정'을 이어갔다. 그것은 태풍 전야의 불안한 고요였다.

1997년 아시아금융위기의 전조는 일본의 '대성장'으로 축적된 867억 달러의 과잉자본이 한국, 태국, 인도네시아, 말레이시아, 필리핀에 흘러 들어가자 금융시장은 들떴고 기업은 확장의 길을 걸었고 경상수지는 적자가 누적되어 거대한 거품으로 나타난다. 위기를 당한 아시아 5개국은 정도의 차이는 있었지만 해외자본의 초과유입, 환율의 고평가, 경상수지의 적자, 높은 기업부채비율, 높은 대외채무는 같은 양상이었다.

2008년 글로벌경제위기의 전조는 미국의 '대안정'으로 축적된 금융시장의 과도한 팽창이었다. 일본, 독일, 중국의 경상수지 흑자의 누적과 미국의 경상수지와 재정의 적자 누적으로 일어난 신용팽창이 '대안정'의 에너지였다. 흑자 누적은 자본수출을 강요하고, 적자 누적은 자본수입을 강요했다. 경상수지 흑자 규모를 보면 일본은 2003년 GDP의 3%를 넘어 1,362억 달러를 기록했고, 독일은 2005년 GDP의 5%를 넘어 2007년 7.5% 2,491억 달러로 정점을 기록했다. 중국은 2008년 9.1% 4,124억 달러로 정점에 섰다. 이에 반해 미국은 2000년대 들어 경상수지 적자가 GDP의 3%선을 넘은 후 2006년에는 최고로 5.8% 8,026억 달러를 넘어섰다. GDP의 3%를 넘는 경상수지 적자는 지속가능성에 문제가 나타난다.

과잉자본의 누적은 저금리시대를 열게 하였다. 일본의 쌓이는 과잉자본은 1995년부터 제로금리시대를 열었고, 미국은 2001년부터 1%대 금리시대를 연 후 글로벌경제위기가 일어난 2008년부터 제로금리시대를 열었다. 2009년부터는 영국과 독일도 동참하여 인류사 최초로 중심국의 제로금리시대를 열게 되었다.

지구촌이 개방된 후 최초의 위기였던 1997년 아시아금융위기는 도쿄를 진앙으로 하여 아시아 5개국을 뒤흔든 국지적 지진이었고, 2008년 글로벌경제위기는 뉴욕을 진앙으로 한 지구촌의 지진이었다. 아시아를 탈출하여 뉴욕에 집결한 2,000억 달러가 넘는 거대한 자본이 1%대 저금리를 뛰어넘는 방법은 거품의 창출뿐이었다. 자본이 실물로 연결되지 못하면 거품을 창출할 수밖에 없고 이것이 위기의 에너지다. 일본의 '대성장'과 미국의 '대안정'은 중국의 시장경제 편입을 배경으로 저금리시대를 열었고, 많은 나라의 중앙은행들도 거품 창출에 공조하는 결과를 만들었다.

경제에 공짜는 없다. 공짜의 누적은 과도한 소비와 투기에 의한 거품으로 나타난다. 위기의 전조는 있지만 현실에서 위기의 대비는 쉽지 않다. 물가안정과 경기부양을 중심으로 한 정치적 대중영합주의는 위기를 조장하는 면도 있다.

위기는 근린궁핍화를 부른다

관세전쟁과 통화전쟁

사람은 재앙을 당하면 살아남기 위한 생존게임을 벌인다. 18세기 이후 경제위기는 큰 재앙을 일으켰지만 사람들은 위기의 근본적인 해결보다 불황을 이웃나라에 수출하는 방법으로 위기를 탈출하려고 노력했다.

위기의 에너지가 절정에 달하면 거품이 터지는 호황·불황(boom and bust)의 순환은 항상 되풀이되었다. 과도한 신용팽창(reckless expansion of credit)은 사나운 투기(wild speculation)를 낳고, 사나운 투기는 거품의 창출과 파열(bubble and burst)을 낳고, 거품 파열은 예금인출사태(bank run)를 낳고, 예금인출사태는 신용경색(credit crunch)을 낳고, 신용경색은 부도와 파산(default and bankruptcy)을 낳고, 종국에 가서 부도와 파산은 경기침체(economic recession)를 낳았다. 경기침체는 통화팽창(monetary expansion)을 불러오고 통화팽창은 평가절하(depreciation)를 불러왔다. 평가절하는 통화전쟁을 불러오고, 통화전쟁은 관세전쟁을 동반했다. 통화전쟁과 관세전쟁은 주변국에 큰 고통을 주는 근린궁핍화정책이다. 근린궁핍화정책은 중심국과 주변국 모두에게 더 심각한 경기침체와 대량실업을 유발하고 전쟁의 원인을 제공하기도 한다.

가장 과격했던 관세전쟁은 대공황을 맞은 미국이 자국산업을 보호하고 실업을 억제하기 위해 1930년 관세역사상 최고치인 60% 가까이 관세율을 올린 스무트-홀리 관세법(Smoot-Hawley Tariff Act)이다. 미국의 관세율 인상에 맞서 영국, 프랑스, 독일 등 유럽국가들도 관세율을 높였다. 스무트-홀리 관세법이 유발한 관세전쟁은 미국의 교역량을 60% 넘게 감소시켰고 국제교역량도 60% 정도 감소시키는 결과를 초래했다. 국제교역량 감소에 의해 일어난 독일의 경기침체는 히틀러(Adolf Hitler)의 나치정권을 탄생시켰고 1939년 2차 대전으로 이어졌다. '666의 저주'가 일어났다고나 할까?

가장 과격했던 통화전쟁은 1985년 플라자합의에 의해 엔화의 달러환율이 250엔에서 120엔대로 절상된 것이 아닌가 한다. 일본의 과도한 경상수지 흑자의 누적이 1985년 플라자합의와 1990년대 '잃어버린 10년'을 불렀다. 미국은 1973년과 1979년 오일쇼크에 의해 원유가격이 폭등하여 인플레이션이 10%를 넘자 최고 18%에 달하는 고금리정책을 썼고, 그 결과 제조업은 침체되고 실업률이 10%를 넘게 되었다. 이를 극복하기 위해 1985년 플라자합의에 의해 엔화의 달러 환율을 절상시키자 일본은 저금리로 대응했으나 이것은 주식과 부동산가격의 폭등을 불렀고, 이 거품이 터지면서 '잃어버린 10년'을 맞게 되었다. 일본은 1997년 은행, 증권회사와 보험회사 등 8개 금융기관이 도산하고 주가는 1997년 중 21.19% 폭락했다. 경상수지는 1996년부터 2년간 1,000억 달러대 아래로 떨어졌고, 경제성장은 처음으로 1998년부터 2년간 마이너스 성장을 기록하였다. 플라자합의는 일본의 과도한 경상수지 흑자 누적이 부른 응징이었다.

2008년 서브프라임사태를 극복하기 위해 버냉키 미국 연방준비제도 위원회 의장이 추진한 3조 달러가 넘는 양적완화정책과 일본 아베 정부의 무제한 통화공급은 아마 최고의 통화전쟁으로 기록될 것으로 생각된다. IMF는 이러한 통화전쟁에 중립적이다. G20체제가 출범하고, 신금본위제도(new gold standard)가 제기되는 배경은 여기에 있다. WTO체제에 의해 각국이 자의적으로 관세와 비관세장벽을 쌓을 수 없게 되어 글로벌경제위기에서 관세전쟁은 없었다.

공멸의 길을 피하자

IMF와 GATT의 탄생

위기를 극복하기 위한 생존게임에서 나타난 근린궁핍화정책은 대공황 때 등장한 스무트-홀리 관세법에서 본 바와 같이 공멸로 가는 길이었다. 공멸로 가는 근린궁핍화정책을 뛰어넘기 위해 1945년 IMF와 1948년

GATT가 탄생하였다.

　나는 공직생활을 하면서 한국의 재정금융의 발전을 위해 IMF의 협력을 많이 받았고, GATT체제의 발전을 위한 우루과이라운드에 참여하였다. 1997년에는 IMF 구제금융을 받기 위해 현장에서 뛰었다. IMF와 GATT에 참여하면서 중심국들이 주도하는 체제에서 중심국들의 적극적인 리더십과 타협이 없으면 IMF와 GATT의 기능이 무력화될 것이라고 느꼈다. 주변국들은 현재의 국제질서를 주어진 여건으로 받아들이며 적극적인 협력을 위해 노력했다.

　1995년 설립된 WTO는 상품교역이 중심이었던 GATT체제를 넘어 서비스무역과 지적재산권을 포함하고, 비관세장벽의 철폐와 무역분쟁 조정권을 부여받아 모든 국제교역에 대한 강력한 국제기구로 발전하였다. WTO의 출범 과정에서 중심국이 주도했지만 주변국도 활발히 참여하여 의견이 반영되었다. 특정 국가의 거부권도 없고 기구의 구성도 미국과 유럽이 중심이 되었지만 주변국의 참여도 보장되었다.

　실물부문의 국제협력체제가 WTO체제로 발전하는 동안 금융부문의 국제협력체제는 큰 개혁 없이 IMF체제에 머물러 있다. 국제통화 협력, 국제무역 증대, 가맹국의 고용과 소득의 증대 등 당초 기능에서 큰 변화가 없었고 1971년 미국이 금태환의 중지를 선언함으로써 금본위제도(gold standard)가 붕괴되어 브레턴우즈체제는 크게 상처를 입었다. 아직도 미국은 거부권을 갖고 있고 미국, 유럽, 일본의 G7을 중심으로 운영되고 있다.

　1997년 아시아금융위기에서 IMF는 위기해결에 주도적 역할을 했지만 아시아 국가들은 IMF의 구제금융에 대하여 채권국의 이익을 과도하게 대변했다는 논란이 있었다. 2008년 글로벌경제위기에서 IMF는 강력한 역할을 하지 못했고 신흥국 경제의 성장에 따라 IMF를 주도하던 G7의 대표성에 한계가 왔다. 이러한 배경에서 등장한 G20체제는 2010년 G20서울정상회의(G20 Seoul Summit)에서 정부의 외환시장 개입에 관한 원칙과 신흥국과 과소대표국의 쿼터 조정, 유럽 이사의 축소와 신흥국의 확대 등 기구 개혁에 관한 합의는 있었지만 국제통화본위제도와 기축통화국의 역할을 포함한 국제통화질서와 경제의 글로벌 불균형에 관한 근본적인 논의는 없었다.

앞으로 국제통화본위제도와 기축통화국의 역할에 대한 개혁이 없으면 투기자본에 의한 국제금융질서의 교란과 글로벌 불균형에 관한 근본적인 해결책은 마련하기 어려울 것이다. IMF의 역할과 국제결제은행 (Bank for International Settlements, BIS)의 역할의 통합된 발전도 필요하다. 미국과 일본의 양적완화에 의해 공급된 자본이 또 한 번 거대한 거품의 에너지가 되지 않을까 우려된다.

제2부

위기는 축복일 수 있었다
아시아금융위기

04

단기자본과
유동성의 미스매치

: : 1997 아시아금융위기

1997년 동아시아에 불어닥친 금융위기는 일본의 '잃어버린 10년'의 재채기로 아시아가 감기에 걸린 것이었다. 태국에서 시작된 감기가 북상하여 한국까지 전염시켰고 동아시아경제는 맥없이 무너졌다. 무너질 것이 없는 나라는 제외하고!

1997년 아시아금융위기의 뿌리는 한국, 태국, 인도네시아, 말레이시아, 필리핀 5개국에 흘러간 일본 867억 달러, 미국 220억 달러, EU 986억 달러, 전체 2,073억 달러의 은행대출이었다. 이러한 거대한 유입은 자본유출입, 경상수지, 기업부채비율, 대외채무에서 거품으로 나타났다. 해외자본 유입으로 아시아 금융시장은 들떠 있었고 기업은 확장의 길을 걸었고 경상수지 적자가 누적되어 거품으로 나타났다.

한국의 경우 1997년 위기 전 3년간 580억 달러의 단기자본 유입에 의한 환율의 절상에 따라 380억 달러의 경상수지 적자가 누적되었고, 해외차입자금으로 투자를 한 기업의 부채비율은 1997년 400%에 육박했다. 대외채무는 1997년 1,616억 달러로 GDP의 31%였고 단기차입은

583억 달러였다. 위기를 당한 태국, 인도네시아, 말레이시아, 필리핀도 정도의 차이는 있었지만 해외자본의 초과유입, 환율의 고평가, 경상수지의 적자, 높은 기업부채비율, 높은 대외채무는 같은 양상이었다.

1997년 아시아위기의 원인에 대해 WTO체제의 출범에 따라 동양의 정실자본주의(crony capitalism)와 폐쇄사회(secrecy society)가 서양의 시장자본주의(market capitalism)와 투명사회(transparency society)에 통합되는 과정에서 일어났다는 역사적인 견해도 있다. 수출 위주의 경제성장 정책을 추구하던 동남아시아 국가들이 중국이 시장경제에 편입됨에 따라 급속하게 경쟁력을 상실하고 경상수지 적자가 과도하게 누적되어 위기가 초래되었다는 견해도 있다.

아시아금융위기에 대한 통계적 진단은 단기자본의 과도한 유입과 이에 따라 환율이 고평가되고 경상수지 적자가 누적된 상태에서 갑작스러운 단기자본의 급격한 유출에 그 원인이 있었다는 것을 보여준다. 위기 전과 후인 1996년과 1998년을 비교하면 환율이 대폭 절하된 것과 함께 경상수지가 흑자로 전환된 것은 고평가 환율과 경상수지 적자 누적이 위기의 뿌리라는 것을 보여준다.

한국의 경우 1997년 기아자동차 등 대기업의 부도가 이어지자 단기차입금 375억 달러가 썰물같이 빠져나갔다. 최대 채권국 일본은 단기차입 218억 달러의 60%인 130억 달러의 자금을 회수해갔다. 일본의 단기 엔캐리자금의 급격한 유출이 통화가치 폭락의 가장 큰 요인이었다. 경제의 펀더멘털보다 투기성 자본의 과도한 유출입이 더 큰 문제였다.

동남아에서 시작된 태풍의 북상

위기의 도래

1997년 7월 1일 홍콩이 중국에 반환된 다음 날인 7월 2일, 태국의 바트화 폭락을 시작으로 아시아에서 금융위기가 막을 올렸다. 1944년 브레턴우즈체제가 성립된 후 세계경제의 새로운 시련이 시작된 날이기도 했다.

1997년 7월 태국에서 발생한 위기는 인도네시아를 돌아서 연쇄적인 환매사태를 타고 북상하여 10월 20일부터 나흘간 홍콩의 주가를 23.3% 폭락시켰다. 11월 들어 한국에도 위기가 전염되었다. 위기의 전염효과(contagion effect)는 빠르고 강력했다. 고정환율과 1,400억 달러의 외환보유고를 갖고 있던 중국은 가까스로 태풍을 피해 갔지만 처음으로 경제성장률이 8% 이하로 떨어졌고, 말레이시아는 자본통제를 통하여 위기에 정면 대응했지만 많은 상처를 입었다. 일본의 '잃어버린 10년'의 재채기로 밀려나온 867억 달러의 엔캐리자금은 아시아를 감기 들게 하는 데 충분했다.

아시아금융위기는 1980년대 남미의 외채위기와는 여러 점에서 달랐다. 첫째 민간기업 부문의 취약성에 의해 발생했다는 점에서 공공부문의 외채 누증에 의해 발생한 남미와 다르고, 둘째 단기로 조달한 자금을 장기자금으로 운용함으로써 생긴 유동성의 만기불일치가 원인이었다는 점에서 해외차관을 비효율적으로 투자함으로써 생긴 자금의 잘못된 사용(misuse)에서 발생한 남미와 다르고, 셋째 경제성장률, 저축률, 실업률, 물가 등 상대적으로 견실한 경제여건(sound economic fundamentals)을 유지해왔다는 점에서 경제여건이 부실했던 남미와 다르고, 넷째 해외투자자들의 급속한 자금회수에 의한 신뢰도위기 (confidence crisis)였다는 점에서 채무불이행이 문제였던 남미와 달랐다.

동남아시아에서 시작된 위기가 동북아시아까지 전염되었고 단기유동성의 만기불일치와 단기자금의 급격한 유출이 위기의 직접적인 원인이었다는 점에서 1997년 위기는 금융위기로 부를 수 있다.

과도한 자금유입과 고평가 환율

경상수지 적자

1997년 아시아금융위기와 2008년 글로벌경제위기에서 나는 경상수지가 나쁘면 병든 경제라는 것을 경험했다. 공급이 늘어나면 가격이 떨어진다는 것이 경제원론이다. 1997년 아시아금융위기 때 환율은 경제의 펀더멘털이 아니라 해외자금의 유출입에 따라 움직였다. 기술과 자원이 빈곤한 소규모 개방경제는 대외균형이 무너지면 위기를 당하게 마련이다.

아시아금융위기의 뿌리는 고평가 환율과 경상수지의 적자 누적이었다. 위기가 일어나기 전후 1996년과 1998년의 달러에 대한 환율과 경상수지를 비교하면 한국의 경우 환율이 844.2원에서 1,207.8원으로 43.1% 절하되자 경상수지는 238억 달러 적자에서 400억 달러 흑자로 전환되었고, 태국의 경우 환율이 25.61바트에서 36.69바트로 43.3% 절하되자 경상수지는 143억 달러 적자에서 142억 달러 흑자로 전환되었다. 인도네시아도 환율이 2,383루피아에서 8,025루피아로 236.8% 크게 절하되자 경상수지는 76억 달러 적자에서 40억 달러 흑자로 전환되었다. 모두 같은 행태였다.

1997년 전후 아시아의 환율과 경상수지 상황 (달러환율, 억 달러)

	구분	1994	1995	1996	1997	1998
한국	환율(원)	788.7	774.7	844.2	1,415.2	1,207.8
	경상수지	−44.6	−97.5	−238.3	−102.9	400.6
태국	환율(바트)	25.09	25.19	25.61	47.25	36.69
	경상수지	−78.0	−132.1	−143.5	−31.1	142.9
인도네시아	환율(루피아)	2,200	2,308	2,383	4,650	8,025
	경상수지	−27.9	−64.3	−76.6	−50.9	40.9

자료: ADB; 한국은 한국은행.

　　경상수지 적자가 누적되는데도 환율이 고평가 상태를 유지한 것은 해외자금의 과도한 유입이 원인이었다. 해외자본의 유입은 절상압력이 되었고 절상된 환율은 경상수지 적자를 확대하여 해외차입수요를 더욱 증가시키는 악순환이 일어났다. 1996년 이전 3년간 총해외유입자금이 한국은 976억 달러, 태국은 551억 달러, 인도네시아는 397억 달러 증가하였다. 1996년 단기외채의 비중은 한국 48.5%, 태국 39.5%, 인도네시아 25.0%였다. 1997년 통화가치를 유지하기 위해 노력한 것은 해외자금의 유출을 막기 위한 수단이었지 원인은 아니었다.

비 올 때 우산을 뺏어갔다

급격한 외화유출

아시아금융위기의 직접적인 원인은 선진국 단기캐리자금의 급격한 유출입(dash-in and rush-out)에 있었다. 일본, 미국, 유럽에서 낮은 금리로 유입된 단기자금은 아시아에서 비싼 금리의 장기대출로 이루어짐으로써 만기불일치가 생겼다. 기업은 차입금으로 과도한 투자를 하여 부채비율이 치솟았고, 과도한 자본재 수입으로 경상수지 적자는 급격히 쌓여갔고, 단기캐리자금은 증권시장과 부동산에 불을 붙였다. 어느 날 아시아경제의 허약체질이 노출되면서 단기자금이 유출되기 시작하자 거품은 터지게 되었다.

아시아금융위기에서 가장 큰 고통을 당한 나라는 한국, 태국, 인도네시아, 말레이시아, 필리핀 5개국이었다. 일본, 유럽, 미국으로부터 금리가 낮은 단기자금을 폭발적으로 차입하여 장기대출을 하였다가 폭발적인 자금유출이 일어나자 금융시장이 초토화되었다. 단기자금 시장금리를 보면 일본은 1991년 5.56%에서 1996년 0.56%로 내려가 제로금리 시대가 열렸고, 미국과 영국은 각각 1991년 4.09%, 4.31%에서 1996년에 5.58%, 5.63%로 약간 올랐다. 금융위기가 일어나기 전 1996년까지 3년간 단기차입금을 보면 한국은 122억 달러에서 702억 달러, 태국은 226억 달러에서 426억 달러, 인도네시아는 179억 달러에서 322억 달러로 폭발적으로 늘었다. 이렇게 쓰나미같이 밀려온 단기차입금은 1997년과 1998년 2년 사이에 한국 375억 달러, 태국 129억 달러, 인도네시아 121억 달러가 유출되었다. 당시 아시아의 상업어음(commercial bill) 할인금리는 한국 12% 전후, 태국과 인도네시아는 15% 전후였기 때문에 미국과 일본의 단기자금에 대한 수요는 사실상 무한대였고, 저금리의 유혹은 만기불일치의 위험보다 훨씬 컸다. 단기캐리자금의 급격한 유출은 아시아 사람들에게 어떤 수단으로도 감당할 수 없는 태풍이었고 과거에 상상하지 못한 미증유의 사태였다.

나는 이런 사태의 소용돌이 속에서 힘겨운 노력을 했다. 1997년 4월 런

주요국 단기금리와 아시아 총외채 · 단기외채　　　　　　　　　　　　　(%, 억 달러)

		1991	1993	1995	1996	1997	1998
금리	일본	5.56	2.09	0.57	0.56	1.33	0.75
	미국	4.09	3.36	5.64	5.58	5.70	4.94
	영국	4.31	3.38	6.50	5.63	5.81	5.07
외채	한국	397.3	472.0	1,089.3	1,448.4	1,616.2	1,515.6
	(단기외채)	112.0	122.0	513.6	702.7	583.7	359.7
	태국	377.0	526.4	1,000.4	1,077.4	1,097.0	1,049.2
	(단기외채)	124.9	226.3	441.0	426.1	378.4	296.6
	인도네시아	795.5	891.7	1,244.0	1,289.4	1,361.6	1,512.4
	(단기외채)	143.2	179.9	259.7	322.3	328.7	201.1

자료: ADB: 한국은 한국은행(금리는 CD, 90일).

던의 HSBC, 바클레이즈(Barclay's), 스탠다드차타드(Standard Chartered)은행을 찾아갔고, 암스테르담의 ABN암로은행(ABN Amro Bank)을 찾아가 지속적인 거래를 당부하고 유동성문제가 있는 은행에 대한 정부의 보증을 약속했다. 7월에는 취리히의 크레디트스위스(Credit Suisse)와 스위스은행(Swiss Bank)을 찾아가 한국과의 계속 거래를 부탁하였다. 9월에는 서울에서 외국은행단(Foreign Banker's Group) 회의를 열어 "필요할 때 친구가 진정한 친구다(A friend in need is a friend indeed)"라고 말하며 급격한 자금회수의 자제를 요청했다.

10월 23일 홍콩 증권시장의 대폭락이 있은 후 홍콩의 금융시장이 경색되자 단기차입의 길도 사실상 막혀버렸다. 많은 노력은 효과가 없었고 375억 달러의 단기외채가 썰물같이 빠져나가는 대세를 막지 못했다. 최대 단기차입선이었던 일본이 130억 달러를 회수하여 타격이 가장 컸다.

강요된 변화 'IMF 프로그램'

IMF 구제금융

1997년 미국 컨설팅회사 부즈 앨런 앤드 해밀턴이 "한국은 저임금의 중국과 고기술의 일본의 호두가위에 낀 호두 같은 운명이다. 스스로 변하지 않으면 종국에는 변화를 강요당할 것이다"라고 지적한 대로 우리는 IMF 구제금융을 받고 변화를 강요당했다. 우리보다 먼저 태국과 인도네시아가 변화를 강요당했다. 1997년 재정경제부 차관으로서 IMF 구제금융을 협의하면서 모든 것을 우리 탓으로 생각하고, 강요된 변화를 받아들이고, 위기를 기회로 삼기 위해 노력했다.

1997년 아시아금융위기에 대한 IMF의 구제금융은 태국 172억 달러, 인도네시아 430억 달러, 한국 583억 5,000만 달러로 총규모 1,185억 5,000만 달러였고, 1998년 필리핀에 대한 13억 7,000만 달러가 있어 모두 합치면 1,199억 2,000만 달러였다. 인도네시아 220억 달러, 한국 233억 5,000만 달러는 일본과 유럽이 지원한 2차 방어선 자금이었다.

IMF 구제금융의 조건으로 이루어진 정책프로그램은 각 나라의 상황에 따라 다르지만 1) 거시정책 목표의 하향조정, 2) 금융과 재정의 긴축운용, 3) 금융과 기업의 구조조정, 4) 무역과 자본의 자유화 확대 등 4대 분야를 중심으로 구성되었다. IMF가 창구 역할을 하고 태국의 경우 일본이 주도했고, 한국의 경우 미국이 주도하였다. 인도네시아의 경우는 33년을 집권한 수하르토(Haji Mohammad Suharto) 대통령의 사임과 함께 많은 진통이 있었다.

태국은 1997년 7월 28일 구제금융을 신청하고, 8월 3일 172억 달러 (IMF 40억 달러, IBRD 15억 달러, ADB 12억 달러, 일본 40억 달러, 호주·중국·홍콩·싱가포르·말레이시아 각 10억 달러, 한국·인도네시아·브루나이 각 5억 달러)의 구제금융을 지원받게 되었다. 정책프로그램의 주요 내용은 성장률 4%와 물가 9% 조정, 국내 구제금융의 지원을 차단하기 위한 금융긴축, 1조 바트 지출 삭감과 VAT 10% 인상의 재정긴축, 56개 단기금융회사 영업정지와 금융구조조정, 금융기관 외국인 지분 25% 이상 확대, 공공서비스 정부보조금 금지 등이었다.

인도네시아는 10월 8일 구제금융을 신청하고, 10월 31일 430억 달러(IMF 101억 4,000만 달러, IBRD 45억 달러, ADB 42억 달러, 일본 70억 달러, 싱가포르 50억 달러, 미국 30억 달러, 말레이시아와 호주 10억 달러 등)의 지원을 받았다. 정책프로그램의 주요 내용은 성장률 3%와 물가 9% 조정, 1% 흑자 예산의 재정긴축, 16개 은행 폐쇄와 금융구조조정, 독점철폐 및 민영화, 연료비 보조금 철폐 등이었다. 이러한 당초 합의는 1998년 추가 협의에 따라 상당히 조정되었다.

한국은 11월 21일 구제금융을 신청하고, 12월 3일 최단기간 최대 금액 583억 달러(IMF 210억 달러, IBRD 100억 달러, ADB 40억 달러, 일본 100억 달러, 미국 50억 달러, 프랑스·독일·영국·이탈리아 4개국 50억 달러, 오스트리아와 캐나다 각 10억 달러 등)의 지원을 받았다. 정책프로그램의 주요 내용은 1) GDP 1%의 경상수지 흑자, 5% 물가, 3% 성장률 조정, 2) 환율과 금리의 신축적인 운용과 금융긴축, 3) GDP 1.5% 세출 삭감과 VAT 과세범위 확대의 재정긴축, 4) 5개 지방은행과 22개 종합금융회사의 폐쇄 등 금융구조조정과 통합감독기구 설치, 5) 수입승인제 폐지 등 무역자유화와 외국인 주식보유한도 50% 확대 등 자본자유화 확대, 6) 기업의 투명성 제고와 부채비율 축소, 7) 노동시장 유연성 제고 등이었다.

필리핀은 1998년 3월 27일 IMF의 13억 7,000만 달러 구제금융을 받게 되었고, 말레이시아는 IMF 구제금융의 요청 없이 미국 달러에 대한 링기트화의 고정과 자본통제, 그리고 금리인상과 재정긴축에 의해 위기를 어렵게 넘겼다.

싱가포르와 홍콩은 아시아의 금융센터로서 자본의 급격한 유출입을 함께 타고 넘었고, 900억 달러의 외환보유고를 가지고 있었던 대만과 1,043억 달러의 외환보유고를 가지고 있었던 중국은 큰 상처를 받지 않고 위기를 피해갔다. 아시아금융위기의 파도는 아시아를 휩쓴 뒤 러시아, 동유럽, 중남미로 넘어가고는 일단 잦아들었다. 아시아를 탈출한 자본이 또 다른 위기의 불씨가 될 줄은 중심국들은 물론 아무도 몰랐다.

중심국 은행들은 IMF 구제금융과 중심국 지원금융을 믿고 안심하고 대탈주극을 벌였다. 583억 달러의 IMF 구제금융 패키지가 합의된 12월 3일 전후 일본계 은행은 70억 달러를 집중적으로 회수함으로써 IMF의 지원에도 불구하고 모라토리엄의 위기로 몰렸다. 나는 당시 이런 사태에 크게 당황했다. IMF 구제금융은 주변국 민간은행의 부채를 정부의 부채로 이전시키고, 중심국 민간은행은 주변국 정부의 공적자금으로 채권을 회수해가는 꼴이 되었다. 일본이 회수해간 130억 달러는 그들이 지원하기로 한 100억 달러를 넘는 규모였다. IMF는 투기자본을 위한 '최종대부자'가 되고, 중심국은 그들 은행의 지원자가 되었다. 누가 누구를 위하는 구제금융이고 지원금융인지 모를 판국이었다. 병 주고 약 주고 또 병 주는 상황이었고 재주는 IMF가 넘고 돈은 투기자본이 버는 격이었다. 태국, 인도네시아, 한국 아시아 3개국의 최대 채권자인 일본계 은행들은 IMF의 보호 아래 안심하고 철수를 완료했다.

투기자본이 휩쓸고 간 자리

아시아금융위기로 아시아 사람들은 과거에 상상도 하지 못한 고통을 당했다. 일본의 제로금리에 가까운 엄청난 규모의 단기캐리자금의 쓰나미는 더 무서웠다. 1985년 플라자합의로 엔화가 50%나 절상된 배경에 대해 당시 월스트리트 사람들은 일본이 과거 30년 동안 엔화 약세에 의해 벌어들인 엄청난 무역수지 흑자를 상품 수입으로 쓰지 않고 달러 수출로 국부를 축적한 데 대한 응징이라고 평가하기도 했다. 일본은 플라자합의로 당한 상처를 아시아 이웃들에게 수출한 결과가 되었고 태평양전쟁 후 또 한 번 아시아 이웃들에게 큰 상처를 남겼다.

투기자본이 휩쓸고 간 다음 우리는 경기침체와 대량해고를 겪었고, 자산이 폭락하는 혹독한 시련을 치렀다. 1998년 경제성장은 한국 −5.7%, 태국 −10.8%, 인도네시아 −13.1%로 폭락하였고, 실업률은 각각 7.0%, 3.4%, 5.5%로 폭등하였다. 위기기간에 한국에서 106만 명,

1997년 아시아금융위기 상황   (%, 억 달러)

		1996	1997	1998	1999	2000
한국	성장률 / 실업률	7.2 / 2.0	5.8 / 2.6	−5.7 / 7.0	10.7 / 6.3	8.8 / 4.4
	경상수지	−238.3	−102.9	400.6	216.1	104.4
태국	성장률 / 실업률	5.9 / 1.1	−1.4 / 0.9	−10.8 / 3.4	0.8 / 3.0	4.8 / 2.4
	경상수지	−143.5	−31.1	142.9	124.7	92.1
인도네시아	성장률 / 실업률	7.8 / 4.9	4.7 / 4.7	−13.1 / 5.5	0.8 / 6.4	4.8 / 6.1
	경상수지	−76.6	−50.9	40.9	57.8	78.3

자료: ADB; 한국은 한국은행.

태국에서 85만 명, 인도네시아에서 179만 명이 직업을 잃었다. 주가는 한국 61%, 태국 53%, 말레이시아 64% 하락하였고, 홍콩과 싱가포르는 각각 43%와 45% 하락하였다. 은행과 기업은 파산하거나 해외로 헐값에 매각되었고 빌딩도 팔려나갔다. 한국은 2만여 개의 기업이 사라졌고 6개 은행과 22개 종합금융회사가 바람과 같이 사라졌다. 말레이시아, 필리핀도 큰 고통을 당했다. 금융시장이 발달한 도시국가 홍콩과 싱가포르는 비껴갔다. 지구촌이 개방된 후 처음 맞는 재앙이었다.

아시아 협력체제의 태동

치앙마이 구상

1997년 12월 2일 아시아금융위기가 소용돌이 칠 때 쿠알라룸푸르에서 ASEAN+3재무장관회의가 처음으로 열렸다. 동남아시아국가연합(Association of South-East Asian Nations, ASEAN)의 창설 30주년을 기념하여 한국, 중국, 일본 3개국이 정식으로 초청되었고, 미국, 오스트레일리아, 홍콩, 그리고 IMF와 IBRD도 특별히 참여했다. 회의의 이슈는 위기의 원인과 역내 금융협력이었다. 나는 회의에 참석하여 한국의 위기극복 노력에 대해 고통스러우나 전화위복의 계기가 될 것(a difficult pill to swallow, it may be a blessing in disguise)이라고 설명하고 일본, 미국, IMF, IBRD와의 협력을 위해 분주하게 보냈다.

재무장관회의 개막식에서 마하티르(Mahathir bin Mohamad) 말레이시아 총리는 헤지펀드(hedge fund)가 아시아금융위기의 원인이라고 강하게 비판하였다. 그해 9월 20일 홍콩 IMF · IBRD총회에서도 국제금융시장의 외환거래는 비정상적이며 중단되어야 한다고 주장하고 소로스 (George Soros)는 링기트화의 폭락을 야기한 장본인이라고 공격한 적이 있었다. 그전에도 금융시장의 개방이 사악한 투기꾼들(rogue speculators)을 위한 것이고, 국제투기꾼들의 세계는 잔인한 야수들이 활개 치는 정글이라고 비판한 적도 있었다. 마하티르 총리의 비판은 아시아 사람들의 극단적인 견해를 보여주는 사례였다.

마하티르 총리의 비판에 대해 캉드쉬(Michel Camdessus) IMF 총재는 헤지펀드가 시장기능에 의한 국제적인 자금이동이라는 긍정적인 측면과 연금기금(pension fund) 등 기관투자가에 비해 소규모라는 점을 들어 위기의 주범은 아니며 긍정적인 역할도 있다고 옹호했고 가이트너 (Timothy Geithner) 미국 재무부 차관보도 같은 입장이었다. 스티그리츠 (Joseph Stigritz) IBRD 부총재는 아시아금융위기는 거시경제여건보다 금융시장의 신뢰 추락(confidence collapse)을 위기의 원인으로 규정하고 신뢰 회복을 위해 금융시장의 투명성(transparency) 제고와 감독과 건전성규제(supervision and prudential regulation) 강화를 대책으로 제시했다. 거시정책에서 전통적인 재정과 금융의 긴축보다 성장정책을 추진해야 한다고 주장해 IMF의 긴축정책에 대한 반대를 시사했다.

도널드 창(Donald Tsang, 曾蔭權) 홍콩 재무부 장관은 아시아 국가들이 역내의 6,000억 달러가 넘는 외환보유고를 역외 장기채권에 투자하고 이 돈이 역내의 단기차입으로 환류되는 것을 개선하기 위해 역내에서 장기채권을 발행하는 구상을 발표했다. 나와 함께 ASEAN 국가들은 그의 구상을 지지했다.

위기의 재발을 막기 위한 아시아 역내의 협력방안에 대한 견해는 일본과 달랐다. 1997년 8월 3일 태국에 대한 172억 달러의 구제금융을 발표하였을 때 사카키바라 에이스케(榊原英資) 일본 대장성 국제금융 담당 차관은 "일본은 아시아에서 경제규모에 상응하는 중요한 역할을 할 것이다"라고 말했고, 9월 20일 홍콩 IMF총회에서 구체적인 대안으로 미쓰츠카 히로시(三塚博) 일본 대장성 장관은 아시아통화기금(Asian Monetary Fund, AMF) 구상을 밝히며 1,000억 달러의 출연을 제안했다. 일본의 AMF 구상에 대해 미국과 IMF는 반대가 강했고 중국은 유보적인 입장이었으며 아시아의 많은 나라들도 적극적인 지지를 보이지 않아 제안으로 끝났다. 일본계 은행의 급격한 자금회수는 일본의 AMF 구상이나 300억 달러를 아시아에 지원하겠다는 미야자와 구상(Miyazawa Initiative)의 빛을 바래게 하였다. 나는 일본의 AMF 구상은 좋은 대안이라고 생각했지만 급속히 자금을 회수한 일본의 본심이 무엇인지 혼란스러웠다.

아시아의 역내 협력방안에 대한 논의는 치앙마이 구상(Chiang Mai Initiative, CMI)과 아시아채권시장 구상(Asian Bond Market Initiative, ABMI)으로 현실화되었다. 2000년 5월 6일 태국 치앙마이에서 열린 ASEAN＋3재무장관회의에서 위기를 대비한 회원국 간 통화스왑계약을 체결하는 CMI가 합의되었고, 2003년 8월 7일 필리핀 마닐라에서 열린 ASEAN＋3재무장관회의에서 미국 국채에 집중되어 있는 외환보유고의 투자처를 역내 채권시장으로 유도하기 위해 한국이 제안한 ABMI가 합의되었다.

나는 기획재정부 장관이 되어 2008년 5월 4일 스페인 마드리드에서 ADB총회와 함께 열린 ASEAN＋3재무장관회의에 참석하여 CMI를 양자간 통화스왑에서 다자간 협력기금으로 발전시키고 기금규모를 1,200억 달러로 확대하는 방안을 제안했다. 또한 ABMI의 활성화를 위해 채권보증투자기구(Credit Guarantee and Investment Mechanism)의 설립도 제안하여 원칙적인 합의에 이르렀다. 나는 이 회의가 열리기 전 한·중·일 재무장관회의 의장으로서 쉐쉬런(謝旭人) 중국 재정부장과 누카가 후쿠시로(額賀福志郎) 일본 재무성 장관과 협의하여 CMI협력기금을 한·중·일과 ASEAN이 80대20의 비율로 분담하고 한·중·일의 분담비율을 2대4대4로 조정하였다. 중국과 일본이 경쟁관계에 있는 상황이었기 때문에 한국의 중재 역할이 중요했다. 다음 해 한국은 16%인 192억 달러, 중국과 일본은 각각 32%에 해당하는 384억 달러를 분담하는 것이 확정되었다.

AMF 구상은 미국과 IMF의 반대로 무산되었지만 CMI와 ABMI가 대안으로서 역할을 할 수 있게 되었다. 앞으로 아시아의 위기를 스스로 해결할 수 있는 역내 협력기구로 발전하기를 기대한다.

05 호두가위에 낀 한국경제

:: 위기의 한국경제

1997년 외환위기 직전 미국 컨설팅회사 부즈 앨런 앤드 해밀턴은 고비용·저효율 구조에 의하여 침체국면에 들어선 우리 경제에 대하여 "한국은 저임금의 중국과 고기술의 일본의 호두가위에 낀 호두 같은 운명이다. 스스로 변하지 않으면 종국에는 변화를 강요당할 것이다"라고 지적했다. 《월스트리트저널》은 "한국에 가장 필요한 상품(the commodity Korea needs most)은 리더십이다. 지금 달러보다 더 부족한 것(even shorter supply than dollars)은 그것이다"라고 리더십의 공백(Leadership vacuum)을 지적했다.

한국경제가 이런 지적을 당할 때 이미 위기는 진행 중이었고 종국에는 IMF에 의해 변화를 강요당했다. 우리가 잘못한 것들은 너무 많았고 강요당한 변화는 큰 고통과 많은 상처를 남겼지만 숨겨진 축복(disguised blessing)이 될 수 있었다. 1997년 강요당한 변화는 후회스러운 역사였지만 많은 교훈을 남겼다.

세 마리 토끼를 잡을 수 있다

위기 앞의 방향착오

1996년, 다음 해의 위기를 앞둔 우리의 행적들을 추적해보면 외환위기는 상상도 못 하고 있었고 리더십과 행동은 실종되어 있었다.

정부는 상반기에 성장률 7.5%, 물가 4.5%, 경상수지 적자 60억 달러의 '세 마리 토끼'를 잡는다고 큰소리를 치고, 무역수지 방어를 위해 환율정책 같은 단기적 대증적인 대책은 바람직하지 않다고 빗나간 소리까지 했다. 청와대는 하반기에 '뼈를 깎는 노력'으로 국가경쟁력 10% 이상 높이기를 제창하며 구조조정을 추진하였다. 한국은행도 하반기 들어 수출이 증가해 경상수지 적자를 79억 달러로 막을 수 있다고 큰소리치고 환율절하를 막기 위해 유사 이래 처음 선물환까지 투입하는 '방향 착오'까지 했다.

8% 단일관세율과 고평가 환율이라는 최악의 정책조합(the worst policy mix)은 아무도 지적하지 않았다. 수출을 포기해야 할 환율 수준에서 추진된 정부의 '세 마리 토끼', 청와대의 '뼈를 깎는 노력', 한국은행의 '방향착오'는 경상수지 적자를 예상보다 4배나 많은 사상 최대인 238억 달러에 달하게 만들었다. 우리는 가장 큰 토끼를 놓치고, 경제의 뼈를 실제로 깎았고, 위기 방향으로 치달아 1997년 외환위기를 맞았다.

신문 보도에 나타난 정부, 한국은행, 정부의 싱크탱크인 한국개발연구원(KDI) 등에서 쏟아낸 말과 행적들을 옮겨보면 다음과 같다.

위기 이전 정부, 한국은행, KDI의 행적들
- "성장률 7~7.5%, 물가 4.5% 이내, 경상수지 적자 50억~60억 달러 등 거시

경제의 세 마리 토끼를 모두 잡을 수 있다." (1996. 3. 29. 정부)

- "올해 세계경제의 안정적인 성장세(3%선)에 힘입어 수출이 14.3%, 수입은 이보다 낮은 11.1% 늘어날 것으로 전망되어 올해 경상수지 적자 규모는 65억 달러로 전망된다." (1996. 4. 18. KDI)
- "상반기 중 국제수지 적자폭이 74억 달러 수준까지 증가할 전망이나, 하반기에는 수입 증가세가 크게 둔화돼 적자폭을 연간 79억 달러 선에서 억제할 수 있을 것이다." (1996. 5. 18. 한국은행)
- "올해의 3대 거시경제 목표 중 성장률과 물가는 이룰 수 있을 것으로 보이고 국제수지는 어려우나 환율정책 같은 단기적, 대증적 대책은 바람직하지 않다." (1996. 5. 23. 정부)
- "청와대 수석비서관회의에서 최근 경제상황에 관한 우려의 목소리들이 제기되지만 현 경제상황에 대해 위기는 아니다라는 입장이다." (1996. 6. 29. 청와대)
- "앞으로 경제정책은 서민생활의 안정을 도모하는 데 중점을 두겠다. 환율의 평가절하 추세가 지속된다면 연말에 경상수지는 나아질 것이다." (1996. 8. 8. 정부)
- "한국의 올 경상수지 적자 규모가 140억~150억 달러, 소비자물가 상승률은 연평균 5.25%에 달할 것이다." (1996. 8. 17. IMF연차협의단)
- "고비용·저효율 구조를 타개하기 위해 '국가경쟁력 10% 높이기 운동'을 전쟁하는 기분으로 총력전을 펼쳐나가자. 비용을 10% 절감하든지, 능률을 10% 올리든지, 아니면 이 두 가지를 함께하든지 해서 경쟁력을 높이자." (1996. 9. 23. 청와대)
- "환율을 900원 선까지 올리는 것만이 수출경쟁력을 회복하는 길이다." (1996. 12. 17. 무역협회)
- "재정경제부 부총리는 불가능해 보였던 물가 억제 목표 4.5% 이내를 달성해 준 것이 고마워 물가정책국 망년회에 참석하여 직원들과 소주도 꽤 마시고 노래까지 불렀다." (1996. 12. 30. 신문 보도)
- "불안할 정도로 매우 큰 경상수지 적자폭을 줄이기 위해 즉각적인 원화가치 절하가 필요하다. 한국은행은 (절상을 위해) 개방경제체제하에서는 있을 수

없는 외환시장의 차르(러시아 절대군주) 같은 역할을 해왔다." (1997. 1. 3. MIT 교수 루디거 돈부시)

- "새해 첫날에 눈보라가 몰아친 뒤 햇빛이 비친 것처럼 우리 경제도 새해에는 어렵게 출발하지만, 하반기 들어 활력을 되찾을 것이다." (1997. 1. 4. 정부)

- "1997년은 경제적으로 한국인에게만 가혹한 한 해가 될 것 같다. 한국은 성장률 저하와 수출 둔화로 불황 국면이 계속될 것이다." (1997. 1. 6. OECD)

- "원화가 절하되면 수출에 도움이 될 것이다. 엔화의 달러 대비 환율도 80엔에서 115엔까지 올라갔다." (1997. 1. 13. 하버드대 교수 제프리 삭스)

- "원화가치의 가파른 하락으로 인해 외환시장이 출렁거리고 있지만 현재의 환율 수준이 우리 경제의 현재 상황을 제대로 반영하고 있다." (1997. 1. 16. 한국은행)

- "통상산업부는 지난 1월 말 국제수지 개선을 위해서는 원달러 환율의 상승(절하) 추세가 계속 이어져야 한다며 이런 입장을 재정경제부에 제시했다." (1997. 1. 31. 정부)

- "한국은행은 달러가격 급등(절하)을 억제하기 위해 처음으로 서울 외환시장에 선물환을 공급하는 강력한 조치를 취했다. 1997년 들어 2월까지 원화는 달러화에 비해 2.9% 절하됐고 일본 엔화는 올 들어 5.6%나 절하됐다." (1997. 2. 12. 신문 보도)

- "원화의 환율이 연일 최고치(절상)를 경신하고 있다. 14일 외환시장에서 환율은 875원으로 거래가 시작돼 하루 종일 강세를 유지했다." (1997. 2. 15. 신문 보도)

정책당국자들이 이런 행태를 보일 때 우리 경제는 위기로 달려가는 심각한 상황이었다. 성장률과 물가 이외에 경상수지, 대외부채, 기업재무구조 등은 최악의 상황이었다. 다음 해 1997년 우리 경제는 대기업의 연쇄부도, 금융기관 부실채권의 급증, 대외신인도의 하락, 해외차입의 단절로 인해 위기로 치달았다. 위기 직전 1996년 심각한 한국경제의 다섯 가지 대표적인 실상은 다음과 같았다.

첫째, 1990년대에 들어 생산성은 정체된 속에 임금, 금리, 지가 등 요소비용의 지속적 상승에 의해 고비용구조는 누적적으로 악화되어갔다. 1987~1996년 경제는 연평균 8.6% 성장했는데 임금은 연평균 9.1% 상승하였다. 금리는 1996년 기준 11.9%로 금융비용이 일본에 비해서는 4배, 대만에 비해서 2배나 높았다. 공장용지 가격은 1995년 기준 미국과 일본의 4배에 달했다.

둘째, 고평가된 환율과 8% 단일관세율의 정책조합은 대내외 가격경쟁력을 급격히 추락시켰다. 원화의 달러환율은 1994년 2.3%, 1995년 1.8%나 절상되어 경상수지 적자는 1994년 44억 달러에서 1996년 238억 달러로 폭발적으로 증가하였다. 1993년 세계 유일의 8% 단일관세율이 시행됨으로써 소비재 수입은 폭발적으로 증가한 반면 섬유, 신발 등 국내소비재 산업의 가격경쟁력이 급격하게 악화되어 국내시장은 잠식당하고 내수산업은 도산하거나 공장을 해외에 이전하지 않으면 안 되었다. 가격경쟁력이 추락하여 수출과 투자는 위축되고 수입과 국내소비는 급격히 증가하였다.

셋째, 과다한 단기차입자금으로 회임기간이 긴 장기사업에 투자하는 확대지향적 차입경영으로 기업이 성장할수록 재무구조는 악화되었다. 1996년 부채비율은 제조업 317.1%, 30대 그룹 382.0%로 1995년 기준 미국 159.7%, 일본 206.3%, 대만 85.7%와 비교하면 크게 높았다. 더구나 기업의 차입금은 주로 외자에 의해 조달되어 1996년에 총외채 1,448억 달러로 누적되었고, 단기외채는 총외채의 48.5%인 702억 달러였다. 한강의 기적은 1996년 이미 한강의 빚더미로 변해 있었다.

넷째, 금융기관은 기업규모와 물적담보를 기초로 대출함으로써 무모한 기업 확장에 대한 견제역할을 하지 못했다. 여신심사능력이 취약하여 경기확장기에 과다한 여신을 공급하다가 경기하강기에 기업자금사정이 어려울 때 여신을 감축하여 기업부실→여신감축→기업도산→은행부실의 악순환을 자초하였고, 단기로 조달한 자금을 장기자금으로 대출하여 유동성관리의 불안정성을 초래하였다.

다섯째, 금융의 자율화(deregulation), 개방화(opening), 글로벌화(globalization) 추세에 상응한 감독(supervision)의 강화가 이루어지지 못했다. 규제하여야 할 단기차입은 자율화하였고 자율화하여야 할 장기차입은 규제하는 방향착오까지 했다. 효율적인 감독체계를 정립하지 못함으로써 부실채권을 양산하고 대외신뢰도의 저하를 초래했다. 금융감독기관이 부문별하게 다원화되어 있어 다수 금융기관이 관련된 대형 금융사고의 예방과 위기관리에는 취약하였다. 위기의 뇌관이 되었던 한보철강의 경우 60개, 기아자동차의 경우 100여 개의 금융기관이 관련되어 있었으나 통합된 정보와 감독이 없었다. 24개 종합금융회사가 무분별하게 해외진출을 확대하여 단기외화차입을 급격히 증가시켰다.

한강의 기적은 끝났다

호두가위에 낀 호두

외환위기의 뿌리에는 대외적으로 해외자금 유입 초과, 고평가 환율, 경상수지 적자가 있고, 대내적으로 저기술, 부채경영, 부실은행이 있었다.

"세 마리 토끼를 잡을 수 있다"라는 정부당국자의 호기와는 반대로 외국인들은 "정부가 주도한 한국의 경제기적(economic miracle)은 끝났다"라고 진단했다. 1996년 이전의 한국경제를 분석한 부즈 앨런 앤드 해밀턴의 보고서 〈21세기를 향한 한국경제의 재도약(Revitalizing the Korean Economy toward the 21st Century)〉[1]은 "한국은 저임금의 중국과 고기술의 일본의 호두가위에 낀 호두 같은 운명이다. 변화를 위한 행동은 없고 논의만 무성(words without deeds)하다. 스스로 변하지 않으면 종국에는 변화를 강요(eventually force change)당할 것이다"라고 우울하고 무서운 진단을 내놓았다. 주요 내용은 다음과 같다.

첫째, 정부 주도의 수출 주도형 경제계획으로 30년 만에 세계 11위 경제대국이 된 경제기적은 끝나고, 저임금의 중국과 고기술의 일본이라는 호두가위에 낀 호두같이 힘겹게 생존해나가고 있다. 한국기업은 높은 금융비용, 금융부문의 미숙성, 경직된 노동시장, 광범위한 관료주의적 개입으로 불필요한 비용을 너무 많이 지급하여 한국경제의 역동성을 상실했다. 외국인직접투자자를 억제하고 다른 경제권과의 교류를 소홀히 해 한국기업과 세계적 기업 사이의 경영기법과 기술 전반에 심각한 격차가 존재한다. 한국이 중국과 같은 신흥국의 저비용과 일본과 같은 선진국의 고기술의 경제적 호두가위(economic nutcracker)를 탈출하고 경쟁력을 재창출하기 위한 혁신을 이루어내지 못한다면 수많은 신흥경제권에 추격당해 급격한 대규모 구조조정을 피할 수 없게 되고 결국 쇠퇴하게 될 것이다.

둘째, 한국경제의 문제에 대해 놀랄 만한 연구와 제안이 있었지만 실질적인 조치는 취해지지 않아 행동은 없고 말만 무성하다. 행동이 없는 것은 한국이 직면한 어려움과 심각성에 대한 공감대가 부족하고, 한국이 나가야 할 비전과 전략에 대한 이해의 공유가 부족하고, 변화에 따른 고통을 망설이고, 변화를 위협과 피해로 보는 사람이 많다는 네 가지가 요인이다. 노동법과 같은 근본적인 조치들도 법제화 과정에서 변질되었고, 연쇄부도의 우려에 의해 금융부문과 제조업의 규제완화와 구조조정은 지연되었고, 재벌규제는 취약점을 치유하기보다 산업공동화를 촉진했고, 미성숙 단계의 민주체제는 정치경제적 불신감을 확산시켰다. 한국이 직면한 경제적 기회와 쇠락의 위협에 대한 행동결여는 막대한 대가를 치를 위험이 있다.

셋째, 한국경제의 비전은 정부개입의 최소화와 창의적 기업가정신의 창달에 의해 세계일류의 경영기법, 기술, 지식을 갖춘 경제체제로 탈바꿈하여 2020년에 동북아시아의 중추적 역할을 담당하는 선진산업국이 되는 것이다. 비전을 달성하기 위해서는 한국이 단독으로 일본과 중국이라는 두 경제대국과 경쟁할 경우 실패할 확률이 높기 때문에 외국의 경영 노하우와 기술적 경험을 최대한 이용해야 한다. 시장 주도(market-led), 지식기반(knowledge-based), 기업가정신(entrepreneurial)을 바탕으로 한 신경제패러다임으로 바꾸어야 한다. 신경제패러다임은 개인은 고용, 보건, 교육에 대해 스스로 책임지고, 기업은 개인에게 고용기회를 제공하고, 정부는 개인에게 높은 삶의 질과 기업에 매력적인 경제환경을 제공하는, 정부·기업·개인 간의 신사회계약을 의미한다.

넷째, 한국경제의 비전달성을 위한 전략은 변화의 촉매역할을 할 도화선에 점화하고, 광범위한 분야에 대한 변화를 제도화하고, 변화를 완결하고 재조정하는 3단계로 추진하는 것이다. 제1단계로서 정부 경제기능 재편, 금융시장 자유화, 노동시장 유연화 등 구조적인 장애의 제거를 통해 변화를 위한 도화선 점화, 제2단계로서 지식기반의 경쟁력 강화, 창조적 기업가사회로의 이행, 동북아중추를 위한 교육·지식·물적 인프라 건설, 일본·중국과의 경쟁을 위한 선진국과의 연대 등 변화의 제도화, 제3단계로서 한국경제의 재도약을 위한 개혁프로그램의 완전한 이행으로 구분한 집중된 노력이 효과적이다.

다섯째, 전략의 실천사항으로서 제1단계 도화선의 점화를 위해 독립적인 권한을 가진 기관을 설립하고, 제2단계 개혁의 제도화를 위해 규제 철폐 확대, 교육개혁, 벤처기업 창업 촉진, 동북아중추 공항만 건설, 한두 개의 파트너 선진국 확보 등을 추진하고, 제3단계 개혁의 완성을 위해 완결하지 못한 프로그램을 재조정하고 완성하는 것이다.

끝으로, 경제 재도약을 위한 정치적 의지와 신경제패러다임과 신사회계약에 대한 실질적인 합의가 없이 논란만 계속된다면 종국에는 변화를 강요당하는 위험한 상황에 처할 것이다.

부즈 앨런 앤드 해밀턴의 경고대로 한강의 기적이라 불리던 한국의 경제기적은 끝났고 우리는 외환위기를 맞았고 개혁을 강요당했다. 이 보고서는 우리가 이미 위기상황에 빠진 1997년 10월 제출되었는데 1년만 일찍 제출되었더라면 좋았을 것이라는 생각이 든다. 원래 재앙을 맞으려면 일이 꼬이는 것이 세상사다.

고평가 환율과 단일관세율

위기의 정책조합

1996년 우리 경제는 수출부진과 경상수지 악화가 심각했고 성장률과 물가는 소비 증가와 수입 증가에 힘입어 어렵게 굴러갔다. 경상수지의 급격한 악화는 최악의 정책조합인 고평가 환율과 8% 단일관세율의 함정이 핵심요인이었다. 가격경쟁력의 핵심변수는 대내적으로 임금이고 대외적으로 환율과 관세율이다. 1994년 이후의 경상수지 적자 추이를 보면 외환위기의 근본 원인인 고비용과 저효율의 경제구조는 8% 단일관세율과 깊은 관련이 있음을 추정할 수 있다. 우리 경제는 대외균형(external balance)이 대내균형(internal balance)에 의해 파괴되어 위기국면으로 가고 있었다.

1996년 '세 마리 토끼' 중 성장률은 6.8%, 물가는 4.9%로 그런대로 넘어갔으나 경상수지 적자는 전망의 4배인 238억 달러였다. 설비투자 증가율은 1994년 23.9%, 1995년 18.1%에서 1996년 9.1%로 반감했고, 수출증가율도 1994년 13.9%, 1995년 30.0%에서 1996년 4.1%로 폭락한 반면 수입증가율은 같은 기간 22.1%. 32.0%, 11.3%로 높았다. 민간소비증가율은 1994년 8.2%, 1995년 9.6%, 1996년 7.1%가 되어 성장률에는 내수증가가 기여하였고 물가에는 환율의 고평가와 수입 증가가 기여한 것이었다.

가격경쟁력의 급격한 추락이 단기간에 한국경제가 위기국면으로 치달아간 결정적인 요인이었다. 가격경쟁력의 추락 요인은 1993년부터 시행된 8% 단일관세율과 1994년부터 시작된 원화의 평가절상이었음이 경제지표에 확실하게 나타난다.

먼저 환율을 보면 1994년부터 경상수지가 급격히 악화되는 것과 반대로 절상되었다. 1993년 원화의 달러환율은 807.2원이었는데 1994년 788.7원(+2.3%), 1995년 774.7원(+1.8%)으로 절상되었고, 1996년 844.2원(-8.2%)으로 절하가 시작되었다. 환율이 절상되기 시작한 1994년부터 3년간 연평균 수입은 21.8%나 크게 증가한 반면 수출은 18.1%(반도체 특수를 제외하면 14.3%) 증가하는 데 그쳤다. 여행수지 적자도 환율의 절상이 시작된 1994년부터 3년간 연평균 75.1%로 크게 증가

수출, 환율, 경상수지 추이   (억 달러)

	1993	1994	1995	1996	1997
상품수출	807.9	919.8	1,195.8	1,244.3	1,323.7
(반도체 제외)	771.9	853.7	1,073.7	1,144.8	1,187.4
원/달러	807.2	788.7	774.7	844.2	1,415.2
엔/달러	111.9	99.6	103.5	115.7	130.6
상대환율(배수)	7.2	7.9	7.5	7.3	10.8
경상수지	20.3	−44.6	−97.5	−238.3	−102.9
(일본)	1,316.3	1,302.5	1,110.4	657.9	968.1
여행수지	−5.7	−11.7	−11.9	−26.0	−22.6

자료: 한국은행(상대환율은 원/엔 달러환율 배수).

했다. 고평가 환율은 수출 증가를 둔화시키는 반면 수입은 증가시키는 양날의 칼이었다.

경상수지는 1993년 20억 달러 흑자에서 환율이 절상되기 시작하자 적자로 반전되어 1994년 44억 달러, 1995년 97억 달러, 1996년 238억 달러로 적자가 급격히 증가하였다. 당시 일본은 1,000억 달러 전후의 흑자를 내고 있었다. 일본과 경쟁품목이 많았기 때문에 달러환율보다 엔화와의 상대환율이 가격경쟁력에 크게 영향을 미쳤는데, 1996년 엔화의 달러환율은 115.7엔으로 원화와의 상대환율이 1대8 이하였기 때문에 가격경쟁력이 크게 떨어져 있었다. 가격경쟁력의 추락에 의해 수출과 투자는 위축되고 수입과 국내소비는 급격히 증가하였다. 1996년 OECD 회원국의 GDP 성장률은 3.0%, 미국은 3.6%, 일본은 3.5%, EU는 1.7%로 좋은 편이었고 세계교역량도 4.2% 증가하여 수출여건은 좋았다.

다음 8% 단일관세율이 1993년부터 적용됨으로써 수입은 급증하고

1995년 주요 품목 관세율 비교 (%)

	한국	일본	미국	EU
의류	8	9~16	3.7~28.6	13.8
직물	8	8~16	17	10.7
운동화	8	27~30	5~15	8
가죽의류	8	12.2~19.5	4.7~6	6.4
철강·비철금속	8	0	4.1	5.5

자료: 1995년 관세율표.

국내 소비재산업의 가격경쟁력은 크게 떨어졌다. 1988년 평균 18.1%
의 복수관세율(2,188개 품목)에서 1989년 평균 12.7%로 낮추고 1993년
부터 8% 단일관세율로 개편했다. 일본, 미국, EU의 대표적인 품목 최
고관세율을 보면 의류의 경우 일본 16%, 미국 28.6%, EU 13.8%, 운동
화의 경우 일본 30%, 미국 15%, EU 8%, 철강의 경우 일본 0%, 미국
4.1%, EU 5.5% 등이었다. 관세율은 산업과 품목마다 경쟁여건이 다르
기 때문에 평균을 기준으로 획일적으로 적용해서는 안 된다. 소비재와
완성재는 높게, 원자재와 투자재는 낮게, 가격경쟁력이 낮은 경우는 높
게, 가격경쟁력이 높은 경우는 낮게 하는 것이 일반적이다. 평균 18.1%
의 복수관세율에서 5년 만에 통상마찰 예방을 명분으로 8%의 단일관
세율로 개편한 것은 너무 과격했고 세계에 유례가 없는 사례였다.

1993년의 8% 단일관세율이 시행된 후 1994년부터 외환위기를 맞기
전까지 3년간 수입은 연평균 21.8%로 크게 늘어났다. 수입증가율은 수
출증가율보다 5.7%p나 높아 단일관세율은 고평가 환율과 함께 경상수
지를 급격히 악화시키는 결과를 초래했다. 특히 고가의 소비재 수입이
폭발적으로 늘어났다. 1994년 수입이 3배 가까이 폭증한 품목은 모피의

상품 및 고가소비재 수입 추이　　　　　(상품수입은 억 달러, 개별품목은 백만 달러)

	1993	1994	1995	1996	1997
상품수입	838.0(2.5)	1,023.5(22.1)	1,351.2(32.0)	1,503.4(11.3)	1,446.2(−3.8)
모피의류	9.7(124.3)	25.9(167.0)	59.4(129.3)	121.7(104.9)	41.3(−66.1)
향수	3.4(22.1)	7.1(108.8)	12.4(74.6)	25.3(104.0)	32.4(28.1)
위스키	45.1(7.3)	76.0(68.5)	121.7(60.1)	187.0(53.6)	190.5(1.9)
포도주	5.9(2.4)	8.1(37.2)	13.7(69.1)	16.5(20.4)	22.8(38.2)
골프용품	21.3(−17.5)	23.0(7.9)	62.5(171.7)	110.3(76.4)	108.5(−1.6)
승용차	45.1(−18.0)	117.9(161.4)	258.3(119.0)	429.6(66.3)	281.4(−34.5)
컬러TV	8.7(17.6)	10.9(25.2)	21.5(97.2)	35.5(65.1)	41.8(17.7)
바닷가재	1.3(8.4)	3.4(161.5)	6.2(82.3)	12.7(104.8)	13.3(4.7)

자료: 한국무역협회(무역통계 1998). 괄호 안은 전년 대비 증감률(%).

류(167.0%), 향수(108.8%), 승용차(161.4%), 바닷가재(161.5%), 2배 가까이 증가한 품목은 위스키(68.5%)였고, 포도주(37.2%), 컬러TV(25.2%) 등도 크게 늘어났다. 이런 추세는 1995년 이후에도 이어지다가 외환위기를 맞은 1997년에 반전되었다.

고평가 환율과 8% 단일관세율의 정책조합은 경제정책사에 남을 세계에 유례가 없는 최악의 정책조합이라 생각된다. 최악의 정책조합은 우리 경제를 위기로 몰아넣었다. 1996년 세 마리 토끼 중 물가는 잡았다고 재정경제부는 자축했다는데 실상은 울어야 할 일이었다. 물가는 행정력으로 잡는다고 잡히는 것이 아니라 통화긴축, 평가절상, 낮은 관세율, 수입 확대, 공공요금 억제에 따른 결과다. 행정력으로 물가를 관리하던 물가관리국은 그 뒤 사라졌다. 선진국에 그런 부서는 없었다.

소규모 개방경제에서 경상수지가 감내하기 힘든 수준으로 악화되면 위기로 갈 수밖에 없다. 대외균형과 대내균형이 상충할 때는 비난을 무릅쓰고 대외균형을 선택해야 한다. 대내균형을 나타내는 물가안정은 중앙은행의 임무이고 표를 의식하는 정치권의 속성이다. 외환업무를 중앙은행에 맡기지 않고 정부가 직접 하는 이유가 여기에 있다.

이미 호두는 금이 갔다

경상수지 악화

한국경제는 저비용의 중국과 고기술의 일본의 호두가위에 낀 호두가 되어 1996년 호두에 이미 금이 갔고 그 금이 벌어지고 있었다. 1990년대 들어 생산요소비용은 올라가는데 생산성 향상은 정체된 상황에서 고평가 환율과 낮은 단일관세율이 상승작용을 하여 대외경쟁력이 급격히 추락하였다. 대외경쟁력 추락은 경상수지를 크게 악화시키고 경상수지 적자의 누적은 대외지급능력을 상실하게 만들어 위기로 가게 된 것이다.

첫째, 1996년 대외경쟁력은 완전히 추락한 상태였다. 요소비용을 보면 1987~1996년 10년간 연평균 경제성장률이 8.6%였는데 임금은 연평균 9.1% 상승하였고, 금리는 1996년 기준 11.2%로 금융비용이 일본에 비해 4배, 대만에 비해 2배나 높았다. 공장용지가격은 1995년 기준 미국과 일본의 4배에 달했다. 원화의 달러환율은 1994년부터 2년 사이 4.27% 절상되어 일본 엔화와의 상대환율이 1대10 아래로 크게 떨어짐으로써 일본과 경쟁하는 품목의 가격경쟁력이 크게 추락했다. 관세율은 1988년 평균 18.1%의 복수세율(2,188개 품목)에서 1993년부터 8% 단일관세율로 과격하게 개편되었다.

둘째, 1996년 경상수지는 238억 달러 적자로 급속히 증가하였다. 당

경상수지, 대외부채, 외환보유고 추이 (억 달러)

	1993	1994	1995	1996	1997
경상수지	20.3	−44.6	−97.5	−238.3	−102.9
(반도체 제외)	−60.1	−145.0	−262.0	−382.3	−255.9
상품수지	30.3	−35.3	−65.2	−167.0	−62.2
외환보유고	202.6	256.7	327.1	332.4	204.1
대외채무	−	807.7	1,089.3	1,448.4	1,616.2
(단기)	−	361.8	513.6	702.7	583.7
순대외채권	−	−166.4	−229.9	−414.0	−637.2

자료: 한국은행.

시 특수호황을 누린 반도체를 제외하면 1994년 145억 달러, 1995년 262억 달러, 1996년 382억 달러의 적자로 연간 100억 달러씩 적자가 폭발적으로 증가하였다. 가격경쟁력이 한계에 있던 섬유, 신발 등 국내 산업은 가격경쟁력이 급격히 추락하자 국내시장을 잠식당하고 수출이 어렵게 되어 구조조정의 기회도 갖지 못한 채 도산하거나 공장을 해외에 이전하지 않으면 안 되었다.

셋째, 1996년 대외지급능력은 사실상 불능 상태였다. 1996년 외환보유고 332억 달러는 단기대외채무 702억 달러의 47.3%에 불과하고 순대외채무는 414억 달러에 달했다. 경상수지 적자는 1994년 GDP의 1.0%에서 1996년 4.2%로 폭발적으로 증가했다. 통상 GDP의 3%[2]를 초과할 경우 해외차입이 사실상 어렵고 지급불능 상태로 가고 있다는 것을 의미한다. 미국도 경상수지 적자가 GDP의 2.9%였던 1985년 플라자합의에 의해 일본 엔화의 달러환율을 250엔에서 내리도록 했고 10년 후 1995년에는 한때 80엔대로까지 떨어졌다. 1996년까지 3년간 경상수지 적자의 누적규모 380억 달러는 경제규모에 비해 너무 크고 1997년

제조업의 부채와 손익관계 비율 추이   (%)

	1993	1994	1995	1996	1997
부채비율	294.8	302.5	286.7	317.1	396.2
매출액순이익률	1.1	1.9	2.8	0.5	−1.0
이자보상비율	118.7	135.5	149.6	112.1	129.1
금융비용부담률	5.9	5.6	5.6	5.8	6.4
차입금이자율	11.2	11.4	11.7	11.2	10.6

자료: 한국은행.

대외채무는 1,616억 달러로 GDP의 31.4%[3]였는데 공공외채가 거의 없다는 점을 감안하면 너무 높은 수준이었다.

끝으로, 기업지급능력도 부도 수준이었다. 제조업은 높은 부채와 금리로 제로 수준의 이익을 실현하고 있었다. 1996년 제조업은 부채비율 317.1%와 차입금이자율 11.2%로 너무 높았고, 이자보상비율 112.1%와 금융비용부담률 5.8%도 너무 높아 순이익률이 0.5%로 제로 수준에 가까웠다. 한국의 부채비율은 1995년 기준 미국 159.7%, 일본 206.3%, 대만 85.7%에 비해 과도하게 높았다. 위기가 일어난 1997년 제조업 부채비율은 396.2%로 아마 세계 최고 수준이었을 것이다. 한국은 영업이익으로 차입금이자를 겨우 갚는 상태였다.

한국은 1996년 대외경쟁력, 경상수지, 대외지급능력, 기업지급능력 네 가지 측면에서 위기에 빠졌고 사실상 부도상태였다. 통상적인 경우 IMF는 경상지급의 3개월분을 적정 외환보유고로 권고하는데 1996년의 월 경상지급이 120억 달러 수준이었기 때문에 외환보유고 332억 달러는 최저 외환보유고 360억 달러에 미달했다.

환율과 관세율은 수출, 수입, 임금에 결정적인 영향을 미치는 가장 강력한 변수이고 당시로서는 유일한 수단이었다. 환율은 과도한 임금상승에 따른 가격경쟁력의 상실을 보전할 수 있는 수단도 된다. 매년 5% 정도의 절하만 있었더라도 결과는 달랐을 것이다. 고비용과 저효율의 구조에 환율까지 절상되었으니 불에 기름을 부은 격이었다. 1996년에는 물가를 희생해서라도 환율을 크게 올려 수출을 늘리고 관세율을 올려 수입을 억제했어야 했다. 소규모 개방경제는 대외균형이 무너지면 위기로 갈 수밖에 없다. 경상수지가 급격히 악화되어 경제가 위기로 치달아가는데 '세 마리 토끼'를 잡겠다고 호기를 부린 정부는 우리를 슬프게 했고, 환율상승을 억제한다고 노력한 한국은행은 우리를 절망케 했다.

불발로 끝난 복수관세율
전략적 통관관리

나는 경상수지 적자가 급격히 늘어날 때 단일관세율을 복수관세율로 개편하는 두 번의 시도를 했지만 불발로 끝났다. 처음은 1995년 재정경제부 세제실장 때였고 다음은 1996년 관세청장 때였다.

1995년 세제실장 때 관세율을 소비재와 완성재는 높은 세율, 원자재와 자본재는 낮은 세율, 기타는 중간 세율로 하는 국제적인 관례를 원칙으로 하고 "원자재와 농산품은 일본 관세율, 완제품은 미국 관세율"을 따르는 전략에 의한 복수관세율 개편안[4]을 만들어 실무자 시절 단일관세율을 도입한 그 장관에게 보고했지만 그 '권한'은 묵살했다. 1996년 관세청장이 되어 다시 바뀐 장관에게 일선 세관장의 의견을 종합하여 1,524개 품목을 복수관세율로 전환하는 방대한 관세율 개정안[5]을 건의

하였지만 '세 마리 토끼'를 잡겠다던 그 장관은 또 묵살했다. 두 번 다 수고는 많았지만 결과는 없었다.

1988년 2,188개 품목 평균 18.1%이었던 복수세율을 1993년부터 통상마찰을 예방하기 위해 '선진국 수준'인 8% 단일관세율로 개편했다. 8% 단일관세율의 문제점은 첫째는 단일관세율은 산업과 품목의 경쟁력 상황을 반영하지 못한다는 것이고, 둘째는 8%는 당시 한국산업은행이 조사한 내외가격차의 단순평균을 기준으로 하였기 때문에 단일관세율일 경우에도 가중평균 수준인 12%가 되어야 했다는 것이다. 예를 들어 6—8—10%와 8—8—8%의 평균은 같은 8%이지만 6%는 크게, 10%는 작게 보호함으로써 현실에서는 죽고 사는 엄청난 차이가 생긴다. 당시 운동화의 경우 일본은 최고 30%, 미국은 최고 15%였고, 철강의 경우 일본은 0%, 미국은 4.1%였다. 또한 관세율은 산업의 현황이나 통상교섭에 따라 소수점 이하까지 세밀하게 결정된다. 당시 일본의 평균 관세율은 1.6%였지만 원자재는 대부분 무세였다. 일본은 교토 지방의 전통과자류와 유사한 과자류에 대해 40%의 관세율을 적용하고 있었다. 8%의 기준이 되었던 내외국 가격차도 시기에 따라 바뀌는 것이기 때문에 맞지 않다. 평균이라는 것은 개념이지 실제로 존재하는 현실이 아니다. 8% 단일관세율은 통상마찰 예방을 넘어 통상교섭에서 무장해제를 한 것으로 국내시장의 경쟁력 상실이라는 대가가 너무 컸다. 1980년대 시카고학파들의 건의를 받아 단일관세율을 채택한 칠레는 경제가 엉망이 되자 옛날로 되돌아갔다.

1996년 복수관세율로의 전환을 위한 노력이 수포로 돌아가고 수출은 위축되고 수입은 크게 늘어나 국내시장은 무엇이든지 수입만 하면 장사가 되는 상황이었다. 무역수지 적자는 상반기 77억 달러에 달해 연간 목

표 80억 달러에 육박했다. 77억 달러 적자의 90%가 10대 대기업그룹의 주도 아래 발생했다. 국내 소비재시장은 선진국의 고가 내구소비재와 개발도상국의 중저가소비재에 의해 양면공격을 받았고 국내 소비재산업은 붕괴되어가고 있었다. 수출과 원자재 개발을 목적으로 설립된 종합무역상사는 수출이 어렵게 되자 수출역군에서 수입역군으로 반전되었다. 10대 그룹은 자동차, 수세식 변기, 화장품, 골프용품, 치약, 과자류, 자동차 등 돈이 되면 모두 수입해 강력한 자금력과 방대한 조직을 통해 거칠게 판매하면서 나라의 위기를 가속화시키고 있었다.

심상치 않은 수출입동향과 대기업의 무분별한 수입을 억제하기 위해 〈국제수지 개선과 국내산업 보호를 위한 관세행정대책〉[6]을 정리하여 그 해 7월 김영삼 대통령에게 직접 보고하고 특단의 대책이 없으면 우리 경제가 감당할 수 없는 상황이 올 것이라고 했다. 보고서의 주요 내용은 수입품의 원산지, 과세가격, 성분표시, 환경오염 등에 대한 통관검사를 강화하고, 필요한 경우 유통단계까지 추적조사를 하는 전략적 통관관리를 해야 한다는 것이었다. 법이나 정책으로 다스릴 문제가 아니라 미국이나 프랑스같이 필요하면 '주먹'[7]으로 수입통관관리를 엄격하게 하는 것이었다.

전략적 통관관리의 주요 내용은, 첫째 기업별 무역수지 통계에 의해 소비재 수입을 주도하는 대기업의 수입에 대해 기업별 통관관리[8]를 하고, 둘째 품목별 무역수지 통계에 의해 무역수지 악화를 가속시키는 고가소비재나 국산품과 경쟁관계에 있는 소비재에 대해 품목별 통관관리[9]를 하고, 셋째 국가별 무역수지 통계에 의해 국제수지 적자국이나 통관이 까다로운 국가에 대해 국가별 통관관리[10]를 하고, 넷째 서울올림픽 때 허용된 국내면세점에 대해 내국인 매입을 엄격관리[11]한다는 것이었다.

세관에 분야별로 20개 부정불공정무역전담조사반을 설치하고 원산지 표시 위반, 허위상표 부착, 수입가격 조작 등에 대한 조사와 함께 첨단기술 유출, 음란물 반입, 불법 외환거래, 공해유발물질 유입 등 법규위반도 엄격하게 조사했다. 10대 그룹 기획조정실장회의에 나가 그들의 수입행태를 설명하고 무분별한 수입의 자제를 당부했다. 관세청이 최대 종합무역상사인 삼성물산과 현대종합상사에 대한 부정불공정무역조사를 마친 다음 대우에 대한 조사에 들어가자 대우그룹은 사치성소비재 수입의 중단을 선언했다. 대우그룹에 이어 현대그룹, 삼성그룹, LG그룹, 선경그룹, 쌍용그룹으로 사치성소비재에 대한 수입중단 선언이 이어졌다. 용산전자시장과 남대문시장의 밀수품시장에 100명의 조사반을 투입하여 아침부터 저녁까지 밀수품점포가 문을 닫을 때까지 무기한으로 조사를 시작했다. 수십 년간 방치되었던 밀수시장이 한 달도 못 가 파괴되었다. 근본적 문제인 관세율은 손대지 못했으니 앞문은 열어두고 뒷문을 지키는 우스꽝스러운 일이었다.

수입통관관리의 강화와 함께 수출업체에 큰 애로가 되고 있던 1977년부터 시행된 관세환급제를 개편토록 했다. 관세환급제는 수출 지원을 위하여 100% 정액환급을 목표로 도입되었는데 18년 동안 시행했지만 시시포스의 형벌같이 밀어도 밀어도 정액환급률은 20% 수준에 머물러 있었다. 정액환급은 전년도의 평균환급률로 결정되는데 실액환급이 평균환급률보다 유리한 50% 정도의 수입자는 정액환급을 포기하고 매년 그 50%의 50%인 25%가, 그다음 해에는 25%의 50%인 12.5%의 수입자가 실액환급으로 가게 되어 수학적으로 정액환급대상은 0%에 수렴하게 된다. 평균치를 결정한 그 순간에 실액환급으로 간 수입자를 제외하면 결과적으로 최고치가 되는 논리적 모순이 있게 된다. 이러한 모순을 해결하기 위해 수출용 원자재에 대한 사전징수/사후환급에서 사전유예/사후정산하는 관세정산제[12]로 개편하였다. 수학적으로 불가능한 제도를 18년간 시행해 수출가격을 6% 정도 상승시켰으니 참으로 어처구니없는 일이었다.

허사로 끝난 수출포기점 환율

경쟁력강화 대책

나는 환란이 일어나기 전해인 1996년 크리스마스이브에 관세청장에서 통상산업부 차관으로 갔다. 당시 통상산업부는 고비용 · 저효율 구조의 개선을 위한 〈300대 무역 · 산업 · 에너지 실천과제〉를 추진하고 있었다. 지난 30년간 수출 주도의 고도성장 산업정책으로 경제를 이끌어온 견인차의 하나였던 통상산업부의 위기감은 아주 컸다. 상품수지는 1993년 30억 달러 흑자가 1994년 35억 달러 적자로 반전된 후 1996년 167억 달러 적자로 크게 폭발했다. 무역수지에 빨간 불이 켜지고 한보철강, 기아자동차, 쌍용자동차, 삼미그룹, 진로그룹은 부도에 직면해 있었다. 다음 해 통상산업부의 예상대로 이들 대기업은 줄줄이 부도가 나거나 정리되었다.

나는 고비용 · 저효율 구조의 개선을 위한 300대 실천과제와 별도로 폭발하는 무역수지 적자의 개선을 위해 환율, 금리, 자금에 대한 시급한 과제부터 추진했다.

첫째, 환율을 수출포기점 920원 수준으로 올리는 것이었다. 환율이 1996년 연말에 840원대로 절하되자 한국은행[13]은 정부의 물가안정정책

에 따라 절하를 억제하기 시작했고 1997년 들어 870원대로 계속 올라
가자 역사상 최초로 선물환을 풀어 절하를 강력히 억제하고 나섰다. 당
시 120엔대로 빠르게 절하되던 엔화와의 상대환율이 크게 절상되어 주
력 수출품인 자동차, 전자, 조선, 철강 등의 가격경쟁력이 크게 떨어졌
다. 금융환율팀이 무역협회와 공동으로 무역업체에 대한 조사를 한 결
과 채산이 맞지 않아 내수로 전환하거나 공장을 해외로 이전해야 하는
수출포기점 환율은 달러당 910원 전후, 적정환율은 920원 전후로 나왔
다. 이 결과를 토대로 환율의 상승 추세가 계속 이어져야 하며, 환율은
수출포기점 920원 이상으로 올라가야 한다는 견해를 재정경제부에 제
시했다. 일본 엔화와의 상대환율이 가격경쟁력에 크게 영향을 미치고
엔화와의 상대환율이 1대10 이하인 경우 가격경쟁력이 크게 떨어지는
데 당시 1대8 이하인 상태에서 경상수지 적자는 당연했다. 당시 엔화의
달러환율을 감안하면 원화의 달러환율이 1,100원 이상은 되어야 했다.
재정경제부는 환율상승이 일시적으로는 무역수지 개선에 기여하지만,
물가상승과 외환차입비용 증대로 이어져 장기적으로는 수출경쟁력을
떨어뜨리는 역효과가 있다는 입장이었다. 시급한 과제였지만 또 한 번
의 좌절이었다.

미국의 돈부시(Rudiger Dornbusch)[14] MIT 교수와 삭스(Jeffrey Sachs)[15]
하버드대 교수는 1997년 1월 한국을 방문하여 환율의 절하를 강력하게
권고하고 환율이 유일한 처방임을 지적했다. 돈부시 교수는 환율절하를
억제하고 있던 한국은행에 대해 현대 개방경제체제에서는 있을 수 없는
외환시장의 차르(tsar, 러시아의 절대군주) 같은 역할을 고수하고 있다고 비
판했다. 1994년부터 서울 아파트촌에 미국인 영어 가정교사가 무리 지
어 온 것은 환율의 고평가를 잘 보여주는 사례다. 미국보다 한국에서 돈

을 버는 것이 더 좋았다는 얘기다. 1996년 경상수지 적자가 238억 달러로 GDP의 4.2%에 달했고 반도체를 제외하면 382억 달러에 달해 위험선을 넘어섰다.

둘째, 금리인하와 자금공급 확대에 관한 것이었다. 만성적인 자금부족과 고금리 기조의 고착을 타개하기 위해 금리인하와 금리 중심의 신축적인 통화관리를 내용으로 하는 〈실물경제 측면에서 본 금융개혁 현안과제〉[16]를 만들어 청와대가 주도하여 발족한 금융개혁위원회에 제출했다. 건의안은 자금공급 원활화와 금리인하, 여신관리제도 개선, 환율 및 무역금융제도 개선, 상향식 자금공급 확대, 중소지역금융기관 활성화, 중장기 설비자금공급 원활화 등 11개 과제를 포함했다.

셋째, 무분별한 수입에 대한 도덕적 설득(moral persuasion)을 하는 것이었다. 관세청이 매월 분석한 품목별, 지역별, 30대 그룹별 수출입동향을 기초로 관계부처 국장이 참석하는 무역수지관리회의[17]를 개최하여 필요한 대책을 협의하였다. 대기업그룹이 경제를 위기로 몰고 가는 무분별한 수입행위에 대해 관계부처와 함께 도덕적 설득을 해나갔다. 관세청의 부정불공정무역조사와 함께 외환위기를 앞둔 안간힘이었다.

고비용·저효율 구조의 개선을 위한 〈300대 무역·산업·에너지 실천과제〉는 다음과 같다. 여기에 복수관세율 개편도 포함되었다.

첫째, 무역수지 개선 실천과제는 1) 무역어음 확대, 수출선수금 확대 등 수출자금지원 확대 10개, 2) 해외전시회 참가 지원 등 해외마케팅 지원 강화 12개, 3) 수출입자유 확대, 관세환급 확대 등 무역제도의 선진화 13개, 4) 국산기계수요기반 확대, 소비재 연지급수입기간 단축 등 수입유발요인의 최소화 11개, 5) 사치성고가품 위주로 특별소비세 개편 등 건전소비문화 확산 8개, 6) 수입식품 유통기한 관리 강화, 원산지위반 제재 강화 등 총 60개였다.

둘째, 산업경쟁력 강화 실천과제는 1) 통화공급 확대와 금리인하, 설비투자자금의 확대, 기본관세율체계의 개편 등 생산요소비용 인하 27개, 2) 임시투자세액공제제도 부활, 관세감면제도 개편, 기술개발 조세지원 강화, 벤처기업 창업 육성 등 생산성 제고 추진 47개, 3) 국산기계의 외화대출 확대와 해외차입 허용, 중소기업회생자금 지원, 어음보험제도 추진 등 산업구조고도화 촉진 25개, 4) 반도체장비 국산화 추진, 자동차부품 기술개발 지원, 선박 수출착수금 연수한도 폐지 등 산업경쟁력 10% 높이기를 위한 총 150개였다.

셋째, 에너지절약 실천과제는 1) 에너지가격 합리적 조정, 에너지절약시설투자 지원, 에너지기술개발 촉진 등 절약기반 조성 11개, 2) 에너지다소비사업장 절약계획 추진, 열병합발전 보급 확대, 지역난방 보급 확대 등 수요부문별 과제 28개, 3) 휘발유 옥탄가 하향 조정, 무연탄 활용 확대, 발전설비 효율적 운영 등 에너지산업별 과제 11개 총 50개였다.

〈300대 무역·산업·에너지 실천과제〉는 과제별로 담당관을 정하고 현황, 문제점, 외국 사례, 개선방안, 기대효과, 추진일정을 소상히 담은 방대한 분량이었다. 안광구 통상산업부 장관은 크리스마스와 연말연시에도 불구하고 휴일 한 번 쉬지 않고 도시락을 먹으며 자정이 넘도록 일했다. 하나하나 점검하며 적극적으로 추진하고 있던 중 1997년 3월 안광구 장관은 한보철강 부도에 책임을 지고 물러나고, 나는 재정경제부 차관으로 떠나고, 심혈을 기울여 만든 정책들은 제대로 추진되지 못하고 말았으니 안타까운 일이었다.

거부점이 너무 많은 산업정책

통상산업부에서 짧은 기간에 많은 일을 계획하였으나 시작만 하고 모두 미완으로 끝나 아쉬움이 크다. 경제기획원, 재무부와 함께 지난 30년간 한강의 기적을 이끌어온 3대 견인차의 하나였던 상공부는 수입이 자유화되고 산업에 대한 규제가 완화되면서 '침 없이 침'을 놓아야 하는 부처가 되었다. 상공자원부가 통상산업부로 바뀌면서[18] 일과 책임은 그대로였지만 수입 허가나 수출금융 같은 정책수단이나 권한은 사라졌다.

재무부가 실물경제와 괴리된 고평가 환율과 8%의 단일관세율을 추진할 때도 통상산업부는 반대했지만 힘이 없었다. 나는 재무부에서 일할 때 상공부의 의견을 가능한 한 받아들이는 입장이었다. 이재국장 때는 금리를 내리고 통화를 늘리라는 상공부 건의를 받아들이기 위해 노력했고, 국제금융국장 때는 상공부와 함께 환율과 수출금융 확대를 적극 추진했고, 세제실장 때는 상공부가 건의한 복수관세율을 추진했지만 단일관세율을 만든 장관에게 막혀 어쩔 수 없었다. 내가 통상산업부로 갔을 때 재무부와 경제기획원이 합쳐진 재정경제부는 공룡이 되어 있었고 허가권이 없어진 통상산업부의 힘은 너무 없었다. 통상산업부가 사실상 스스로 할 수 있는 일은 아무것도 없었다.

당시 삼성자동차의 인가가 큰 이슈였는데 통상산업부가 공장 설치를 허가한 것이 아니라 외자도입법에 의한 기술도입 계약의 신고를 수리한 것이었다. 외자도입법에 의한 기술도입의 신고도 재정경제부의 권한을 통상산업부에서 위임받은 것이다. 현대자동차가 추진했던 하동해안의 철강공장은 건설교통부의 공유수면매립법의 허가, 포항제철이 추진했던 광양의 화력발전소는 환경부의 대기환경보전법의 허가를 통상산업부가 반대하는 방법이 수단이었다. 그것도 협의를 하지 않고 허가를 내주는 경우 법률상으로는 어쩔 도리가 없었다.

한보철강사건[19]이 터지자 책임문제가 거론된 통상산업부는 당진제철소를 인가한 것이 아니라 코렉스(COREX)공법 기술도입 신고를 수리한 것밖에 없었다. 기술도입 신고는 철강담당과장의 전결[20]로 처리한 것이었다. 무리한 사업을 막지 못했다는 여론과 주무부서로서의 책임을 면할 수 없어 취임한 지 3개월 만에 안광구 장관이 물러났다.

통상산업부는 정보통신부, 과학기술부 등과의 업무 중복으로 마찰도 있었고 효율성에도 문제가 많았다. 통상산업부는 IT산업과 기술개발의 주도권을 놓고 정보통신부, 과학기술부와 소관다툼을 했다. 벤처기업의 육성을 두고도 마찬가지였다. 어떤 장관이 경제기획원은 오너러블(honorable)하고, 재무부는 파워풀(powerful)하고, 상공부는 컬러풀(colorful)하다는 말을 했다. 통상산업부는 산하 단체가 많고 행사에 참여할 곳도 많아 그런 말이 나온 것 같은데 과거 상공부 시절의 화려함이 사라진 통상산업부의 분위기는 가라앉아 있었다. 외자도입법, 공유수면매립법, 대기환경보전법 같은 남의 '칼'이나 빌려야 되는 통상산업부를 그대로 두는 것은 조직과 인재의 낭비라는 생각이 들었다.

산업정책의 기능에 따라 수평적으로 재조정하고 정책 추진의 거부점(veto point)을 최소화하기 위해 여러 부처에 나누어져 있는 산업정책기능을 하나의 부처, 경제산업부로 통합하는 것이 효율적이라 생각한다. 산업정책부서 간의 거부점이 너무 많으면 낭비가 많고 효율적인 산업정책의 추진이 어렵다. 외무부로 넘어간 통상업무가 통상산업자원부로 환원된 것은 잘된 일이라 생각된다. 통상정책과 산업정책은 분리해선 안 된다. 통상마찰에서 수세적인 경우 미국의 USTR(무역대표부) 같은 독립적인 통상기구가 전략적으로 불리하다는 의견이 많다. 우리는 공세보다 수세인 경우가 대부분이다. 경제정책업무, 물가업무와 경제협력업무를 경제산업부로 이관하는 것이 어떤가 한다. 세입기능보다 종합적인 수출입행정기관의 성격이 강해져가는 관세청과 산업통계를 주로 하는 통계청은 업무의 성격상 경제산업부 산하로 이관하는 것이 더 합리적이라 생각한다. 일본도 통산산업성을 경제산업성으로 개편했다. 미국은 상무부에서 산업통계를 담당하고 9·11 테러 이후 관세청을 신설된 국토안보부 산하로 이관하였다. 예산과 조세를 포함한 재정업무와 금융업무를 통합한 재무부를 설치하고 그 아래 공권력을 행사하는 금융감독원은 금융감독청으로 개편하는 것이 바른 길이라 생각된다.

1997년 3월 무역수지 개선 실천과제, 산업경쟁력 강화 실천과제, 에너지절약 실천과제 등 '300대 실천과제'를 만들고 의욕적으로 추진하던 안광구 장관이 물러나고 임창열 장관이 취임함에 따라 같은 재무부 출신이 장·차관을 하게 되어 나는 자의반 타의반으로 통상산업부를 떠났다.

1 〈21세기를 향한 한국경제의 재도약(Revitalizing the Korean Economy toward the 21st Century)〉은 KDI와 매일경제신문이 공동으로 추진한 보고서다. 외환위기가 일어난 1997년 3월부터 시작하여 10월에 보고서를 완성하여 제출했다. 1996년 이전 1960년대부터의 경제지표를 기준으로 분석한 보고서로, 외환위기를 앞두고 한국경제에 대한 진단을 가장 정확하게 한 것으로 평가된다.

2 1999년 10월 18일 미국 워싱턴에서 개최된 세미나 〈21세기 한국과 미국(Korea-US 21st Century)〉에서 프레드 버그스텐(Fred Bergsten) 국제경제연구소(Institute for International Economics) 원장은 미국의 경상수지 적자가 GDP의 3%를 넘거나 3,500억 달러를 넘으면 견디기 힘들 것이라고 진단했다. 미국의 경상수지 적자와 GDP에 대한 비율은 1984년 2.5%(990억 달러), 1985년 2.9%(1,244억 달러), 1986년 3.3%(1,471억 달러), 1987년 3.3%(1,606억 달러)로 정점에 달했다.

3 1997년 당시 IBRD는 총외채가 GDP의 48% 미만이면 저부채국으로 분류했다. 많은 회원국의 부채에서 공공부채의 비중이 컸다. 이를 감안하면 공공외채가 거의 없는 상황에서 31.4%는 매우 높은 부채 비율이다.

4 당시 한택수 관세국장과 박용만 산업관세과장은 단일관세율 제도는 다른 어떤 나라에도 없고 8% 자체도 계산에 문제가 있다고 보고했다. 한국산업은행이 조사한 내외가격차의 단순평균 8%를 기준으로 단일세율을 결정했는데 단일세율일 경우에도 가중평균 12%가 맞다는 것이었다. 이런 보고를 홍재형 재정경제부 장관에게 했다. 그러나 말이 없었다.

5 관세율 개정안은 과세대상 1,832개 품목에 대해 중소기업이 생산하는 소비재는 인상하고, 시설재는 인하하며, 비경쟁 기초원자재와 중간재는 인하하고, 사치성 소비재 등 수입 급증 품목은 인상하며, 원료와 완제품의 불균형 세율은 조정한다는 네 가지 원칙을 정하고, WTO협정에 의한 양허세율의 범위 내에서 일본, 대만 등 경쟁국과 비교하여 725개 품목 인상, 799개 품목 인하, 308개 품목 개정불요

로 판정하고 1,524개 품목에 대한 관세율을 개정하는 것이었다. 주요 내용은 1) 원피, 원면, 펄프 등 비경쟁 기초원재료는 1~3%에서 무세, 2) 의류, 자전거, 라이터 등 중소기업 제품은 8%에서 13~17%, 3) 휴대폰, 화장품, 모피의류 등 사치성소비재는 8%에서 10~16%로 개편하는 것이었다. 이수웅 통관국장, 박진헌 과장이 맡아 관세통계통합품목분류표(HSK)의 1만 859개 품목 중 1,832개 품목을 검토한 끝에 만든 것이었다. 실로 엄청난 수고를 했다.

6 〈국제수지 개선과 국내산업 보호를 위한 관세행정대책〉 보고서를 나웅배 재정경제부 장관과 구본영 경제수석에게 보고하였지만 견해 차이가 심해 없던 것으로 되었다. 학교선배인 김광일 대통령비서실장에게 지금 경제상황이 심각하고 특히 경상수지는 위험한 상황이라는 보고를 하고 대통령에게 보고했으면 좋겠다고 건의했다. 반기문 의전수석이 7월 23일 화요일 11시부터 1시간 일정을 잡아 대통령께 '독대보고'를 하게 되었다. 이 보고가 있은 얼마 후 8월 9일 개각으로 한승수 장관, 8월 30일 이석채 경제수석이 취임했다.

7 1996년 미국의 '주먹'으로 불리는 관세청은 롱비치 항에 두 달 넘게 마늘을 야적시켜 썩혀가며 원산지를 조사하고, 허위상표부착 혐의가 있다고 신발을 하나하나 개봉검사하고, 넥타이 무늬에 달러화가 있다고 화폐초상권 침해 시비를 걸고, 넥타이의 "Keep USA" 디자인이 원산지를 오해시킨다고 "Made in Korea"를 넣으라며 통관을 지연시켰다. 프랑스의 '주먹' 관세청은 일본 전자제품의 통관지를 알프스 산 근처 세관으로 지정하는 등 선진국 세관의 '주먹'은 무소불위였다. 미국과 프랑스의 관세청이 한 대로 우리도 따라 하면 통상마찰의 위험도 없다.

8 주요 내용은 1) 무역수지 적자를 주도하는 대기업의 수입은 통관단계에서 원산지, 품질표시, 공해유발 등 모든 국내법 관련법규에 의한 심사를 강화하고, 2) 통관 이후 유통단계에서도 적법성을 추적하여 리콜(recall), 고발 등을 하도록 했다.

9 주요 내용은 1) 고가소비재와 국산품과 경쟁관계에 있는 소비재의 저가신고 여부와 성능검사, 2) 의약품, 화장품, 건강식품 다이어트식품에 대한 품질과 효능표시의 적정성검사, 3) 전기제품, 유아제품 등에 대한 안전검사, 4) 도박성 오락기구에 대한 사전 관계기관 의견 청취 등이었다.

10 주요 내용은 1) 미국, EU에 대해서는 원산지검사, 성능검사, 통관지 지정 등 해당국과 동일한 세관검사, 2) 중국, 동남아 등에 대해서는 저가소비재와 농산물의 원

산지, 국내상표 도용, 저가신고 등에 대한 철저 검사 등이었다.

11 1996년 10월 1일부터 면세점에서 내국인이 고가품을 구입하는 경우 여권에 그 사실을 기재한 스탬프를 찍게 하여 귀국 시 휴대품검사를 실시하도록 하자 면세점의 불법이용이 급격히 줄어들었다. 면세점은 수출품을 면세하는 것이지 국내에 반입하는 물품을 파는 곳이 아니다. 외국에는 국내면세점이 없다. 홍콩에는 시내의 'Duty Free Shop'이 있지만 술과 담배 이외에 소비세가 없기 때문에 엄밀한 의미에서 면세점이 아니다.

12 관세환급제를 관세정산제로 바꾸는 작업은 이수웅 관세청 통관국장과 박용만 재정경제부 세제실 산업관세과장이 협력하여 추진했다.

13 당시의 환율 추세는 1993년 800원대의 환율이 1995년 750원대까지 절상되었다가 1996년 경상수지가 엄청나게 악화되자 하반기부터 800원대로 오르고 연말에는 840원대로 올라섰다. 한국은행은 정부의 물가안정정책에 따라 절하를 억제하기 시작했다.

14 1997년 1월 3일 《조선일보》에 보도된 돈부시(Rudiger Dornbusch) MIT 교수의 신년 기고 중 주요부분은 다음과 같다. "한국은 현재 신흥경제개발국들의 도전, 해외 생산기지 개발과 엔저현상으로 경쟁력을 회복한 일본과의 경쟁 틈바귀에 끼여 경제불황을 겪고 있다. 일본형 불황으로 이어지지 않기 위해 즉각적인 원화가치 절하가 필요하다. 이는 불안할 정도로 매우 큰 경상수지 적자폭을 줄이는 동시에, 외부자금 조달 없이도 성장할 여지를 만들어준다. 어느 나라에서든 화폐가치의 평가절하는 국가 신뢰성의 문제를 제기하지만 한국은 멕시코와 다르고 한국의 외채는 지나치게 많은 것도 아니다. 한국은행은 현대 개방경제체제하에서는 있을 수 없는 외환시장의 차르(러시아의 절대군주) 같은 역할을 고수하려고 해왔다. 한국과 같은 나라에 있어서 가장 좋은 환율관리 전략은 bbc(band, basket, crawl) 접근방식이다."

15 삭스(Jeffrey Sachs) 하버드대 교수는 1997년 1월 13일 《조선일보》와의 인터뷰에서 "원화가 조금 더 절하되어도 놀랄 일이 아니고 수출에 도움이 될 것이다. 엔화의 달러 대비 환율도 80엔에서 115엔까지 올라갔다. 이로 인해 원화가 엔화에 대해 절상되는 결과를 초래했다고 본다"라고 권고했다.

16 건의안은 실물경제 측면에서 본 금융의 문제점, 금융개혁의 목표, 금융개혁의 현

안과제로 구성했다. 첫째, 실물경제 측면에서 본 금융의 문제점은 만성적인 자금 부족과 고금리 기조의 고착, 원화의 상대적 고평가, 과도한 금융규제, 실물경제와 금융시장의 불균형, 하향식 자금공급에 의한 자금의 효율적 이용 저해, 금융행태와 관행의 후진성 등 일곱 가지였다. 둘째, 금융개혁의 목표로는 자금을 "필요한 만큼 적기에, 보다 저렴하게, 보다 편리하게" 공급하기 위하여 신축적 통화관리, 환율실세화, 자금공급구조 개선, 금융서비스 기능 제고 등 네 가지를 제시했다. 셋째, 11개 금융개혁의 현안과제는, 자금공급 원활화와 금리인하, 해외자금 활용 기회 확대, 직접금융조달 활성화, 여신관리제도 개선, 신용대출 촉진기반 강화, 환율 및 무역금융제도 개선, 상향식 자금공급 확대, 중소지역금융기관 활성화, 벤처금융 확충, 중장기 설비자금공급 원활화, 금융기관의 책임경영체제 확립 등이었다. 오영교 산업정책국장과 우태희 산업정책과장이 주도하여 만들고 금융개혁 위원회에 보고했는데 큰 공감을 얻었다.

17 1997년 1월 16일 무역수지관리회의는 김상열 무역정책국장, 윤수영 무역정책과장, 박광수 관세청 정보관리국장과 안치성 정보관리과장이 주도했고 통상산업부와 관세청 사이에 핫라인을 만들어 관세청의 대외비로 다루던 기업별 수출입정보를 교환하게 했다.

18 1993년 3월 6일 상공부와 동력자원부를 통합하여 상공자원부를 신설하였고, 1994년 12월 23일에는 상공자원부를 통상산업부로 개편하였다. 이후 통상산업부는 1998년 2월 28일 산업자원부로 명칭이 변경되었다.

19 1997년 1월 23일 한보철강이 5조 7,000억 원의 부채를 안고 부도가 났다. 산업은행을 비롯, 제일·조흥·서울·외환은행이 거액을 대출했다. 정태수 한보그룹 회장을 사기혐의로 구속하고 홍인길 청와대 총무수석을 비롯해 여야 국회의원 4명, 현직 각료 1명, 전·현직 은행장 3명을 1억~7억 원을 받은 혐의로 구속 기소했다. 김영삼 대통령은 2월 25일 국민에게 사죄성명을 발표했다.

20 통상산업부는 제조업에 대한 인가권이 없다. 외자도입법에 의한 기술도입의 경우 재정경제부 장관의 권한을 주무부처에 위임한 것을 근거로 철강금속과장이 위임 전결규정에 따라 전결로 처리한 것이다. 한보철강사건 때문에 김균섭 기초공업국장과 안영기 철강금속과장은 국회에 불려가 많은 고초를 당했다.

o6

도전과 응전

: : 1997 한국 외환위기

1997년 한국의 위기를 정부는 외환위기(foreign exchange crisis)라고 말하지만, IMF는 경제위기(economic crisis)로 불렀다. 위기의 본질을 경제의 구조적 문제로 보는 점에서 외환 부족에 의한 유동성의 문제로 보는 우리의 시각과 달랐다. 사실은 두 가지 시각이 모두 맞는 것이다.

1997년 아시아에 몰아친 외환위기의 직접적인 원인은 유동성의 만기 불일치와 금융기관의 신뢰도 추락(confidence collapse)이었고, 경제성장에 대한 과욕이 부른 불안정성(instability by eagerness and ignorance)의 거품이 터진 것이다. 동남아시아에서 시작된 외환위기는 연쇄적인 환매사태에 의한 전염효과(contagion effect)를 타고 홍콩과 대만을 거쳐 한국으로 북상함으로써 동북아시아로 번졌다.

동남아시아의 금융위기가 북상할 때 한국경제는 대기업의 연쇄부도에 의한 대마불사의 함정, 소비재의 폭발적인 수입에 의한 단일관세율의 함정, 경상수지 적자 속의 평가절상에 의한 고평가 환율의 함정, 해외 캐리자금의 급격한 유출입에 의한 단기차입의 함정에 빠져 있었다.

호두가위에 낀 호두 같은 운명이었지만, 변화를 위한 행동은 없고 논의만 무성하였다. 스스로 변하지 못하고 종국에는 IMF 구제금융으로 변화를 강요당했다.

1996년 정부는 '세 마리 토끼'를 잡겠다고 호언했지만 경상수지 적자가 GDP의 4.2%에 달하는 238억 달러나 되어 우리가 감당할 수 없는 수준이었다. 위기에 대한 인식은 부처마다 달랐다. 한 번도 위기를 당해보지 않았기 때문에 무역을 담당하는 관세청과 통상산업부는 위기의식이 높았던 반면 재정경제부와 한국은행의 생각은 달랐다. 환율과 관세율에 대한 생각은 크게 달랐다. 환율이 1996년 연말에 840원대로 올라서자 한국은행은 절하를 억제하기 시작했고 1997년 들어 870원대로 계속 올라가자 절하를 억제하기 위해 선물환을 풀기도 했다. 1997년 초부터 청와대는 금융개혁위원회를 만들어 금융구조 개혁에 나섰고 재정경제부는 한보철강의 부도처리에 정신이 없었다. 고평가 환율과 단일관세율에 대해 아무도 관심이 없었다.

경상수지가 나쁘면 병든 경제

경제의 건강지수

1997년 3월 7일 재정경제부 차관으로 왔을 때 경상수지의 심각성에 대한 인식은 약했고, 8% 단일관세율과 고평가된 환율로 만들어진 최악의 정책조합에 대해서는 누구도 문제제기를 하지 않았다. 10% 경쟁력 높이기와 금융개혁 같은 구조조정에 초점이 맞추어져 정책의 시의성과 방향성에 착오가 있었다. 대통령선거를 앞둔 정치권에서도 경제에 대한 관심은 크지 않았고 언론에서 간헐적으로 대란설을 보도하는 정도였다.

나는 취임식에서 나의 경제에 대한 상황인식을 전체 직원들에게 말했다. 최우선 정책목표는 경상수지 개선이고, 이를 위해 우리가 해야 할 최우선 과제는 환율의 절하와 관세율의 조정이라는 점을 다음과 같이 밝혔다.

"경상수지가 나쁘면 다른 경제지표가 좋아도 그 경제는 건강하지 않다. 우리의 최우선 과제는 경상수지 개선이다.

경상수지 적자를 해결하기 위해서는 경쟁력강화 이외는 길이 없다. 단기적으로는 환율과 관세율에 의해서 결정되는 가격경쟁력에 의하여 승패가 좌우되고, 중기적으로 품질향상이며, 장기적으로는 기술이다.

환율이 적자 속에 절상되었고 엔화에 대해서 상대적으로 절상된 속에 가격경쟁력, 대외경쟁력, 경상수지는 개선될 수 없다. 8% 단일관세율을 가진 나라는 세계에 없다. 품질과 기술의 개발에 대한 정책도 재검토해야 한다.

WTO체제는 경제의 국경이 없는 체제다. 과거에 고세율은 고세입을 보장했지만 앞으로 고세율은 세입을 낮게 수렴시키는 경향이 있다. 현재의 고금리, 고임금, 고지가 상태하에서 세율마저 높다면 기업은 문을 닫거나 해외에 가는 길 외에는 없다.

통화, 금리, 환율에 대한 과거의 도그마에서 헤어나지 못하면 우리의 경제문제는 더 어려워진다. 군사강국 소련, 무적의 로마제국, 지구상에서 가장 큰 공룡이 사라진 이유를 생각해라. 변하지 않고 자기모순에 빠지면 망한다.

경상수지 적자가 작년 238억 달러로 급증하는 상황에 대처하여 역량을 발휘해달라. 우리는 세계에서 가장 가난한 농업국가에서 한 세대 만에 세계 10대 교역국으로 올라선 역량을 갖고 있다."

취임식을 마치고 김석동 외화자금과장[1]을 불러 환율과 외환보유고 상황을 챙겼다. 863원과 297억 달러! 환율과 보유고를 매일 보고하라고 지시했다. 노란 포스트잇 종이에 "일일 점검! 수시 점검!"이라는 글을 써서 책상 유리 밑에 넣었다. 그것은 한국경제에 대한 옐로카드였다. 이렇게 재정경제부 차관업무는 시작되었다.

할 수 있는 것은 다했지만

위기예방 대책

1997년 하루도 쉬지 못하고 밤낮없이 일할 수밖에 없었다. 대기업 연쇄부도의 처리, 금융시장 불안의 관리, 국제수지 적자의 관리, 금융산업의 구조조정, 금융감독체계의 개편 등 끝없는 도전과 응전의 순간들이었다. 국제금융시장의 자금경색이 일어나면서부터는 외환보유고 관리와 해외차입 노력이 시급해졌다.

파도같이 밀려오는 문제를 해결하기 위해 1997년 14차에 걸쳐 7개 금융구조조정대책, 13개 금융시장 안정대책, 15개 외환시장 안정대책, 4개 기타 경제정책 등 총 39개의 대책을 추진하였다. 환란이 올 수 있다는 걱정은 했지만 그렇지 않을 수도 있다는 기대를 하기도 했다. 흔들리는 금융시장과 외환시장의 상황에 따라 할 수 있는 대책은 다하였지만 대외신뢰도를 회복하고 자금유출을 막아내기에는 역부족이었다.

첫째, 금융구조조정을 위해 1997년 초 금융개혁위원회가 발족하고 금융구조 전반에 걸쳐 20개 금융관계법의 개편을 추진했다. 주요한 금융개혁법은 통합금융감독기구에 관한 법률, 한국은행법, 은행법, 예금자

1997년 위기대응대책

구분	대책내용
금융구조 조정정책 (7개)	부실채권정리기금 설치[1조 원(7월 1일)→3.5조 원(8월 25일)→10조 원(11월 19일)], 상호지급보증한도 축소(4월 1일), 금융감독기관통합 개편(8월 23일), 중앙은행 개편 등 20개 금융개혁법 추진(8월 23일), 결합재무제표제도 도입(8월 23일), 종금사구조조정(인수합병폐지 등, 11월 19일), 금융기관담보부동산매각면세 등(8월 25일)
금융시장 안정대책 (13개)	한보철강재산보전처분(1월 24일), 중소기업 긴급자금 지원(5.5조 원, 2월 11일), 부도유예협약(4월 21일), 콜중개한도 폐지(4월 30일, 8월 25일), 기아그룹 부도유예(7월 15일), 중소기업보증한도 확대(7월 15일), 한은 특별대출(은행·종금 2조 원, 8월 25일), 제일은행 정부출자(8,000억 원, 8월 25일), 근로자주식저축한도 확대(10월 13일), 주식액면분할 허용 등(10월 19일), 배당소득 분리과세(10월 19일), 연기금 주식투자 한도 확대(10월 29일), 예금전액보장 및 기금 확대(8.3조 원, 11월 29일)
외환시장 안정대책 (15개)	환율실세화(3월 15일), 해외차입한도 확대(3월 15일, 3월 31일), 연지급수입기간 자유화(3월 31일), 외국인 주식투자 한도 확대[10%(2월 25일) → 20%(3월 31일) → 23%(5월 21일) → 26%(8월 25일)], 채권투자개방 확대(3월 31일, 11월 19일), 외화증권발행 자유화(4월 30일), 금융기관 대외채무지급 정부보증(8월 25일), 수출선수금 한도 폐지(8월 25일), 외국인 주식양도차익 비과세(10월 25일), 국공채시장 개방(10월 29일), 상업차관 자유화(10월 29일), 연지급수입 자유화(10월 29일), 환율변동폭 확대(10%, 11월 19일), 종금사 외환업무 중지(11월 19일), 외국은행 스왑 확대(20억 달러, 11월 29일)
기타 대책 (4개)	중소기업 구조조정과 창업 활성화 대책(3월 31일), 중장기경제체질 강화 대책(9월 1일), 긴축예산 집행 및 편성(10월 1일), 복수관세율 개편(12월 13일)

보호법, 증권거래법, 보험업법, 금융구조 개선에 관한 법률, 부실채권정
리기금에 관한 법률 등이었다. 부실채권정리기금에 관한 법률 등 7개 법
만 경제위기 발생 전인 7월에 통과되었고, 통합금융감독기구에 관한 법
률 등 나머지 13개 법안은 위기가 온 후 12월에 IMF의 권고에 의해 통
과되었다. 통합금융감독기구에 관해 한국은행과 내분사태는 있었지만
30여 년을 끌어온 중앙은행의 독립과 통합금융감독기구의 설립에 관한
논란을 매듭 지었다는 데 역사적인 의미가 있었다.

둘째, 금융시장 안정을 위해 1) 20조 원의 부실채권정리기금 설치, 2) 대기업 부도에 따른 중소기업 긴급자금 지원, 3) 채권채무 당사자 간의 협상기회를 주기 위한 부도유예협약제도 도입, 4) 기아자동차 부도유예조치, 5) 부실 은행·종금·신용금고 정리, 6) 제일은행과 종금에 대한 2조 원 한국은행 특별대출, 7) 제일은행에 대한 8,000억 원 정부출자, 8) 3년간 전액 예금보장, 9) 근로자주식저축 가입금액 확대, 10) 장기보유자의 배당소득 10% 분리과세, 11) 연기금 주식투자 한도 확대 등 가능한 모든 대책[2]을 동원했다.

셋째, 외환시장의 안정을 위해 1) 환율의 실세화, 2) 은행의 해외차입 한도 확대, 3) 외국인 주식투자 한도 확대, 4) 중소기업의 연지급수입 자유화, 5) 외화증권발행 자유화, 6) 금융기관 대외채무의 정부지급보증, 7) 수출선수금 영수한도 폐지, 8) 국공채와 회사채시장 개방, 9) 상업차관과 현금차관 자유화, 10) 환율변동폭 확대, 11) 외국은행 스왑 한도 20억 달러 확대 등 외환거래에 관한 가능한 모든 대책[3]을 추진했다.

1997년 1월 한보철강 부도와 7월 기아자동차 부도는 한국경제의 대외신뢰도를 크게 저하시켰다. 금융시장과 외환시장의 안정대책과 함께 금융과 기업의 투명성을 높이기 위해 금융기관 부실채권 내역의 공개와 계열기업에 대한 결합재무제표 작성도 의무화했다. 1997년 1월 한보철강 부도 이후 11번에 걸친 시장안정조치에도 불구하고 금융경색이 가중되어가자 8월 25일부터 정부가 할 수 있는 남아 있는 모든 대책을 망라한 금융시장 안정 종합대책을 세 차례나 발표하기에 이르렀다. 대책을 발표할 때마다 주가는 더 떨어지고 외국투자자들의 자금회수는 가속되었다.

넷째, 위기대응을 위한 노력과 함께 고비용·저효율 구조의 개선을 위한 경제대책도 동시에 추진하였다. 중소기업 창업 활성화와 구조조정 대책, 한 자릿수 긴축예산 편성, 중장기적인 경제체질 강화 대책을 추진하였고, 8% 단일관세율을 복수관세율로 개편했다.

주요한 구조개선 대책은, 1) 8% 단일세율에 묶여 있던 섬유, 신발 등 257개 품목 세율의 상향조정, 2) 벤처기업에 대한 자금출처 조사 면제, 벤처기업 출자자금에 대한 20% 소득공제 등의 세제상 우대조치 시행, 3) 한 자릿수 4%가 증가한 긴축예산의 편성, 4) 〈열린 시장경제로 가기 위한 국가과제〉[4]의 추진 등이었다. 21개 당면 국가과제의 주요 내용은 정부의 역할과 기능 재편, 기업지배구조의 선진화와 경쟁의 촉진, 노동시장 유연성 제고, 동북아물류기지 추진, 기술혁신과 정보화 등이었다.

동원 가능한 모든 대책을 강구하는 한편 IMF에 자금을 신청하지 않고 문제를 해결하기 위해 미국, 일본, 유럽의 금융기관에 1997년 4월부터 경제특사와 고위간부를 파견하여 원활한 해외차입노력을 계속하였다. 10월에는 해외 은행과 대기성자금(back-up facility)도 협의하였지만 실패하고 말았다.

외환시장 경색에 따른 금융기관의 부도를 막기 위해 대외결제자금의 부족분을 불가피하게 지원하게 됨으로써 가용 외환보유고 수준이 격감하게 되었다. S&P 등 신용평가기관들이 국가신용등급을 하향조정하고 있을 때인 1997년 11월 5일, 한국 외채 1,100억 달러 중 800억 달러의 만기가 연내에 도래한다는 블룸버그통신의 부정확한 보도는 설상가상이었다. 외국금융기관들의 중장기 및 단기에 걸친 전반적인 자금회수가 가속화되었고 자력으로는 대외부도(default)를 막을 수 없는 상황으로 가고 있었다.

부도유예협약과 기아자동차

대마불사의 함정

1997년 초 통상산업부에서 한보철강뿐 아니라 삼미특수강과 기아특수강의 부도가 임박했고 쌍용자동차도 오래가지 못할 것이라는 보고를 받았다. 기아특수강이 부도가 나면 연대보증을 선 기아자동차도 견디기 어렵다고 했다. 특단의 대책을 강구하지 않으면 감당하기 어려운 사태로 진전될 것이라는 것이 통상산업부 실무진의 판단[5]이었다. 이러한 상황에 대처하여 재정경제부 차관으로 오자마자 대책 마련에 나섰다.

뉴욕에서 재무관으로 근무할 때 우리나라의 어음제도, 담합부도제도, 연대보증제도는 미국에 없는 불합리한 제도라는 것을 알았다. 어음제도는 성실한 하청업체의 연쇄부도를 몰고 오고, 담합부도제도는 한 지점에서 한 개의 어음이 부도나면 모든 은행의 모든 지점에서 동시에 부도를 내고, 연대보증제도는 한 기업의 부실로 전체 그룹이 도산되게 만들었다. 부도 소문이 나돌면 담보가 없는 종합금융회사가 앞장서고 은행들도 경쟁적으로 돈을 회수하는 것이 관행이었다. 미국의 소설가 마크 트웨인(Mark Twain)이 말한 대로 햇빛 쨍쨍할 때 우산을 빌려주고 비 올 때 재빨리 회수했다.

미국의 부도제도[6]는 물건을 살 때도 흥정이 있는 것같이 잔고가 없어도 협상에 의해 1차 부도(bounce)를 해결할 수 있고, 그래도 안 되면 최종부도(default)가 난다. 최종부도의 경우도 협상이 가능하며 법원의 채무조정절차(reorganization) 중에도 기업의 정상경영이 가능하고 협상에 의해 기업회생절차도 진행될 수 있다. 어떤 은행에서 하나의 수표가 부도가 났다고 다른 은행이 따라 하지도 않고 그런 정보교환도 없다. 부도가 나거나 채무조정절차에 들어간 기업의 주식이나 채권은 장외시장(over-the-counter market)에서 거래되어 기업의 갱생과 함께 은행의 자금회수도 최대한 이루어질 수 있다.

1월 한보철강의 부도에 이어 3월에 삼미특수강이 부도났다. 한보철강 부도의 충격이 크자 대통령은 대기업의 부도를 내지 않고 원만히 수습하기를 원했다. 미국과 같이 부도지경에 몰린 기업과 은행이 협상을 통해 상호이익이 되는 선에서 타협이 되도록 하자는 취지에서 4월에 부도유예협약제도를 금융단의 자율협정으로 만들게 했다. 금융기관의 경쟁적인 자금회수를 방지하여 기업의 경영안정을 도모하기 위한 것도 목적이었다. 은행의 부실채권을 조기에 정리하기 위해 정부 주도의 부실채권정리기금 3조 5,000억 원도 창설했다.

7월 15일 매출 12조 1,000억 원에 9조 7,000억 원의 부채[7]를 안고 있던 기아자동차는 부도유예협약에 들어갔다. 일단 부도를 면하게 되자 주채권은행인 제일은행과 한국산업은행의 자금지원 조건이었던 회장의 사표와 노조의 구조조정동의서를 두 달 동안 거부했다. 대통령선거를 앞두고 야당뿐만 아니라 정부와 여당도 기아자동차의 부도처리와 법정관리를 반대했다. 일부 시민들은 기아살리기범국민연합을 조직하고 '주식이 분산된 국민기업 기아자동차를 살리자'고 주장했다. 기아자동차는 언론과 여론 플레이를 통해 정부를 압박하고 경영진의 퇴진 없이 부도유예협약을 이용하여 자금지원을 받으려 했다.

기아자동차는 3개월을 끌다가 10월 22일 법정관리[8]를 확정했다. 기아자동차가 이렇게 버틴 배경은 대마불사의 요행수를 믿었던 것 같고, 12월 대통령선거를 이용하여 다음 정부까지 끌고 가서 기존의 경영자들이 계속 살아남는 방법을 도모하자는 전략이었던 것 같았다. 세계적 대기업인 기아자동차가 법정관리를 거부하며 석 달을 버티는 동안 우리의 대외신뢰도는 떨어질 대로 떨어졌다. 김선홍 기아자동차 회장은 결국 국민에게 사과하고 물러난 뒤 다음 해 법정에 서게 되었다. 대마불사의 함정을 빠져나오지 못한 것이 위기로 가는 도화선이 되었다.

8% 단일관세율의 탈출

단일관세율의 함정

우리의 조세제도는 단일관세율제도를 제외하고 대외경쟁력에 문제는 없었다. 경상수지의 급격한 악화를 불러온 요인의 하나였던 8% 단일관세율의 함정을 탈출하는 것도 핵심과제였다. 나는 1995년 재무부 세제실장 때와 1996년 관세청장 때 두 번 복수관세율 개편을 추진했지만 불발로 끝나고 1997년 재정경제부 차관으로 와서 세 번째의 시도 끝에 8% 단일관세율을 깨고 복수관세율로 개편했다.

단일관세율을 깨고 원자재는 낮추고 완제품은 선진국의 예에 따라 올렸다. 평균 관세율은 낮아졌지만 대외경쟁력에는 훨씬 유리했다. 원자재와 농산물은 일본, 완제품은 미국과 꼭 같은 관세율로 전면 개편하는 것을 원칙으로 하였다. 그렇게 할 경우 일본과 미국과의 통상마찰을 예방할 수 있고 다른 나라와의 마찰은 개별협상을 하면 된다. 섬유, 신발 등 경쟁력 위기산업의 기본관세율을 인상하여 공정한 경쟁여건을 조성하도록 하고 특히 크게 경쟁력을 상실한 중소기업의 경쟁력 강화에 주력하여 총 2,871개 세목 중 257개 품목의 세율을 조정했다. 나머지 2,000여 개 품목은 시간을 두고 산업여건에 따라 단계적으로 개편하기로 했다.

복수관세율 개편의 주요 내용

– 기초원자재·중간재 인하(152개 품목) :

  • 천연고무·양모·원면 등 48개 비경쟁 기초원자재 2% → 1%,

  • 원피·팜유 등 18개 수입의존도가 높은 기초원자재 3% → 2%,

  • 수입의존도가 높은 국산 불가능 86개 중간재·부품 중

    메탄올 등 8% 품목 → 5%, 항공기엔진 등 5% 품목 → 3%

– 구조조정 중인 가격경쟁력 취약품목 인상(69개 품목) :

  • 면직물, 합성직물 등 65개 의류 8% → 10–13–16%,

  • 가죽신발 등 4개 신발류 8% → 13%

– 3년 이상 탄력관세 품목 및 역관세 품목 기본관세율 전환(36개 품목)

– 첨단산업용품에 대한 관세감면율을 10%에서 30%로 인상

복수관세율 개편으로 재정제도의 미비점이 보완되었고 우리의 조세제도는 IMF 회원국 중 가장 잘된 제도로 평가받았고 재정의 건전성과 기업의 경쟁력에 문제는 없었다. 1977년 내가 실무자로 도입작업[9]을 하였던 부가가치세(Value Added Tax)에 대해 IMF는 "세계 최고의 조세제도(the best tax system in the world)"[10]라고 평가했다. 우리의 10% 단일세율 부가가치세는 내국세입의 35% 전후[11]를 차지할 정도로 생산성이 높았고 아직도 30% 이상의 비중을 차지하고 있다. 부가가치세는 모든 거래단계에 걸쳐 크로스체킹(cross-checking) 기능이 있어 소득세와 법인세의 탈루를 막아 한국의 재정은 흑자를 고민하는 해가 많았다. 양호한 재정상태는 우리가 1997년 경제위기를 극복하는 데 큰 힘이 되었고 아직까지 국가부채는 OECD 회원국 중 가장 양호한 수준이다.

복수관세율로 개편한 후 관세율의 인상에 따른 통상마찰은 없었다. 가격경쟁력의 핵심변수인 관세율의 문제 때문에 경쟁력을 잃은 산업은 구조조정이나 전업도 못 하고 해외로 이전하거나 문을 닫고 난 후였다. 착오에 의해 탄생한 8% 단일관세율은 우리 경제에 엄청난 비용을 초래했고 이것을 바로잡는 데 세 번의 수고가 필요했으니 참으로 안타까운 일이었다. 엄청난 비용을 초래한 사람들은 시대를 타고 출세가도를 달렸으니 역사의 아이러니였다.

환율 920원, 보유고 500억 달러

고평가 환율의 함정

내가 재정경제부 차관으로 왔을 때 환율은 863원, 외환보유고는 297억 달러였다. 가장 시급했던 일은 환율을 수출포기점 수준인 920원까지 올리고, 외환보유고를 경상지급의 3개월분인 360억 달러로 증액시키고 추가로 위기예방을 위해 500억 달러까지 확충하는 노력이었다. 실무진에게 환율은 조속히 920원 이상으로 올리고 보유고는 3월 중 360억 달러로 쌓고 6월까지 500억 달러로 확충하도록 지시하고 환율과 보유고 상황을 매일 보고 받았다. 외환시장을 모니터하기 위해 실무진과 삼성, 현대, LG 등 외환거래가 많은 대기업과 핫라인을 만들도록 했다.

우리 실무진이 통상산업부, 관세청, 무역업계와 공동으로 조사한 1997년 상반기 제조업의 손익분기점환율[12]은 900원 수준이었고, 엔화의 달러환율을 123엔으로 전제하고 내수비중과 원자재비중을 고려하여 추정한 최저 적정환율은 920원이었다. 1996년 기준 월 경상지급은 수입기준으로 120억 달러였고, 무역외지급을 포함하면 151억 달러였다. IMF가 권고하는 적정보유고는 경상지급의 3개월분이다. 수입기준 360억 달러이고 무역외지급을 포함하면 453억 달러였다.

1997년 2월 말 863원이었던 환율은 3월 말에 897원까지 올라간 후 5월까지 890원대에 묶여 있었다. 6월 들어 다시 880원대 내려갔다. 한국은행이 890원을 마지노선으로 잡고 더 이상의 상승을 억제했다. 한국은행 국제금융담당 이사에게 전화를 걸어 환율이 900원 넘어가도록 손대지 말라고 했다. 전화를 받은 간부는 "890원은 마지노선이다"라고 대답했다. 실질실효환율[13]을 기준으로 할 때 890원이 적정선이고 급격한 환율변동은 바람직하지 못하다는 것이었다. 경상수지 적자가 감당하기 어려운 수준인데 어이없는 일이었다. 5월 이후 한국은행법 개정으로 감정이 악화된 탓에 협력이 쉽지 않았다. 그 간부에게 환율과 보유고에 대한 나의 뜻을 간곡히 전달했다.

실무진에게 한국은행과 협조하여 920원까지 손대지 말라고 다시 지시했다. 8월 들어 외국은행의 자금회수가 가속화되자 환율은 다시 890원대로 올라갔고 8월 말에는 900원대로 올라갔다. 홍콩의 주가가 10.4% 폭락한 10월 23일 내가 지시했던 920원을 넘었지만 이것은 동남아 외환위기가 북상 중이던 때였다.

11월 19일 우리가 IMF에 가지 않는다고 발표한 날 환율은 처음 1,000원대를 돌파했다. IMF 자금지원 요청을 발표한 11월 21일 환율은 1,100원대를 돌파하고 IMF 자금요청 의향서에 서명한 12월 3일 1,200원대를 돌파했다. 12월 15일 1,700원대를 돌파한 환율은 12월 24일 1,964.80원으로 최고점에 달했고 12월 31일 1,415.20원으로 마감했다.

1997년 상반기에 환율을 방어하기 위해 1달러도 쓰지 못하게 하고 외

월	1996		1997	
	원/달러	보유고	원/달러	보유고
1	784.30(-1.2)	332.6	861.30(-2.0)	309.7
2	780.70(-0.8)	351.2	863.90(-2.3)	297.6
3	782.70(-1.0)	334.5	897.10(-5.9)	291.5
4	778.70(-0.5)	359.3	892.10(-5.4)	298.3
5	787.90(-1.7)	362.4	891.80(-5.3)	319.0
6	810.60(-4.4)	365.6	888.10(-4.9)	333.2
7	813.30(-4.7)	350.6	892.00(-5.4)	336.7
8	819.40(-5.5)	335.6	902.00(-6.4)	311.4
9	821.20(-5.7)	328.4	914.80(-7.7)	304.3
10	831.30(-6.8)	322.3	965.10(-12.5)	305.1
11	828.70(-6.5)	323.2	1,163.80(-27.5)	244.0
12	844.20(-8.2)	332.4	1,415.20(-40.3)	204.1

자료: 재정경제부. 괄호 안은 전년 말 대비 변동률(%).

환보유고 확충을 위해 많은 노력을 했다. 외환보유고는 은행의 중장기 차입한도를 폐지, 기업의 해외주식연계증권 발행한도의 폐지, 외국인투자기업의 외화운전자금 차입허용 등의 조치로 5월에 319억 달러로 늘어났고 6월 말 333억 달러까지 갔으나 500억 달러 목표는 불가능했다. 한보철강 부도 이후 이미 대외신인도에 문제가 생겨 금융기관의 해외차입이 어려워지고 있었기 때문이었다.

외환보유고는 7월 336억 달러를 피크로 8월부터 외국은행의 자금회수가 가속화되자 하향곡선을 걸었고 11월 말에는 244억 달러, 국내은행 예치를 제외한 가용보유고는 72억 달러로 격감했다.

10월 들어 환율상승과 외화유출은 양날의 칼이 되어 이러지도 저러지도 못하는 궁지에 빠졌다. 해외차입이 끊어진 상태에서 환율이 급격히 올라가자 외환투기와 함께 외화유출은 가속화되었다. 환율을 가능한 한 빨리 대외균형을 유지할 수 있는 수준인 920원으로 올린 다음 그 수준을 유지해야 경상수지 흑자 전환과 함께 외환투기를 막을 수 있었는데 질 질 끄는 바람에 외환투기를 부추기고 외환보유고도 고갈되어갔다. 11월 부터는 우리가 할 수 있는 것이 아무것도 없었다.

1996년 경상수지 적자 238억 달러는 정부가 갖고 있는 가장 강력한 정책변수인 환율의 적절한 운용에 실패했기 때문이었다. 환율운용에 실패한 요인은 단기자금의 과도한 유출입을 관리하지 못했기 때문이었다. 한국은행은 환율을 방어하기 위해 선물환까지 푸는 방향착오를 하면서 금리는 손대지 않아 금리와 물가에 대한 도그마를 벗어나지 못했다. 물가안정을 목표로 하는 중앙은행의 속성이 평가절상이라는 것을 이해한 다 하더라도 한국은행의 행태는 너무 큰 실책이었고 금융감독체제 개편을 둘러싼 한국은행과의 갈등은 협력을 어렵게 했다. 정상적일 때는 몰라도 위기를 앞두고 환율을 중앙은행에 위임해서는 안 되고 더구나 시장에 맡겨서도 안 된다.

고평가 환율의 함정에 빠진 것이 위기의 가장 큰 요인이었다. 경상수지는 경제의 종합건강지수이고, 환율은 나라경제를 지키는 주권이다. 위기국면에서 평가절하와 외화유출은 양날의 칼이지만 경상수지를 개선하기 위해 절하를 우선할 수밖에 없다. 환율은 수출, 수입, 임금에 결정적인 영향을 미치는 가장 강력한 변수이기 때문이다. 1985년 9월 22일 뉴욕 재무관으로 근무할 때 일본 엔화환율을 배로 절상시킨 플라자합의를 보고 환율관리는 주권행사라는 것을 절실히 느꼈다.

환란의 도화선, 종합금융회사

아시아금융위기에서 가장 큰 고통을 당한 한국, 태국, 인도네시아는 1996년까지 선진국, 특히 일본의 낮은 금리의 단기자금을 과도하게 차입하여 높은 금리의 장기대출을 하였다. 1997년 썰물 같은 선진국의 자금유출은 아시아 금융시장을 초토화했다.

1996년 자금시장 단기금리는 양도성예금증서(CD, 90일)를 기준으로 보면 미국은 5.58%, 일본은 제로금리대인 0.56%로 낮았다. 외환위기가 일어나기 전 1996년 단기차입금은 720억 달러로 1991년 112억 달러에 비해 594.5%나 폭발하였다. 당시 한국의 양도성예금증서(CD, 91일)의 금리는 12.63%였기 때문에 미국과 일본의 단기자금에 대한 수요는 사실상 무한대였고 저금리의 유혹은 만기불일치의 위험보다 훨씬 컸다.

1996년 우리의 대외채무는 1,448억 달러였고 단기채무는 그 48.5%인 702억 달러였다. 역외금융과 국외점포의 차입을 포함한 금융기관의 해외차입금은 1,227억 달러였고 단기차입은 그 63.5%인 780억 달러였

한국·미국·일본의 단기금리와 한국의 대외채무 추이 (%, 억 달러)

		1991	1993	1995	1996	1997	1998
단기금리	한국	18.54	12.96	14.05	12.63	13.38	15.52
	미국	4.09	3.36	5.64	5.58	5.70	4.94
	일본	5.66	2.09	0.57	0.56	1.33	0.75
대외채무		397.3	472.0	1,089.3	1,448.4	1,616.2	1,515.6
(단기)		112.0	122.0	513.6	702.7	414.0	359.7

자료: 한국은행(한국은 91일, 미국과 일본은 90일 양도성예금증서 유통수익률).

1996년 대외채무, 해외차입 현황 (억 달러, %)

	대외채무	금융기관차입	종합금융차입
대외채무	1,448.4	1,227	200
(단기)	702.7	780	129
단기차입비율	48.5	63.5	64.5

자료: 재정경제부(금융기관에는 외국은행 지점과 종합금융회사 포함. 역외금융과 국외점포의 차입은 금융기관 차입에 포함).

다. 종합금융회사는 차입금 200억 달러 중 단기차입이 64.5%인 129억 달러로 추계되었다. 당시 해외차입금의 용도는 1년 이상의 시설자금으로 제한되어 있었기 때문에 해외 단기차입금 780억 달러는 만기불일치 상태에 있었다. 1997년 60%가 넘는 해외 단기차입이 1년 이상의 대출로 묶여 있는 상태에서 375억 달러의 해외유출은 감당이 불가능하였다. 특히 종합금융회사는 1997년 들어 신규차입이 불가능했고 장단기차입에 관계없이 만기연장도 불가능하였다. 1996년 말 국내금융기관의 전체 금융자금 대출 163조 7,000억 원 중 할인어음, 무역금융, 당좌대월 등 1년 이내 단기대출은 35조 2,000억 원으로 21.5%였고 나머지 88.5%는 1년 이상의 장기대출이었다.

1997년 종합금융회사는 30개에 달했다. 1982년 금융자율화 조치에 의해 단기어음할인을 주 업무로 하는 단기금융회사는 32개까지 늘어났는데 1992년에 선발 8개 단기금융회사가 은행과 증권회사로 전환했고, 1994년 9개 지방 단기금융회사와 1995년 나머지 15개 단기금융회사가 모두 종합금융회사로 전환하여 1996년에는 기존의 6개 종합금융회사와 합쳐 30개나 되는 종합금융회사로 늘어났다. 외환업무 경험이 없었던 24개 전환 종합금융회사들은 장기 외화차입보다 단기 외화차입이 금리가 싸고 쉬웠기 때문에 단기차입금의 리스크도 제대로 모르고 닥치는 대로 차입하여 수익성이 높은 장기대출을 했다. 1996년 일본의 양도성예금증서(CD, 90일) 금리는 0.56%, 프라임레이트는 1.63%였고, 미국의 양도성예금증서(CD, 90일) 금리는 5.58%, 프라임레이트는 8.25%로 한국에 비해 크게 낮았고 단기금리는 더 낮았다. 한국의 양도성예금증서(CD, 91일) 금리는 12.63%, 기업대출평균금리는 10.98%였는데 금리 수준도 높았고 단기가 높은 구조였다.

종합금융회사들은 단기차입금을 볼링설비리스로 운용하여 읍 단위까지 볼링붐을 일으켰고 엄청난 국제수지의 적자요인을 만들었으니 어처구니없는 일이었다. 국제금융시장에 겁 없이 경쟁적으로 뛰어든 종금사들은 단기차입으로 태국, 인도네시아, 러시아 등의 정크본드(junk bond)까지 샀고 동남아에 외환위기가 들이닥치자 고스란히 떼이고 말았다.

종합금융회사들은 한보철강 부도로 한국의 대외신인도가 떨어진 후 신규차입이 중단되자 7일 이내의 초단기차입으로 하루하루를 넘기다가 기아자동차 부도사태가 터지고는 1일자금(over night)으로 허덕이게 되었다. 홍콩의 금융시장에서 종합금융회사들은 금리, 금액, 기간을 불문하고 돈을 빌리려 홍콩의 이 골목 저 골목을 누비고 다니는 떼거지라는 보도까지 나오게 만들었다.

당시 종합금융회사에 대한 감독업무는 개별업무에 따라 은행법, 증권거래법, 증권투자신탁업법, 종합금융회사에 관한 법률, 단기금융업법, 시설대여업법, 외국환관리법, 외자도입법 등에 따라 재정경제부의 자금시장과, 산업금융과, 증권업무과, 국제금융과 등에 흩어져 있었고 검사업무도 재정경제부 감사관실, 은행감독원, 증권감독원, 신용관리기금 등에 분산되어 있었다. 체계적이고 종합적인 감독은 부재한 상태였고 통합된 정보도 없었다.

기아자동차 부도사태 후 8월 들어 외화유출이 심각해졌을 때 종합금융회사의 외화차입상태[14]는 부도 지경이었다. 외화 부족이 심각한 12개 종합금융회사에 대해 외환보유고를 가지고 15억 달러를 지원했다. 10월에는 대기업부도사태가 이어지자 기아자동차의 주거래은행인 제일은행에 대한 1조 원의 한국은행 특별대출[15]과 함께 자금난이 심각한 16개 종합금융사에 대하여도 1조 원의 한국은행 특별대출까지 했다. 한국은행은 최초로 종합금융회사에 특융을 하게 되었다.

우리는 위기를 당한 적이 없어 장단기 외채관리를 소홀히 했다. 장기차입보다 금리가 싸다고 단기차입을 위험한 줄 모르고 자율화하는 큰 실수도 범했다. 금융자율화를 위해 규제를 풀었으면 감독은 더 철저해야 하는데 감독마저 풀어버렸다. IMF는 이것을 두고 규제(regulation)와 감독(supervision)을 혼동하여 모두 다 풀어버렸다고 충고했다.

종합금융회사는 머천트뱅크(merchant bank)라는 이름을 달고 우리나라 모든 금융기관의 대외신뢰도를 바닥으로 추락시키고 은행의 단기차입마저 끊기게 하는 계기를 만들었다. 단자회사에서 무더기로 전환된 24개 종합금융회사는 엄청난 화를 자초한 후 결국은 모두 퇴출되는 운명을 맞았다. 우리는 780억 달러에 달하는 단기차입의 함정에 빠졌고 종합금융회사는 환란의 도화선이 되었다.

일본은 머나먼 이웃이었다
급격한 단기자본유출

1996년까지 저금리를 타고 쓰나미같이 밀려온 단기차입금은 1997년 위기가 닥치자 태풍이 쓸려가듯이 허무하게 날아갔다. 629억 달러의 단기캐리자금 중 375억 달러가 1년 만에 급속히 유출되는 상황은 어떤 수단으로도 감당할 수 없는 태풍이었다. 금융시장이 개방된 후 처음 일어난 일이었기 때문에 과거에 상상하지 못한 사태였다.

　1997년 3월부터 우리 금융기관의 해외차입금리는 오르기 시작했고 신규자금의 차입은 중단되기 시작했고 8월부터는 자금회수가 시작되었다. 1996년 말 국내 13개 은행의 해외차입금 945억 달러 중 단기차입은 629억 달러였는데 1997년에 375억 달러가 회수되었다. 최대 단기차입선이었던 일본의 경우 단기차입 218억 달러의 60%인 130억 달러를 회수하였다. 유럽은 173억 달러 중 45%인 76억 달러, 미국은 56억 달러 중 38%인 21억 달러를 회수하였다. 일본의 자금회수는 너무 컸고 너무 빨라 감당할 수 없었다.

　당시 한국의 단기자금 시장금리는 12.63%로 미국의 5.58%와 7%p의 차이가 났고 일본의 0.56%와 12%p의 차이가 났기 때문에 해외 단기자금의 차입은 1991년 112억 달러에서 외환위기가 일어나기 전 1996년

국내은행의 외화차입 현황 (억 달러)

	1996 말	1997 말	증감
단기차입	629.7	253.9	−375.8(−59.7)
(일본계)	218.8	88.0	−130.8(−59.8)
(미국계)	56.7	34.9	−21.8(−38.4)
(유럽계)	173.0	96.1	−76.9(−44.5)
(기타)	181.2	34.9	−146.3(−80.7)
중장기차입	315.9	375.3	59.4(18.8)
합계	945.6	629.2	−316.4(33.5)

주: 1) 13개 국내은행 기준, 2) 국내은행 해외점포 역외계정 포함, 3) 기타에 CP 포함, 4) 괄호 안은 증감률(%).

에 6배에 가까운 702억 달러로 폭증하였다. 일본의 제로금리로 쓰나미 같이 밀려온 엔캐리자금이 그렇게 빨리 회수되리라고 믿지도 않았다.

우리는 해외 단기자금의 급격한 회수를 막기 위해 많은 노력을 했다. 나는 1997년 4월 런던에서 열린 유럽부흥개발은행(EBRD) 총회에서 국제수지 개선과 금융구조조정을 위한 노력을 설명했다. 한국과 거래가 많은 HSBC, 바클레이즈, 스탠다드차타드를 찾아가 한국과의 지속적인 거래를 당부하고 유동성문제가 있는 은행에 대한 정부의 보증을 약속했다. 한국전쟁 참전용사였던 퍼브스(William Purves) HSBC 회장은 IMF의 긴급유동성조절자금을 받은 적이 있는 영국의 경험을 상기시키면서 단기차입이 중단된 이유는, 첫째 한국의 전투적 노조에 많은 우려를 하고, 둘째 한보철강의 거액 부도사건과 뇌물사건을 보고 한국기업의 투명성에 대한 의구심이 커졌으며, 셋째 예측할 수 없는 북한을 걱정하기 때문이라고 말했다. 런던에서의 하루하루[16]는 길고 우울했다. 암스테르담의 ABN암로은행(ABN Amro Bank)의 칼프(Peter Jan Kalff) 회장을 만나 런던에서 한 말과 꼭 같은 말을 했지만 대답은 우울했다. 7월 제네바에서 열린 유엔 경제사회이사회(UN ECOSOC)[17]에 가는 길에도 한국과의 지속적인 거래를 부탁하기 위해 취리히의 크레디트스위스(Credit Suisse)와 스위스은행(Swiss Bank)을 들렀다.

6월 말 외환보유고가 333억 달러까지 올라가고 동남아의 외환위기와 기아자동차의 부도가 가시화되기 전이라 올라가던 차입금리가 약간 내려가기 시작하여 분위기는 런던에서보다 다소 호전되었다. 시중은행의 단기차입금의 가산금리(spread)는 3월 말 38bp에서 5월 말 61bp까지 올라갔다가 7월에는 50bp까지 떨어졌다. 환율이 900원대를 돌파하고 외환보유고를 360억 달러로 확대한다면 어려움을 극복할 수 있으리라는 자신감이 들었다. 스위스은행은 당시까지만 해도 한국의 은행에 대해 필요 시 인출할 수 있는 대기성자금에 대해 적극적인 입장을 갖고 있었다. 기아자동차의 부도가 발표되고 태국에 외환위기가 닥친 7월 말에 가서는 스위스은행도 우려로 돌아섰고 다시 사정이 악화되기 시작했다.

9월 11일 외국은행단(Foreign Banker's Group) 회의에 나가 정부의 금융시장 안정 노력을 설명하고 "1985년 뉴욕의 세계외채회의(World Debt Congress)에서 한국은 외채를 1달러도 떼먹지 않은 세계 유일의 나라로 인정받았다"라는 사실을 지적하며 급격한 자금회수의 자제를 요청했다. "필요할 때 친구가 진정한 친구다. 우리는 오늘을 결코 잊지 않겠다(A friend in need is a friend indeed. We will never forget today)"라는 말도 했다. 일본은행 지점장들은 9월 말 결산을 앞두고 국제결제은행(BIS) 기준 자기자본비율 8%를 지키려는 본점의 지시 때문에 자금회수가 불가피하다는 대답이었다. 일본도 1997년 중 은행, 신탁, 증권, 보험회사 등 8개 금융기관이 도산할 만큼 어렵기는 했다.

국내금융시장을 안정시키고 자금유출을 방지하기 위해 3월부터 무려 14차에 걸쳐 금융시장 안정대책을 추진했지만 1997년 10월 23일 홍콩 증권시장의 대폭락이 있은 후 홍콩의 금융시장마저 경색되자 단기차입의 길이 사실상 막혀버렸다. 1997년 회수해간 해외 단기차입 375억 달러 중 일본은 130억 달러를 회수했다. 뉴욕의 블룸버그통신이 11월 5일 한국의 외환보유고는 150억 달러밖에 안 되고 외채 1,100억 달러 중 연내 만기 도래분이 800억 달러가 된다는 과장된 보도를 내보낸 후 사태는 걷잡을 수 없게 돌아갔다. 일본은 이 보도가 나간 후 11월 19일까지 2주간에 걸쳐 13억 달러를 회수했고 12월까지 70억 달러를 회수했다.

11월 21일 우리가 IMF 구제금융을 신청하는 날 국제금융국장 시절부터 알고 지내던 사카키바라 일본 대장성 국제금융담당 차관에게 전화를 걸어 IMF 자금을 인출할 때까지 100억 달러 정도의 연결차관(bridge loan)을 요청했다. 대답은 '적절한 과정(through the due course)'을 통해 'IMF의 틀(in the framework of IMF)'에 따라 지원할 것이고 미국과의 합의가 중요하다고 했다. IMF 구제금융이 합의되기 전날인 12월 2일 쿠알라룸푸르에서 열린 ASEAN+6재무장관회의에서도 사카키바라 차관을 만나 급속한 자금회수의 자제를 요청했지만 일본 금융기관의 도산이 줄을 잇고 있어 정부도 어쩔 수 없다는 대답이었다. 12월 3일 583억 달러의 IMF 구제금융이 합의되기 전후 일본은행이 70억 달러를 집중적으로 회수함으로써 모라토리엄의 우려가 제기되고 있던 12월 19일 나는 지푸라기라도 잡는 심정으로 사카키바라 차관에게 다음과 같은 내용을 포함한 편지를 보냈다.

"I would like to request your kind consideration on recent hesitation by the Japanese banks to roll over short-term debts of Korean financial institutions due this month, which gives us great concern since its size is comparatively larger than borrowings from banks in other regions. The thing that worries us more is the fact that Japanese banks are accelerating the withdrawal of their loans to Korean banks since December 10, 1997, which could jeopardize the stability of the foreign exchange situation of Korea leading to the difficulties in implementing the IMF package as envisaged."

일본에 대한 세 번의 노력은 아무 결과도 없었고 씻을 수 없는 부끄러

움만 안겨주었다. '잃어버린 10년'을 맞고 있었던 일본은 1997년 은행, 증권회사와 보험회사 등 8개 금융기관[18]이 도산하고 주가는 21.19% 폭락하는 어려움이 있었지만 아시아금융위기에 대한 그들의 책임은 크다. 1985년 플라자합의는 일본의 과도한 경상수지 흑자의 누적이 부른 보복이었고 그 결과가 '잃어버린 10년'이었다. 아시아에서 보인 일본의 행태는 그들이 당한 응징을 이웃 나라에 수출하는 결과였다. 필요할 때 친구는 없었다(There was no friend in need). 햇빛 쨍쨍할 때 재빨리 우산을 빌려주고 비 올 때 최고 속도로 회수한 바다 건너 일본은 머나먼 이웃이었다.

위기를 앞두고 내분으로

김영삼 대통령은 임기를 1년 앞두고 1997년 연두기자회견에서 대통령 직속으로 금융개혁위원회를 기업인, 민간인 등으로 구성하고 금융개혁을 추진하겠다고 발표했다. 임기 말에 발표된 금융개혁은 '금융감독기구의 설치 등에 관한 법률', '한국은행법' 등 20개 금융관련 모든 법[19]을 개정하는 빅뱅이었다. 레임덕에 걸릴 수밖에 없는 임기 말의 강수였다.

1997년 당시 우리의 금융은 금융감독, 재무구조, 대외경쟁력, 대출관행의 모든 분야에서 낙후된 상태였다. 1) 금융의 자율화, 개방화, 글로벌화 추세에 상응한 규제와 감독체계는 미흡한 상태였고, 2) 기업의 과도한 부채경영으로 인한 부실채권이 누적되어 금융기관의 재무구조는 최악의 상태에 있었고, 3) 악화된 재무구조에 따라 금융기관의 대외신뢰도가 저하되어 대외경쟁력이 크게 취약했고, 4) 물적담보에 의한 대출관행이 고착되어 무모한 기업 확장에 대한 견제역할을 하지 못했다. 위기의 뇌관이 되었던 한보철강의 경우 60개, 기아자동차의 경우 100여 개의 금융기관이 관련되어 있었으나 통합된 정보와 감독이 없었다. 24개 종합금융회사가 무분별하게 해외진출을 확대하여 단기외화차입을 급격히 증가시켰다. 이러한 문제를 해결하기 위해 추진한 20개에 달하는 금융개혁법의 핵심은 '중앙은행에 관한 법률'과 '금융감독기구의 설치 등에 관한 법률' 2개였다. 내가 실무진과 함께 미국의 연방준비제도(Federal Reserve System, FRS)와 통화감독청(Office of the Comptroller of the Currency, OCC)을 모델로 하여 만든 중앙은행과 감독기구의 개편에 관한 주요 내용은 다음과 같다.

한국은행 개편의 주요 내용은 1) 한국은행법을 대체하여 '중앙은행에 관한 법률'[20]을 제정하고, 2) 미국 연방준비제도위원회(Board of Governors of the Federal Reserve System) 같은 정책결정기구로서 금융통화위원회를 만들고 그 아래 집행기구로서 특수법인 한국은행을 두고, 3) 금융통화위원회 의장은 국무회의 심의를 거쳐 대통령이 임명하고 한국은행 총재를 겸임하며, 4) 재정경제부 장관에게 의안제안권, 재의요구권과 차관의 열석발언권을 주고, 5) 외환업무는 재정경제부 소관으로 하고 중앙은행은 필요할 때 협의하도록 하는 것이었다.

금융감독기구 개편의 주요 내용은, 1) 재정경제부 아래 모든 금융기관의 감독을 담당하는 단일 금융감독청[21]을 신설하고, 2) 금융감독에 대한 법령제정권과 금융기관 인가권은 재정경제부에 두고, 3) 과도기적으로 금융감독위원회를 설치하여 은행·증권·보험감독원을 관할하되, 4) 3년 후 금융감독위원회와 은행·증권·보험감독원을 통합하고,

5) 모든 금융기관의 예금을 보호하는 통합예금보험기구를 설치하는 것이었다.

이런 개편안은 금융개혁위원회와 여당과의 협의 과정에서 '중앙은행에 관한 법률'은 '한국중앙은행법'으로 하고, 은행감독권을 한국은행으로부터 분리하되 금융감독청 설치는 추후 추진하고, 과도기적으로 금융감독위원회와 통합 금융감독원을 두는 세 가지를 조정하고 국회에 제출하였다.

6월에 확정한 금융개혁법에서 한국은행에 속해 있던 은행감독원을 분리하게 되자 한국은행은 파업불사를 선언하고 은행감독원 분리에 동의해준 총재를 배신자로 낙인 찍고 퇴진운동을 벌이는 지경에 이르렀다. 한국은행의 분란은 다가오는 위기를 앞두고 재정경제부와의 협력은커녕 갈등을 크게 일으켰다. 한국은행은 환율도 890원이 마지노선이라고 버텼다. 시중 자금사정이 나빠 국고여유자금 1조 원을 풀었는데 그날 한국은행이 통화안정증권으로 흡수해버린 고의성 짙은 일도 벌어졌다. 한국은행 간부들은 성명을 통해 "금융불안을 극복하기 위해 금융감독기구의 통합을 포함한 금융개혁 관련 법안의 국회 통과가 시급하다는 정부의 주장은 사실이 아니다"라고 반박하기도 했다. 협력을 해도 갈 길은 먼데 내분사태로 치달았다. 한국은행의 전직 총재들이 국회 앞에서 반대 데모하는 뉴스가 세계로 타전되었다.

20개의 금융개혁법 중 쟁점이 적었던 부실자산정리기금법 등 7개법은 7월 임시국회에서 통과되었고, 논란이 되었던 한국중앙은행법, 금융감독기구의 설치 등에 관한 법률 등 13개 금융개혁법은 8월 말에 제출되었는데도 9월 말 공청회, 10월 말 재무위원회 상정, 11월에 가서야 법안심사소위원회가 열렸다. 정치권의 관심은 12월의 대통령선거에 집중되어 있었다. 정부가 대외신뢰도 유지를 위해 금융개혁법 처리가 시급하다고 해도 여야당 모두 시기상조라거나 연기를 주장하는 분위기가 많았다. 금융개혁법에 대해 여당인 신한국당도 득표에 도움이 되지 않는다고 해서 관심이 없었고 대통령마저 탈당을 요구한 상태였다.

환란을 앞두고 일어난 한국은행과의 내분사태는 대외신인도 하락에 큰 영향을 미쳤다. 한국은 역시 행동은 없고 말만 무성했고, 리더십 공백의 나라라는 것을 온 세계에 알리는 결과가 되었다.

11월 17일 야당은 재정경제위원회에 불참하고 여당은 금융개혁법의 단독처리를 주저했다. 11월 18일 정기국회는 끝나고 외환위기는 다가오는데 금융개혁법은 허무하게도 표류하고 말았다. 나는 18일 아침 서울을 출발하여 오후 베이징에서 한·중 경제차관회의[22]에 참석했다가 다음 날 19일 아침 강경식 부총리의 경질 연락을 받은 후 나머지 일정을 취소하고 귀국했다. 강경식 장관이 물러난 이유는 정확히 알려지지 않았지만 몇 가지 정치적 사연[23]이 이유였다고 추정되었다. 위기관리를 하던 한국경제호는 선장이 바뀜으로써 혼란도 가중되었다.

나는 8월 중순부터 매일 환율과 외환보유고를 챙기는 한편 11월 들어 예산과 금융개혁법 통과를 위해 매일 아침부터 자정이 넘도록 국회에서 살았다. 11월 3일 재정경제위원회 소위원회에서 세법과 금융개혁법의 심의가 시작되고, 11월 10일 예결위의 예산안 부별심의가 열렸다. 내가 책임져야 하는 예산결산소위원회, 세법심사소위원회, 금융개혁법심사소위원회가 동시에 진행되었기 때문에 몸이 3개는 되어야 감당할 수 있었다. 그 많은 수고는 허사였고 경제에도 임기와 레임덕은 있었다. 11월 19일 IMF 구제금융 요청을 발표하기로 했다.

모든 노력은 수포로 돌아가고

1997년 7월에 발생한 태국, 인도네시아의 외환위기는 연쇄적인 환매사
태에 의해 10월에는 홍콩과 대만으로 파급된 후 11월에는 한국으로 전
파되었다. 한국에도 동남아시아와 같이 단기캐리자금의 급격한 유출입
이 있었다. 선진국의 싼 단기자금으로 아시아에 비싸게 장기대출을 하
는 캐리트레이드가 도관이었다.

금융기관은 해외의 단기자금으로 위험한 장기대출을 함으로써 유동
성의 만기불일치를 불러왔고, 기업은 차입자금으로 과도한 투자와 자본
재의 수입에 나서 경상수지 적자는 급격히 쌓여갔고, 해외의 단기캐리
자금은 증권시장에도 불을 붙였다. 어느 날 과도한 차입을 한 기업의 부
도사태가 일어나고 금융기관의 부실채권이 누적되자 신뢰도 추락이 일
어나고 해외투자자들이 탈출하기 시작했다. 단기캐리자금이 만든 거품
과 파열의 순환이 한국에도 일어났다.

1996년 한국의 대외채무는 1,448억 달러, 단기외채는 702억 달러, 경
상수지 적자는 238억 달러였다. 제조업의 부채비율은 317%였고 30대
대기업그룹의 부채비율은 382%나 되었다. 1997년 대기업부도가 이어
지자 375억 달러의 해외차입금이 썰물같이 빠져나갔다.

1997년 우리의 경제위기는 대기업의 연이은 부도, 제2금융권의 무차
별적인 자금회수, 금융기관의 부실채권 급증과 대외신뢰도 급락, 외국
금융기관의 급속한 자금회수로 이어졌다. 유동성위기의 전개과정은 다
음과 같다.

첫째, 한보철강, 기아자동차 등 대기업의 연이은 부도가 과도한 차입

경영의 한계를 노출하였다. 외형 위주의 차입경영, 과다한 단기차입, 비전문분야에의 진출 등 과도한 차입경영이 실상을 드러내게 되었다.

둘째, 대기업의 부도사태는 무담보대출을 주로 하는 제2금융권의 급속한 자금회수로 자금경색이 가속되었다. 1997년 종합금융회사는 총어음할인액의 25% 정도인 6조 4,000억 원을 회수하였다. 부실기업뿐 아니라 흑자기업의 도산도 많았다.

셋째, 기업 부도는 금융기관의 부실채권을 1997년 11월 말 38조 2,000억 원으로 증가시켰고 부실채권의 누적은 대외신뢰도를 추락하게 만들었다. 해외 차입금리가 급격히 상승하다가 결국에는 신규차입이 사실상 중단되는 사태로 이어졌다. 1997년 이후 우리나라의 신용등급을 무디스(Moody's)는 6단계(A1→Ba1), S&P는 10단계(AA-→B+)까지 하향조정하는 결과로 이어졌다. 가산금리는 한국산업은행 10년 채권의 경우 1996년 말 60bp에서 1997년 12월에는 10배가 넘는 650bp로 폭등하여 신규차입이 중단되었다.

넷째, 해외차입의 중단에 더하여 외국금융기관의 급속한 자금회수도 초래되었다. 대기업그룹 기아자동차의 부도사태 이후 국내기업들의 재무제표가 국제기준의 투명성을 결여하고 있다는 사실이 확인되자 1997년 8월 이후 만기상환 연장을 거부하고 10월부터 증권시장에서도 외국인 투자자금을 급격히 회수하기에 이르렀다.

11월 5일 블룸버그통신이 한국의 외환보유고는 150억 달러밖에 안 되고 외채 1,100억 달러 중 연내 만기 도래분이 800억 달러가 된다는 과장된 보도를 내보낸 후 사태는 걷잡을 수 없게 돌아갔다. 11월 16일 일요일 저녁 인터컨티넨탈호텔에서 강경식 재정경제부 장관은 극비리에 입국한 캉드쉬 IMF 총재를 만나 긴급유동성조절자금을 요청했다. IMF

총재가 방한했다는 사실 자체가 미칠 파장을 생각하여 김포공항 화물창고를 통하여 극비리에 입국했다. 이때 합의된 금액은 300억 달러였다.

1997년 우리의 모든 노력은 수포로 돌아가고 11월 21일 우리는 IMF 구제금융을 신청했다. 1997년 들어 국내 13개 은행의 해외 단기차입금 629억 달러의 60%인 375억 달러를 회수하는 것을 감당할 수 없었다. 경기침체와 대량해고가 일어나고 은행들이 헐값으로 해외로 팔려가는 혹독한 시련의 시작이었다. 나는 1997년 'IMF사태'에 온몸으로 부딪혔고, 위기는 나에게 많은 상처와 교훈을 남겼다. 재정경제부 차관으로서 아시아금융위기와 싸웠던 나는 결코 그날들을 잊을 수 없다.

1 당시 금융정책실은 금융총괄심의관(금융정책과, 자금시장과, 외화자금과, 국민
저축과), 은행보험심의관(금융제도담당관, 산업금융담당관, 중소자금담당관, 보
험제도담당관), 국제금융증권심의관(국제금융담당관, 금융협력담당관, 증권제도
담당관, 증권업무담당관)으로 구분되어 있었다. 환율과 외환보유고를 담당하는
외화자금과는 국내금융을 주로 하는 금융총괄심의관 밑에 있었다. 통화관리가 주
임무인 국내금융부서는 평가절상을, 국제수지가 주임무인 국제금융부서는 평가
절하를 선호하는 속성이 있기 때문에 국내금융과 국제금융은 항상 상반될 수밖에
없어 착오된 조직이라 할 수 있었다. 선진국에 다 있는 국내금융국(이재국)과 국
제금융국을 말살한 결과다. 환율과 외환보유고를 다루는 외화자금과 라인에 국제
금융업무 경력자는 나와 김석동 외화자금과장뿐이었다.

2 국내금융시장 안정을 위한 대책은, 1) 부실채권정리기금을 20조 원까지 확대하여
은행 및 종금사의 부실여신 총액 38조 원 중 11조 원 인수, 2) 한 장의 어음부도로
모든 거래를 정지시키는 불완전한 어음제도에 대한 과도기적 대책으로 채권채무
당사자 간의 협상기회를 주기 위하여 부도유예협약제도 도입, 3) 콜자금 중개한도
의 폐지, 4) RP매매의 전 금융기관 확대, 5) 종금의 통화채 편입 의무 폐지, 6) 제
일은행과 종합금융회사에 대한 2조 원 한국은행 특별대출, 7) 제일은행에 정부보
유주식 8,000억 원 현물출자, 8) 부실 은행·종금·신용금고의 인수·합병·폐
쇄 추진, 9) 3년간 전액의 예금보장, 10) 정부주식 7조 5,000억 원의 예금보험기
금 출연 등이었다. 주식시장 안정을 위한 1) 액면분할제도와 중간배당제도 도
입, 2) 근로자주식저축 가입금액 확대, 3) 장기보유자의 배당소득 10% 분리과
세, 4) 연기금의 주식투자 확대, 5) 금융기관의 부실채권 내역 공개, 6) 계열기업
에 대한 결합재무제표 작성 의무화, 7) 상호지급보증한도 200%에서 100%로 축
소, 8) 부채 상환을 위한 부동산 매각 시 특별부가세 면제 등의 조치도 취했다.

3 외환시장의 안정을 위한 대책은, 1) 은행의 중장기차입 한도 확대, 2) 외국인 주
식투자 한도 확대, 3) 외국인투자기업의 외화운전자금 차입 허용, 4) 중소기업의

연지급수입기간 자유화, 5) 외화증권발행 자유화, 6) 금융기관의 대외채무 상환에 대해 필요하면 정부가 지급보증, 7) 국책은행의 무제한 해외차입 허용, 8) 수출선수금 영수한도 폐지, 9) 외국인 주식투자 한도 추가확대, 10) 산업은행의 종금사 차입에 대한 지급보증, 11) 국공채시장 개방, 12) 상업차관 자유화 및 현금차관 허용, 13) 부도상태 종금사의 외환업무 정지, 14) 환율변동폭 ±2.25%→±10% 확대 후 폐지, 15) 무보증 장기회사채와 전환사채(CB)의 개방, 16) 외국은행 스왑 한도의 20억 달러 확대 등이었다.

4 1997년 9월 〈열린 시장경제로 가기 위한 국가과제〉는 이윤재 재정경제부 경제정책국장이 주관하여 한국개발연구원과 합동으로 작업하였다. 강경식 장관이 심혈을 기울여 추진했는데 총 21개 과제에 대해 800페이지에 달하는 방대한 내용이었다. 해설을 하는 영화도 만들었다.

5 통상산업부는 내가 차관으로 있을 때 특수강업계는 수요가 제한되어 있어 전체가 어려운 상황이고, 삼미특수강은 캐나다 현지투자의 실패로 자금경색에 봉착했고, 기아특수강은 자금경색 상태인데 연대보증을 한 기아자동차도 부도로 몰릴 수 있고, 쌍용그룹도 쌍용자동차에 대한 무리한 진출로 전체가 흔들거릴 것이라고 보고했다.

6 미국은 잔고가 없어도 3~7일의 유예기간을 준 다음 1차 부도(bounce)를 내고 부도가 난 경우에도 은행과 고객 간의 협상에 의해 부족잔고의 입금을 결정한다. 협상이 제대로 안 되면 최종부도(default)가 나고 최종부도가 난 다음에도 고객과 협상하여 거래를 재개할 수 있다. 부도가 난 거래은행과만 문제가 될 뿐 다른 은행과는 관계도 없고 다른 은행에 부도사실을 알리지도 않는다. 부도가 난 다음 채무조정절차(Chapter 11, Reorganization)에 들어가서도 기업주는 경영을 계속하면서 은행과 채무조정 협상을 한다. 회생가망이 없는 경우 청산절차(Chapter 7, Liquidation)에 들어가고 소득이 있는 개인의 경우는 재조정절차(Chapter 13, Adjustment of Debts of an Individual with Regular Income)에 들어갈 수도 있다.

7 1997년 자동차(대기업)의 매출액영업이익률은 5.52%, 차입금 평균 이자율은 11.28%, 이자보상비율은 64.59%였다. 기아자동차의 경우 매출 12조 원에 부채 10조 원(우발채무까지 포함하면 12조 원)으로 갱생의 여지가 전혀 없었다. 과거 소형 승합차 봉고의 신화도 정부가 기아의 갱생을 위해 부여한 독점생산권에 의해 이

루어진 결과였다. 결과적으로 기아자동차는 한 푼의 이익도 내지 못하고 금융권의 자금을 끌어다가 노조와 함께 돈 잔치를 한 것이었다. 국민기업이라고 주장한 사람들과 기자들은 왜 그랬을까?

8 법정관리는 기업이 자력으로 회사를 운영해가기 어려울 만큼 부채가 많을 때 법원에서 제3자를 지정하여 자금을 비롯한 기업활동 전반을 관리하게 하는 제도이다. 회사에서 법정관리신청을 하면 법정관리체제의 전 단계 조치로 재산보전처분 결정이 내려지고 회사의 모든 채권·채무가 동결되며, 법정관리 결정을 내린 후 법정관리자가 지정되면 법정관리체제로 전환된다. 화의와 달리 강제력이 있지만 경영자가 교체된다는 점에서 김선홍 기아자동차 회장은 법정관리를 기피했다.

9 나는 1974년 부가가치세 도입 검토 단계에서부터 시행할 때까지 이 업무를 담당했다. 부가가치세 도입작업팀은 내가 담당 간접세과장이었고 이재길 사무관, 임종우 주사, 이성식 주사와 이정숙 여직원 5명이 담당했다. 적은 인원에 업무량은 과중하여 밤낮도 휴일이 없었고 추석도 크리스마스도 설날도 사무실에 나와 일했다. 부가가치세법은 내가 직접 초안을 만들었다. 세계 어느 나라에 5명이 부가가치세 도입업무를 담당한 경우가 있었을까? 우리보다 몇 년 먼저 부가가치세를 도입한 영국은 250명이 3년간 작업했다는데.

10 우리가 도입한 부가가치세는 1975년 IMF 재정분석과장 앨런 테이트(Alan A. Tait) 박사가 쓴 과세대상, 대체세목, 과세표준과 세율, 면세범위, 특별소비세의 범위, 재고품 대책, 물가대책에 관한 보고서 〈한국이 도입 가능한 부가가치세(A Report on the Possible Korean Value Added Tax)〉를 기초로 도입하였다. 후에 그는 한국의 부가가치세를 'the best tax system in the world'라고 평가하고 한국의 모델을 많은 회원국에 권고하였다. 유럽은 보통 15~20%의 높은 세율을 갖고 있지만 우리에 비해 생산성이 낮다고 평가했다.

11 1977년 7월 1일부터 도입된 부가가치세의 세입은 1978년 8,352억 원으로 내국세의 37%나 되어 가장 많은 세입을 담당하는 세목이 되었다. 그 후 이런 비중은 지속되었고 지금도 30%를 넘는다.

12 김석동 외화자금과장에게 통상산업부, 관세청, 무역업계와 공동으로 수출의 매출액 경상이익률이 제로가 되는 손익분기점환율을 조사하도록 했다. 조사결과 1997년 3월 말 기준 제조업 평균은 897.7원, 최고는 자동차 932.6원과 조선 931.5원, 최저는 일

반기계 771.9원과 철강 777.4원, 중간은 전자 883.5원과 석유화학 889.5원이었다. 엔화의 달러환율을 123엔으로 전제하고 내수비중, 원자재비중 등 여러 가지 가정으로 추정된 것이었다. 자동차와 조선의 수출비중과 수출업계의 의견을 고려하여 920원이 적정환율이라는 결론을 내렸다

13 지금까지 재정경제부와 한국은행에서 대내용으로 산출하는 실질실효환율(REER)은 실제와 항상 차이가 있어 신뢰도가 떨어진다고 생각했다. 실질실효환율은 교역국 간의 물가변동을 반영한 실효환율로서 교역상대국과의 상대물가지수를 이용하여 산출한다. 물가변동에 따른 실질구매력의 변동을 실효환율에 반영하기 위하여 명목실효환율을 교역상대국의 가중상대물가지수로 나눈 것이다. 실질실효환율을 근거로 절하를 억제한 사람은 최연종 한국은행 국제금융담당 이사였다.

14 종합금융회사 담당 자금시장과에 종합금융의 단기차입에 대한 통계도 정비되어 있지 않아 외화자금과에서 통계를 만들었다. 재무부와 경제기획원이 통합되었을 때 장관은 '무지개떡 인사'를 한다면서 업무 경험에 관계없이 재무부 출신과 경제기획원 출신을 가로세로 섞었기 때문에 업무의 전문성을 갖추지 못했고 위기 앞에 취약성을 드러냈다.

15 한보철강과 기아자동차의 주거래은행인 제일은행의 BIS 자기자본비율 8%를 맞추어주기 위해 1997년 10월 말 8,000억 원의 정부보유 국채·주식을 현물출자하여 납입자본금이 8,200억 원에서 1조 6,200억 원이 되어 8%를 넘게 됐다. 정부지분이 50%를 넘으면 정부투자기관이 돼 감사원 감사를 받아야 하는 문제가 있어 49% 수준으로 출자했다. 한국은행은 9월 8일 1조 원 규모의 특별대출을 연 8%로 1년간 지원하고 부실여신이 자기자본의 50%를 초과하는 종합금융회사에도 9월 중 1조 원의 특별대출을 연 8%보다 약간 높은 수준으로 지원했다.

16 1997년 4월 14~15일 런던에서 열린 제6차 EBRD 연차총회 참석의 주임무는 한국의 주요 거래은행들을 찾아 계속적인 거래를 당부하는 것이었다. 런던에서 하루의 일정이 끝나고 하이드파크 옆 힐튼호텔에 돌아왔을 때에는 녹초가 되었다. 최중경 금융협력과장이 동행하였다.

17 1997년 7월 3~4일 제네바에서 '발전환경 조성을 위한 국제 간 금융흐름, 투자와 무역(Fostering an Enabling Environment for Development: Financial Flows, Including Capital Flows, Investment and Trade)'을 주제로 유엔 경제

사회이사회(UN ECOSOC) 총회가 열렸다. "경제적 성공의 요인은 무역과 투자의 자유화와 기술의 이전"이며 이를 위해 "한국의 개발도상국지원(ODA)도 경제역량에 따라 꾸준히 증가할 것"이라고 발표했다.

18 1997년 도산한 4개 은행은 교토쿄에이은행, 홋카이도다쿠쇼쿠은행, 야스다신탁은행, 흥업은행이고, 3개 증권사는 오가와증권, 산요증권, 야마이치증권이고, 1개 보험사는 닛산생명보험이다.

19 20개 금융개혁법 중 주요한 것은 금융감독기구의 설치 등에 관한 법률, 한국은행법, 은행법, 신탁업법, 한국산업은행법, 중소기업은행법, 한국주택은행법, 증권거래법, 예금자보호법, 종합금융회사에 관한 법률, 상호신용금고법, 금융산업의 구조 개선에 관한 법률, 금융기관 부실자산 등의 효율적 처리 및 성업공사의 설립에 관한 법률, 여신전문금융업법, 보험업법, 신용정보의 이용 및 보호에 관한 법률, 주식회사의 외부감사에 관한 법률, 선물거래법, 금융감독기구의 설치 등에 관한 법률제정 등에 따른 공인회계사법 등의 정비에 관한 법률 등이었다.

20 미국 연방준비법(Federal Reserve Act)에 의해 연방관청인 연방준비제도위원회(Board of Governors of the Federal Reserve System)와 특별주식회사인 연방준비은행(Federal Reserve Bank)이 설립된 것을 모델로, 중앙은행은 금융통화위원회와 한국은행으로 구성하여 중앙은행의 독립이 한국은행의 독립과 다르다는 점을 강조하기 위해서 '중앙은행에 관한 법률'로 했다.

21 1987년 미국 블랙먼데이(Black Monday)에 대한 대통령 태스크포스의 〈브래디 보고서(Brady Report)〉에 다섯 가지 건의가 있는데, 첫째가 "하나의 관청이 적지만 치명적인 규제 이슈를 조정해야 한다(One agency should coordinate the few, but critical, regulatory issues)"는 것이었다. 우리의 '단일 금융감독청(one regulatory agency)' 구상은 〈브래디 보고서〉의 권고를 참고했다.

22 1997년 11월 18~19일 베이징 댜오위타이(釣魚臺)에서 연례 한·중 경제차관회의가 열렸다. 당초 17일에 두만강개발회의(TRADP)도 함께 열기로 했으나 김정우 북한 대외경제협력위원회 부위원장이 갑자기 불참하는 바람에 취소되었다. 회의 당일 18일 오전에 출국하여 오후에 예칭(葉青) 중국 국가계획위원회 부주임과 철광석과 석탄수입, 한전의 중국 화력발전 진출 등에 대해 협의한 다음 자우지화(鄒家華) 부총리를 만났다. 다음 날 아침 8시 30분 천진화(陳錦華) 국가계획위원회 주임과 면담 중 대사관으로부터 부총리 경질 전화를 받았다. 10시 30분 천위

안(陳元) 중국인민은행 부행장을 만나고 오후에 귀국했다. 사무실에 도착했을 때 이취임식은 끝나고 임창열 장관이 〈금융시장 안정 및 금융산업 구조조정 종합대책〉을 발표하고 있었다.

23 강경식 부총리는 1997년 8월 2일 용평에서 관료 출신 국회의원들의 모임 '상록포럼'의 워크숍을 열었다. 강경식 부총리는 평소 '3김(김영삼 · 김대중 · 김종필) 정치'에 대해 비판적인 입장이었고 관료 출신이 중심이 되는 정당을 만들어야 한다는 생각을 갖고 있었다. 10월 9일부터 순천을 시작으로 '21세기 국가과제'에 대한 강연을 전국적으로 개최하기 시작하자 청와대와 정보기관에서 나에게 전화를 걸어 강경식 부총리의 정치적인 행보에 대한 의심의 메시지를 보냈다. 대통령선거를 앞두고 오해의 소지가 있으니 연기하는 게 어떠냐는 건의도 했다. 강연에서는 '21세기 국가과제'에 관한 영화도 상영했다. 10월 21일 춘천과 원주 강연회는 여러 사정으로 내가 대신 가게 되었는데 이것으로 강경식 부총리의 지방강연은 중단되었다.

07 강요당한 변화

: : IMF 구제금융

1997년 미국 컨설팅회사 부즈 앨런 앤드 해밀턴은 "한국은 저임금의 중국과 고기술의 일본의 호두가위에 낀 호두 같은 운명이다. 스스로 변하지 않으면 종국에는 변화를 강요당할 것이다"라고 충고한 대로 우리는 외세에 강요된 변화를 당했다. 《월스트리트저널》이 "한국이 가장 필요한 상품은 달러보다 리더십이다"라고 지적한 대로 리더십은 부족했다.

나는 1997년 IMF의 구제금융을 지원받기 위한 협의를 하게 되었다. 외세에 의해 강요된 변화이지만 호두가위에 낀 호두의 운명에서 벗어나기 위한 행동하는 리더십(leadership with deeds)을 보여주지 않으면 안 되는 역할이었다. 나라의 명운이 걸린 엄중한 일이었고 나중에 역사의 심판대에 서야 할 각오가 필요한 역할이었다.

IMF의 구제금융에 관한 협상의 기본 포지션은 '강요당한 변화'를 '능동적인 변화'로 만드는 것으로 했다. 대외신뢰도 회복과 국제수지 개선을 최우선 목표로 하여 우리의 실책을 전제로 IMF와 미국의 의견을 적극적인 자세로 받아들이기로 했다. 과거 실무자 시절 IMF와 재정금융정책에 관한 협의를 하고, 미국과 금융개방협상을 하면서 피할 수 없는 시련은 적극적으로 대응하는 길이 최선이라는 것을 알았다. 우리는 '호두가위에 낀 호두'의 운명에서 벗어날 수 있는 '행동하는 리더십'을 보여주고 '숨겨진 축복'을 '드러난 축복'으로 만들어야 된다고 생각했다.

지구촌시대에 폐쇄적인 사고로는 경쟁에서 살아남을 수 없다. 20세기를 앞두고 쇄국의 길을 택한 우리는 국권을 상실하는 아픔을 겪었다. 세계경제의 중심으로 성장하고 있는 동북아에서 일본과 중국의 경제적 호두가위를 극복하지 못하면 깨질 형국이었다. 중국은 시장경제에 편입하여 세계의 공장으로 성장하고 있고 일본은 세계 최고 수준의 제조업을 갖고 있다. 우리는 어디로 가야 하는가의 기로에 서게 되었다.

3일간의 망설임

IMF 자금요청

1997년 7월 28일 태국이 IMF에 구제금융을 신청하였고, 10월 8일 인도네시아가 구제금융을 신청한 데 이어, 11월 21일 한국이 세 번째로 구제금융을 신청하였다. 한국은 당초 11월 19일 강경식 재정경제부 장관이 구제금융 신청을 발표할 계획이었으나 임창열 장관으로 교체되는 과정에서 3일간의 망설임이 있었다.

11월 19일 오후 3시에 취임한 임창열 장관은 6시에 〈금융시장 안정 및 금융산업 구조조정 종합대책〉을 발표했다. 주요 내용은 환율변동폭을 하루 2.25%에서 10%로 확대하고, 부실채권정리기금을 3조 5,000억 원에서 10조 원으로 확대하고, 3년간 한시적으로 예금의 원리금보장을 2,000만 원에서 전액으로 확대하고, 부도상태인 종금사의 외환업무를 정지시키고, 부실은행·종금·신용금고에 대한 경영개선명령과 인수·합병·폐쇄를 추진하는 것이었다. 물러난 강경식 장관이 19일 오후 5시 발표를 위해 만든 것에서 달라진 것은 환율변동폭을 15%에서 10%로 낮추고, IMF 구제금융을 요청한다는 내용이 빠진 것이었다. 당초와 달리 정부가 국채를 발행하거나 한국은행이 중앙은행 간 협조융자를 추진하겠다는 것이 추가되어 발표되었다. 임창열 장관은 "이번 발표한 안정대책으로 국제금융시장의 신뢰를 회복할 수 있고 이에 따라 국제금융계가 협력하면 IMF 자금지원 없이도 외환위기 해결이 가능하다"라고 말하고 "세계 11대 교역국인 한국이 잘못되면 미국과 일본도 문제에 부딪히게 될 것"이라는 말도 추가했다.

그날 저녁 임창열 장관은 르네상스호텔에서 재정경제부와 한국은행의 실무진과 회의[1]를 열었다. IMF와 IBRD에서 이사로 근무한 적이 있는 임창열 장관은 IMF 구제금융을 지원받게 되면 강력한 구조조정과 긴축이 필요하니 IMF행을 한 번 더 검토해보자고 했다. 당초에 발표하기로 했던 IMF 구제금융 요청이 빠진 대신에 국채 발행과 중앙은행 간 협조융자 노력이 추가된 곡절은 여기에 있었다. 중앙은행 간 협조융자, 국채 발행, 대기성자금 등이 논의되었다. 확실한 결론 없이 자정이 넘어 회의는 끝났다.

다음 날 새로 부임한 김영섭 청와대 경제수석이 김영삼 대통령께서 IMF와 합의한 대로 자금요청을 빨리 발표하라고 한다는 전화를 했다. 임창열 장관은 한 번 더 생각해보자고 했다. 오후에 피셔(Stanley Fisher) IMF 수석부총재와 가이트너 미국 재무부 차관보가 한국을 찾아왔다. 그들은 11월 16일 캉드쉬 총재와의 합의에 따라 한국이 19일 IMF 자금

지원 요청을 발표할 것으로 알고 사전준비를 하기 위해 온 것이었다. 미국은 IMF 자금지원과 함께 협조융자도 하기 때문에 IMF 부총재와 미국 재무부 차관보가 함께 오는 것은 당연했고, 긴급한 상황이라 빨리 온 것도 당연한 일이었다. 그런데 한국에 도착해보니 상황이 달라진 것이다.

저녁 롯데호텔 메트로폴리탄클럽에서 임창열 장관, 이경식 한국은행 총재, 피셔 부총재, 가이트너 차관보가 만나 IMF 자금지원 문제에 대해 협의를 하였으나 명백한 결정은 내리지 못했다. 그들이 IMF와 미국 측이 합의한 대로 가자고 하는 것은 당연한 일이었다. 김영섭 수석은 IMF 행이 불가피[2]하다는 입장이었고 나도 그랬다. 피할 수 있다면 피하는 것이 당연하지만 피할 수 없다면 하루 빨리 가는 것이 최선의 길이었다.

다음 날 21일 오전 청와대에서 대통령이 주재하는 경제비상대책회의에서 IMF행의 불가피함이 논의됐다. 임창열 장관은 두 번째로 피셔 부총재를 만난 다음 오후 기자회견에서 "유동성 부족을 해소하기 위해 필요하면 IMF와 협조하고, 일본 등 우방과도 협조하겠다. 아직 구제금융을 요청하지는 않았으며, 요청 여부에 대해 2~3일 내에 최종 결론을 내리겠다"라고 말했다.

이날 오후 나는 국제금융국장 시절부터 알고 지낸 사카키바라 일본 대장성 국제금융담당 차관에게 전화를 걸어 IMF의 자금지원이 있을 때까지 일본의 연결차관(bridge loan)을 요청했다. 100억 달러 정도를 중앙은행 간 스왑으로 IMF 자금이 인출될 때까지 빌려달라고 요청했다. 전날부터 일본은행의 자금회수가 가속되어 처음으로 부도가 날 것 같은 예감이 스쳤다. 대답은 "적절한 과정(through the due process)"을 통해 "IMF의 틀(in the framework of IMF)"에 따라 지원한다는 것이었다. 미국과의 합의가 중요하다는 말도 했다.

사카키바라 차관의 말과 피셔 부총재와 가이트너 차관보의 한국 방문으로 IMF, 미국, 일본이 한국 외환위기에 대한 대처방향을 확정하고 있었음을 알 수 있었다. 임창열 장관에게 통화결과를 보고하고 조속한 IMF 자금지원 이외의 길은 없다고 했다. 임창열 장관은 직접 미쓰츠카 일본 대장성 대신에게 전화를 걸었으나 대답은 마찬가지였다.

1997년 11월 21일 금요일 저녁 10시 15분 임창열 장관은 IMF 유동성 조절자금 요청을 발표했다. 주요 내용은 다음과 같다.

"IMF와 함께 금융의 어려움을 해결하는 것이 필요하다는 여러 우방과 IMF의 권고를 받아들여 IMF 자금지원을 요청하기로 했다. 당장 급한 불을 끄기 위한 자금으로 IMF로부터 200억 달러 지원을 기대하고 있다. IMF에서는 다음 주 초 실무협의단을 파견해 우리 정부와 구체적인 협의를 시작할 것으로 예상되며, 자금이 지원되기까지는 3~4주가 소요될 것으로 전망된다. IMF 자금을 지원받을 경우 대외신인도 제고에 따른 시장불안심리의 해소로 현재 당면한 유동성 부족상태가 조속한 시일 안에 해결될 것으로 기대한다. 거시경제 및 재정운용상의 제약과 금융산업 구조조정의 가속화 등 경제운용에 상당한 어려움이 예상되므로 국민의 적극적인 협조가 필요하다."

IMF 자금요청 발표 후에도 단기자금의 회수가 계속되었고 3일간의 망설임은 대외신뢰도에 상당한 타격을 주었다. 《아시아월스트리트저널》은 "한국을 구하러 온 IMF협의단에게 저항한 환자"[3]라는 기사에서 한국은 IMF협의단을 미국 재무부의 집사(taskmaster)로 취급하였고, IMF의 노력은 "오만한 기관과의 골치 아픈 충돌(messy clash of proud institution)"에 휩싸였다고 했다. 임창열 장관을 IMF와 맞선 "강한 국수주의자(a strong nationalist)"로 평가했고, '한국 관료들은 한국이 더 잘 안다'는 사고(Korea-knows-better school of thought)"를 갖고 있다고 보도했다. 당시 우리들이 IMF 사람들에게 보여준 이미지는 너무 부정적이었다.

숨겨진 축복을 드러난 축복으로
협상 포지션

나는 우리 측 협의단장을 맡아 IMF 구제금융과 이를 위한 경제프로그램을 협상하게 되었다. IMF 아시아국장을 상대로 차관이 협의단장을 맡게 된 것은 그만큼 중대한 사안으로 생각했기 때문이었다. 나는 효율적인 협의를 위해 과장을 반장으로 총괄반, 거시경제반, 재정반, 외환수급반, 통화금리환율반, 금융구조반, 산업정책반 등 7개 반⁴을 편성했다. 7개 반에서 마련한 협상방안을 중심으로 관계부처 협의를 거쳐 자금요청 규모와 자금지원의 부대조건인 거시경제정책, 재정정책, 금융개혁, 외환정책, 산업정책, 노동정책 등에 대하여 우리의 포지션을 결정했다.

협상의 기본 포지션은 대외신뢰도 회복과 국제수지 개선을 최우선 목표로 하고, 과거 실무자 시절 IMF와 재정금융정책을 협의하고 미국과 금융개방협상을 한 경험을 토대로 하여 국제적인 시각과 적극적인 자세로 협상에 임하기로 했다. 인도네시아, 멕시코, 태국을 참고하여 마련한 〈IMF 자금지원협상 추진방안〉의 주요 내용은 다음과 같다.

첫째, 협상의 기본목표는 IMF 경제프로그램은 우리가 주도하고 IMF가 협력하는 'Korean Program'이 되도록 하고, 지원자금은 대외신뢰도를 회복하는 데 충분한 규모로 하고, 자금지원의 조건은 우리의 여건과 정책방향의 범위 내에서 설정하고, 국회에 계류 중인 금융개혁법과 11월

19일 발표한 〈금융시장 안정 및 금융산업 구조조정 종합대책〉의 실행계획을 짜는 것으로 했다.

둘째, 협상방식은 자금지원 규모와 이행조건을 일괄로 타결하고, 경제에 충격이 큰 정책은 충격을 완화하기 위해 연차적 실행을 추진하고, 충실한 자료 제공과 신뢰를 바탕으로 추진하고, 민간사업분야는 협상대상으로 하지 않는 것으로 했다.

셋째, 협상내용별 추진전략은 자금소요 규모(financing gap)는 국제금융시장이 안심할 수 있는 수준에서 하되 초기 공급 중심(heavy front-loading)으로 집행되도록 하고, 거시정책 목표는 국제수지 개선을 최우선으로 3년을 기간으로 하고, 재정은 건전하므로 과도한 긴축은 피하도록 하여 교육과 인프라 건설 등은 계획대로 추진하고, 금융구조조정은 기존의 OECD 스케줄을 기본으로 하여 합병과 인수를 중심으로 추진하며, 통화의 긴축과 고금리는 받아들이되 외환시장의 개편은 단계적 접근방식으로 하고, 산업과 노동정책은 IMF 측의 제시에 따라 대처하는 것으로 했다.

넷째, 추진일정은 통상 3~4주가 소요되나 IMF 자금지원 요청 후에도 계속 외환사정이 악화되어가기 때문에 실무협상이 시작되는 11월 24일부터 10일 이내로 최대한 당겨 12월 5일까지 실무협상을 타결[5]하고 12월 8일 월요일 협정의 이사회 통과와 첫 자금인출을 목표로 했다. 이를 위해 11월 30일 쿠알라룸푸르에서 열리는 ASEAN+6재무장관회의에 임창열 장관이 참석하여 미국과 일본의 협조를 받기 위한 사전접촉을 하기로 했다.

다섯째, 자금요청 규모는 500억 달러 이상으로 결정했다. 11월 26일 외환보유고는 242억 달러였지만 가용보유고는 93억 달러였다. 추가적

IMF 자금요청 규모 (1997년 11월 26일 기준, 억 달러)

	금액	비고
① 외환보유고	242	
선물환거래	−3	연내 상환소요
해외점포 예치	−80	해외영업자금 지원
해외점포 지원	−66	단기자금 연장지원
② 가용외환보유고	93	전액 소진 전망
③ 외환보유고 추가소요	467	
금융기관 단기이채 상환	100	만기도래 180억 달러 중 100억 달러 전후 연장 애로
적정 외환보유고 확보	267	3개월 수입금액 360억 − 93억 = 267억 달러
선물환결제, 추가차입 상환	100	선물환 59억 달러
④ 요청 규모(② + ③)	560	대외신인도 회복을 위해 충분한 수준

참고: IMF 자금지원 규모는 멕시코 421억 달러, 태국 172억 달러, 인도네시아 330억 달러.

인 외화자금 수요는 만기도래 단기차입금 100억 달러, 적정 외환보유고 360억 달러, 기타 선물환결제 등에 100억 달러 총 560억 달러 이상으로 추정되었다. 외채는 1,197억 달러[6]였다.

국제금융시장을 설득하라

경제프로그램 협상

정부가 공식적으로 자금지원 요청을 한 지 이틀 후인 1997년 11월 23일 일요일 오후 발리노(Thomas Balino) 국장보를 팀장으로 한 IMF협의단 금융팀[7]이 서울에 오고 26일 협의단장인 나이스(Hurbert Neiss) 아시아태평양국장[8]이 왔다.

　IMF협의단은 "IMF 대기성차관을 위한 경제프로그램의 주요대책

(Main Measures of the Economic Program to be Supported by a Stand-by Arrangement with the IMF)"이라는 제목의 초안을 워싱턴에서 준비해왔다. 내용은 다음과 같다.

첫째 프로그램의 목표는 대외신뢰도의 조기회복으로 하고, 둘째 프로그램의 주요 내용은 1) 거시정책의 목표에서 경상수지 적자는 GDP의 0.5%로 축소하고, 인플레이션은 5% 이하로 유지하고, 성장률을 2~3%로 조정하고, 2) 통화정책에 있어서 즉시 긴축과 금리와 환율의 상승을 허용하고, 3) 재정정책에 있어서 GDP의 0.2% 재정흑자를 유지하고 이를 위해 부가가치세와 법인세의 과세범위를 확대하고, 4) 금융개혁법의 추진에 있어서 한국은행법 개정안과 금융감독기구설치법을 1997년 중 국회가 통과시키고, 5) 부실금융기관은 명백한 기준으로 퇴출시키고 부실채권정리를 가속하며, 예금보장은 일정한도로 하고, 은행의 자기자본비율을 BIS 기준(8%)에 맞추도록 하고, 6) 무역자유화에 관하여 수출보조금과 수입다변화정책을 폐지하고, 7) 자본시장자유화와 관련하여 외국인 주식취득과 외국인직접투자에 대한 제한을 풀고, 8) 기업지배구조 개선에 관하여 투명성을 위해 재무제표는 국제기준에 따라 외부감사를 실시하고, 재벌의 결합재무제표를 작성하며, 기업의 부채비율을 낮추고, 은행대출에 대한 정부 간섭을 폐지하고, 9) 노동시장 개혁에 대하여 고용보험제도의 확대와 함께 노동시장의 유연성을 확대하고, 10) 금융정보 제공에 대하여 외환보유고와 선물환, 부실채권과 자기자본비율, 소유구조와 자회사에 대한 정보를 정기적으로 발표한다는 10개 항목이었다. 통합금융감독기구의 설립, 부실금융기관의 정리, 증권시장의 완전개방, 기업투명성의 제고가 핵심사항이었다. 일본의 관심사항인 수입다변화정책의 폐지도 들어 있었다.

셋째, 자금지원 규모는 한국 측 제안에 따라 외환보유고와 만기도래 상황을 실사한 후 충분한 금액으로 하기로 합의했다.

IMF가 만든 경제프로그램은 우리가 이미 발표한 정책을 토대로 작성한 것이어서 원칙적으로 우리의 정책과 같았다. 수입다변화정책도 이미 폐지하기로 결정되어 있었다. 구체적인 상황과 통계의 실사를 거쳐 확정하기로 했다. 실무진을 중심으로 개별 항목에 대한 협의를 진행하고 나는 자금지원 규모와 금융감독기구설치법 등 주요사항은 IMF 측 협의 단장인 나이스 국장과 직접 협의해나갔다.

나이스 국장은 오스트리아 출신으로 조용하고 '나이스'한 사람이었다. 그는 나에게 두 가지 중요한 말을 했다. 현재의 경제위기는 국제금융시장에서 일어난 문제이기 때문에 한국은 IMF를 설득하려 하지 말고 국제금융시장을 설득해야 문제가 해결된다는 것, 한국과 IMF가 합의하더라도 미국과 일본이 동의하지 않으면 자금지원협약은 이사회를 통과하지 못한다는 것이었다. 국제금융시장, 미국, 일본을 모두 만족시키지 않으면 협상은 타결될 수 없는 것이었다. 나는 IMF와 그를 신뢰하기로 했다. 미국과 일본이 자국 은행의 채권보전을 위한 노력도 인정했다. 모든 것은 우리가 정책을 실패한 결과이고 치러야 할 대가라는 전제에서 출발했다.

오늘 중 협상 끝내라

대통령들의 대화

11월 28일 금요일 오후 3시 김영삼 대통령으로부터 전화가 왔다. 임창열 장관은 미쓰츠카 일본 대장성 대신을 만나러 일본에 출장 중이었다. 나의 업무일지에 다음과 같이 대화가 기록되어 있다.

"클린턴 미국 대통령의 전화를 받았는데 우리 사정이 생각보다 심각하다. 우리 정부가 모르고 있다. 오늘 중으로 협상 타결해라. 내주 월요일까지 완료해야 미국 돈이 나갈 수 있다고 했다." "오늘 중으로 해보겠습니다. 걱정 안 끼쳐드리도록 최선을 다하겠습니다."

김영섭 경제수석은 대통령이 오늘 중으로 끝내라는 전화를 하게 된 것은 그날 오후 클린턴(Bill Clinton) 대통령의 전화[9]를 받고 장관이 없으니까 나에게 했다는 것이었다. 대통령 간의 전화대화록에 나타난 클린턴 대통령의 전화 내용은 구체적이고 단호했다.

"한국의 재무상태가 극도로 심각하며, 빠르면 다음 주말경 부도에 직면할 가능성이 있다고 듣고 있음. 한국이 택할 수 있는 유일하고 현실적인 길은 수일 내에, 늦어도 월요일 이전에, 신뢰를 회복시키는 데 필요한 경제 · 재정프로그램을 IMF와 합의하여 발표하는 것이라고 생각함. 미국은 한국이 강력한 경제프로그램을 마련하면 IMF, IBRD, ADB가 주도하고, 미국과 여타국이 협조하여 패키지로 지원할 준비가 되어 있음. 한국의 재무당국은 한국이 IMF와 향후 3주 동안 프로그램을 마련하는 동안, 미국과 일본이 연결차관 형태의 임시 재정지원을 해줄 것을 요청하였다고 들었음. 본인과 본인의 모든 보좌관들은 연결차관은 효력이 없다고 믿고 있음. 단기 연결차관은 며칠 사이에 고갈될 것임. 신뢰회복에 긴요한 결정을 미루는 것일 뿐임. IMF 프로그램과 분리시키는 것은 원치 않음. 만약 분리시킬 경우, 돈은 며칠 내에 바닥이 날 것임. 모두가 돈을 잃을 것이며 귀국에 아무런 도움도 주지 못할 것임. 가능한 한 빨리 해결해야 함. 루빈(Robert Rubin) 재무장관이 이러한 행동계획을 설명하기 위해 이 통화가 끝난 후 귀국의 부총리와 접촉할 것임."

이날 오후 임 장관은 도쿄에서 미쓰츠카 대장성 대신을 만나 연결차관에 대해 협의하고 있었다. 협의 후 일본 대장성 대변인은 다음과 같은 발표를 했다.

"IMF와 한국의 협의가 끝나면 일본도 IMF와 함께 지원 태세를 갖추겠다. IMF를 중심으로 한 국제적인 지원틀 안에서 지원 규모를 관계국과 함께 협의하겠다. 한국이 IMF와 지원틀과 원칙에 조기 합의하길 바란다."

11월 16일 강경식 장관과 캉드쉬 총재의 자금지원에 관한 합의가 있은 후 IMF, 미국, 일본 간에 원칙적인 합의가 있었음을 확인할 수 있었다. IMF로서도 자금지원에 실질적인 결정권을 갖고 있는 미국과 최대 금액의 협조융자를 할 일본의 사전 합의가 필수적이었다. 미국과 일본도 한국에 많은 대출을 하고 있는 자국 은행의 보호를 위해 적극적이지 않을 수 없는 상황이었다. 우리는 IMF, 미국, 일본의 움직임과 반대방향으로 가고 있었고 국제금융시장의 신뢰도 추락을 가속시키고 말았다. 《워싱턴포스트》[10]는 당시 상황에 대해 잘못된 경제정책에 대한 대가로 한국을 부도나게 해야 한다는 논의가 미국 정부 내에서 있었다고 하면서 다음과 같이 보도했다.

"미국 정부와 국제 금융계는 한국 정부가 IMF 자금지원 요청 후 금융개혁 등 IMF 요구사항은 미룬 채 자금지원 일정을 앞당겨줄 것만을 요구하는 데 대해 강한 불만을 갖고 있다. 한국을 돕더라도 확실한 개혁 약속 등 자구 노력이 있어야 한다고 주장하는 루빈(Robert Rubin) 재무장관의 '엄한 애정(tough love)'[11]의 목소리가 훨씬 더 컸다. 부도를 눈앞에 둔 한국의 운명은 한국이 부도날 경우의 혼란과 한반도 위기에 대한 올

브라이트(Madeleine Albright) 국무장관과 코언(William Cohen) 국방장관의 강한 우려와 함께 서울의 외국은행들이 단기부채의 상환유예를 검토함으로써 바뀐 것이다. 루빈 재무장관은 올브라이트 국무장관과 코언 국방장관이 참석한 백악관 회의에서 한국의 개혁 노력과 국제은행들의 동참을 조건으로 한국 지원안에 동의했고, 12월 24일 IMF 지원과 함께 한국에 대한 서방 선진 7개국(G7)의 100억 달러 추가 지원이 발표됐다."

힐튼호텔의 밤샘협상

경제프로그램 합의

11월 28일 대통령의 전화를 받은 후 눈을 감고 조용히 기도했다. 나에게 최종 결정권이 주어지지 않은 상태에서 오늘 중으로 협상은 불가능하다. 힐튼호텔에 가서 밤을 새우고 협상하자! 진인사대천명(盡人事待天命) 이외에는 길이 없다. 대통령의 전화를 받은 후 우리는 힐튼호텔로 갔고 이틀 밤을 새우며 협상을 했다.

최중경 금융협력과장을 불러 극비리에 IMF협상단장인 나이스 국장이 묵고 있는 힐튼호텔 19층에 방 2개를 예약하도록 지시했다. 합의에 도달하지 못한 부분이 있는 담당 국장과 과장은 비밀이 새지 않도록 핑계를 대고 따로따로 내 방에 모이도록 했다. 오후 5시가 되기 전에 조치가 끝났다. 도쿄에 간 임 장관에게 대통령의 지시사항을 보고했다.

나는 나이스 국장에게 전화를 걸어 오늘밤에 미결사항을 협의하러 호텔로 가겠다고 했다. 내일 아침에 만나자는 대답이었다. 오후 5시에 사무실을 떠나 무작정 6시경에 호텔에 도착했다. 체크인을 하고 나이스 국장이 머무는 1907호의 반대 쪽 끝 1929호실[12]로 갔다. 나이스 국장을 만나 대통령의 전화 내용을 얘기하고 이날 밤 중 미합의사항에 대한 우리의 입장을 정리하고 다음 날 중 최종협의를 하기로 정했다. 담당 국과장들과 심야 회의를 통해 미합의사항과 해결방안을 챙겼다. 미합의사항은 거시경제지표, 한국은행법 개정, 금융기관 회계감사, 은행 자본소각, 이자제한법 철폐 등 다섯 가지였다.

11월 29일 새벽 4시까지 진행된 실무진과의 회의에서 미합의사항에 대한 우리의 입장을 정리하였다. 1) 거시경제지표는 신축적 운용을 전제로 3% 성장을 받아들이고, 2) 한국은행법은 그간의 논의와 입법 경과를 설명하여 수정안을 다시 제출하지 않도록 하고, 3) 금융기관의 회계감사법인을 'international firm'으로 한정하는 것은 국가의 체면을 손상하기 때문에 'internationally recognized firm'으로 고치고, 4) IMF가 강하게 주장하는 은행 자본소각과 이자제한법 철폐는 받아들이는 것으로 하였다. 아침 8시 호텔에서 1급 회의를 소집하여 미합의사항에 대한 조정안을 다시 점검하였다.

그날 오전 10시 나이스 국장을 직접 만나 위 다섯 가지 실무자 간의 미합의사항에 대해 합의를 마쳤다. 모두 우리의 조정안을 받아들였다. 11시 30분 청와대에서 열리는 대통령 주재 국무위원간담회에 갔다. 대통령께 협상경과를 설명하고 기본적인 사항은 합의를 했고 실무적인 사항은 그날 중으로 마무리 짓겠다고 보고했다. 오후 일본에서 귀국한 임 장관에게 그동안의 경과와 실무자 간의 합의안을 설명하고 오후 5시에 관계부처장관협의를 마치고 오후 7시에 대통령에게 합의된 IMF 경제프로그램을 보고했다. 밤 11시에 IMF와의 최종 마무리 협의를 거쳐 다음 날 11월

30일 새벽 1시 30분에 기본적인 정책프로그램에 관한 양해각서가 합의에 이르렀다. IMF가 처음 가져온 정책프로그램의 거시정책 운용과 금융구조조정에 관한 기본적인 정책에 큰 변화 없이 합의되었고, 자본시장의 개방과 실명제의 유지에 관한 사항이 추가되었다.

IMF와 합의한 경제프로그램 양해각서(Memorandum on Economic Program)[13]는 IMF가 만든 초안과 크게 달라진 것은 없고 일부만 조정되었다. 주요 내용은 1) 성장 3%, 물가 5%, 통화 및 재정긴축정책 등 거시정책 조정, 2) 부실채권정리 및 금융기관에 대한 구조조정, 3) 금융개혁법안의 1997년 내 입법, 4) BIS 건전성 감독기준의 이행계획 수립, 5) 외국인 주식투자한도 확대(26%→50%→55%), 6) 결합재무제표 작성 및 기업공시기준 강화, 7) 고용보험제도 확충과 노동시장 유연성 제고대책 추진 등이었다. 이 각서는 IMF의 자금지원협정(Stand-by Arrangement)을 위한 의향서(Letter of Intent)에 첨부되었다.

실무자들 간에 고금리 문제와 자본금 소각 문제에 대해 이견[14]이 있어 내가 직접 IMF 실무자들과 협의해 타결되었다.

먼저, 금리와 관련하여 IMF는 달러화보다 원화를 보유하는 것이 유리하도록 해야 달러의 퇴장수요(hording demand)를 막을 수 있고 퇴장수요를 막지 못하면 엄청난 외화자금이 소요되기 때문에 외환투기심리가 꺾일 때까지 일시적인 고금리정책이 필요하다는 주장이었다. 예를 들면 환율이 40% 정도 절하되는 경우 원화금리가 40% 이상 되지 않으면 달러보유로 몰린다는 것이었다. 멕시코 외환위기 때 한때 73%까지 금리를 올려 외환투기를 저지했다고 했다. 우리 실무진에서는 최고 40%로 묶인 이자제한법을 근거로 불가하다는 입장이었으나 나는 IMF의 의견을 받아들였다. 그 후 국내에서 고금리에 대한 비판이 있었는데 외환투기가 진정된 후에도 고금리를 유지한 것이 잘못이지 달러투기를 막기 위한 한시적인 고금리 자체가 잘못된 것은 아니다.

다음, 주식소각과 관련하여 IMF는 최저자본금 1,000억 원을 규정한 은행법에 불구하고 자본금을 전액 소각하는 것이 글로벌스탠더드라고 주장하였으나 우리 실무진은 영업권과 소액주주의 보호를 위해 최저 1,000억 원은 잔존시켜야 한다고 했다. 글로벌스탠더드에 따른 손실분담원칙(loss sharing standards)[15]은 1) 주식, 후순위 채권, 일반채권, 담보채권 순서로 결손금만큼 전액 소각하고, 2) 소각 즉시 국유화하고 새 경영진을 투입하며, 3) 직원도 정리해고를 한다는 것이었다. IMF는 부실금융기관의 정리에 가장 권위가 있는 IMF의 전문위원(panel member)인 하이켄스텐(Lars Heikensten) 스웨덴중앙은행 부총재를 국제전화로 급히 초빙하여 한국의 실무자들을 설득시키기로 했다는 것이었다. 나는 실무진에게 글로벌스탠더드대로 받아들이라고 지시하고 끝냈다.

IMF 경제프로그램과 관련되는 세부추진계획까지 1997년 크리스마스 전에 모두 끝냈다. 다음 해 1998년 1월 13일 이자제한법을 폐지[16]했고 은행법도 개정했다. IMF의 권고를 놓고 다투는 실무진의 자세가 답답했고 손실분담원칙을 가르치기 위해 멀리에서 날아온 하이켄스텐 부총재에게 식사 한 번 대접 못한 것이 미안했다.

불신의 그림자, 이면각서

추가협상

한국과 미국의 대통령이 채근한 대로 3일 만에 IMF 구제금융에 관한 프로그램에 대한 실무합의를 마치고 11월 30일 새벽 쿠알라룸푸르에서 열리는 ASEAN＋6재무장관회의 출장 준비를 위해 집으로 갔다. 크리스텐슨 주한 미국 대리대사가 집으로 전화를 걸어와 긴급한 일이라며 늦어도 좋으니 통화를 원한다고 했다. 새벽 3시경에 전화를 했더니 아침에 미국에서 립튼(David Lipton) 재무부 차관(Under Secretary)이 서울에 오니 만나자는 것이었다. 나는 오전 10시 50분에 쿠알라룸푸르로 출발한다고 했더니 공항 가는 길에 잠깐이라도 만나자고 해서 인터컨티넨탈호텔 1층 커피숍에서 오전 8시 50분에 만나기로 하고 눈을 붙였다.

공항 가는 길에 8시 50분에 립튼 차관을 만났다. 협상 진행과정과 합의 사항에 대해 설명했다. 그는 특별한 언급이 없었다. 시간이 없어 15분 만에 일어섰다. 그가 나를 만난 목적을 당시에는 확실히 알 수 없었다.

1997년 12월 1일부터 2일까지 ASEAN＋6재무장관회의[17]가 열리는 쿠알라룸푸르에 도착하여 르네상스호텔에 들었다. 이번 출장의 목적은 한국의 위기극복 노력을 설명하고 IMF, IBRD, 미국, 일본, 중국과의 금융협력방안을 협의하는 것이었다.

ASEAN＋6재무장관회의에서 캉드쉬 IMF 총재는 한국의 사태는 "급작스럽고 고통스러운(sudden, most acute and painful)" 것이라며 모든 필요한 조치를 취하면 성장이 재개될 것이라고 지적하고 24시간 내에 타결될 것이라고 했다. 한국에 대한 제2선 지원자금(second line of defense)에 미국과 일본 이외에 유럽국가도 참여할 것으로 예상한다고 했다. 나는 한국의 구조조정 노력은 "고통스러우나 전화위복의 계기가 될 수 있을 것(a difficult pill to swallow, but a blessing in disguise)"이라고 설명했는데 가이트너 미국 차관보는 과감하고 신속한 조치가 필요하다고 강조했다. 12월 2일 회의를 마치고 300여 명의 외국기자들이 모인 합동기자회견에서 안와르 말레이시아 장관이 15개항의 합동선언문을 발표하고 질의응답에서 한국의 외환위기에 대해 여러 질문이 있었다. 나는 위기극복을 위한 정책프로그램을 설명했다. 영국 로이터통신과 한국의 위기에 대해 인터뷰도 가졌다.

쿠알라룸푸르에서 회의 중 시간을 쪼개 캉드쉬 IMF 총재, 스티그리츠 IBRD 부총재, 가이트너 미국 재무부 차관보, 사카키바라 일본 대장성 국제금융담당 차관, 류지빈(劉積斌) 중국 재무차관을 만나는 긴 하루[18]를 보냈다. 여러 나라 대표들과 면담하면서 나라가 힘이 없으면 냉대받는다는 평범한 사실을 쿠알라룸푸르 하늘 아래서 깨달았다. 힘들고 서글펐던 해외출장이었다. IMF 자금지원에 관한 협조와 함께 금융협력을 협의했다. 면담 중 일본과 미국 대표와 다음과 같은 주요한 사항을 논의했다.

12월 1일 사카키바라 차관을 만나 급속한 자금회수의 자제를 요청했지만 일본 금융기관의 도산이 줄을 잇고 있어 정부도 어쩔 수 없다는 대답이었다. 그는 미국, 유럽과 함께 제2선 지원자금 패키지와 IMF이사회에서의 적극지지를 약속했다. 자금 규모는 미정이나 미국보다는 클 것이라고 하고 IMF 200억 달러, IBRD 100억 달러, ADB 40억 달러의 국제금융기구 지원자금과 함께, 양자간 지원으로 제2선 지원자금 200억 달러 총 500억 달러 이상이 될 것이라고 말하고 오스트레일리아도 참여할 가능성이 있다고 했다. 일본은 이미 IMF와 깊숙이 협의하고 있다는 것을 알 수 있었다.

같은 날 가이트너 미국 재무부 차관보를 만나 내가 출발하기 전 IMF와 양해각서가 잠정적으로 합의되었다고 했더니 새로운 문제가 생겨 추가 협상이 진행 중이라고 했다. 미국은 IMF와 협의 중인 내용에 강한 우려(very much concerned)를 표명하고 더 강력한 프로그램을 촉구했다. 11개 부실 종합금융회사의 즉시 폐쇄가 IMF 지원의 전제조건이라고 했다. 자본자유화는 OECD에 약속한 것을 훨씬 넘어 은행에 대한 외국인 인수합병 허용, 외국인에 대한 제한 없는 주식과 채권투자 허용, 외국인직접투자에 대한 제한 철폐가 있어야 한다고 했다. 중앙은행의 유동성 지원에 대한 높은 벌칙금 적용과 고금리의 유지에 대해서도 말했다. 제일은행과 서울은행은 영업정지(close), 구조조정(restructure), 증자(recapitalize)가 필요하다고 했다. 기업에 대한 직접지원(direct loan)도 폐지하고 기업지배구조와 노동시장의 유연성을 위한 장기대책에 관한 약속이 필요하고 IMF 프로그램에 대한 정치적 확약도 필요하다고 했다. 끝으로 미국은 한국의 '분명하고, 확실하고, 우선적인 행동(clear, concrete and upfront action)'을 요청한다고 강조했다. 상황이 완전히 달라졌다.

나는 사카키바라 차관과 가이트너 차관보와의 면담 내용을 즉시 서울에 보고했다. IMF와 잠정합의한 내용과 많이 달랐고 미국의 의견에 따라 새로운 협의가 시작되었다. 서울에서도 립튼 차관이 온 후 이미 이런 추가 내용을 협상 중이었다. 회의를 마치고 12월 2일 밤 11시에 캉드쉬 IMF 총재와 함께 쿠알라룸푸르를 출발해 다음 날 12월 3일 아침 7시에 김포에 도착하니 상황은 많이 달라져 있었다. 캉드쉬 총재는 자금지원 협정에 서명하기 위한 것이었다. 립튼 차관은 IMF협의단을 통하여 새로운 요구사항을 담은 이면각서(Side Letter)와 대통령후보들의 IMF협정 준수각서(Compliance Letter)를 요구하였다.

이면각서에 담을 새로운 요구사항은 부실한 은행과 종금의 즉각적인 폐쇄, 콜금리의 대폭인상, 자본시장의 완전개방 등이었다. 루빈 미국 재무장관의 한국에 대한 불신 때문에 한국의 정책을 확실하게 못 박아두자는 계산 때문이라 생각되었다.

준수각서를 요구한 배경은 김대중 후보가 유세과정에서 "당선 후 IMF와 재협상하겠다"라는 말을 했기 때문이었다. 외국 언론은 김대중 후보의 발언에 대해 '믿을 수 없다(unbelievable)'는 반응을 보였다. 우리 국민들의 'IMF사태'라는 배타적 시각에 대해서도 외국 언론은 IMF는 수백억 달러의 돈을 지원하러 갔는데 경제주권 상실, 경제 신탁통치 등 '감정적(emotional)'이고 '과격한(radical)' 반응을 보이는 것이 이해가 가지 않는다고 보도했다.

최종적으로 합의된 이면각서[19]는 당시 공개되지 않았는데, 자금지원협정이 IMF이사회의 승인을 받기 전 취해야 할 우선조치사항(Prior Actions)과 대외에 공포하면 불안을 초래할 금융개혁사항(Banking Reforms) 2개로 구성되었다. 주요 내용은 다음과 같다.

우선조치사항의 주요 내용은, 1) 12월 5일까지 25%로 콜금리 인상, 2) 한국은행의 국내은행에 대한 외환지원에 LIBOR+400bp 페널티 적용, 3) 외국인 주식소유 총한도 26%에서 1997년 50%, 1998년 55% 확대와 적대적 인수(hostile takeover) 허용, 4) 외국금융기관의 국내금융기관 합병인수 허용 등이었다. 금융개혁사항의 주요 내용은, 1) 종합금융회사의 회생계획과 구조조정계획, 2) 제일은행과 서울은행의 BIS 자기자본비율(8%) 확충계획, 3) 다른 상업은행의 부실채권 정리계획과 금융기관 회생계획, 4) 공적자금 지원 은행의 주주와 무보증채권자 손실분담, 5) 금융감독과 규제 강화계획 등이었다. 그리고 IMF와 합의한 경제프로그램을 점검(monitor)하기 위해 IMF 주재관을 두도록 한다는 것이었다.

이면각서와 함께 IMF는 경제프로그램의 계속성을 보증하기 위해 모든 대통령후보들이 대통령에 당선되면 IMF와 합의한 경제프로그램을 지지하고 집행한다는 준수각서를 작성하고 공개적인 성명을 발표토록 했다. 11월 30일 나는 김포공항에서 이회창 한나라당 후보의 각서를 받고 이인제 국민신당 후보의 각서도 받았다. 김대중 국민회의 후보는 추가협상 여지를 나타내는 문안을 추가해서 각서를 보냈다.

이면각서는 IMF와 합의한 대로 그 후 집행되었다. 이면각서의 내용들은 강경식 장관이 재직했던 8월 25일부터 3차에 걸쳐 발표한 금융시장안정종합대책에 포함되었거나 그때 검토했던 내용들이었다. IMF 실무진은 첫 번째로 제일은행과 서울은행 2개 은행과 파산상태인 12개 종합금융회사의 즉각적인 폐쇄를 요구했고 우리는 금융시장의 충격을 완화하기 위해 가능한 한 인수합병의 절차에 따라 단계적으로 처리한다는 정도의 입장 차이가 있었을 뿐이었다. 제일은행과 종합금융회사에 대해 각 1조 원의 한국은행 특별대출을 실시할 때부터 폐쇄보다 회생비용이 더 크기 때문에 나는 폐쇄도 하나의 대안이 될 수 있다고 생각하고 있었다. 종합금융회사는 외환위기의 도화선이었고 결과적으로 모두 사라졌다.

조치를 취해야 할 날짜와 영업정지할 종합금융회사의 명단까지 못 박게 한 배경에는 당시 IMF와 미국의 우리에 대한 불신이 도사리고 있었다. 캉드쉬 총재와의 약속 파기와 IMF 자금을 요청한 후 일본에 연결차관을 요청한 것이 불신의 근원이었다. 연결차관은 절대 안 된다고 클린턴 대통령까지 나선 배경도 같은 것이라 생각된다. "당선 후 IMF와 재협상하겠다"라는 김대중 대통령후보의 발언으로 또 한 번 우여곡절을 겪었다.

강요당한 금융개혁

IMF 경제프로그램에서 가장 중요한 내용은 통합금융감독기구와 새로운 중앙은행의 탄생이었다. 1948년 정부 수립부터 시작된 재무부와 한국은행 간의 반세기에 걸친 갈등이 종지부를 찍게 되었다. 미국 FRB라는 외세에 의해 탄생한 한국은행은 IMF라는 다른 외세에 의해 끝날 것 같지 않던 소모전의 끝을 맺었다.

1950년 건국 후 과도기에 블룸필드(Arthur I. Bloomfield) 뉴욕연방준비은행 국제수지과장이 만든 〈한국의 금융개혁(Banking Reform in South Korea)〉 보고서(보통 〈블룸필드 보고서(Bloomfield Report)로 부름)가 갈등의 뿌리였다. 이 보고서는 미국의 주식회사 형태인 연방준비은행(Federal Reserve Bank)을 기본으로 하고 의회 소속 연방관청인 연방준비제도위원회(Board of Governors of the Federal Reserve System)와 재무부 산하 통화감독청(Office of the Comptroller of the Currency)을 통합한 중앙은행 모델을 권고했다. 이를 기초로 창설된 한국은행은 처음부터 법리상 많은 문제를 야기했다. 1948년 정부 수립 후 한국은행의 설립에 대해 재무부와 조선은행의 의견이 달라 이승만 대통령은 미국의 전문가를 초대해 자문을 하도록 지시하여 만들어졌다. 당시 조선총독부 재무국의 간부 대부분은 일본인이었고 일부 조선 사람들은 친일파로 몰릴 것이 두려워 잠적하였지만 조선은행 사람들은 그대로 남아 1950년 한국은행법 제정을 조선은행 사람들이 주도[20]했기 때문에 금융통화위원회, 은행감독원, 업무검사권 등에 많은 왜곡[21]이 발생했다.

IMF는 구제금융 지원 조건으로 한국은행법 개정안과 통합금융감독기구 설치법의 연내 국회통과를 요구하여 11월 24일 여야당은 한국은행법과 금융감독기구 설치에 관한 법률 등 9개 금융개혁법을 12월 18일 대통령선거가 끝난 후 임시국회를 열어 연내에 처리하기로 합의했다. 12월 18일 김대중 국민회의 후보가 대통령에 당선되고 22일에 금융개혁법 처리를 위한 임시국회가 열리고 오후부터 재경위원회 금융개혁법소위원회가 열렸다. 소위원회에서는 재정경제부 장관의 재의요구권을 두는 대신 한국은행에 금융통화위원회를 두고 한국은행 총재가 금융통화위원회 의장을 겸임토록 수정을 하고 1997년 12월 24일 크리스마스이브에 반세기를 다투던 한국은행법을 통과시켰다. '한국중앙은행법'의 명칭도 원래대로 '한국은행법'으로 변경되었다. 12월 29일 모든 금융개혁법이 재경위원회를 통과하고 본회의도 그날 밤 통과했다.

1948년 일본 식민통치를 벗어나고 건국 정부의 재무부는 조선은행 사람들이 차지하여 그들의 뜻대로 1950년 왜곡된 한국은행법이 제정되었다. 이에 따라 재무부가 '한국은행 세종로출장소'로 불리다가 1962년 5·16 군사정부 때 한국은행의 과도한 권한들을 빼앗음에 따라 한국은행이 '재무부 남대문출장소'로 불리는 역전이 있었다. 1988년 민주화라는 대세를 타고 "중앙은행독립"을 내세우며 금융통화위원회 의장과 은행감독권을 모두 차지하려는 한국은행의 시도[22]는 좌절되었고, 1995년 은행감독권을 분리하려던 재정경제부의 반격[23]도 승부 없이 끝났다.

1997년 정부의 한국은행법 개정 추진은 한보철강과 기아자동차의 부도로 감독체계의 개편에 대한 국민의 공감대가 형성된 것을 계기로 수비전략에서 정면공격에 나섰다. 왜곡된 진실을 바로잡기 위해 청와대가 주도했지만 11월 18일 마지막에 가서 대선을 앞둔 정치권의 계산으로 역시 표류하고 말았다. 1997년 몰아친 외환위기는 IMF라는 외세를 불러왔다. IMF라는 외세는 새로운 중앙은행과 통합감독기구를 갖게 했다. 당초 초안되었던 금융감독청을 숙제로 남기고!

1997년 크리스마스이브에 한국은행법과 금융감독기구 설치법을 포함한 13개 금융개혁법이 국회 재경위원회를 통과하고 12월 29일 본회의를 통과했다. 50년 전 왜곡된 중앙은행 제도를 외세로 바로잡은 우리들의 자화상은 슬펐다. 대통령선거를 앞두고 표 계산만 하던 정치권에 대한 연민과 자괴감이 밀려왔다. 10년을 다투던 한국은행법과 함께 금융개혁법이 국회를 통과하던 날 여의도에는 겨울 밤바람이 차가웠다.

최단기간 최대 금액의 구제금융

583억 달러 구제금융

12월 3일 IMF 대기성차관을 위한 경제프로그램 양해각서(Memorandum on Economic Program)가 합의되어 IMF 210억 달러, IBRD 100억 달러, ADB 40억 달러 합계 350억 달러와 함께 미국, 일본 등의 제2선 지원자금 200억 달러를 합쳐 총 583억 달러의 자금지원을 받게 되어 밀려오는 파도 같은 위기감에서 벗어나게 되었다. 당초 우리가 요청한 560억 달러를 넘는 규모였다.

1997년 12월 3일 오후 4시에 IMF와 최종합의에 도달하고 저녁 7시 30분 임창열 재정경제부 장관과 이경식 한국은행 총재는 세종로종합청사에서 210억 달러의 IMF 자금지원을 요청하는 의향서[24]에 캉드쉬 IMF 총재가 지켜보는 가운데 서명을 하고 IMF와 공동성명을 발표했다. 의향서에는 자금지원의 조건인 경제프로그램 양해각서와 대외비의 이면각서가 첨부되었다.

3년간 추진할 정책프로그램을 뒷받침하기 위해 자금지원을 요청하는 형식으로 IMF에 제출한 의향서의 주요 내용은 다섯 가지였다.

1) 금융위기를 극복하여 대외신뢰도를 회복하고 지속적인 경제성장을 위해 앞으로 3년간 추진할 경제프로그램을 지원하기 위한 155억 SDR(210억 달러)의 '3년 대기성차관협정(Three-year Stand-by Arrangement)'을 요청한다. 2) 구체적인 경제프로그램의 수립에 앞서 정책약속을 성실히 이행한다는 것을 보이기 위해 강력한 사전조치를 취하고, 구체적인 경제프로그램은 IMF와 계속 협의를 통해 수립하고 3년간 주기적으로 재협의한다. 3) 부실금융기관의 처리, 경제의 추가적인 자유화, 기업지배구조의 개선을 위한 포괄적인 정책을 추진한다. 4) 예상한 대로 상황이 안정되면 차관을 중지하고 여건이 허락하는 범위에서 조기상환 한다. 5) 한국 정부는 양해각서에 포함된 정책을 성실히 수행할 것을 약속한다.

구체적인 경제프로그램은 IMF와 협의를 통해 수립하여 1998년 1월 IMF의 승인을 받은 다음 3월과 6월에는 실행기준을 마련하도록 했다. 추가하여 1998년에는 분기별(2, 4, 7, 11월)로 재협의하고 1999년과 2000년은 반기별로 재협의하도록 했다. 경제프로그램 양해각서의 주요 내용은 다음과 같다.

IMF 대기성차관을 위한 경제프로그램 양해각서(요약)

Summary of Memorandum on Economic Program to be Supported by a Stand-by Arrangement with the IMF

I. 거시정책

1. 거시경제 목표

- 경상수지 적자를 1998년, 1999년에 GDP의 1% 이내에서 유지
- 물가를 5% 이내로 유지
- 성장률을 1998년에 3% 정도로 하고 1999년에는 잠재성장률 수준으로 회복

2. 통화 및 환율정책

- 통화정책은 현재의 위기극복에 대한 당국의 결연한 의지를 시장에 나타내면서, 시장의 안정을 도모하고 최근의 원화절하에 따른 물가상승압력을 흡수하기 위하여 즉시 긴축기조로 전환
- 따라서 최근 대규모로 공급된 유동성은 환수되어야 하며 현재 14~16% 수준인 시장금리는 시장안정을 위하여 상승을 억제
- 1998년 중 통화증가율은 물가상승률을 5% 이하로 안정시킬 수 있는 수준으로 억제
- 신축적인 환율정책을 유지하고 시장개입은 급격한 변동을 완화하는 데 국한

3. 재정정책

- 통화관리의 부담을 덜고 아직 규모를 특정할 수 없는 금융부문의 구조조정 비용을 충당하기 위하여 1998년에도 긴축재정기조는 유지되어야 함
- 1998년 통합재정수지는 경기회복의 지연에 따라 GDP 대비 0.8% 정도 악화될 것으로 전망됨
  - 금융부문 구조조정을 위한 이자비용 추정치는 현재 GDP의 0.8% 수준임
  - 재정수지의 균형 또는 약간의 흑자를 달성하기 위해서는 GDP의 약 1.5%에 해당하는 대응조치가 취해져야 함

- 이 대응조치는 세입 및 세출 양측 면에서 취해져야 하며 구체적인 방안이 곧 결정되어야 함. 이를 위하여 다음 조치들도 대안으로서 고려될 수 있을 것임

  [세입조치 예]

  · 부가가치세의 과세범위 확대 및 면세 축소

  · 비과세 · 감면 등의 축소에 의한 법인세 과세 기반 확대

  · 각종 소득공제 · 비과세 등의 축소에 의한 소득세 과세 기반 확대

  · 특별소비세 및 교통세 인상

  [세출조치 예]

  · 경상지출의 삭감, 특히 민간기업 부문에 대한 지원의 삭감

  · 우선순위가 낮은 자본지출의 삭감

II. 금융부문 구조조정

1. 국회에 제출되어 있는 다음의 금융개혁법안들은 금년까지 통과되어야 함

   – 중앙은행에 독립성을 부여하고 물가안정을 주요임무로 하는 한국은행법 개정안

   – 은행 · 증권 · 보험 · 제2금융권을 통합감독하는 금융감독기구의 설치에 관한 법률안

   - 부실금융기관을 효과적으로 처리하는 데 필요한 모든 권한을 가져야 함

   – 기업의 통합재무제표를 작성하고 외부감사에 의해 공인되도록 함

2. 구조조정 및 개혁조치

   – 회생 불가능한 부실금융기관은 문을 닫아야 하며, 회생 가능한 부실금융기관은 구조조정과 자본확충이 필요

   - 신뢰할 수 있고 명확한 퇴출정책은 대내외 투자자들에 의한 인수 · 합병뿐만 아니라 폐쇄도 포함함

   - 주주와 채권자들 간에 부실채권으로 인한 손실의 배분에 관한 명확한 원칙이 정립되어야 함

- 부실대출 정리는 가속화되어야 함
- 현재의 예금전액보장제도는 3년 내에 끝내고 부분보장제도로 대체되어야 함
- 모든 은행은 BIS 기준을 충족하기 위한 추진일정을 수립하여야 함
- 건전성 감독기준을 BIS의 감독핵심원칙(core principles)에 맞추어 상향조정함
- 금융기관에 대한 지원 시 반드시 조건이 부과되어야 함
- 한국은행 유동성 지원을 제외한 금융기관에 대한 모든 지원조치는 미리 정해진 기준에 따라 투명하게 기록되어야 함
- 회계 및 공시에 관련된 규칙은 국제기준에 부합되도록 강화되어야 하며, 대형금융기관은 국제적으로 인정된 회계법인에 의해 감시를 받도록 함
- 종금사에 대한 감독인력은 충분히 보강되어야 함
- 국내금융부문에 대한 외국인투자개방계획이 가속화되어야 함. 특히 1998년 중반까지 외국인의 은행 현지법인과 증권사 설립이 허용되어야 함
- 국내은행 해외지점의 차입 및 대출활동이 건전하게 수행되고 있는지 자세하게 점검되어야 하며, 유지가 어려운 지점들은 폐쇄되어야 함
- 한국은행의 외환보유고 관리방식은 보다 국제적인 관행에 따르는 방향에서 재검토되어야 함. 특히 국내은행 해외점포에 대해 보유고를 예치하는 것은 더 이상 증가시켜서는 안 되며 상황이 허락하는 대로 점차 줄여야 함. 금융기관들의 금융자산 수익률 및 위험도 평가능력을 향상시켜야 함

III. 기타 구조개혁

1. 무역자유화
- WTO 양허계획에 맞추어 다음 사항을 단계적으로 추진할 수 있는 일정을 수립
  - 무역관련 보조금의 폐지
  - 수입승인제 폐지

- 수입선다변화제도 폐지
- 수입증명 절차의 투명성 제고

2. 자본자유화

- 현재의 자본자유화 일정은 다음 사항에 관한 단계적 조치를 통해 앞당겨져야 함
  - 외국인 주식투자 한도는 1997년 말까지 50%, 1998년 말까지는 55%로 확대
  - 외국은행이 국내은행 주식을 4% 초과하여 매입하고자 할 경우 감독당국의 승인이 필요한 바, 은행부문의 효율성과 건전성 제고에 도움이 된다면 이를 허용
  - 외국인의 국내 단기금융상품 매입을 제한 없이 허용
  - 국내 회사채시장에 대한 외국인투자를 제한 없이 허용
  - 외국인직접투자에 대한 제한은 절차간소화를 통하여 더욱 축소되어야 함
  - 민간기업의 해외차입에 대한 제한 철폐

3. 기업지배구조 및 기업구조

- 독립적인 외부감사, 완전공시 및 기업집단의 결합재무제표의 공표 등을 통해 일반적으로 인정된 국제회계원칙을 적용함으로써 기업의 재무제표에 대한 투명성을 높일 수 있도록 추진일정을 수립
- 은행대출의 상업성이 존중되어야 하며 정부는 은행경영과 대출결정에 개입해서는 안 됨. 농업·중소기업 등에 대한 정책금융은 유지하되, 이에 따른 이자손실은 예산에서 부담해야 함
- 개별기업을 구제하기 위해 정부가 보조금을 지급하거나 세제 지원을 해서는 안 됨
- 금융실명제는 일부 보완방안을 검토할 수는 있으나 기본골격은 계속 유지
- 기업의 높은 부채·자본비율을 축소하기 위한 조치를 시행하고 기업자금조달의 은행차입 비중을 축소하도록 자본시장을 발전시켜야 함
- 상호채무보증은 위험이 큰 만큼 재벌 내 계열사 간 상호채무보증을 변화시킬 수 있는 조치가 시행되어야 함

4. 노동시장 개혁

 – 노동시장의 유연성을 제고하는 추가적인 조치와 함께 노동력의 재배치를
  촉진하기 위하여 고용보증제도의 기능을 강화해야 함

5. 정보공개

 – 외환보유고의 구성 및 선물환 순포지션 등을 포함한 외환보유고 관련자료
  는 당해 월말, 분기말로부터 2주 내에 정기적으로 발표하여야 함. 부실여
  신·자본의 적정성·소유구조 및 결합형태 등을 포함한 금융기관 자료들은
  1년에 2번 정기적으로 공개되어야 함. 단기외채 자료는 분기별로 공표함

  캉드쉬 총재는 이례적으로 한국의 신뢰도 회복을 위해 즉시 발표한
성명을 통해 IMF가 제공할 3년 대기성차관 210억 달러(155억 SDR)를
주말 이사회에 상정할 것을 약속했다. 동시에 IBRD 100억 달러, ADB
40억 달러 합계 350억 달러의 지원 약속이 있었음을 발표했다. 예상치
못한 사태에 대비하여 미국, 일본, 영국, 독일, 프랑스, 호주, 캐나다 등
의 제2선 지원자금 200억 달러도 가능하다고 발표하여 총 550억 달러
의 자금지원을 발표했다.

  IMF에 자금을 신청한 지 13일 만에 550억 달러가 약속됨으로써 IMF
역사상 최단기간 최대 금액의 지원을 받아낸 웃을 수도 울 수도 없는 역
사를 기록했다. 12월 4일 지원협정이 IMF이사회를 통과하고 12월 5일
1차로 55억 7,000만 달러(41억 SDR)가 인출되고 1998년 1월 8일까지 세
차례에 걸쳐 111억 4,000만 달러(82억 SDR)[25]가 인출되었고 이후는 상
황에 따라 인출하기로 했다. 12월 5일 IBRD협의단[26]에 이어 ADB협의
단[27]이 도착하여 140억 달러의 자금지원협상은 순조롭게 끝났다.

  12월 25일 미국이 주도하여 G7국가의 100억 달러 지원발표가 있어

크리스마스를 기하여 우리는 위기탈출의 확실한 전기를 맞게 되었다. 올브라이트 국무장관과 코언 국방장관이 제기한 한반도의 혼란과 위기에 대한 우려와 서울의 외국은행들이 단기부채의 상환유예를 검토함에 따라 루빈 재무장관이 한국의 개혁 노력과 국제은행들의 동참을 조건으로 그의 '엄한 애정'을 철회한 결과였다.

우방국의 예비지원 규모는 최종적으로 일본 100억 달러, 미국 50억 달러, 프랑스 · 독일 · 영국 · 이탈리아 4개국 50억 달러, 네덜란드 · 벨기에 · 스웨덴 · 스위스 4개국 12억 5,000만 달러, 캐나다 10억 달러, 오스트레일리아 10억 달러, 뉴질랜드 1억 달러로 예비지원금액은 최종적으로 233억 5,000만 달러가 되어 전체 지원 규모는 583억 5,000만 달러가 되었다.

외국은행들, 만기연장에 합의하다
외채의 만기연장 합의

1997년 12월 3일 IMF가 주선한 550억 달러 자금지원에 관한 합의가 있은 후에도 환율은 진정되지 않았고 외화의 유출은 계속되었다. 거꾸로 IMF 구제금융이 합의된 이후 외국은행은 안심하고 대탈주극을 벌였고 우리는 모라토리엄으로 몰리고 있었다.

당시의 환율동향을 보면 11월 19일 우리가 IMF에 가지 않는다고 발표한 날 환율은 처음 1,000원대(1,012.80원)를 돌파했다. IMF 자금지원 요청을 발표한 11월 21일 환율은 1,100원대(1,139.00원)를 돌파하고 IMF 자금요청 의향서에 서명한 12월 3일 1,200원대(1,240.60원)를 돌파한 후 계속 올라 12월 15일 1,700원대(1,737.60원)를 돌파했다.

외환보유고는 7월 말 336억 달러를 피크로 8월부터 외국은행의 자금 회수가 가속화되자 하향곡선을 걸었고 11월 말에는 244억 달러(가용보유고는 72억 달러)로 격감했다. 12월 5일 IMF 자금 1차분 55억 7,000만 달러가 입금되었지만 외국은행의 자금회수는 계속되었고 보유고는 계속 줄어들어 이런 추세가 계속된다면 남아 있는 가용보유고 72억 달러 수준도 지키기 힘들어 보였다. IMF 자금요청으로 위기를 탈출할 수 있다고 생각했으나 불안감을 벗어날 수 없었다.

신용등급도 올라가기는커녕 12월 10일 3단계 하락[28]하여 한국채권은 완전히 정크본드로 전락했다.

12월 10일 오후 3시 홍콩에서 스티브 롱(Stephen Long) 씨티은행 아시아태평양담당 대표가 찾아왔다. 1973년 오일쇼크 때처럼 이번에도 "우리는 한국에 대한 약속을 다할 준비가 되어 있다(We are ready to do all commitments to Korea)"[29]는 존 리드(John Reed) 뉴욕 씨티그룹 회장의 메시지를 전달하며 차입금의 만기연장에 적극 나서겠다고 했다. 나는 리드 회장의 적극적인 제안에 감사하고 서울지점의 스왑한도 확대 등 외국은행의 활동을 적극 지원하겠다는 뜻을 전해달라고 했다. 리드 회장과는 1985년 뉴욕에서 재무관으로 근무할 때부터 알아왔고 국제금융국장으로 미국과 금융개방협상을 할 때도 여러 번 만난 적이 있었는데 한국 비즈니스에 대한 열정을 갖고 있었다. 고립무원의 상태에서 처음 들은 지원 의사는 큰 용기를 주었다.

12월 13일 산업은행이 뉴욕에서 20억 달러의 양키본드(yankee-bond) 발행에 실패[30]한 것은 큰 충격이었다. 당시 외환보유고를 보충할 수 있는 유일한 길은 산업은행과 수출입은행의 해외채권 발행이었다. 정치권에서 IMF 프로그램의 재협상론이 나오자 미국투자자들이 한국의 구조조정 노력에 대해 냉담한 반응을 보이고 가산금리 500bp를 요구하자 산업은행이 포기한 것이었다. 산업은행의 양키본드 발행 노력에 대해 "미쳤다(madness)"고 말하는 보도가 나왔다. 12월 15일 사실상 한국의 채권 발행이 불가능한 상황에서 100억 달러의 외화표시국채의 연내발행을 발표했다. 미국의 골드만삭스와 살로먼스미스바니(Saloman Smith Barney)가 재빠르게 본드 발행을 맡겠다고 나섰으나 절차를 연내에 끝내기는 불가능한 일이었다. 어디에서부터 무엇이 잘못되었는지 혼란스러웠다.

12월 18일 대통령선거 투표를 마치고 혼자 사무실에 나갔다. 날씨는 흐리고 음산했다. 오늘 당선될 새 대통령에게 보고할 현재의 위기상황과 보유고 대책에 관한 보고서[31]를 만들었다. 상황은 악화되고 정답은 찾을 수가 없었다. 해는 지고 내일에 대한 불안감이 강하게 엄습해왔다. 오후 5시 로버트 윌슨(Robert Wilson) 씨티은행 지점장에게 전화를 하여 일주일 전에 스티븐 롱 씨티은행 아시아 대표가 제안한 만기연장에 관해 얘기를 나누었다. 그다음 브라운(Michael Brown) 시카고은행(The First National Bank of Chicago) 지점장에게 전화를 걸었다. 8월에 홍콩의 장외선물시장에서 한국의 외환위기를 전망하고 3개월 후 환율이 1,200원으로 상승할 거라는 예측[32]이 지배적이라는 사실을 말한 사람이었다. 한국의 외환위기를 확실하게 예측한 최초의 사람이었다. 당시 환율은 900원선이었다. 나는 그의 말을 흘려들었는데 12월 초 1,200원을 돌파했다. IMF의 자금지원 약속이 발표되었는데도 계속 상황이 악화되고 있는데 무엇이 잘못된 것이냐고 물었다. 그의 대답은 우리가 거꾸로 하고 있다는 것이었다.

"기존 차입금(old money)의 만기연장(roll-over)도 되지 않았는데 장기채권(bond)으로 100억 달러의 신규자금(new money)을 조성하는 것은 거꾸로 하는 것이다. 기존 차입금의 만기연장대책이 없기 때문에 자금이 계속 빠져나가고 있다. 100억 달러가 빠져나가는데 100억 달러 조달이 무슨 의미가 있는가? 외국은행들은 자금은 충분한데 안전한 투자처를 찾지 못하고 있다." 그의 지적에 해결책을 물었다. 그의 대답은 간단명료했다. "먼저 단기차입금에 대한 만기연장을 하고, 다음 클럽딜(club deal, 기존 거래은행만 참가하는 대출)에 의해 협조융자(syndication loan)를 추진하고, 마지막으로 장기채권을 발행하되 첫 단계는 사모(private placement, 한국과 거래가 있는 인수기관 중심으로 모집)에 의해 발행하고 그런 다음 공모(public offering)에 의해야 성공할 수 있다. 공모는 성공해도 금리가 높아진다. 단기차입의 만기연장을 위해서는 정부가 보증하거나 한국은행 차입금으로 전환하는 방법이 있다."

한 시간가량의 긴 통화를 한 다음 우리가 무엇을 잘못하고 있고 어떻게 하면 되는가를 명확히 알 수 있었다. 다음 날 점심 때 명동 은행회관 뱅커스클럽에서 주요 외국은행들과 만나 문제를 논의하기로 했다. 12월 19일 아침 브라운 지점장은 전날의 대화내용을 적은 팩스를 보내왔다.[33]

신라호텔에서 100억 달러 본드 발행을 위해 골드만삭스와 살로먼스미스바니에서 온 대표와 예비협상을 하고 있던 장관을 찾아가 우리의 대처방법이 잘못됐다는 보고를 했다. 다음 날 주요 외국은행 지점장을 만나 단기차입금 만기연장을 논의하겠다는 것을 보고했다. 100억 달러 본드 발행은 이미 발표했고 1월 중 발행을 준비하고 있는 단계에 있었다. 나는 진영욱 금융정책과장[34]과 함께 책임지고 단기외채 만기연장협상을 추진하겠다고 약속했다. 자정 무렵 방송에선 김대중 대통령후보의 당선이 확실시된다고 보도됐다.

12월 19일 금요일 12시 30분 나는 명동 은행회관 뱅커스클럽에서 진영욱 과장과 함께 윌슨 지점장과 브라운 지점장을 만나 단기차입금의 만기연장방법에 관해 구체적으로 논의했다. 당시 외국은행 지점들은 자금여유가 많았지만 안전한 투자처를 찾지 못하고 있는 상황이었기 때문에 거래처를 유지하기를 원한다고 했다. 한국은행 차입으로의 전환은 거래처가 단절되는 문제가 있어 정부보증이 좋다고 했다. 두 사람은 만기연장에 적극 나서겠다고 했다. 은행에 대한 정부보증은 8월 25일 이미 발표한 바 있었다.

너무 시간이 없었다. 오후 3시 외국은행단(Foreign Bankers Group, FBG)의 의장인 윌슨 씨티은행 지점장과 브라운 시카고은행 지점장, 그리고 체이스은행, 아메리카은행, 도쿄은행 등 주요 은행 지점장들과 만났다. 정부보증 또는 한국은행 차입전환에 의한 만기연장에 대해 원칙적인 합의를 했다. 도쿄은행 지점장은 말이 없었다. 그들은 만기연장에 관한 협의는 모라토리엄으로 오해될 우려가 있으니 극비밀리에 진행되어야 한다고 했다. 12월 20일 중 본점에 기본적인 사항에 대해 보고하고, 12월 23일까지는 실무적인 작업을 완료하고, 크리스마스휴가가 시작되기 전 12월 24일까지 본점의 승인을 받지 못하면 다음 해로 넘어가 어렵게 된다고 했다. 한국의 대외부채와 외국은행으로부터의 단기차입금의 만기도래 현황을 정확히 알아야 구체적인 합의가 가능하다고 했다. 단기차입금의 만기연장이 성공하기 위해서는 주요 은행이 모두 참가하여야 하고 특히 일본계 은행의 참가가 중요하다고 했다. 12월 3일 583억 달러의 IMF 구제금융이 합의되기 전후 일본은행이 70억 달러를 집중적으로 회수함으로써 모라토리엄의 우려가 제기되고 있던 12월 19일 나는 지푸라기라도 잡는 심정으로 사카키바라 일본 대장성 국제금융담당 차관에게 일본의 자금회수를 자제시켜달라는 간곡한 편지를 보냈다.

저녁 7시에 한국은행, 산업은행 등 주요 은행의 국제금융담당 임원들과 회의를 했다. 한국은행은 해외차입 업무를 하지 않기 때문에 정부보증 방식이 좋겠다[35]고 하여 정부보증 방식을 채택하기로 했다. 진영욱 과장이 책임지고 외국은행으로부터의 은행별, 기간별 단기차입금 현황을 한국은행과 함께 만들기로 했다. 당시에는 그런 통계가 없었다. 12월 21일 일요일 밤 11시 신라호텔에서 롱 씨티은행 대표를 임창열 장관, 정덕구 차관보와 함께 만났다. 만기연장에 대해 씨티은행은 적극적인 역할을 할 것을 약속했다.[36] 그날 밤 골드만삭스와 살로먼스미스바니는 주간사로 선정되어 100억 달러 본드 발행의 핵심절차인 채권발행 취지서(prospectus)를 준비하고 있었다.

12월 22일 월요일 대외부채 상황과 함께 1998년 월별 · 은행별 단기 외화차입금 만기도래 통계를 새로 작성했다. 12월 20일 역외차입금과 해외점포 차입금을 합산한 총대외부채 1,530억 달러의 52.4%인 802억 달러가 단기차입금이었고 단기차입금의 24.5%인 374억 달러가 국내금융기관의 단기차입금이었다. 대외부채에 관한 외국의 오해가 있어 IMF와 실무합의에 따라 종래의 IBRD 기준 대외채무(external debt)에 역외차입금과 해외점포 차입금을 합산하고 기업현지금융은 제외한 총대외채무(external liabilities)를 다시 산출했다.

만기연장 대상인 1998년 외국은행별 단기외화차입금을 집계한 결과 일본계 65억 달러, 미국계 30억 달러, 영국계 13억 달러, 독일계 28억 달러, 프랑스계 16억 달러, 기타 84억 달러로 합계 237억 달러였다. 1997

한국의 총대외채무　　　　　　　　　　　　　　　　　　　　　　　　(억 달러)

	1996.말	1997.6말	1997.9말	1997.11말	1997.12.20
장기부채(Ⅰ+Ⅱ+Ⅲ)	607	607	666	647	728
Ⅰ. 금융기관(A+B)	447	434	476	451	442
A. 국내금융기관	415	397	438	413	404
국내본점	277	279	313	312	305
역외금융	85	96	96	96	94
국외점포	53	22	29	5	5
B. 외은지점	32	37	38	38	38
Ⅱ. 국내기업	136	151	169	176	176
Ⅲ. 공공부문	24	22	21	20	110
단기부채(Ⅰ+Ⅱ)	1,000	1,028	1,040	922	802
Ⅰ. 금융기관(A+B)	780	777	783	664	546
A. 국내금융기관	652	635	620	494	374
국내본점	262	285	236	188	129
역외금융	127	130	131	113	95
국외점포	264	220	253	193	150
B. 외은지점	128	142	163	170	172
Ⅱ. 국내기업	220	251	258	258	256
총대외채무	1,607	1,635	1,706	1,569	1,530

자료: 당시 정비된 자료가 없어 실무진이 직접조사로 작성.

년 12월 18일에서 31일까지 도래분 122억 달러는 기술적으로 정부지급
보증이 어려운 것이었다. 이때 작성한 '외국은행별 단기차입금 만기도
래 현황'[37]이 최초로 만든 국가별, 은행별, 월별 단기외채 상황이었다.

12월 22일 나이스 IMF 국장에게 만기연장협상에 관해 설명했더니 절
대적으로 필요한 조치라고 지지했다. 저녁 8시 은행회관에서 씨티은행
윌슨 FBG 의장, 브라운 지점장 등 주요 외국은행 대표들과 만나 1998

외국은행별 단기차입금 만기도래 현황 (1997년 12월 17일. 1억 달러 이상 기준. 백만 달러)

국적	잔액	1997	1998						합계
			1월	2월	3월	2분기	3분기	4분기	
미국계	4,068	1,046	1,257	663	194	477	30	400	3,022
일본계	10,432	3,918	3,114	1,272	1,154	722	95	160	6,517
영국계	2,319	985	827	346	83	58	20	–	1,334
독일계	3,273	447	1,210	459	253	504	95	305	2,825
프랑스	3,105	1,502	512	268	223	294	–	307	1,603
캐나다	731	224	208	179	58	63	–	–	506
이탈리아	295	190	74	21	–	10	–	–	105
기타	11,767	3,916	3,603	1,609	1,109	1,171	310	103	7,851
합계	35,989	12,229	10,805	4,817	3,073	3,244	549	1,275	23,763

자료: 당시 자료 미비로 실무진이 직접 조사로 작성(1997년은 12월 18일에서 31일까지의 도래분).

년 외국은행별 단기차입금 만기도래 현황을 제시하고 만기연장방법을 사전 조율했다. 1997년 도래분은 자율적으로 처리하고 1998년 도래분을 대상으로 만기연장을 하기로 했다. 단기차입금 359억 달러 중 최소 3분의 2 이상의 만기연장이 필요하다고 정리했다.

12월 23일 11시 조선호텔에서 열린 FBG회의에 외국은행들이 참석하여 정부보증에 의한 만기연장에 합의했다. 이 회의에는 대외비밀을 유지하기 위해 나 대신 진영욱 과장이 참석하여 대외부채 규모와 함께 외국은행으로부터의 단기차입금의 만기도래 현황을 설명했다. 외국은행별 단기차입금 만기도래 현황은 알려지면 문제가 생길 염려가 있어 대외비로 했다. 크리스마스휴가 전 24일까지 본점의 승인을 받기로 했다. 만기연장에 관한 기본적인 합의가 끝났다. 외국은행들은 한국에 위기가 다가올 때부터 디폴트를 당하게 하는 것보다 상환유예가 유리하다는 판단을 하고 있었다고 《워싱턴포스트》는 보도하였다.[38] 가장 적은 단기채권을 갖고 있었던 미국계 은행 지점장들이 앞섰던 반면 최대 채권자인 일본계 은행은 자금회수에 집중하였고 만기연장에 소극적이었다. 일본이 회수해간 130억 달러는 그들이 지원하기로 한 100억 달러를 넘는 규모였다.

12월 24일 루빈 미국 재무장관이 IMF와 G7국가들은 1월 초까지 100억 달러를 앞당겨 지원하겠다고 발표했다. 12월 29일 서울에서의 만기연장에 관한 기본적인 합의를 토대로 뉴욕에서 피셔 IMF 수석부총재가 미국의 주요 채권은행들과 만기연장을 위한 회의를 열게 되었다. 이로써 만기연장을 위한 마무리 협의는 뉴욕으로 옮겨가게 되었다.

벼랑 끝에서 칼자루는 우리가 잡았다

뉴욕 외채협상

1998년 1월 6일 김대중 정부의 비상경제대책위원회[39]에 외환위기에 관해 보고한 후 나는 1월 21일부터 열리는 뉴욕 외채협상에 출장을 가기로 했다. 출장 준비를 하고 있는데 임창열 장관이 갑자기 정덕구 차관보를 보내겠다고 통보했다. 이때까지 만기조정협상을 담당해온 진영욱 과장도 변양호 과장으로 교체되었다. 1997년 12월 18일 최초로 야당의 김대중 후보가 대통령에 당선되던 날 나의 공직생활을 마감해야 할 때가 왔다고 생각했다. 좌파정부 밑에서 내가 해야 할 일이 없을 것 같았고 세력교체 분위기가 관가에도 강하게 불었다. 크리스마스 이후 나는 장관 대신 회의에 참석하는 것 외에 아무런 역할이 없었다.

뒷산에 올라가 때가 아니거든 그것을 받아들이는 담대함을 달라고 기도했다. 모든 것을 주님의 뜻으로 받아들였다. 차관의 한계가 있었지만 1997년 3월에 재정경제부 차관으로 온 후 나는 위기돌파를 위해 혼신의 노력을 기울였다. 나의 손으로 단기외채 만기연장협상을 마무리 짓고 싶었다. 그것이 나라에 대한 마지막 봉사라고 생각했기 때문이다.

뉴욕에서 열리는 외채 만기연장협상을 위해 출발하는 정덕구 차관보와 변양호 국제금융과장을 불렀다. 지금까지의 외채협상 경과를 설명하고 다음과 같은 말을 해줬다. "우리가 벼랑 끝에 섰지만 지금 우리는 칼자루를 잡고 외국은행이 칼끝을 잡은 형국이다. 버티면 이긴다."

이렇게 판단한 이유는, 첫째 한국이 막다른 골목으로 몰렸지만 올브라이트 국무장관과 코언 국방장관의 아시아전략에 따른 권고에 따라 루빈 재무장관은 한국을 신속히 부도에서 구해주지 않으면 안 될 상황이라고 판단했다. 둘째, 윌슨 씨티은행 지점장과 브라운 시카고은행 지점장과 만기연장을 협의할 때 미국은행들은 자금이 남아돌아 안전한 투자처를 찾고 있고 정부보증이면 최고의 투자처라는 말을 했다. 외국은행들은 이미 만기연장에 합의하였다는 《워싱턴포스트》의 보도도 있었다. 셋째, 존 리드 씨티은행 회장이 "한국에 대한 약속(Commitment to Korea)"를 다하겠다고 스티븐 롱 대표를 보내 약속했다.

1998년 1월 21일부터 뉴욕에서 외채협상이 시작되었고 28일에 1998년 만기가 도래하는 240억 달러의 단기외채를 정부의 지급보증으로 최장 3년의 장기채무로 전환하는 합의[40]가 이루어졌다. 금리는 LIBOR(당시 5.66%)에 1년 만기 2.25%, 2년 만기 2.50%, 3년 만기 2.75%를 가산하여 당시 금리로는 8.16% 전후였다. 한국의 외환위기 탈출을 확실히 종

결시키는 협상이었다.

만기연장협상을 마치고 돌아온 변양호 과장의 수고를 격려했다. 그는 빌 로즈(William Rodes) 씨티은행 부회장과 한국 측의 마크 워커(Mark Walker) 변호사가 주도하여 처리했고 대표단은 특별한 역할이 없었다고 말했다. 우리가 칼자루를 잡고 있는 형국이라 좀 더 잘할 수 있었는데 미안하다고 겸손해했다. 당시 씨티그룹은 한국 49억 달러, 말레이시아 37억 달러, 태국 31억 달러, 필리핀 26억 달러, 인도네시아 21억 달러 등 위기를 당한 아시아 5개국에 164억 달러의 자산을 갖고 있었다.

루빈 재무장관이 한국과 국제채권은행단 간 외채협상을 앞두고 "한국 정부가 추진하는 경제개혁 노력의 효과가 나타나고 있다", "국제채권은행단은 한국 측이 종합적이고 장기적인 외채 만기재조정 협정에 도달하는 데 필요한 여유를 주어야 한다", "국제채권은행단이 외채상환 만기를 연장하는 자발적인 계획에 동의하고 한국금융기관이 추가로 자금을 조달할 수 있도록 새로운 통로를 열어줘야 한다"라고 말하며 국제채권은행들에 대해 부채상환 연장조건을 완화해줄 것을 촉구하고 나섰다는 보도는 칼자루를 잡은 우리의 입장을 더 강화시켜주었다.

당시 자문역으로 동행했던 미국 컨설팅회사 부즈 앨런 앤드 해밀턴의 장종현 한국대표는 좀 더 유리한 내용으로 할 수 있었는데 한국 대표들이 너무 빨리 승낙한 것이 안타깝다고 말했다. 독일계 은행들이 '백기사'[41] 역할을 해서 3% 이하의 금리로 타결되었다고 했다. 국제금융 전문가들은 뉴욕협상의 승자는 한국 정부가 아니라 국제채권은행단이라고 분석하고 국제채권은행단이 과거 멕시코나 브라질에게는 대출원금을 10~30%씩 탕감해주고 금리도 낮춰주었던 것에 비하면 한국에겐 정부 보증에다가 금리도 높았다고 했다. 금리의 결정도 시장금리를 감안한

톱다운(top down) 방식보다 입찰에 의한 바텀업(bottom-up) 방식이었다면 좀 더 낮아질 수 있었을 것이고, 국가신용도가 올라가면 금리를 내리는 변동금리방식(credit step-down)을 채택했으면 더 좋았을 것이라는 보도가 그의 말을 뒷받침해준다. 당시 뉴욕에서는 안전하고도 적정금리가 보장되는 미국 재무부 발행 채권 금리가 5% 안팎인데 한국 정부의 보증을 받고도 240억 달러 덩치의 자금을 금리 8%로 운용하는 장사가 어디 있느냐고 야단이었다고 보도되었다. 햇빛 나는 날 우산을 빌려주고 비 오는 날 거두어가는 것이 은행의 생리임에 어쩌랴.

1998년 4월 뉴욕에서 골드만삭스와 살로먼스미스바니가 주간사로 발행한 40억 달러 규모의 10년짜리 외국환평형기금채권의 금리가 TB(미국 재무부 채권 금리, 당시 5.48%)+3.55%(5년은 3.45%)로 결정된 것은 중도상환이 없는 것을 감안하면 너무 높은 금리라는 분석이 있었다. 당초 30억 달러 발행에 100억 달러의 신청이 몰려 40억 달러로 발행규모를 확대한 것을 보면 한국채권의 인기를 알 수 있다. 한국보다 신용도가 낮은 멕시코가 3월 초 발행한 10억 달러 규모의 채권 금리는 2.88%의 가산금리를 물었다고 보도됐다. 발행 다음 날인 9일 외평채가격이 급상승해 금리가 TB+3.30%로 0.25%p나 하락한 것은 발행금리가 너무 높았음을 증명했다.

은행의 협조융자(syndication loan)는 이미 약속한 외평채 발행에 묶여 시도조차 되지 않았다. 외채연장에서 3년짜리 가산금리가 2.75%였다는 점을 생각하면 은행의 협조융자에 의해 더 낮은 금리로 자금조달이 가능했고 특히 신용등급이 올라갈 것을 감안하면 10년 만기 정부채권에 중도상환 조건도 없었다는 것은 너무 불리한 조건이라 생각된다. 이때 본드 발행을 담당했던 미국 증권회사 직원들에게 거액의 보너스가 지급되었다는 보도도 나왔다. 브라운 시카고은행 지점장이 말한 대로 우리는 거꾸로 가서 큰 피해를 입었다고 생각되었다.

가장 적은 단기채권을 갖고 있었던 미국이 앞섰던 반면 최대 채권자인 일본은 나서지 않았고 자금회수에 집중했다. IMF 구제금융을 신청했던 날인 11월 21일 IMF 자금을 인출할 때까지 100억 달러 연결차관 요청도, IMF 구제금융이 합의되기 전날인 12월 2일 급속한 자금회수 자제 요청도, IMF 구제금융이 합의된 후 모라토리엄이 우려되던 12월 19일 지푸라기를 잡는 심정으로 간곡한 편지를 통한 자금회수 자제 간청도 일본은 외면했다. 그들은 태평양 건너 미국보다 더 머나먼 이웃이었다.

씨티은행을 생각했다. 존 리드 회장은 스티븐 롱 대표를 통해 약속한 대로 1973년 오일쇼크 때에 이어 "한국에 대한 약속"을 이행했다. 씨티은행의 로버트 윌슨 서울지점장, 스티븐 롱 아시아태평양 대표, 빌 로즈 부회장, 존 리드 회장으로 연결된 그들의 수고에 감사했다. 2008년 내가 기획재정부 장관일 당시 빌 로즈 부회장과 로버트 루빈(Robert Rubin) 고문의 도움이 없었다면 미국과 통화스왑을 체결하지 못했을 것이고 우리는 큰 고통을 받았을 것이다. 2008년 10월 30일 300억 달러의 한·미 통화스왑이 발표되던 날 서울 신라호텔에서 열린 한·미재계회의(Korea-US Business Council)의 축사에서 미국 측 회장으로 참석한 빌 로즈 부회장에게 나는 한국 측 참석자들과 함께 감사의 박수를 보냈다.

씨티은행 존 리드 회장, 빌 로즈 부회장과 로버트 루빈 고문에게 진심 어린 큰 감사와 존경을 보낸다. 그래도 필요할 때 친구는 있었다(There was a friend in need, though)! 1997년 차관 때의 아시아금융위기와 2008년 장관 때의 글로벌경제위기와 함께 나는 결코 그들을 잊을 수 없다.

모든 것은 IMF의 늪으로

12월 23일 237억 달러의 단기외채에 대한 만기연장을 잠정합의하고 12월 29일 금융개혁법을 국회에서 통과시킨 것이 나라에 대한 나의 사실상 마지막 봉사가 되었다. 12월 24일 이후 나의 역할은 새 정부 대통령직 인수위원회에의 보고, 환란에 대한 청문회, 감사원의 감사였다. 보고와 청문과 감사를 대비하여 환란전말에 관한 보고서 〈1997 경제위기의 원인·대응·결과〉(부록 참조)를 외화자금과 직원들과 함께 만들었다. 세상은 바뀌고 모든 것은 IMF의 늪으로 사라져버렸다.

'단군 이래의 최대 국란'이라는 말을 앞세운 정치적 공세는 시간이 지날수록 더해갔고 언론의 비난도 더 강해져갔다. 최초로 여야당 간 정권교체가 이루어지면서 재정경제부에도 세력교체가 시작되었고 분위기도 바뀌었다. 임창열 장관은 외환위기에서 나라를 구한 사람이 되었고 강경식 장관과 함께 외환위기를 관리했던 사람들은 모두 환란을 부른 사람의 대열로 밀렸다. 위기관리에 참여하지 않았던 사람들은 위기를 비난하는 대열에 동참했다. 나는 외환위기를 돌파하기 위해 고생한 부하들과 함께 비난 대상에 서게 되었고 남아 있는 최고위 관료였다. 같이 일을 했는데도 시대가 그렇게 만들었다.

외화자금과 사람들은 1997년 8월부터 당시까지 밤 12시 전에 퇴근한 적이 거의 없었다. 그때까지의 수고는 간 곳 없고 누구의 잘못인지 따지지도 않고 결과에 대한 책임만을 따졌다. 최대 국란, 직무유기, 허위보고 등 비난은 하루도 쉬지 않고 쏟아졌다. 여기저기서 환란을 경고했는데 묵살했다는 자칭 우국지사들도 우후죽순같이 나왔다. 그 많은 노력과 수고는 간 데 없고 소나기 같은 비난과 추궁이 시작되었다. 사람은 재앙을 만나면 푸닥거리를 한다. 직무유기라니. 허위보고라니. 나라 망친 사람들이라니! 과연 누가 불을 냈고, 누가 불길에 기름을 부었고, 누가 불길을 잡았는가? 고독과 분노가 밀려왔다.

1998년 1월 3일 삼청동 대통령직인수위원회에 가서 오후 2시부터 밤 10시까지 장장 8시간 새로 권력을 잡은 사람들에게 〈1997 경제위기의 원인·대응·결과〉를 직접 보고했다. 1998년 1월 18일부터 2월 13일까지 21일간 'IMF 환란 원인 규명과 경제위기 진상조사를 위한 국정조사'라는 긴 이름의 환란청문회가 열렸다. 청문회에서 불렸다. 청문회는 환란의 원인과 대응과정에 대한 진지한 분석보다 남의 허물만 들추는 정치공세가 압도했다. 단군 이래의 최대 국란, 나라 망친 대통령, 나라 망친 한나라당, 외환보유고 허위보고, 직무유기 등 국민정서를 앞세워 정책을 심판한 환란재판이었다. 질문이 답변을 압도한 질문회가 되어버렸다. IMF청문회(聽聞會)는 들을 청(聽), 들을 문(聞)은 없이 한풀이 한마당으로 끝났다.

1998년 1월 30일부터 2월 28일까지 한 달간 감사원에선 외환 및 금융관리실태 특별감사라는 마녀사냥이 시작되었다. 정치권의 요구에 의해 희생양을 찾으려는 정치감사였다. 많은 부하들이 처벌을 받았다. 함께 위기극복을 위해 노력하던 강경식 장관은 직무유기로 기소되었다. 신문에 보도된 나의 취임사와 환율과 보유고에 관한 나의 첫 지시를 받아 적은 외화자금과 직원들의 업무일지 때문에 나는 직무유기라는 책임에서 벗어났다. 다행이라기보다 분한 마음이 앞섰다.

환란에 관한 마지막 보고서 〈1997 경제위기의 원인·대응·결과〉를 함께 작성한 외화자금과 직원들과 1998년 2월 21일 토요일 과천청사

건너 '희락'에서 고별 오찬을 했다. 어떤 모습으로 찾아올지 모르는 미래의 운명을 앞두고 희락이 아니라 비통 속에 별로 말이 없었다.

다음 날 일요일, 사무실에 나가 짐을 정리했다. 수많은 자료들과 소장품들을 보따리에 쌌다. 사무실을 정리하고 뒷산에 올랐다. 과천청사 건너 청계산 위에 겨울 구름이 흘러가고 있었다. 1970년 초겨울 석양이 내리는 신라의 천년 고도 경주에서 시작한 공직 28년이 주마등같이 머리를 스쳤다. 구정물 먹고 마시고 허우적거리며 열정과 고뇌로 지내온 세월이었다. 끝없는 도전과 응전으로 살아온 시간들이었다. 술에 취하여 비틀거리고 돌 뿌리에 부딪혀 넘어지기도 하고 소용돌이에 휘말리며 살아온 날들이었다.

어릴 때 살던 시골동네 서재 뜰에 피던 매화가 생각났다. 엄동설한을 이겨내고 추위가 가시기도 전에 가장 먼저 피는 꽃이다. 조선조에 부자가 함께 9년이나 귀양 갔던 두 할아버지의 고난을 생각했다.

"여보게, 저승갈 때 뭘 가지고 가지? 솔바람 한 줌 집어 가렴. 농담 말구. 그럼 댓그늘 한 자락 묻혀 가렴. 안 그럼, 풍경 소릴 듣고 가든지……."

IMF는 좌파정부를 탄생시키고 재정경제부에서 예산을 분리시켜 기획예산위원회 및 예산청이 설치되었다. 1998년 3월 9일 나는 28년간의 공직생활을 정리하고 재정경제부를 떠났다. 시가 된 고별사를 남기고!

"경주세무서에서 시작한 공직여정.

28년 동안의 시간들과 일들과 사람들.

부가가치세에서 IMF까지, 금융실명제에서 부동산실명제까지,

금융자율화에서 금융시장 개방까지.

거대한 파도와 싸운 도전과 응전의 세월이었습니다.

부딪히고, 피 흘리고, 돌부리에 채어 넘어지기도 하였습니다.

경주에서 대구로, 서울로 뉴욕으로, 과천으로 흘러다녔습니다.

지난 한 해를 뒤돌아봅니다.

한보에서 기아로, 금융개혁으로, 그리고 IMF까지 왔습니다.

30여 년 숙제였던 중앙은행도 개편됐고, 20개 금융개혁법들도 통과되었습니다.

사상 최대의 적자 230억 달러에서 82억 달러 적자로 개선되었습니다.

그러나 모든 것은 IMF의 늪으로 사라져버렸습니다.

IMF로 가는 길을 피할 수 없었습니다.

불을 낸 사람이 누구인지, 불을 끈 사람은 누구인지,

냉철하게 평가해야 할 것입니다.

IMF가 축복인지 저주인지,

앞으로 어떻게 대응하느냐에 따라 결정될 것입니다.

IMF 정책프로그램은 우리가 추진하려다 못한 것들입니다.

외세에 밀려 추진하게 된 것은 부끄러운 일이지만

외부의 충격은 새로운 발전의 동인이 되기도 합니다.

이제 떠납니다.

여러분들과 함께 일한 것을 큰 영광으로 간직하겠습니다."

1 저녁 10시경 임창열 장관과 나, 윤증현 실장, 김우석 국장, 진영욱 과장, 정규영 한국은행 국제금융부장 등이 참석했다.

2 임창열 장관이 피셔 부총재와 만난 후 9시 30분 메트로폴리탄클럽에서 임 장관 과 나, 김영섭 수석, 윤증현 실장, 김우석 국장이 만나 IMF 구제금융에 대해 협의 했다. 임 장관과 피셔 부총재, 가이트너 차관보와의 면담 내용이 나의 업무일지에 기록되어 있다. "불가피 결론. 미국이 그렇게 몰고 가고."

3 *Asian Wall Street Journal*(1998. 3. 3)의 1면 톱 기사 "Bitter Medicine; Korea Plays Averse Patient To IMF's Rescue Team" 참조.

4 김우석 국제금융증권심의관을 부단장으로 하고, 총괄반장 최중경 금융협력담당 관, 거시경제반장 변양호 정책조정과장, 재정반장 정해방 예산정책과장, 외환수 급반장 진영욱 국제금융담당과장, 통화금리환율반장 김규복 금융정책과장, 금융 구조반장 이종구 금융제도과장, 산업정책반장 김대유 산업경제과장으로 구성했 다. 한국은행도 소관별로 협의단을 구성했다.

5 1997년 11월 26일 도착한 나이스(Hurbert Neiss) 아시아태평양국장은 협상기간 을 2주(12월 10일 종료)로 잡고 12월 17일 IMF이사회 통과와 동시에 첫 자금인 출을 계획했다. 한국의 외환사정이 IMF 자금요청 후에도 계속 악화되었고 클린 턴 미국 대통령이 11월 28일 김영삼 대통령에게 조기타결을 촉구하는 전화를 함 으로써 실무협상은 우리 계획보다 빨리 한 주 만인 11월 30일 타결되었다.

6 1997년 11월 말 외채는 IBRD 기준으로 1,197억 달러였고 단기차입은 616억 달 러로 53.1%였다. 외채 통계는 IMF와 협의과정에서 기준과 금액에서 많은 변동 이 있었다. IBRD 기준에 금융기관 해외점포 차입과 역외금융을 포함(IMF 기준) 하고 현지 금융을 포함한 총대외채무는 11월 말 1,618억 달러(단기 889억 달러, 54.9%)로 추산되었다.

7 금융외환팀장으로 온 발리노(Thomas Balino, 당시 51세, 아르헨티나 출신)는

시카고대학 경제학박사 출신으로 통화외환국(Monetary and Exchange Dept.)의 부국장(Assistant Director)이었다. 하디(Daniel Hardy), 헤이워드(Peter Hayward), 알브레히트(William Albrecht)등과 함께 1진으로 왔다.

8 나이스 아시아태평양국장(당시 62세)은 오스트리아 출신의 경제학박사로, 완다 챙(Wanda Tseng) 부국장(당시 47세, 중국 출신)과 함께 왔다. 완다 챙 부국장은 미국 메릴랜드대학 경제학박사 출신으로, 나이스 국장의 핵심 보좌관으로서 중요 정책 결정에 큰 영향력을 가진 여성이었다.

9 김영삼 대통령과 클린턴 대통령은 1997년 11월 28일(금) 오후 2시에 통화를 했다. 김영삼 대통령의 대답은 다음과 같이 기록되어 있다. "심각하고 위급한 상태라고 생각함. 내주 초 문제가 해결되야 된다고 생각함. 가능하면 빨리 매듭짓고자 하지만 IMF와의 교섭이 12월 20일까지 가지 않을까 하는 전망 때문에 걱정임. 임 부총리가 루빈 장관에게 전화 연락하도록 하겠음."

10 "부도를 눈앞에 둔 한국의 운명은 백악관 상황실(situation room)에서 계속 열린 한국 경제위기 관련 회의에서 매들린 올브라이트 국무장관, 윌리엄 코언 국방장관 등 외교·안보분야 고위 정책결정자들의 개입으로 결정되었다. 안보분야 인사들은 한국이 부도날 경우, 정치사회적 혼란과 한반도 위기 등에 강한 우려를 표시했다."(*The Washington Post*(1997. 12. 28). 1면)

11 1997년 9월 홍콩의 IMF연차총회에서 강경식 부총리가 루빈 재무장관을 만났을 때부터 루빈 장관은 한국의 금융사태에 대해 양자협력보다 IMF식 해결을 주장했다. 마닐라 재무부·중앙은행대표회의에서 만들어진 합의에 따라 IMF 지원이 불충분할 경우 제2선 지원으로 참여한다는 것이 미국의 입장이었다.

12 내가 먼저 도착하여 카운터에 갔더니 보안유지를 위해 외국인 이름으로 예약이 되어 있어 키를 주지 않았다. 예약할 때 외국인 예약자 이름을 대지 않으면 주지 말라고 했기 때문에 10여 분을 기다린 후 실무자가 와서 예약자 이름을 대고 키를 받아 1929호로 갔다.

13 IMF 경제프로그램 양해각서의 요약은 다음과 같다. 밑줄 친 부분은 협의과정에서 수정된 것이고 괄호 안은 IMF가 제시한 초안의 내용이다.

* * *

Summary of Memorandum on Economic Program

[Macroeconomic Policies]

1. Objectives

The program is intended to narrow the external current account deficit to 1 (1/2) percent of GDP in 1998 and 1999, contain inflation at or below 5 percent, and ─hoping for an early return of confidence─limit the deceleration in real GDP growth to <u>about 3</u> (between *2─3*) percent in 1998, followed by a recovery toward potential in 1999.

2. Monetary policy and exchange policy

- To demonstrate to markets the authorities' resolve to confront the present crisis, monetary policy will immediately be tightened to <u>restore and sustain calm in the markets</u>(*prevent a significant further weakening of the won*) and contain the impact of the recent won depreciation on inflation.

- In line with this policy, the large liquidity injection in recent days will be reversed, and money market rates, presently 14─16 percent, will be allowed to rise to <u>a level that</u> (*18─20 percent, or beyond, as necessary to*) stabilize markets.

- Money growth during 1998 will be limited to a rate consistent with containing inflation at 5 percent or less.

3. Fiscal policy

- A tight fiscal policy will maintain in 1998 to alleviate the burden on monetary policy and to provide for the still uncertain costs of restructuring the financial sector.

- The cyclical slowdown project to worsen the 1998 budget balance of the consolidated central government by about 0.8 percent of GDP. The present estimates of the interest costs of financial sector restructuring are 0.8 percent of GDP. Offsetting measures amounting to 1.5 percent of GDP will be taken to <u>achieve at a minimum budget balance and, preferably, a</u> <u>small surplus</u>(*maintain the budget target of a surplus of about 0.2 percent of GDP*). This will be achieved by both revenue and expenditure measures shortly. <u>These include, among others</u>(*which could include*):

- increasing VAT <u>coverage and removing exemptions</u>(*rate by 1 percentage point*):
- widening the corporate tax base by reducing exemptions and certain tax incentives:
- widening the income tax base by reducing exemptions and deductions:
- increasing excises, luxury taxes, and transportation tax:
- reducing current expenditures particularly support to the corporate sector: and
- reducing non-priority capital expenditures.

[Financial Sector Restructuring]

1. The following financial sector reform bills <u>submitted to the National</u> <u>Assembly will be passed</u> (*will be revised and submitted to the National Assembly for passage*) before the end of the year:

- A revised Bank of Korea Act, which provides for central bank independence, with price stability as its main mandate.
- A bill to consolidate supervision of all banks (including specialized banks), merchant banks, securities firms, and insurance companies in an agency with operational and financial autonomy, and with stronger powers to deal effectively with troubled financial institutions.
- A bill requiring that corporate financial statements be prepared on a consolidated basis and be certified by external auditors.

2. Restructuring and reform measures

- Troubled financial institutions will be <u>closed or if they are deemed viable,</u> restructured <u>and/or</u>(and) recapitalized. A credible and clearly defined exit strategy will include closures and mergers and acquisitions <u>by domestics and</u>

foreign institutions, provided the viability of the new groupings is assured. Clear principles on sharing of losses among equity holders and creditors will be established.

- The disposal of nonperforming loans will be accelerated.
- The present blanket guarantees which will end in three years (*be phased out and*) will be replaced by a limited deposit insurance scheme.
- A timetable will be established for all banks to meet or exceed Basle standards.
- Prudential standards will be upgraded to meet Basle core principles.
- Any support to financial institutions will be given on strict conditions(*Terms and conditions will be established for any support to financial institutions*).
- All support (*provided*) to financial institutions, other than BOK liquidity credits, will be provided according to pre-established rules, and recorded transparently(*recorded transparently in the fiscal accounts*).
- Accounting standards and disclosure rules will be strengthened to meet international practices. Financial statements of large financial institutions will be audited by internationally recognized firms (international firms).
- Manpower in the unit supervising merchant banks will be sufficiently increased to make supervision effective and to allow proper handling of troubled banks.
- The schedule for allowing foreign entry into the domestic financial sector will be accelerated, including allowing foreigners to establish bank subsidiaries and brokerage houses by mid-1998(*immediate implementation of the recent decision to allow foreigners to establish bank subsidiaries and brokerage houses*).
- Foreigners will be allowed to acquire existing banks and establish new subsidiaries.
- Borrowing and lending activities of overseas' branches of Korean banks will be closely monitored to ensure that are sound. Nonviable branches will be closed.
- BOK's international reserve management will be reviewed with the

intention to bring it closer to international practices. Deposit with overseas branches of domestic banks will not be increased further, but gradually withdrawn as circumstances allow. Financial institutions will be encouraged to improve their risk assessment and pricing procedures, and to strengthen loan recovery, actions in these areas will be reviewed as part of prudential supervision.

[Other Structural Measures]

1. Trade liberalization

Timetable will be set, in compliance with WTO commitments, at the time of the first review, to (*Measures will be worked out to*):

- eliminate all trade-related subsidies.
- eliminate all restrictive import licensing.
- eliminate the import diversification program, and
- streamline and improve the transparency of the import certification procedures.

2. Capital account liberalization

- The present timetable for (*process of*) capital account liberalization will be accelerated by taking steps to: (*immediately announcing a timetable for the elimination of all remaining capital account restrictions by end–1998. The timetable will include steps to*)
  - liberalize foreign investment in the Korean equity market by increasing the ceiling on aggregate ownership from 26 percent to 50 percent by end–1997 and to 55 percent by end–1998. (*Remove remaining restrictions on the access of foreigners to the domestic equity and bond markets*;)
  - effective immediately, for foreign banks seeking to purchase equity domestic banks in excess of the 4 percent limit requiring supervisory authority approval, the supervisory authority will allow such purchase provided that the acquisition contribute to the efficiency and soundness of the banking sector, legislation will be submitted to the first session of the

National Assembly to harmonize the Korean regime on equity purchases with OECD practices (with due safeguard against abuse of dominant positions.)

- allow foreign investors to purchase, without restriction, domestic money market instruments.
- allow foreign investment, without restriction, in domestic corporate bond market.
- further reduce restrictions on foreign direct investment through simplification of procedures(*except for a narrow list of sectors for health and security reasons*).
- eliminate restrictions on foreign borrowings by Korean corporations. (*Permit Korean corporations to borrow directly overseas without restrictions*)

3. Corporate governance
- Timetable will be set by the time of the first review to improve the transparency of corporate balance sheet, including profit and loss accounts, by enforcing accounting standards in line with generally accepted accounting practices, including through(*Transparency of corporate balance sheets will be improved by enforcing accounting standards in line with international norms, including through*);
  - independent external audits,
  - fuller disclosure, and
  - provision of consolidated statements for business conglomerates.
- The commercial orientation of bank lending will be respected, (*improved by ending*) and the government will not intervene (*intervention*) in bank management and lending decisions. Remaining direct lending will be eliminated immediately. Wile policy lending (agriculture, small business, etc) will be maintained, the interest subsidy will be borne by the budget.
- No government (*public*) support or tax privileges will be provided to bail out individual corporations.

- The "real name" system in financial transactions will be maintained, although with some possible revisions.
- Measures will be worked out and implemented to reduce the high-debt-to-equity ratio of corporations, and capital markets will be developed to reduce the share of the bank financing by corporations (these will be reviewed as part of the first program review)(*Capital markets will be developed to facilitate direct financing by corporations*).
- Measures will be worked out and implemented to change the system of guarantees with conglomerates to reduce the risk it evolves.

4. Labor Market Reform
- The capacity of the new Employment Insurance system will be strengthened to facilitate the redeployment of labor, in parallel with further steps to improve labor market flexibility.

5. Information Provision
- There will be regular publication of data on foreign exchange reserves, including composition of (*usable*) reserves and net forward position a two weeks delay initially. Data on financial institutions, including nonperforming loans, capital adequacy, and ownership structures and affiliations will be published twice a year. Data on short-term external debt will be published quarterly.

* * *

14 협의가 진행되고 있던 중 IMF협의단의 완다 쳉 부국장이 바깥에서 협의단장인 나를 비공식적으로 만나고 싶어 한다는 말을 주우식 과장을 통해 전해왔다. 완다 쳉은 나이스 국장이 신임할 뿐 아니라 사실상 중요사항을 결정하는 위치에 있었다. 과천의 호프호텔 커피숍에서 그를 만났다. 고금리 문제와 자본금 소각 문제 두 가지를 제기했다. 금융정책실 과장들과 아무리 협의해도 합의가 안 된다는 내용이었다.

15 1997년 12월 16일 하이켄스텐 스웨덴중앙은행 부총재가 IMF 초청으로 주식소각 문제에 대한 자문을 위해 나를 방문했다. 주식소각에 관한 국제기준을 구체적으로 설명해주었다. 1) 손실이 자본을 초과하는 경우 주식 전체를 소각하여 자본금을 제로로 만들어 국유화한다. 2) 정부가 예금의 원리금을 보장하지 않으면 정상경영이 불가능하기 때문에 영업권은 인정될 수 없다. 3) 소액주주는 경영에 참여하지 못한다는 전제로 시장가격으로 주식에 투자했으므로 특별한 보호장치가 필요 없고, 공적자금으로 소액주주가 보호된다면 국민의 세금으로 증권투자자들을 보조하는 결과가 된다. 4) 주주와 채권자들 간의 손실분담원칙은 주식소각을 통하여 주주가 제일 먼저 손실을 부담하고, 남는 손실은 우선권이 없는 후순위채권을 소각하고, 다음은 일반채권자, 그다음은 담보채권자 순으로 손실을 분담시킨다. 5) 임원은 국유화되는 같은 시각(on the same second)에 경찰이 몰아내고 새 경영진이 취임하여 청산한다. 6) 직원도 부실경영에 책임이 있기 때문에 새 경영진의 판단에 따라 정리해고해야 한다는 것이었다.

16 1998년 1월 13일 은행법을 전면 개정하여 10조에 자본금 소각에 관한 규정을 신설했고, 같은 날 이자제한법은 관련법의 개정과 함께 폐지되었다.

17 1997년 12월 1~2일 이틀간 쿠알라룸푸르에서 열린 ASEAN＋6재무장관회의는 동남아시아연합 9개국과 한국, 미국, 일본, 중국, 홍콩, 오스트레일리아 6개국의 재무장관이 참석했다.

18 1997년 12월 1~2일 쿠알라룸푸르 출장일정이 수첩에 빡빡하게 적혀 있다. 공직생활 중 슬픈 기록의 하나다. 쿠알라룸푸르에서의 일정은 다음과 같다.

[12월 1일]

8:00 　중국 류지빈(劉積斌) 재무차관. IMF이사회에서 적극지지를 약속. 중앙은
행 간 스왑에 대해 논의. 중국은 1,400억 달러의 외환보유고가 있지만 800
달러 소득의 나라에서 1만 달러인 나라에 차관을 제공하면 의회가 승인하
지 않을 것임.

9:00 　스티그리츠 IBRD 부총재. 100억 달러 차관과 50억 달러의 조기지원
(quick disbursement) 약속. IBRD는 금융감독의 강화, 소액주주의 발언
권 강화와 투명성 제고, 파산과 어음제도의 개선이 필요하다고 생각하고
있었으며 고금리에 의한 신용경색(credit crunch)을 우려함. 다음 주 서
울에 방문 예정.

10:00 　사카키바라 일본 대장성 국제금융담당 차관. 미국, 유럽과 함께 제2선 지
원자금(second line of defense package)으로 지원할 것과 IMF이사회에
서의 적극지지를 약속. 자금 규모는 미정이나 미국보다는 클 것이라고 하
고 IMF 200억 달러, IBRD 100억 달러, ADB 40억 달러의 국제금융기구
지원자금과 함께, 양자간 지원(bilateral assistance)으로 제2선 지원자금
200억 달러 총 500억 달러 이상이 될 것임.

11:00 　가이트너 미국 재무부 차관보. 내가 출발하기 전 IMF와 양해각서가 잠
정적으로 합의되었다고 했더니 새로운 문제가 생겨 추가 협상이 진행
중이라고 했음. 미국은 IMF와 협의 중인 내용에 강한 우려(very much
concerned)를 표명하고 더 강력한 프로그램을 촉구. 한국의 '분명하고,
확실하고, 우선적인 행동(clear, concrete and upfront action)'을 요청.

12:00 　캉드쉬 IMF 총재. 3일 아침 서울에 가서 협정에 서명할 것임.

12:45~14:00 안와르(Anwar Ibraim) 말레이시아 재무장관 주최 오찬.

14:30 　푸트라무역센터(Putra World Trade Center)에서 ASEAN+6재무장관+
IMF·WB총재 합동회의가 마하티르 말레이시아 총리의 개회사로 개막.
막간에 영국 로이터 TV와 인터뷰.

17:15~19:15 호텔로 옮겨 재무장관회의에 참석. 캉드쉬 총재와 스티그리츠 수
석부총재의 아시아 외환위기에 대한 발표.

20:00~20:30 푸트라무역센터에서 ASEAN 30주년 만찬.

[12월 2일]

8:30~12:30 재무장관회의 속개. 나는 한국의 외환위기와 구조조정 노력을 설명.

12:00~13:00 안와르 장관 초청 오찬.

13:30　300여 명의 외국기자 합동기자회견. 이브라임 장관 15개항의 합동선언문 (joint statement)을 발표하고 질의응답. 한국의 외환위기에 대한 3개의 질문에 위기극복 정책프로그램으로 답변.

17:00　사카키바라 일본 대장성 차관을 한 번 더 만나 연결차관에 대해 추가 협의.

19:00　대사관 만찬

23:10　캉드쉬 IMF 총재와 함께 쿠알라룸푸르를 출발.

19 1997년 12월 3일 서명한 의향서에 첨부된 이면각서 원문은 다음과 같다.

* * *

Summary of Side Letter

[Prior Actions]

To help restore market confidence, we will take the following actions before Board approval of the stand-by arrangement for Korea :

1. The following steps of monetary policy will be adopted temporarily in close consultation with the Fund staff. Action is being taken to bring the call rate to 25 percent by Friday, December 5. New injections of foreign exchange by the BOK to Korean commercial banks or their overseas' branches carry a penalty rate of 400 basis points above LIBOR.

2. Announce an increase in the transportation tax and the special excise tax as a fiscal action to ensure the budgetary position remains sufficiently tight.

3. Announce an increase in the ceiling on aggregate foreigners' ownership of listed Korean shares from 26 to 50 percent by end-1997 and to 55 percent by end-1998, and an increase in the ceiling on individual foreign ownership from 7 percent to 50 percent by end 1997, excluding hostile takeover ; legislation concerning hostile takeovers will be submitted to the first special session of the National Assembly.

4. The operations of 9 technically insolvent merchant banks has been suspended on December 2, 1997 with depositors fully protected.(List: Cheongsol, Gyongnam, Hansol, Samsam, Coryo, Ssangyong, Hangdo, Shinsegae, Kyungil)

5. Announce the government's plan to propose an amendment of the related laws to the first session of the National Assembly immediately after the elections, to allow foreign financial institutions to participate in mergers and acquisition of domestic financial institutions in a friendly manner and on equal principle.

[Banking Reforms]

We will start a first round of cleaning up the financial sector and will implement the following measures.

1. With regard to the 9 suspended merchant banks, they will be immediately placed under the control of the MOFE and required to submit a rehabilitation plan within 30 days to recapitalize the institution, which will be evaluated in consultation with the Fund.

2. Remaining merchant banks will be required to present a program of recapitalization downsizing by December 31, 1997 that will allow them to meet at least a 4 percent capital requirement ratio by March 31, 1998, 6 percent by June 30, 1998, and 8 percent by June 1999.

3. Two commercial banks in distress will be required to submit a plan for approval in consultation with the Fund, within two months, to meet the Basle capital standards within four months after approval of the plan.

4. Other commercial banks will be required to make full provisioning for their impaired assets and for their securities losses as at end-March 1998. They will agree a timetable with the supervisory authority by June 1998 to achieve current minimum capital standards within a time frame of six months to two years.

5. The rehabilitation plans submitted to supervisory authorities by financial institutions will specify the sources and amounts of new capital, a clear

schedule to meet Basle capital adequacy standards and provisioning requirements, and confirmation from the supplier of funds; indicate changes in management and ownership if intended; present a business plan that defines the activities on which the institution will concentrate and those that it will dispose of, and sets out measures to reduce costs; and detailed steps to improve internal governance, risk assessment and pricing, and loan recovery.

6. All forms of subsidized public assistance to banking institutions will be authorized only after current shareholders and, in case of liquidation, non-guaranteed creditors, in that order, have absorbed existing losses.

7. In consultation with the Fund, the Korean government will prepare an action program to strengthen financial supervision and regulation in accordance with international best practice standards.

8. Specialized banks and development institutions will be subject to the same prudential standards that apply to commercial banks, and their financial statements will be subject to external audits under the same rules applicable to other financial institutions.

[Support by Incoming Government]

To ensure continuity of the December 18 Presidential elections, I am contacting the heads of the policy committees of the three major candidates. They will issue a public statement, on behalf of their parties and their candidates, that their governments would support and implement the economic program agreed with the IMF.

[Resident Representative]

To ensure proper program monitoring, the government will request the opening of a resident representative office of the IMF.

* * *

20 법 제정을 맡은 사람은 당시 장기영 조사부장이었다고 한다. 국회의 반대가 많아

한국은행 간부들의 끈질긴 노력(?) 끝에 통과되었지만 위헌 시비도 있었다.

21 〈블룸필드 보고서〉의 권고안과 1950년 한국은행법과의 주요한 왜곡은 1) 권고안 한국은행법 7조에는 "한국은행에 금융통화위원회를 둔다"라는 규정이 없었는데 제정법에 추가되어 국가기관(state organ)이 특수법인 한국은행에 들어가는 모순이 발생했고, 2) 권고안 한국은행법 9조에 금융통화위원회 의장은 재무장관으로 하고 금융통화위원의 신분을 공무원으로 함으로써 금융통화위원회를 합의제 행정관청으로 규정하고 정부에 다수의결권을 주도록 했는데 제정법에는 반영되지 않았고, 3) 권고안 한국은행법 28조에 은행감독관(Superintendent of Banks)은 금융통화위원회의 추천으로 대통령이 임명하는 공무원 신분으로 하였는데 제정법에는 은행감독관이 은행감독부(Supervision and Examination Department)로 바뀌어 독립관청인지 애매하게 되었고, 4) 권고안 한국은행법 33조 재무장관의 업무검사권이 제정법에서 "한국은행은 정부에 입증"으로 변질되었고, 5) 권고안 한국은행법 26조 전시긴급조치권의 재무장관(Minister of Finance) 승인, 33조의 재무부(Ministry of Finance)의 업무검사가 제정법에서 재무장관과 재무부가 '정부'로 바뀌었고, 6) 권고안 7조 미국과 선진국에서 재무부의 권한인 외환업무를 금융통화위원회에 부여한 것은 잘못(1962년 한국은행법 개정으로 외환업무를 재무부로 이관한 것은 돌출입법의 정상화였음)이었다.

22 1988년 한국은행은 1987년 '6월항쟁'에서 이어진 경제민주화와 관치금융 청산의 물결을 타고 중앙은행의 '독립성' 보장을 위해 한국은행 총재가 금융통화위원회 의장을 맡고, 통화관리와의 '상호보완'을 위해 은행감독원은 한국은행에 둔다는 한국은행법 개정을 주장했다. 한국은행 평직원협의회와 노조는 '100만인 서명운동'을 벌이며 백병전에 나섰다. 중앙은행의 독립을 넘어 '독점'하자는 것이었다.

23 1995년 이석채 차관은 원칙을 바로잡아야 한다는 충정으로 한국은행법이 제정된 이래 재무부가 주장해온 대로 금융통화위원회 의장이 한국은행 총재를 겸임하고, 은행감독원을 한국은행에서 분리하여 증권, 보험을 포함한 금융감독원을 설립하는 개편안을 추진했다. 청와대 지원도 받아 국회 제출까지는 순조로웠으나 한국은행 사람들의 총공세가 시작되자 청와대부터 무너지고 재정경제부는 밀리게 되어 불발로 끝났다.

24 IMF 자금요청을 위한 Letter of Intent 원문은 다음과 같다.

* * *

Letter of Intent

1. The attached Memorandum on the Economic Program outlines the policies that Korea intends to implement over the next three years to address the fundamental causes of its current financial difficulties, thereby restoring and sustaining market confidence and returning the economy to a path of strong sustainable growth. In support of this program, Korea hereby requests a three-year stand-by arrangement from the International Monetary Fund in an amount equivalent to SDR 15.5 billion.

2. As the circumstances did not permit a full specification of the program, the government has implemented strong prior actions to demonstrate its seriousness to strictly implement its policy commitments. A full specification of the program will be put together with the assistance of an IMF team. The program will be reviewed by the Executive Board in January 1998. This review will expand the scope of performance criteria, set performance criteria for March and June 1998, and set structural benchmarks. The main focus of the four additional quarterly reviews (in February, April, July, and November) during the first year of the program will also be determined at that time. The review under the emergency procedures will be combined with the first review under the arrangement in January 1998. There will be semi-annual reviews in 1999 and 2000.

3. We believe that the policies outlined in the attached Memorandum will serve to quickly restore market confidence. We are putting in place a comprehensive policy package to deal with insolvent and weakened financial institutions, to further liberalize the Korean economy, and to improve corporate governance. These reforms will be supported by prudent monetary and fiscal policies.

4. Accordingly, in the event the situation stabilizes, as we expect it will, Korea intends to forego some of the subsequent purchases and make advance

repurchases as soon as conditions permit. Furthermore, the Korean authorities are that a new facility, called for at the Manila summit of Asian Finance and Central Bank Deputies. On November 19, for the provision short-term financing to augment a stand-by arrangement, is being prepared for consideration by the Executive Board of the International Monetary Fund. As soon as such a facility becomes available to members, Korea intends to request that its stand-by arrangement be amended so as to permit the associated resources remaining to be purchased to come both from the credit tranches and from the facility, in a manner consistent with the purposes and modalities of the facility.

5. The Korean government is firmly committed to implement the policies outlined in the attached memorandum and will ensure that the policies are adequate to achieve the objectives of the program. The Korean government remains firmly committed to take any additional measures that may be necessary for this purpose. During the period of the proposed stand-by arrangement and thereafter, Korea will consult with the Managing Director of the Fund on the adoption of any measures that may be appropriate, at the initiative of either the Korean authorities or the Managing Director, in accordance with the Fund's policies on such consultations. We will also provide the Fund with such information that it requests on the progress made in policy implementation and achievement of program objectives.

* * *

25 IMF 자금 1차분 41억 SDR(55억 7,000만 달러, 환율 1SDR＝1.3585달러)은 뉴욕연방준비은행의 한국은행 계좌에 1997년 12월 5일(현지시간) 38억 4,300만 SDR(52억 2,000만 달러), 12월 8일 2억 5,700만 SDR(3억 5,000만 달러)이 입금되었다. 12월 18일 2차분 26억 SDR, 1998년 1월 8일 3차분 15억 SDR이 입금되었다. 1997년 12월 16일 사카키바라 일본 대장성 국제금융담당 차관은 3차분 인출 시까지 35억 달러의 연결차관을 중앙은행 간 스왑방식으로 제공하겠다는 제의를 전화로 했다. 장난 같기도 했지만 내일을 위해 연결차관을 받아들이고 감사서한을 보냈다.

26 1997년 12월 7~10일까지 실무협의단과 스티그리츠 수석부총재(12월 13~15일)가 방문하여 협의했다. 1차로 경제재건차관(Economic Reconstruction Loan, ERL) 30억 달러를 연내 제공하고 나머지 70억 달러는 구조조정차관(Structural Adjustment Loan, SAL)으로 1998년 1월에 협의하기로 했다. LIBOR +1%에 5년 거치 포함 10년 후 일시상환 조건이었다.

27 1997년 12월 8~21일까지 실무협의를 진행하고 12월 11일 40억 달러에 관한 의향서에 서명했다. 1997년 12월부터 1999년 12월까지 4차에 걸쳐 인출하기로 했고 LIBOR +0.4%에 7년 후 일시상환 조건이었다

28 1997년 12월 10일 무디스는 한국 장기신용등급을 2~3단계 떨어뜨렸다. 무디스는 한국 장기외화표시대출 신용등급을 Baa에서 정크본드 수준인 Ba로 3단계, 장기외화표시채권 신용등급은 A3에서 Baa2로 2단계 내렸다. 단기신용등급을 P3에서 등급외(not prime)로 조정하여 단기외화차입도 어려워졌다. 12월 11일 S&P도 한국 장기외화표시채권 신용등급을 A-에서 BBB-로 3단계, 단기외화표시채권 신용등급을 A-2에서 A-3로 1단계 낮췄다. S&P는 한국 외환보유고가 1개월 수입치도 안 되는 100억 달러 정도로 하락한 것을 이유로 밝혔다.

29 나를 찾아온 스티브 롱(Steve Long) 대표는 "all commitments to Korea"라는 말을 썼다. 내가 뉴욕 재무관으로 있던 1987년 4월 정인용 재무장관을 수행하여 존 리드(John Reed) 씨티은행 회장을 만났을 때 씨티은행은 한국에 25개의 지점 설치를 요청했고 정인용 장관은 승낙했다. 당시 외국은행의 지점 설치는 매우 제한적이었는데 이는 매우 파격적인 조치였다. 리드 회장은 한국 비즈니스에 적극적이었고 한국에 필요한 경우 씨티은행의 할 일을 다하겠다고 약속했다. 존 비맨(John Beeman) 서울지점장은 1991년의 불법파업으로 철수까지 고려한 상황에서 나에게 도움을 요청하여 노동부와 경찰에 불법파업에 대한 지원요청을 하고 파업을 수습했는데 서울을 찾아온 리드 회장은 감사를 표시했다. 1991년 금융개방협상 때에도 대통령금융서비스자문위원장을 맡았던 리드 회장은 한국의 입장을 대변해주며 너무 강한 개방압력에 대한 재고를 요청하기도 했다. 1973년 1차 석유파동 때도 씨티은행은 체이스은행과 함께 2억 달러의 차관을 제공하여 위기를 넘기는 데 큰 공헌을 했다.

30 1997년 12월 13일 한국산업은행이 뉴욕금융시장에서 20억 달러 양키본드 발행에 실패했다. 미국 투자자들이 한국의 구조조정 노력에 대한 불확실성에 냉담한

반응을 보임에 따라 주간사인 JP모건이 가산금리 500bp+fee125bp를 요구하자 산업은행은 본드 발행을 포기했다. 김완정 부총재가 사정을 설명하며 전화로 어떻게 할까를 물어왔다. 유동성이 중요하니 잡으라고 했다. 김영태 총재가 망설이는 동안 시간이 흘러 상황은 끝났다. 산업은행은 직전에 JP모건을 주간사로 350~400bp에 27억 달러의 양키본드를 발행했다. 국내 정치권의 IMF 재협상 주장으로 본드 발행 자체가 불투명해지는 상황에 직면했다.

31 내가 만든 보고서는 다음 날 임창열 장관이 김대중 대통령당선인에게 보고했다.

32 브라운 지점장은 이러한 사실을 인디애나대학 경영대학원 동문인 한기철 상업은행 국제부장을 통해 전했다. 시카고은행의 무터(Paul Muther) 전임 지점장은 FBG 의장을 지내며 내가 국제금융국장일 때부터 많은 조언을 해주었다. 그는 한국 고아 2명을 입양할 정도로 휴머니스트였는데 서울을 떠나며 브라운 지점장을 소개하여 가끔 외환문제에 관해 자문했다. 국제금융에 관해 풍부한 경험과 실력을 겸비한 한기철 부장은 나의 고교동기인데 뉴욕에서도 함께 근무하며 국제금융에 관해 항상 자문한 사람이었다.

33 1997년 12월 19일 오전 9시에 보내온 팩스의 주요 내용은 다음과 같다. 당시 우리의 착오를 잘 말해준다.

"We talked briefly about two issues: foreign bank swap lines and a new loan syndication. I think it is important for me to try to "put you in the shoes" of a foreign creditor to Korea at this time. Foreign creditors don't lend to Korea, they lend to Korean banks and companies. Virtually all Korean banks have excessive loan concentrations relative to capital. Systemic risk within the banking sector is so great that international creditors cannot distinguish between the eventual winners or losers. The seemingly arbitrary closure of some Korean merchant banks contributes to this perception. Korean corporates over the years over the years have pressed international banks to lend more than what was prudent at former debt ratings, let alone current ratings. In summary, most foreign banks feel overexposed to Korea relative to the risks in financing Korean banks and corporates.

Korea now faces a significant liquidity problem. Korea's first objective should be to keep existing liquidity in the system. A second objective is to find alternative sources of funding to allow the international banking community to get its exposures down to a level of comfort. The largest drain on liquidity is in the banking sector, where money market lines are not being rolled. In effect, the market is telling Korea that it finds Korean commercial bank risk unacceptable. To keep this liquidity in the system, Korea could think about allowing international banks to exchange money market exposures to Korean banks for medium term (3 years?) Korean government notes. As we would be swapping private sector debt for government debt it seems that the government would need to onlend these funds to the Korean commercial banks for a period at least equal to the initial money market exposure. This type of program could be done for exposures other than money market outstandings, such as bankers acceptances, maturing FRNs or FRCDs. Not all international creditors would want to participate in this type of restructuring, but if enough do, Korea could significantly extend its debt maturity profile.

As most foreign banks feel overexposed to Korea, increasing the BOK swap will not dramatically improve liquidity for Korea. Most foreign banks are quite liquid at the moment and are having trouble finding a safe place to invest excess won. You can see this in the market by comparing Korean and foreign bank NCD rates.

As for a new loan syndication, the timing is not good. The market is very nervous, particularly after the failed KDB bond. Year end is also a tough time to do a credit sensitive deal of size, I think that it is important for Korea not to appear to be a desperate borrower. It would be prudent for Korea to defer a new loan syndication or debt issue until January 8th, when Korea obtains clearance for the next IMF tranche. To the extent Korea can get through the year end and evidence that the new administration will work with the existing administration in complying with the IMF agreement, there is a much better chance for highly successful transaction.

Corporate Korea will need to prepare for lower levels of international bank debt, given the recent downgrades and likely slowing economy, but new liquidity should be generated with the further opening of the equity and bond markets. Fortunately for Korea, its companies can produce product and export successfully at current and stronger won levels."

34 1997년 12월 7일 IMF와의 협상을 강화하기 위해 금융총괄심의관을 정건용, 금융정책과장을 진영욱, 국제금융과장을 변양호, 자금시장과장을 임영록으로 교체했다.

35 이강남 한국은행 국제금융담당 이사의 의견이었다.

36 1997년 12월 21일 일요일 밤 10시가 넘어 정덕구 차관보가 전화를 해서 장관이 스티브 롱 씨티은행 대표를 신라호텔에서 만나는데 롱 대표가 내가 꼭 참석하기를 원한다고 했다. 만기연장에 관해 씨티은행은 적극 협력을 다짐했다. 임창열 장관은 그때 신라호텔에서 100억 달러 본드 발행을 미국 증권사와 협의하고 있었다. 거꾸로 많이 나갔다.

37 1998년 만기도래 단기차입금이 10억 달러 이상인 은행은 다이이치칸교은행 11억 6,000만 달러, 도쿄미쓰비시은행 11억 1,000만 달러, 노린추킨은행 10억 1,000만 달러 등 3개의 일본계 은행이었고, 미국계는 체이스맨해튼은행 4억 달러, 씨티은행 2억 4,000만 달러, 퍼스트시카고은행 3억 4,000만 달러, 아메리카은행 3억 2,000만 달러, JP모건 3억 6,000만 달러 등이었다. 나라별 최고 금액은 영국 마린미드랜드은행 5억 1,000만 달러, 독일 콤멜츠은행 9억 6,000만 달러, 프랑스 소시에테제네랄은행 8억 달러, 기타는 홍콩상하이은행 5억 7,000만 달러 등이었다.

38 "매달 서울 조선호텔에서 모임을 가지면서 한국경제상황을 지켜본 외국은행의 한국 지점 대표들은 1997년 10월 초 이미 '한국 위기'를 본부로 타전했다. 한국이 국가부도 직전의 상황에 가까워지면서 이들 사이에선 "한국을 망하게 하는 것보다는, 단기부채상환을 유예시켜 살려두는 것이 더 유리하다"라는 현실론이 제기되기 시작했다. 이들 외국은행들은 앞으로 1~2년 동안은 한국경제가 고통을 겪을 것이 분명하지만, 회복될 것이 분명한 만큼 미래에 대한 사업투자 차원에서 서울에 지점을 둔 40~50개 국제 대형은행들이 한국 외채에 대한 상환유예를 검토하게 됐다."(*The Washington Post*(1997. 12. 28). 1면)

39 김대중 새 정부의 외환위기대책기구로서 김용환 의원과 장재식 의원이 공동위원장이었고 유종근 전북지사도 참여했다.

40 합의 내용은 1) 1998년에 만기가 돌아오는 국내금융기관의 1년 미만 단기외화채무 240억 달러를 한국 정부가 지급보증해 만기 1년, 2년, 3년짜리 중장기외화채무로 연장하고, 2) 적용금리는 LIBOR(당시 6개월물 LIBOR는 5.66%)에 1년 만기는 2.25%, 2년 만기는 2.50%, 3년 만기는 2.75%를 가산하고, 3) 2~3년으로 만기를 연장한 외채는 6개월 지난 후부터 국내금융기관들이 조기상환할 수 있고, 4) 1998년에 만기가 돌아오는 금융기관의 1년 미만 단기차입금만을 대상으로 하고, 오버나이트자금 10억 달러, 중장기외화채무나 무역관련 금융, 증권형태의 차입금 및 부외거래 등은 제외하고, 5) 기존의 단기외화채무를 1년, 2년, 3년의 만기를 선택해 연장할 경우 한국 정부가 지급보증서를 발급하되 1년 만기채권은 전체 채무의 20% 한도 내에서만 허용하고, 국제채권은행들은 한국 정부의 지급보증서가 붙은 대출채권을 국제금융시장에서 유통하는 것을 허용하고, 6) 원금은 만기 때 전액 상환, 이자는 6개월마다 지급하고, 7) 원칙적으로 미국 달러화로 만기연장하되, 엔화나 마르크화 표시의 경우 기존 통화로 만기연장을 할 수 있고, 8) 세부 절차가 끝날 때까지(약 2개월 소요) 채권은행단은 기존 대출을 계속 만기연장한다는 것이다.

41 뉴욕협상의 일등 공신은 독일계 은행들이었다고 보도되었다. 독일계가 미국계 은행 주도에 반발하여 가산금리로 2.0~2.5%를 제시하면서 한국 측에 유리한 기준을 만들어나갔다고 했다.

제3부

절반의 축복

위기의 유산

값비싼 외상소득의 상환

: : 환란의 상처

우리는 1997년 외환위기를 '환란(換亂)' 또는 'IMF'라고 부른다. 'IMF 때' 실업자가 되었고 사업에 실패했다는 말이 일반화됨으로써 'IMF'는 원망의 대명사가 되었다. 자본의 생리를 모르고 낮은 금리의 유혹으로 해외에서 차입한 자금이 썰물같이 빠져나갈 때 필요할 때 친구는 없었다는 것을 알았다. 경상수지 적자가 얼마나 위험하고 외환보유고가 얼마나 중요한가를 체험했다. 강요당한 변화가 휩쓸고 간 폐허는 우리에게 많은 교훈을 남겼다. 위기를 당할 만한 자산도 없던 아시아가 의욕적인 경제개발을 통해 자신감을 얻어가던 순간에 당한 위기는 과거에 경험하지 못한 것이라 혹독한 대가를 치렀다. 공짜 점심은 없다는 것을 확실하게 가르쳐주었다.

IMF 구제금융을 신청하던 날, IMF 구제금융이 합의되기 전날, IMF 구제금융이 합의된 후 모라토리엄이 우려되던 날, 세 번이나 일본에 지원을 요청하였지만 외면당한 기억은 큰 상처이고 교훈이었다. 위기를 당한 주변국의 선택은 제한적이다. 필요할 때 친구는 없고 경상수지와 외환보유고가 생존의 조건이었다. 환율의 적절한 관리는 주권의 행사다.

과욕과 무지가 부른 재앙

1997년 한 해 동안 375억 달러의 해외차입금이 썰물같이 빠져나갔다. 후진국으로 주변국으로 살아오던 우리는 1960년대 의욕적인 경제개발 계획을 추진한 결과 빠른 경제성장과 향상된 생활수준을 향유하게 되자 유사 이래 처음 자신감을 얻었고 1990년대 들어 경제성장에 대한 과욕은 대내의 거품과 대외의 불균형을 만들었다. 과도한 거품과 불균형은 지속가능성이 없다.

1997년 아시아금융위기는 의욕적인 경제성장을 위하여 일본, 미국, 유럽 단기자본의 과도한 유입으로 만들어진 투기의 거품과 기업의 차입 경영이 요인이었다. 1997년 한국, 태국, 인도네시아, 말레이시아, 필리핀 5개국에 유입된 해외자본은 2,073억 달러가 넘었다. 국내에서 축적한 자본이 아닌 해외 차입자본에 의한 성장의 과실은 언젠가 갚아야 할 외상소득(barrowed income)이고 차입금리를 초과하지 못하는 외상소득은 사실상 결손이다. 외상소득 상환용으로 태국, 인도네시아, 한국에 제공된 IMF와 선진국의 구제금융 1,185억 달러는 큰 시련과 상처를 남겼다.

1997년 환란을 회고하면 과욕이 부른 재앙이라 생각된다. 대외적으로는 강요당한 변화의 혹독함을 남겼고, 대내적으로는 마이너스 경제성장과 많은 실업자를 남겼다. 개인적으로는 노력에 대한 보상은커녕 정치적인 단죄와 함께 공직생활을 마감하는 회한을 남겼다.

대외적으로는 해외자본의 냉혹성과 국제금융질서의 불편한 진실을 남겼다. 1997년 12월 3일 IMF가 주선한 583억 달러의 구제금융이 합의되자 해외자본의 대탈주극이 벌어져 모라토리엄이 우려되는 상황에 몰렸다. 구제금융은 위험에 처한 투기성 자금을 위험이 없는 IMF 자금으로 대체하고 고통은 주변국에 전가되는 모럴해저드를 낳는 결과가 되었다. 재주는 IMF가 넘고 돈은 투기자본이 벌게 되어 누가 누구를 구제하는지 모르게 되었다. 차라리 모라토리엄을 선언한 다음 IMF 자금으로 신규거래에 충당했더라면 해외자본과 고통을 나누는 결과가 되지 않았을까 하는 생각도 들었다.

대내적으로 소규모 개방경제의 균형된 발전은 단기자금의 급격한 유출입이 규제되어야 가능하다고 생각되었다. 위기가 일어나기 전후인 1996년과 1998년의 환율과 경상수지를 비교하면 한국, 태국, 인도네시아 모두 해외 단기자금이 빠져나가고 환율이 펀더멘털에 의해 재조정되자 외채를 감당할 수 있는 수준의 경상수지 흑자가 달성될 수 있었다. 중심국과 주변국이 협력하여 단기자금의 급격한 유출입을 방지하는 장치를 마련해야 한다고 생각되었다.

개인적으로 나는 1997년 환란 때 불을 끄려고 간 사람이었는데 불을 끄고 나니 정치적인 단죄가 기다리고 있었다. 불을 일으킨 사람들은 말이 없었고 시차의 착각은 불을 끄려고 노력한 사람들에게 마녀사냥 같은 푸닥거리를 안겼다. 환란을 예고했노라고 주장하는 자칭 현자들이 마녀사냥에 가세했다.

환율을 920원까지 빨리 올리려고 노력했는데도 환율방어를 위해 외환보유고를 낭비했다는 비판을 받았다. 한국은행은 몰라도 재정경제부에서는 환율방어를 위해 보유고를 1달러도 낭비하지 않았다. 1997년

8월 이후 은행의 단기차입금이 회수단계에 들어간 후 정부는 거의 매일 은행의 부도를 막아주고 있었다. 영업 마감시간에 당일 외화가 부족하면 은행은 홍콩시장에 가서 1일자금(over night)을 차입하고, 안 되면 프랑크푸르트로, 다음은 런던으로, 그래도 안 되면 마지막으로 뉴욕시장으로 갔다. 새벽 2시가 되면 그날 세계외환시장에서의 차입노력은 끝난다. 외화자금과는 은행의 부족 외환을 확인하여 한국은행으로 하여금 대출하게 조치하고, 그날의 동향보고를 작성한 후 새벽 5시에 일이 끝났다. 8월 중순 이후 거의 매일 그랬다.

해외에 나가 "한국경제의 펀더멘털은 문제가 없다"라는 말을 했다고 비판받았다. 1996년 고비용·저효율이라는 구조적 취약성과 경상수지 적자는 심각했다. 외국금융기관들이 급속하게 자금회수를 하고 있는 상황에서 "한국경제의 펀더멘털은 문제가 없다"라는 말을 할 수밖에 없었다. 부도지경에 몰린 기업이 은행을 찾아가 "우리 기업은 가망이 없지만 떼일 셈 치고 돈 좀 빌려달라"라고 말할 수 없는 것과 같은 것이다.

환란을 경고했는데 정부가 묵살했다는 주장도 나왔다. 위기관리를 위해 정부의 연구기관이 공개적으로 환란을 우려하는 발표를 못 하게 한 것이다. 1997년 4월부터 주가나 환율이 출렁거릴 때마다 신문이 연구기관보다 먼저 금융대란을 보도했다. 한국은행 간부도 위기를 경고했다고 나섰는데 내용은 "경상수지 개선과 외환시장 안정에 역점을 두고 거시경제정책의 안정적 운용, 외환보유액의 조기 확충 및 기조적 시장수급 상황에 따른 환율운용을 하는 한편, 임금 안정 및 각종 규제의 철폐를 통하여 기업의 경영환경을 개선하고 금융경색 현상의 확산을 방지할 수 있는 대책을 강구하여야 함. 이러한 대책의 효과가 가시화되지 않을 경우 IMF 등 국제기구로부터의 차입 등 비상대책을 강구할 필요성이 있음"이라는 선문답 같은 내용이었다.

건국 후 최초로 정권이 좌파로 교체되어 세상이 뒤바뀌면서 관청에서도 세력교체가 일어났다. 자칭 우국지사들이 나와 인민재판 같은 푸닥거리를 해야 직성이 풀리는 인간의 속성이 서글플 뿐이었다. 불을 끄려고 노력한 강경식 장관은 법정에 서는 고초를 겪었고 많은 실무자들은 징계를 당하였다. 위기를 앞두고 호기를 부리고 방향을 착오한 사람들은 보이지 않았고 말이 없었다. 그들은 환란의 상처 때문에 고통받은 사람들에게 숨어서라도 사죄해야 한다.

대량해고와 대량폐업

환란의 상처

환란은 1950년 한국전쟁 후 가장 혹독한 시련이었다. 대량해고와 대량폐업은 유사 이래 처음 맞는 재앙이었다. 소규모 개방경제가 국제경쟁에서 살아남고 선진국으로 발전하기 위해서는 환란이 남긴 상처를 결코 잊어서는 안 된다.

1997년 환란에 의해 가장 큰 상처를 입은 것은 금융기관이었다. 제일은행과 한국외환은행은 헐값에 미국의 뉴브리지캐피털(New Bridge Capital)과 론스타(Lone Star)에게 팔렸고 서울은행은 하나은행에 합병되어 사라졌다. 동화은행, 대동은행, 동남은행, 경기은행, 충청은행 등 5개 지방은행이 문을 닫았다. 환란의 도화선이 되었던 30개 종합금융회사는 22개가 폐업하고 나머지는 합병되어 모두 사라졌다. 6만

1997년 외환위기 전후 주요 경제지표

	1996	1997	1998	1999	2000
성장률(%)	7.2	5.8	−5.7	10.7	8.8
실업률(%)	2.0	2.6	7.0	6.3	4.4
실업자(천 명)	426	556	1,461	1,353	889
1인당 GDP(달러)	11,422	10,371	6,863	8,706	9,821
경상수지(억 달러)	−238.3	−102.9	400.6	216.1	104.4

자료: 한국은행.

8,000여 개의 기업이 문을 닫았고 서울의 큰 빌딩들도 외국에 팔려나 갔다.

1997년 외환위기는 우리에게 혹독한 시련과 함께 큰 상처를 주었다. 주요 경제지표를 보면 1996년 7.2%였던 경제성장률은 환란이 있었던 1997년 5.8%, 1998년 −5.7%로 폭락했고, 같은 기간 실업률은 2.0%, 2.6%, 7.0%로 폭증했다. 실업자도 같은 기간 43만 명에서 56만 명, 146만 명으로 폭발했고 1인당 GDP는 1만 1,422달러에서 1만 371달러, 6,863달러로 폭락하였다. 주가는 1997년에 61% 폭락하였다.

외환위기 전후의 경제지표에서 우리는 두 가지 주요한 교훈을 얻을 수 있다. 하나는 1999년부터 경제성장률이 10% 내외로 회복하였다 는 것은 경상수지 이외 경제의 펀더멘털은 튼튼하였다는 것이고, 둘은 원/달러 환율이 1996년 844.2원에서 1997년 1,415.2원으로 정상화되 자 다음 해 1998년부터 400억 달러 흑자로 반전된 것이다. 환율이 경상 수지에 미치는 효과가 결정적이라는 것과 경상수지가 국가경영의 기본 이라는 것을 확실하게 보여준다.

생존의 조건, 환율과 보유고

2차 세계대전 후 빠른 경제성장과 향상된 생활수준에 자신감을 얻은 후 아시아의 개발도상국들은 스스로 축적한 자본이 아니라 해외의 자본으로 더 빠른 성장과 더 나은 생활을 추구하는 과욕을 부렸고 그것은 화근이 되었다. 아시아금융위기는 중심국과 주변국 모두에게 선택의 위험을 알게 했다. 주변국 경제는 해외자본의 탐욕을 충족시킬 만큼 강하지 못했고, 중심국 경제는 그들의 자본을 흡수할 만큼 탄력적이지 못했다. 과거 중심국에서 창출되던 거품이 자본이동이 자유화된 지구촌시대를 맞아 주변국에도 거품의 에너지가 되었다. 중심국이 투기소득을 추구했다면 주변국은 외상소득을 추구했다는 불편한 진실이 아시아위기에서 드러났다.

아시아금융위기가 수습되어가던 1998년 4월 18일 《파이낸셜타임스》는 "아시아경제위기가 거둔 소득 가운데 하나는 아시아에서도 이제 서구식 시장경제체제, 특히 미국식 자본주의가 우월한 모델임을 깨닫기 시작했다는 점이다. 미국식 자본주의가 더 나은 생활과 더 높은 성장을 약속한다는 사실이다. 그래서 이 지역의 많은 지도자들이 자기 나라의 경제를 바로 미국에서 지키고 있는 경제시스템에 맞춰 빠르게 바꿔가고 있는 것이다"라고 보도했다.

반대로 아시아금융위기가 시작된 1997년 7월 24일 마하티르 말레이시아 총리는 "우리는 개방하라는 말을 들어왔습니다. 무역과 자본거래에서 완전한 개방이 필요하다는 말이었습니다. 누구를 위한 개방입니까?"라고 말했다. 그리고 그는 자본통제를 실시하고 고립의 길을 걸어 위기를 관리했다.

1997년 환란으로 주변국은 서구식 시장경제를 깨닫고 바꾸기 위해서 많은 고통이 필요했다. 그렇다고 고립의 길을 가는 것은 너무 불확실성이 높았다. 해외 단기자금의 생리를 몰랐던 무지의 대가를 치르는 것은 불가피했고, IMF를 최종대부자로 믿고 해외차입을 과도하게 한 무모의 대가를 치르는 것도 불가피했다. IMF가 권고한 3개월 경상지급에 상당하는 외환보유고는 상품과 서비스 교역을 기준으로 한 것이지 국제금융자본의 유출입을 기준으로 한 것은 아니었다. 시장환율이 경상수지가 아니라 기축통화의 수요공급에 의해 결정된다는 간단한 논리도 우리는 무시했다.

기축통화를 발행할 수 없는 주변국의 선택은 국내에서 축적된 자본이나 해외직접투자(foreign direct investment)만 남는다. 해외 장기차입도 금리를 상회하는 이익 창출이 불가능하면 지속가능성이 없고 단기차입은 외환보유고의 축적 없이는 위험하다. 외환보유고는 경상수지가 흑자가 되어야 가능하다. 흑자가 불가능하면 단기차입을 하지 않는 것이 좋다. 이것이 IMF 구제금융보다 덜 고통스러운 길이라 생각한다.

단기자금의 과도한 유출입을 규제할 수 있는 국제금융질서의 재편이 없는 한 주변국이 선택할 수 있는 길은 경상수지 흑자와 해외직접투자밖에 없다. 경상수지 흑자는 적절한 환율 수준의 유지 이외에는 길이 없고 적절한 환율의 유지는 단기자본의 유출입을 방지하는 길밖에 없다. 역내 금융협력체제를 확대하는 길이 대안으로 제시되었으나 이것도 단기적인 장치일 뿐이다.

주변국의 선택은 제한적이다. 환율과 외환보유고는 생존의 조건이다. 적절한 환율의 유지를 위한 시장개입과 경상수지 흑자에 의한 외환보유고의 적립은 살아남기 위한 조건이고 주권행사의 기반이다. 마하티르 총리의 주장은 국제금융질서의 문제점을 강조한 것이라 생각한다.

09 필요할 때 친구는 없었다

: : 환란의 교훈

1997년 환란 때 국내 금융기관 단기차입금 중 60%에 달하는 375억 달러가 썰물같이 빠져나가자 우리 경제는 허물어질 것 같았다. 많은 노력을 했지만 모두가 허사였고 우리를 도와줄 친구는 없었다. 스스로 힘을 키우는 길 이외에 위기를 피할 길은 없었다. 나는 재정경제부 차관으로서 1997년 외환위기를 맞았고, 경기침체 및 대량해고와 함께 은행과 기업과 빌딩들이 헐값으로 선진국에 팔려나가는 혹독한 시련을 겪었다.

내가 1997년 환란에서 많은 대가를 치르고 배운 뼈아픈 교훈은 다섯 가지다. 첫째, 위기는 다시 온다. 둘째, 대외균형이 우선이다. 셋째, 환율은 주권이다. 넷째, 외환보유고는 많을수록 좋다. 다섯째, 기술이 살 길이다.

최고의 기술이나 자원을 가지고 있고 기축통화를 찍어낼 수 있는 경제학과, 기술도 자원도 부족하고 달러가 모자라면 위기를 당해야 하는 경제학은 같을 수 없다. 중심국은 위기를 만나면 기축통화를 찍어내고 통화스왑도 가능하고 경상수지도 외환보유고도 문제없다.

위기는 다시 온다

소규모 개방경제가 환율과 경상수지 관리를 잘못하면 위기는 다시 온다. 외생변수에 의해 위기를 관리할 방법은 없어졌다. 준비하지 않으면 혹독한 시련을 겪는다. 비 올 때 우산을 빌려주는 친구도 없다.

과거 한국은 1962년부터 5차에 걸쳐 추진된 경제개발5개년계획을 추진하는 과정에서 국내의 저축을 초과하는 투자를 위해 외자를 도입하고, 국내에 부족한 자본재를 해외에서 수입하는 과정에서 경상수지 적자에 의해 네 차례 위기를 맞았으나 금융시장이 개방되지 않은 상황에서 대일청구권자금, 월남전 특수와 중동건설 특수라는 외생변수에 의해 극복할 수 있었다. 1990년대 금융시장이 개방된 후 국내로 유입된 단기자금이 급격히 유출되는 과정에서 1997년 외환위기를 맞았고 경기침체, 대량해고와 함께 은행과 기업과 빌딩들이 헐값으로 선진국에 팔려가는 혹독한 시련을 겪었다.

이제 냉전체제도 사라지고 중국이 시장경제에 편입됨으로써 한·미·일 특수관계도 약화되었다. 월남전 특수나 중동건설 특수 같은 것도 기대할 수 없다. 오직 기업의 자본충실, 경상수지의 흑자, 금융의 혁신, 노동시장의 유연화 등 우리 스스로의 꾸준한 노력으로 대외경쟁력을 강화해야 한다는 교훈을 남겼다.

대외균형이 우선이다

기술과 자원이 부족한 소규모 개방경제가 살아남기 위해서는 기술 선진국이나 자원보유국, 그리고 기축통화국보다 더 많은 대비와 수고가 필요하다. 국내의 좁은 시장보다 해외의 넓은 시장에 우리의 미래가 있다.

1997년 금융위기는 일본의 '잃어버린 10년'의 재채기에 아시아가 감기 든 것이다. 태국에서 시작된 감기가 북상하여 한국까지 전염시킨 것이었다. 보유고가 모자라면 위기로 가기 때문에 물가, 실업 등 대내균형보다 수출, 경상수지 등 대외균형을 우선할 수밖에 없는 것이 숙명이다.

1997년 위기의 직접적인 원인은 일본, 미국, 유럽의 싼 단기자금이 아시아의 비싼 장기대출로 연결되는 캐리트레이드에 있었다. 선진국의 입장에서 싼 이자의 캐리자금으로 높은 수익의 신흥금융시장에 투자하는 것은 땅 짚고 헤엄치기(swimming while touching the ground)였고, 연못에 노는 개구리에게 재미로 돌 던지기(throwing a stone at frogs in pond to enjoy a fun)와 같았다. 중심국은 머니게임(money game)을 즐기는 것이지만 소규모 개방경제는 사느냐 죽느냐의 문제다.

"미국에서 소설 하나 잘 쓰면 평생을 먹고살고, 일본에서는 10년을 먹고살고, 우리는 1년을 먹고산다"라는 말이 있다. 소규모 주변국인 우리는 중심국과 같은 투입을 해도 산출이 적다. 남보다 더 일하고 노력해야 먹고살 수 있는 운명이다. 우리가 선진강국이 되기 위해서는 해외에 길이 있다. 작은 나라 네덜란드가 과거 해양강국을 건설한 것은 해외로 뻗어나갔기 때문이다. 우리가 선진강국이 되는 길은 수출에 있다. FTA로 경제영토를 넓힌 것은 참으로 잘한 선택이다.

원화는 기축통화가 아니고 자유롭게 찍어낼 수 없다. 우리는 위기를 예방하기 위해 환율, 경상수지, 외환보유고에 대한 더 많은 대비가 필요하고 이를 위해 수출을 위한 더 많은 수고가 필요하다. 기축통화를 가진 중심국의 경제학은 1997년 위기에서와 같이 우리에게 거꾸로 말하는 경우도 있다. 외환의 유출을 방지하기 위해 고금리와 통화긴축을 권고했고 우리는 고통 속에 그렇게 했다. 2008년 글로벌경제위기를 맞아 미국은 3조 달러가 넘는 양적완화를 통하여 말 그대로 헬리콥터로 돈을 뿌렸고 일본도 무제한 엔화를 공급하고 있다. 기축통화국의 양적완화 총규모는 정확히 알 수 없으나 2012년까지 미국 3조 6,000억 달러, EU 1조 6,000억 달러, 일본 2조 1,000억 달러 총 7조 4,000억 달러인 것으로 추정된다.

원화가 준비통화가 아니기 때문에 소규모 개방경제의 한계를 항상 염두에 두어야 한다. 중심국과 금융거래와 무역거래를 할 수밖에 없는 우리는 위기에 대해 더 많이 대비하고 더 많이 수고해야 한다. 특히 자원이 없는 우리는 자원이 많은 주변국과 다르다. 재정금융정책을 다룰 때 결코 잊어서 안 되는 한계다.

환율은 주권이다

환율주권

환율은 주권이고 국제수지관리는 국가경영의 기본이다. 1997년 위기에서 본 바와 같이 환율은 경제의 기초지표보다 자본의 유출입과 상관관계가 더 많았다. 자본의 유출입을 열어두고 환율방어를 해봤자 소용이 없다. 단기자본의 투기를 막지 못하면 위기를 막을 수 없다. 가격경쟁력을 유지할 수 있는 환율의 유지를 위해 외환시장에 대한 적절한 개입은 주권행사이고 투기적 외환거래의 방지를 위한 제도적 장치는 외환당국의 기본임무이다. 환율을 시장에 맡기고 투기를 방치하는 것은 국민에 대한 배임이다.

준비통화를 자유롭게 발행할 수 있는 중심국이 아닌 주변국의 경우 국제수지가 나쁘면 다른 모든 지수가 좋아도 건강한 경제가 아니다. 기업의 부채비율이 400% 정도이고 차입금이자율이 12% 전후이던 1997년에는 금리가 중요변수였지만, 부채비율이 100% 이하이고 차입금이자율이 6% 전후이고 수출의존도가 40%를 넘는 2008년에는 금리가 재래폭탄이라면 환율은 원자폭탄이라고 할 수 있다. 국제금융시장의 변동에 따라 언제든 외환위기를 맞을 수 있고 외채관리를 잘못하면 국가부도상태로 갈 수 있다.

원화의 달러환율은 1993년 808.1원에서 1995년 774.7원으로 4.3%나 평가절상되었고 그 결과 경상수지는 1993년 20억 달러 흑자에서 1995년 97억 달러 적자를 보이고, 위기 직전인 1996년 적자가 238억 달러로 폭발적으로 증가하였다. 일본과 경쟁품목이 많기 때문에 엔화와의 상대환율 1대10은 대외균형의 한계선이었다. 경상수지 적자의 GDP에 대한 비율은 1996년 4.2%로 위험 수준인 3%를 훨씬 넘어섰다. 그리고 1997년 우리는 외환위기를 맞았고 은행이 헐값으로 팔리고, 기업이 도산하고, 대량으로 정리해고를 하는 혹독한 시련을 겪었다.

대외거래의 가치척도인 환율이 매시간 매일 바뀌는 시장환율체제에서 환율의 적절한 관리는 소규모 개방경제가 살아남기 위한 필수불가결한 방어권이다. 누가 어떤 압력을 넣어도 환율관리는 포기할 수 없는 주

권행사다. 1997년 위기에서 배운 가장 중요한 교훈이고 절대 포기해서
도 잊어서도 안 되는 주권이다.

외환보유고는 많을수록 좋다

생명선 외환보유고

소규모 개방경제가 스스로 위기를 예방할 수 있는 길은 환율관리와 외
채관리를 위한 충분한 외환보유고뿐이다. 외환보유고는 경상수지 흑자
로 쌓을 수 있다. 경상수지 흑자의 기반은 장기적으로 기술에 있지만 단
기적으로 환율에 있다. 외환보유고로 위기를 막아내지 못하면 IMF의
긴급유동성자금을 받아야 한다. 그래서 1997년 우리는 혹독한 시련을
겪었다. 환란은 글자 그대로 외환이 모자라 일어난 난리였다.

　1997년 3월 우리의 외환보유고는 291억 달러였고 해외차입노력으로
7월 336억 달러까지 갔다. IMF가 권고한 경상지급의 3개월분 360억 달
러에 못 미쳤고 단기외채를 감안한 목표보유고 500억 달러에는 훨씬 모
자랐다. 당시의 외환보유고로 375억 달러의 자금회수를 감당할 수 없
었고 12월 국내은행에 예치한 외화를 제외한 가용보유고는 72억 달러
로 격감하였다. 11월21일 IMF 유동성조절자금을 요청하게 되었고 IMF
210억 달러를 포함한 583억 달러의 외세를 빌려 위기를 넘겼다.

　외세를 빌린 위기의 해결은 은행도산, 기업도산, 대량실업의 혹독한
대가를 치렀다. 다시 당해서는 안 될 상황이라는 것을 확실히 배웠다.
외환위기를 막기 위해 IMF의 권고기준 360억 달러로도 부족하다는 결
론이었다. 소규모 개방경제인 한국은 달러 없이 살 수 없다는 것을 결코

잊어서는 안 된다. 우리에게 외환보유고는 생명선이다.

소규모 개방경제가 위기를 예방하는 길은 외환보유고밖에 없고 보유고는 많을수록 좋다는 것이 환란의 교훈이다. 높은 외환보유고는 국부펀드를 조성해 적극적인 해외진출도 가능하게 한다. 우리가 헐값에 판 것을 되살 수도 있고 해외 M&A에도 참여할 수 있다. 싱가포르의 국부펀드인 테마섹 펀드(Temasek Fund)를 배울 필요가 있다.

기술이 살길이다

근원경쟁력 R&D

우리의 근원적인 대외경쟁력은 기술이다. 단기적 경쟁력은 환율과 관세율에 의해서 결정되는 가격경쟁력이지만, 중기적 경쟁력은 품질향상이며, 장기적 경쟁력은 기술이다. 시장환율체제에서 대외경쟁력을 유지하는 길은 단기자본의 과도한 유출입을 관리하는 것이고 종국적으로는 기술개발에 의해 경쟁력을 높이는 길이다.

자본유출입의 관리는 자본수출국과 마찰을 유발할 가능성이 있기 때문에 소규모 개방경제를 스스로 지키는 길은 독자적인 기술체계를 확립하는 것이다. 기술개발체계는 R&D에 대한 투자확대, 개발된 기술의 창업 지원과 경영 지원을 위한 기술금융(techno-banking) 지원, 기술거래 시스템의 확립으로 이루어진다.

기술은 저임금의 중국과 고기술의 일본 사이에서 살아남기 위한 유일한 수단으로, 기술개발투자를 국가의 최우선순위에 두어야 한다. 1997년 외환위기를 당하기 직전 미국 컨설팅회사 부즈 앨런 앤드 해밀턴은 "한국은 저임금의 중국과 고기술의 일본의 호두가위에 낀 호두 같은 운명이다"라고 지적했다.

1997년 위기 이전 5년간 한국의 기술수지는 1993년 9억 달러 적자에서 1995년 18억 달러 적자, 1997년 22억 달러 적자로 적자폭이 늘어났다. 경제가 성장할수록 적자가 늘어나는 것은 독자기술보다 수입기술이 유리했다는 측면도 있지만 기술개발에 소홀했고 우리의 기술경쟁력이 낙후되어 있다는 증거다.

2005년 한국의 R&D투자는 24조 원으로서 GDP의 2.98%로, 미국 2.68%, 일본 3.13%, 독일 2.49%(2004년 기준)와 유사한 수준이었지만 투자금액은 미국의 13분의 1, 일본의 6분의 1, 독일의 3분의 1에 불과했다.

기술개발은 장기경쟁력인 신기술개발을 위한 연구개발투자뿐만 아니라 중기경쟁력인 품질향상을 위한 현장숙련투자도 함께 이루어져야 한다. 현장기술의 숙련도를 높이기 위해서는 세계 최고의 숙련도를 갖고 있는 독일과 스위스의 조기직업교육과 취업·학업병행 시스템을 배우는 것이 길이다. 연구개발과 현장숙련을 위한 과감한 투자와 함께 기술금융과 기술거래 시스템을 구축하는 것이 국가경쟁력을 키우고 선진국으로 가는 길이다.

10 환란은 절반의 축복이었다

:: 좌파정부의 유산

나는 1997년 재정경제부 차관으로 우리에게 몰아친 외환위기를 극복하기 위해 온몸으로 부딪치고 나서 10년의 긴 야인생활을 보냈다. 외환위기 이후 IMF 정책프로그램의 집행에는 참여하지 못했기 때문에 결과로 평가하면 1997년 한국의 외환위기는 절반의 축복이라 생각된다.

1997년 아시아금융위기에서 대조적인 선택을 한 나라는 말레이시아와 한국이었다. 마하티르 말레이시아 총리는 아시아위기의 주범을 선진국의 헤지펀드라고 주장하고 IMF 구제금융을 거부했다. 그는 국제금융시장을 사악한 투기꾼들(rogue speculators)이 활개 치는 정글이며 소로스를 링기트화를 공격한 장본인으로 비난했고 외환거래는 비정상적이며 중단되어야 한다고 주장했다. 마하티르 총리의 주도 아래 말레이시아는 위기를 자본통제에 의해 극복했다.

한국 정부는 위기를 우리의 잘못으로 받아들이는 바탕에서 IMF 구제금융을 위한 정책프로그램 협상에 임했다. 김대중 후보는 12월 7일 TV토론에서 "당선되면 IMF와 재협상을 벌이겠다"라고 말했으나 12월 12일 캉드쉬 IMF 총재에게 보낸 서한에서 "IMF 프로그램을 전폭적으로 지지한다"라고 입장을 바꾸었다. 대통령선거가 끝나고 김대중 대통령당선인은 1998년 1월 4일 소로스를 초청해 만찬을 베풀고 "외국인투자자들이 한국으로 돌아올 수 있도록 소로스 회장이 적극 도와달라"라고 부탁했다.

정리해고에 대해 12월 24일 "우리는 임금을 동결함으로써 이 경제위기를 극복하려고 하겠지만, 이것이 안 되면 임금을 삭감할 수밖에 없고, 이것도 안 되면 정리해고를 감수할 수밖에 없다"라고 말했고, 12월 26일 노동조합 대표자와 만나 "구조조정 과정에서 직장을 잃는 경우가 있을 수 있을 것이다. 우리는 외국에 물건을 파는 것보다 외국인투자를 유치하는 것이 더 중요한 시대에 살고 있다"라고 말했다. 1998년 1월 18일 한국의 외채협상단이 뉴욕으로 떠나던 날 TV로 생중계된 국민과의 대화에서 "IMF의 구제금융으로 야기된 구조조정의 터널에 이제 막 들어섰습니다. 1998년은 혹독한 시련의 해가 될 것입니다. 실업률이 두 자리 숫자가 될 것입니다. 정리해고는 이미 한국을 떠난 외국인투자자를 다시 유치하는 데 필요합니다. 정리해고는 920억 달러에 이르는 단기외채의 만기연장에도 매우 중요한 영향을 미칠 것입니다. 세계화된 경제에서 외국인투자 없이는 살 수 없습니다. 외국인투자에 대한 시각을 바꾸어야만 합니다. 우리는 외국인투자를 환영해야 합니다"라고 말했다.

김대중 대통령당선인의 정리해고에 대한 입장은 IMF와도 달랐다. 1998년 1월 12일 김대중 정부의 IMF 프로그램 이행에 관한 협의를 위해 세 번째로 한국을 방문한 캉드쉬 IMF 총재는 신라호텔에서 열린 여야 3당 정책위 의장, 국회 재경 · 노동위원장, 청와대 경제수석, 재정경제부 장·차관과 함께한 만찬 자리에서 "일본은 8년간 구조조정을 하고 있는데 아직도 마무리되지 않았다. 한국도 오래 끌면 다시 위기가 올지 모른다. 그때는 엄청난 어려움이 있을 것이다. 신속과감한 구조조정이야말로 성공을 보장한다"라며 금융과 기업의 구조조정을 강조했다. 구조조정 과정에서 해고가 많으면 정치적 저항세력이 되어 개혁에 장애가 되고, 놀고 수당을 받는 실업자가 많아지면 사회적 비용이 높아진다고 지적하며 정리해고를 최소화해야 한다고 강조했다. 1월 13일에 캉드쉬 총재는 IMF 경제프로그램에 대한 노조의 이해와 협조를 구하기 위해 한국노총을 방문했고 민주노총은 방문을 반대하여 가지 못했다.

IMF의 의도와는 달리 그 후에 은행 구조조정에서부터 광범위한 대량해고가 이어지면서 IMF는 실업을 불러온 악마같이 되었는데 정책을 잘못 끌고 간 결과라고 생각된다. 건국 이후 최초로 이루어진 여야당 간의 정권교체로 대규모의 세력교체와 함께 최대 규모의 정리해고가 이루어졌다. 대규모의 정리해고는 IMF라는 단어의 의미를 나쁘게 변질시켰다.

좌파정부 10년의 빛과 그림자

절반의 축복

1997년 외환위기를 어떤 외국 언론은 숨겨진 축복(disguised blessing)이라고 했다. 한국이 스스로 해결하지 못했던 금융구조 개혁, 기업 경영구조 개혁, 노동시장의 유연성 제고, 기술의 혁신 등 고비용·저효율 구조를 해결할 수 있는 기회라는 뜻이었다. 1997년 위기의 원인을 제공한 문제들이 얼마나 해결되었는지 좌파정부 10년의 빛과 그림자를 살펴볼 필요가 있다.

1999년 말 정부는 "IMF위기를 극복했다"라고 단언했다. 유동성위기는 환율의 평가절하와 550억 달러의 IMF 자금으로 해결할 수 있었다. 1997년 환란은 외환부족에 의한 유동성 위기라는 측면과 고비용·저효율에 의한 구조적 위기라는 측면을 갖고 있었다. 유동성위기의 요인이었던 환율의 고평가, 경상수지 적자, 외환보유고의 부족 등은 상당한 개선을 보이다가 2005년부터 글로벌경제위기 직전 마지막 3년간 1997년 외환위기 직전 3년과 같은 추세로 되돌아갔다. 구조적 위기의 요인이었던 과도한 차입경영, 기술의 낙후, 과격한 노조 등은 차입경영을 빼고는 개선이 없었다. 차입경영의 개선도 투자의 부진에 의한 소극적인 결과라는 점에서 성장잠재력의 저하라는 다른 문제를 야기했다. 기술개발투자는 소홀했고 노동시장 유연성은 변화가 없었고 비정규직은 양산되었다.

좌파정부 10년의 유산은 금융산업의 구조조정과 기업의 차입경영 개선이라는 빛과, 저투자의 함정에 빠진 대내균형 실패와 경상수지 적자의 함정에 빠진 대외균형 실패라는 그림자를 그대로 남겼다. 기업부채비율 축소, 재정건전성 유지, 외환보유고 확충이 정태적인 측면의 성공이었다면, 저성장, 저투자, 경상수지 적자는 동태적인 측면의 실패였다고 할 수 있다. 환란의 교훈으로 2008년 글로벌경제위기를 가장 빨리 탈출할 수 있었던 위기대응능력은 덤이었다. 덤까지 합치면 좌파정부 10년의 유산은 '절반의 축복'이었다고 평가하고 싶다.

1만 달러에 맴돈 15년

1995년 1만 달러를 넘어섰던 1인당 GDP는 1997년 환란과 2008년 위기로 두 번 출렁거렸다가 2010년에 와서야 15년 만에 안정적으로 2만 달러를 회복하였다. 다른 선진국에서 1만 달러에서 2만 달러로 올라가는 데 평균 9.8년이 걸렸는데 외환위기를 감안해도 너무 오래 걸렸다.

2000년 이후 2007년까지 경제성장률은 연평균 5.2%인데 투자증가율은 4.5%였다. OECD 국가 중 경제성장률보다 투자증가율(고정자본증가율)이 낮은 나라는 드물다. 이것은 우리 경제가 저투자의 함정에 빠져 지속적인 저성장을 기록하고 있음을 보여준다. 이러한 함정은 우리 경제의 지속가능성을 저하시키고 경제는 성장하지만 세계경제에서 우리의 비중은 점차 줄어들게 만든다. 이는 GDP 규모가 세계 10위까지 올라갔다가 13위로 밀려나는 결과를 초래했다.

저투자의 요인은 기업의 투자환경이 악화된 결과인데 경쟁국가와 비교해보면 저환율, 고세율, 과도한 규제, 과격한 노조, 과도한 경제력 집중 억제, 반기업정서 확대, 기술개발의 낙후 등이었다. 이러한 기업투자 환경의 악화는 우리 경제를 저투자의 함정에 빠지게 만들고 저투자와 저성장의 악순환을 초래하게 된 것이다.

한국의 경제성장률과 고정자본증가율 (%)

	1980~1989	1990~1999	2000~2007	2008	2009
경제성장률	8.6	6.7	5.2	2.3	0.3
고정자본증가율	9.1	6.7	4.5	−1.9	−1.0

자료: 경제백서(재정경제부, 기획재정부). 비율은 해당기간 단순평균.

경상수지 적자로 다시 추락

1997년 외환위기 전 3년과 2008년 글로벌위기 전 3년의 경상수지를 비교해보면 동일한 추세로 급격하게 악화되고 있음을 알 수 있다. 외환위기 전 경상수지는 1993년 10억 달러 흑자에서 1996년 230억 달러 적자로 악화되었는데 글로벌위기 전에는 2004년 281억 달러 흑자에서 2007년 58억 달러 흑자로 악화되었고 글로벌위기가 발생한 2008년에는 57억 달러 적자가 되었다. 위기 전 이러한 대외균형의 파괴는 위기로 연결될 수 있는 가능성을 나타낸다.

경상수지가 적자를 지속하거나 급격히 악화되면 한국과 같은 소규모 개방경제는 다른 경제지표가 다 좋아도 지속가능한 경제가 아니다. 흑자가 나는 경우에도 저투자형 저환율형 흑자이기 때문에 경제가 지속적으로 위축되어간다는 증거이다. 경상수지는 우리 경제가 어떤 상태인가를 나타내는 종합건강지수라고 할 수 있다.

2004년부터 경상수지가 급격히 악화된 원인은 원화의 과도한 평가절상에 있다. 원화가 얼마나 과도하게 평가절상되었는가는 같은 기간 일본 엔화와 비교하면 쉽게 알 수 있다. 대외균형의 한계선인 엔화와의 상대환율 1대10이 깨진 2007년 경상수지는 크게 악화되었다. 2001년부터

외환위기와 글로벌위기 전 5년간 경상수지 (억 달러)

	1993/2004	1994/2005	1995/2006	1996/2007	1997/2008
1997위기 전 5년	9.9	−38.7	−85.1	−230.0	−81.7
2008위기 전 5년	281.7	149.8	53.9	58.8	−57.8

자료: 경제백서(1998 재정경제부, 2009 기획재정부). 통계기준 차이로 한국은행 통계와 다름.

2007년까지 일본 엔화는 달러당 131.8엔에서 114.0엔으로 15.6% 절상되는 데 그친 반면 원화는 달러당 1,326원에서 938원으로 41.4%나 엄청나게 절상되었다. 같은 기간 일본의 경상수지는 1,227억 달러나 증가한 데 반해 우리는 22억 달러 감소했고 흑자가 컸던 2004년과 비교하면 223억 달러나 큰 폭으로 감소했다.

소홀했던 R&D투자

저기술의 함정

1997년 경제위기는 저임금의 중국과 고기술의 일본의 호두가위에 낀 호두로 설명할 수 있다. 한국의 기술 수준을 나타내는 기술수지를 보면 1999년 24억 달러 적자에서 2007년 29억 달러 적자로 적자폭이 확대되었다. 미국과 일본은 같은 기간 각각 265억 달러와 48억 달러 흑자에서 336억 달러와 150억 달러 흑자로 크게 늘어났다. 기술격차가 점점 더 벌어지고 있는 추세다.

한국의 R&D투자는 2005년까지 OECD 평균을 약간 상회하는 GDP의 3% 미만이었다. 2007년 R&D투자는 24조 원으로 GDP의 2.79%

기술무역수지 비교   (억 달러)

	1999	2001	2003	2005	2007
한국	−24.9	−20.2	−24.2	−29.0	−29.3
미국	265.6	284.8	329.2	429.8	336.9
일본	48.3	57.5	81.8	120.2	150.5

자료: 통계청.

R&D투자 비교　　　　　　　　　　　　　　　　　　　　　　　(GDP 대비 %)

	1999	2001	2003	2005	2007
한국	2.19	2.47	2.49	2.79	3.21
미국	2.60	2.64	2.55	2.51	2.63
일본	3.00	3.07	3.14	3.31	3.46
OECD	2.20	2.21	2.19	2.19	2.26

자료: 통계청; OECD.

였다. 미국 2.51%, 일본 3.31%와 유사한 수준이지만 투자금액은 미국의 10.8%, 일본의 27.8%에 불과했다. 2012년부터 한국의 R&D투자는 4.36%로 일본을 앞질러 OECD 국가 중 최고 수준으로 올라갔다. 2008년부터 세계 최고 수준의 R&D지원정책을 추진한 결과다. 기술개발이 한국경제의 활로이고 대외경쟁력 강화의 핵심이다.

미흡했던 노동유연성 제고

과격노조의 함정

1997년 위기에서 외국자금의 인출 원인의 하나였던 과격한 노조(militant labor union)는 좌파정부가 들어온 후 개선되지 않았고, 한국의 고비용·저효율 구조의 핵심이었던 노동비용은 생산성에 비해 크게 상승했다. 특히 2008년 정리해고의 요건을 어렵게 만들고 비정규직에 대한 기준을 강화함으로써 노사분규의 비용은 상승하고 비정규직의 비율은 급격히 상승했다.

2008년 2월 김대중 정부는 취임하기 전 노사정타협에 의한 근로기준

1998년 노동법 개정 후 노사분규 추이

	1996	1998	2000	2002	2004
노사분규(건)	85	129	250	322	462
근로손실(일)	893	1,452	1,894	1,568	1,199
비정규직(만 명, %)	–	–	–	384(27.4)	359(37.0)

자료: 통계청.

법 개정으로 정리해고의 요건을 '경영상 긴박한 필요'로 강화함으로써 고용조정을 위한 노사 간의 합의를 어렵게 만들어 사실상 정리해고를 봉쇄하였다. 이것은 종신고용제를 기본으로 하고 있는 일본을 따른 것으로서 노동시장의 유연성은 오히려 후퇴했다. 또한 2년 이하의 근로계약 대상을 엄격히 제한하고, 2년을 초과하여 근무하면 기간이 없는 정규직으로 간주하는 규정을 둠으로써 단기의 비정규직을 양산시켜 노동시장의 탄력성은 더 나빠지고 청소원 등 어려운 사람들은 한 직장에 2년 이상 근무하기가 어렵게 되었다.

1998년 노동관계법 개정 후 노사분규는 외환위기가 일어나기 전인 1996년 85건에서 1998년 129건으로 급증한 후 2004년 462건으로 증가하였다. 근로손실 일수도 1996년 893일에서 1998년 1,452일, 2000년 1,894일로 증가하였다. 비정규직도 1996년에는 통계가 불비하여 정확히 알 수 없지만 적은 숫자였는데 2004년에는 전체 근로자의 37%에 달하는 359만 명으로 늘어났다. 1997년 경제위기 후 노동시장의 유연성은 크게 악화되었다.

부채비율 100% 아래로

강화된 기업 체질

1997년 경제위기 때 한국의 부채비율은 제조업 396.2%로 미국, 일본에 비해 2배 이상 높았고 대만에 비해서는 5배나 높았다. 경상이익으로 차입금이자를 겨우 갚는 상태였다.

IMF는 부채비율을 200% 이하로 내릴 것을 권고하였다. 이러한 권고에 따라 부채비율 축소를 위해 기업은 규모를 축소하고 부동산을 처분하는 뼈를 깎는 노력을 하였다. 혹독한 노력의 결과 제조업 부채비율은 2001년 200% 이하로 내려갔고 2007년 100% 이하로 내려감으로써 우리 기업은 OECD 국가 중 최고의 재무건전성을 갖게 되었다.

환란은 기업 체질 측면에서 '숨겨진 축복'이 되었다. 반면에 이러한 부채비율 축소가 주로 자산 매각과 투자 축소에 의해 이루어졌다는 점에서 우리 경제의 잠재성장력을 잠식하는 문제도 동시에 안겨주었다.

부채비율 추이 (%)

	1997	1999	2001	2003	2005	2007
제조업	396.2	214.6	182.2	123.3	100.9	97.8

자료: 한국은행. 참고로 외국의 부채비율은 미국 159.7%, 일본 206.3%, 대만 85.7%(1995년 말 기준).

선거와 공약

:: 정권의 탈환

1997년 경제위기는 좌파정부를 탄생시켰다. 1998년 재정경제부 차관에서 물러난 후 10년의 긴 야인생활을 보내면서 좌파로 넘어간 정권의 탈환을 위해 나는 대통령선거에 참여하였다. 그리고 우파는 10년 만에 좌파로부터 정권을 탈환했고 2008년 우파 정부는 글로벌경제위기라는 절체절명의 도전에 부딪혔다.

"지옥으로 가는 길은 선의로 포장되어 있다!" 선거에는 선의로 포장된 선심이 많다. 선거에서는 단순하고 강렬한 이미지를 구축할 수 있는 캐치프레이즈와 비전, 그리고 이를 뒷받침하고 표를 끌어모을 수 있는 공약이 필요하다. 좋은 정책은 표를 얻지 못하거나 오히려 표를 잃는 경우가 많다. 선거에 2등은 없다. 미국에서도 훌륭한 대통령이 되는 길은 당선되는 날 공약을 다 잊어버리는 것이라고 선거전문가들은 말한다.

보통 · 평등 · 직접 · 비밀선거의 다수결민주주의(majoritarian democracy)에서는 세금을 적게 내고 책임을 덜 지는 사람이 다수다. 책임과 권한이 분리된 선거구조에서는 옳고 그름이 아니라 좋고 나쁨에 의해, 나라의 장래보다는 나의 이해에 의해 좌우되는 경우가 많다. 효율성과 정당성보다는 대중성과 득표 가능성이 우선이고 이성보다는 감성에 호소하는 선심성 정책들을 만들어 대중에게 마케팅하는 대중영합주의가 선거의 승패를 가른다.

10%-20%-30%-40%의 법칙이 선거전략의 포인트다. 세상은 최상위 10%의 창조적 혁신그룹(innovator)이 끌고 가고 그 아래 20%의 합리적 선도그룹(early adapter)이 밀고 간다. 선도그룹 아래 30%의 인기영합적 대중그룹(common public)은 다수가 감성적이고 그 아래 기층민그룹(bottom public)은 주로 접촉하는 대중그룹의 영향을 많이 받는다. 30%의 대중그룹은 비전문적이고 감성과 인기에 따라 움직이는 성향이 높고 40%의 기층민그룹에게 가장 큰 영향을 미치기 때문에 보통·평등·직접·비밀선거에서는 이들 70%가 승패를 좌우한다. 혁신그룹과 선도그룹은 오랜 학습에 의한 주관과 전문적인 지식을 갖고 있는 소수그룹으로 선거운동에 큰 영향을 받지 않으며, 또한 일반 대중과 접촉이 적기 때문에 승패를 좌우하지 못한다.

2007년 대통령선거에서 이명박 후보의 선거공약을 만드는 과정에서 좌파정부 10년의 유산을 반면교사로 삼았다. 좌파정부 10년 동안 금융산업 구조조정, 기업의 차입경영 개선, 재정건전성 유지, 외환보유고 확충이라는 측면은 개선되었지만 우리 경제는 저성장, 저투자와 경상적자의 함정이라는 동태적인 측면에서는 함정을 빠져나오지 못했다. 2000년대 들어 2007년까지 경제성장률은 연평균 5.2%를 보였지만 투자증가율은 4.5%를 보였고, 1995년 1만 달러를 넘어섰던 1인당 GDP는 2006년까지 2만 달러를 넘어서지 못했다.

우리는 정권탈환을 위해 '일하는 경제대통령'을 캐치프레이즈로 하고

'7대강국 구상'을 기초로 하는 선거공약을 만들었다. 캠페인을 위해 7대 강국 구상은 비행기 보잉747(Boeing747)을 연상시키는 '747' 구호로 만들었는데, 많은 관심과 논란을 불러일으킴으로써 이슈를 선점하는 데 성공했고 사상 최대 500만 표 차이로 정권을 탈환할 수 있었다.

좋은 정책은 나쁜 공약
선거의 경제학

'1962년 체제/경제개발5개년계획 체제'가 산업화를 이루었다면 '1987년 체제/대통령직선제 헌법체제'는 민주화를 이루었다. 2007년을 사는 세대의 시대적 소명은 1997년 외환위기 이후 침체된 10년의 경제를 회복하고 선진화를 이루는 것이었다.

2007년 대통령선거에서 이명박 후보의 선거공약은 '일하는 경제대통령'이라는 캐치프레이즈와 '7대강국 구상'을 기초로 하였다. 7대강국 구상은 매년 7% 성장으로 4만 달러의 소득을 달성하고 7대 경제대국으로 가자는 내용이었다.

2007년 대통령선거에서 이명박 후보 선거공약의 기초가 된 '7대강국 구상'은 2002년 월드컵축구에서 우리 대표팀이 이탈리아를 제치고 4강의 신화를 달성한 것을 모티브로 GDP 세계 7위 이탈리아를 제치고 7대강국으로 가자는 것이다. 7대강국 구상은 캠페인을 위해 추상적인 개념에서 최고의 비행기 보잉747을 연상시키는 '747' 구호로 포장[1]하게 되었다. 당시 해외여행이 일반화되어 있어 747은 대부분의 국민에게 낯설지 않은 이름이었다.

선거과정에서 '747'이 많은 관심과 논란을 불러일으킴으로써 핵심공약으로 인식되었고 이슈를 선점함으로써 전략적으로 성공한 캠페인이 되었다. 공약집에는 '7대강국'이라는 말은 있지만 '747'이라는 말은 없고 캠페인에서 '747'을 내세웠다. 2007년 잠재경제성장률이 4%대였기 때문에 3% 정도의 추가 성장을 하면 10년 후 2017년에는 1인당 국민소득 4만 달러가 되고 이탈리아를 제치고 7위의 경제대국으로 올라선다는 것이었다. 2005년 기준 IMF가 발표한 주요 국가의 GDP는 미국이 1위, 이탈리아가 7위, 한국은 10위였다.

나는 캐치프레이즈와 함께 '우리가 추구할 국가비전과 국정철학' – '비전달성을 위한 전략' – '전략 추진을 위한 전술' – '전술 실행을 위한 프로젝트' 단계로 400여 명[2]의 학자와 전문가들과 함께 선거공약을 만들었다. 나는 이명박 대통령후보의 선거공약을 만드는 '일류국가 비전위원회'의 부위원장 겸 정책조정실장을 맡아 공약의 상충을 조정하는 조정자(coordinator)와 재정조달계획을 점검하는 문지기(gatekeeper)[3] 의 역할을 하며 선거전문가들이 만든 선거전략[4]과 일체가 되게 노력하였다.

선거에 이기기 위한 경제학에선 나라의 장기적 발전이나 재정 적자 문제는 뒤로 밀리고 당장의 득표를 위해 후손들이 낼 세금도 당겨쓰고 빚을 남기는 정책들이 만들어지는 경우가 많다. 내가 만난 IMF의 재정 전문가는 '영국병'은 교수가 일해 술주정뱅이를 먹여살리는 대중영합주의의 산물이라고 했다. 사회보장제도는 굶어 죽는 사람 먹여주고, 돈 없어 죽는 사람 치료해주고, 잠잘 곳 없는 사람 재워주는 최소한에 그쳐야 경제가 살고 재정도 산다고 했다. 요람에서 무덤까지 보장해준 서구의 대중영합주의 사회보장제도는 경제도 재정도 모두 어렵게 만든 후 후퇴하고 있다. OECD 국가들의 국가부채비율이 대부분 100%를 넘었다. 대중영합주의 사회보장제도의 위험은 한때 미국과 대등했던 선진국에서 개발도상국 수준으로 후퇴한 아르헨티나의 페로니즘(Peronism)이 잘 보여준다.

국가의 장래를 바라보는 이성적이고 효율적인 정책이지만 득표 가능성에 의문이 되는 것들은 다른 이름으로 포장하거나 집권 후의 과제로 넘겨야 하는 경우가 많았다. 행정복합도시 철회는 과학비즈니스벨트로, 고교평준화 폐지는 고교다양화로 포장하고 과도한 복지의 철폐는 집권 후로 미루게 된 것이 그 예이다.

선거에 2등은 없다. 1등을 하기 위해 좋은 정책은 나쁜 공약이 되는 경우가 많고, 표를 얻기 위한 대중영합주의는 다수결민주주의에서는 필요악이라는 것을 '선거의 경제학'은 말한다.

일하는 경제대통령

7대강국 구상

7대강국 구상은 7대 경제대국으로 가자는 내용이 기본이었지만 국방, 과학기술, 문화, 스포츠 등 종합국력에서 7위가 되자는 것도 포함되었다. 7대강국으로 가기 위해 매년 7%의 경제성장이 필요하고, 7%의 경제성장을 위해 1) 투자확대를 위한 기업환경 개선, 2) 지속성장을 위한 기술혁신투자 확대, 3) 내수기반 확대를 위한 사회간접자본 확충, 4) 잠재성장률 확대를 위한 생산기능인구 확대, 5) 투자위험 축소를 위한 한반도평화체제 구축 등 혁신적인 공약을 만들었다.

우리 경제는 김영삼 정부 때 7.1%에서 김대중 정부 때 4.3%, 노무현 정부 때 4.4%의 성장을 하여 좌파정부 10년간 외환위기는 벗어났지만 저성장의 늪을 벗어나지 못하고 있었다. 잠재성장률도 4.5% 전후로 떨어져 있었기 때문에 7%의 경제성장률은 당시 절실하고 필요한 과제였다. 한때 10위권이었던 한국경제는 러시아·인도·브라질에 밀려 세계 13위로 떨어졌다.

선거에서 '747'은 대표공약이자 국가비전이요 목표가 되었다. 7% 성장은 불가능하고 '7대강국'도 허황된 것이라는 비판이 많았다. 당시 잠재경제성장률이 4.5% 전후였는데 감세정책과 환율실세화 등 기업환경 개선으로 잠재성장률을 1%p 올리고, 추가로 규제완화에 의해 1%p, 불법파업 방지로 1%p의 성장이 가능하다고 분석되었다. 이런 전제대로 경제가 성장한다면 10년 후 1인당 국민소득 4만 달러가 달성되고 GDP는 2조 5,280억 달러로 세계 7위 경제대국[5]이 될 수 있다고 전망했다. 달성이 어려워도 비전이라는 것은 능력의 120%를 발휘했을 때 달성 가능한 꿈이고 국민의 에너지를 결집하여 추구해야 할 목표라고 말할 수 있다. 남북한이 통일[6]되어 인구 8,000만의 대국이 된다면 이탈리아, 인도, 러시아를 제치고 7위 이상의 경제대국을 이루는 것은 어려운 과제가 아니다.

7% 성장을 달성하기 위해 기업환경 개선, 기술혁신투자 확대, 사회간접자본 확충, 생산가능인구 확대, 한반도평화체제 구축 등 5개 분야에 대한 전략을 수립했다. 5개 분야에 대한 8대 핵심공약은 탈규제·저세율에 의한 기업환경 개선, GDP의 5% 연구개발투자, 마이스터고 설립과 취업·학업병행제도 구축, 다목적 한반도대운하 건설, 매년 50만 호 주택 건설, 출산에서 취학까지 국가책임보육, 고교다양화300 구상,

비핵·개방·3000 구상 등이었다. 과거 당위론적인 전략 중심의 공약에서 실천 중심의 전술과 프로젝트 중심의 실천계획과 재원계획이 함께하는 구체적인 공약을 만들었다.

첫째, 탈규제·저세율에 의한 기업환경 개선이다. 2000년부터 2007년까지 경제성장률은 연평균 5.2%를 보였지만 투자증가율은 4.5%였고, 경상수지는 1997년 외환위기 후 흑자로 돌아섰지만 2004년부터 매년 크게 악화되어갔다. 이러한 추세는 10년 전 외환위기 때와 거의 같았다. 기업의 투자환경을 개선하기 위해 법인세를 경쟁국 수준인 20% 이하[7]로 낮추고, 규제일몰제와 원칙허용 예외금지 방식으로 규제를 혁신적으로 완화하여 세계 최고의 기업투자환경을 만드는 것이었다. 당시 OECD는 회원국들이 경쟁적으로 세율을 인하하는 데 대해 재정안정성을 위해 세율인하 경쟁(tax competition)의 자제를 촉구하기도 했다. 환율 현실화가 가장 중요한 변수였지만 대외문제를 고려하여 공약에 포함시키지 않았다.

둘째, GDP의 5% 연구개발투자이다. 한국의 R&D투자는 2005년 GDP의 2.79%였고 미국 2.51%, 일본 3.42%로 투자금액은 미국의 9.3% 일본의 23.8%에 불과했다. 우리가 소규모 경제라는 점을 감안하여 기초과학과 원천기술개발을 위해 정부부문 0.75%에서 1.5%, 응용과학기술개발을 위해 민간부문 2.04%에서 3.5%로 경쟁국의 2배가 되는 세계 최고 수준 GDP의 5%[8]로 확대하기로 했다. 민간부문 투자 증가를 위해 세계 최초로 준비-투자-연구 3단계에 대하여 매출액의 5%에 상당하는 연구개발준비금 손금산입, 연구시설 투자액의 10% 세액공제, 연구비 지출액의 25% 세액공제를 해주어 법인세의 대부분이 감면될 수 있는 세계 최고의 연구개발지원책이었다.

셋째, 마이스터고 설립과 취업·학업병행제도 구축이다. 장기적인 경쟁력인 기술개발과 함께 중기적 경쟁력인 품질향상을 위해 세계 최고의 숙련도를 갖고 있는 독일과 스위스의 조기직업교육을 모델로 하여 50개의 마이스터고교를 신설하고 취업·학업병행 시스템을 도입하는 것이다. 기업과의 고용계약에 의한 학생 선발, 수업의 50% 현장실습, 수업료 전액면제, 현장실습비 지급에 대한 2,000만 원 한도의 세액공제 등을 지원하도록 하였다. 마이스터고교는 숙련된 현장기술인력 양성과 서민의 교육비 부담 경감을 위한 수단이 되고 조기취업을 통한 실질적 생산가능인구를 확대하기 위한 수단도 된다. 취업개시 연령은 2006년 기준 한국 25세, 독일 19세, OECD 평균 23세인 반면에 대학진학률은 우리가 최고로 80%를 넘었고 독일은 35% 전후, 일본은 45% 전후, 미국은 55% 전후, OECD 평균은 60% 정도다.

넷째, 다목적 한반도대운하 건설이다. 2007년 대통령선거에서 뜨거운 논쟁이 있었던 공약의 하나가 경부운하, 금강운하, 영산강운하를 건설하고 서로 연결하여 다목적 한반도대운하를 건설하는 것이었다. 통일 후 북한의 예성강, 대동강, 청천강까지 연결하는 것을 염두에 두었기 때문에 한반도대운하로 이름 지어졌다. 한반도대운하는 남한의 경부운하, 금강운하, 영산강운하를 축으로 하여 12개 노선 약 2,100km와 북한의 예성강운하, 대동강운하, 청천강운하를 축으로 5개 노선 약 1,000km를 합하여 17개 노선 3,100km에 이르는 방대한 구상이었다. 경부운하를 건설하는 데 4년의 기간에 15조 원 전후의 공사비가 소요될 것으로 추정하였고 수익형 민간투자사업(build-transfer-operate)으로 재정부담 없이 추진하기로 계획했다. 공사비의 50%는 8조 원 전후의 골재 판매수익으로 충당하기로 하였다.

우리 경제를 저성장의 늪에서 탈출시키기 위해 내수산업의 활성화가 긴요했고 경제적인 차원에서 미국의 뉴딜사업과 같은 새로운 거대 프로젝트가 필요했다. 한반도대운하는 운송수단인 동시에 균형된 국토의 재창조와 함께 주변개발에 의해 서비스산업의 기초 인프라를 구축하는 거대한 다목적 프로젝트였다. 이명박 후보는 1995년 국회의원 시절 처음으로 경부운하를 제안하였다. 한반도대운하 연구를 위해 이명박 후보는 2006년 유럽의 RMD(라인강-마인강-도나우강)운하를 시찰하였고 독일 연방수로국장을 초청해 운하 반대자들과 함께 한반도운하포럼[9]을 열어 토론도 하였다. 독일 연방수로국장은 한국의 운하는 친환경적인 운송수단이 될 것이라 말했고 이에 대해 포럼에 참석한 환경단체 누구도 이의 제기나 반대의견을 표시하지 않았다.

다섯째, 매년 50만 호 주택건설이다. 선거공약 중 많은 노력을 투입한 것이 서민주택 공급에 관한 것이었다. 우리 헌법은 3대 기본민생인 일자리, 주거, 교육 중 교육받을 권리와 근로의 권리를 규정하고 있지만 국민의 삶에서 가장 중요한 주거에 대한 권리는 규정하고 있지 않다. 주거는 교육을 받을 수 있고 일자리에 나갈 수 있는 기초로 어쩌면 근로와 교육보다 더 중요하다 하겠다. 선진국 지방정부의 주요임무는 대중교통과 서민주택의 공급이다.

우리나라의 주택가격[10]은 집 없는 서민에게 너무 가혹했고 상대적으로 낮지 않는 임금에도 과격한 노동투쟁을 하는 노사갈등의 뿌리에는 높은 사교육비와 집값이 있다고 생각했다. 특히 결혼연령이 늦어지고 출산율이 떨어지는 것을 방지하기 위해서 신혼부부의 보금자리를 마련하는 것은 시급한 과제라 할 수 있다. 주택가격의 안정과 서민주거권 보장을 위해 주택정책의 기본을 수요 억제에서 공급 확대로 바꾸고 1) 매년 50만 호 이상의 주택공급으로 주택가격을 안정시키고, 2) 80㎡(25평) 이하 국민주택은 정부가 수요대로 책임공급[11]하고, 3) 신혼부부 보금자리주택[12]을 매년 12만 호 공급하는 공약을 만들었다. 주택건설용지 마련을 위해 용적률 상향조정과 도심재개발을 추진하고 그린벨트와 한계농지를 풀어 서민주택과 임대주택 건설을 추진하는 과감한 정책[13]이었다.

2005년 주택가격이 폭등한 요인은 노무현 정부가 혁신도시, 기업도시, 행정도시의 추진을 위해 지출한 120조 원[14] 전후의 토지보상비였다. 끝없이 올라가는 주택가격을 잡기 위해 매년 부동산대책을 내놓았고 종국에는 보편성, 공평성, 충분성, 세원 보전 등의 조세원칙에 맞지 않는 "조세의 이름을 빌린 정치폭력"[15] 종합부동산세가 등장한 것도 이런 배경이었다. 당선 후 추진과정에서 많은 것이 변질되고 누락된 것이 안타깝게 생각된다. 2008년부터 주택가격이 안정된 것은 이런 공약이 크게 작용한 것이라 생각한다. 주택가격이 급격히 떨어져 새로운 문제가 대두되었지만 소득 대비 주택가격 비율(price to income ratio, PIR)이 선진국 수준으로 떨어지지 않으면 우리 경제가 감내할 수 없고, 근로자, 특히 신혼부부의 어려움은 해결할 수 없다고 생각한다. 주택가격이 서서히 하락하도록 주택에 대한 규제와 중과세는 단계적으로 철폐되어야 했으나 그 노력이 미흡했던 것을 아쉽게 생각한다.

여섯째, 출산에서 취학까지 국가책임보육 정책이다. 우리 경제가 당면한 가장 큰 구조적인 문제는 생산가능인구의 감소이다. 생산가능인구가 감소하면 성장잠재력의 기반이 무너진다. 생산가능인구를 확대하는 길은 출산율 제고, 조기취업, 정년연장, 여성경제활동 확대, 해외이민 확대 등 다섯 가지 길이 있다. 이것들 중 가장 중요한 것은 출산율 증가이고, 여성 취업이 확대되는 상황에서 출산율을 높이기 위해서는 보육의 애로를 해결해야만 한다. 2005년 세계 최저 1.05까지 떨어졌던 낮은 출산율이 지속된다면 인구의 고령화도 세계에서 가장 빨리 진행될 뿐만 아니라 생산가능인구는 2016년 3,700만 명을 정점으로 감소하기 시작하고 현재 5,000만 명을 넘어선 남한인구는 2100년에 반으로 줄어들고 2500년이 되면 한민족이 한반도에서 사라질 것이라는 보고도 있다.

한국경제가 저성장의 늪을 벗어나기 위해 가장 중요한 과제는 생산가능인구의 확대다. 1970년대에 산아제한을 한다고 두 자녀에게만 소득세 공제혜택을 주고, 정관절제수술을 하면 예비군훈련을 면제시켜 주기도 했다. 둘 낳으면 문화인, 셋 낳으면 야만인, 넷 낳으면 식인종이라는 말까지 생겼는데 지금은 아이를 많이 낳는 것이 최고의 애국이 되는 시대가 되었다. 출산에서 취학까지의 국가책임보육 프로젝트는 안심하고 출산·양육할 수 있도록 임신─출산─보육─취학 4단계별로 나누어 임신과 분만 단계에는 의료비를 지원하고, 0세에서 5세까지 모든 영·유아에 대하여 보육료를 지원하고, 12세까지 모든 필수예방접종을 정부가 부담하는 것이었다. 민간과 공공기관의 보육시설[16]을 확대하고 장기적으로 완전한 국가책임보육제도를 실시하도록 하는 정책이었다.

국가책임보육은 복지 차원을 넘어 우리 경제의 성장잠재력을 확충하고 한반도에서 한민족이 사라지지 않도록 하는 민족적 과제의 출발이었다. 무상급식보다 우선적으로 추진되어야 하고 재정사정이 어렵더라도 최고의 우선순위에 두어야 할 정책이라 생각하였다. 생산가능인구 확대를 위해 도입한 두 가지 공약은 출산율 제고와 여성경제활동 확대를 위한 국가책임보육제도의 실시와 취업연령을 앞당기기 위한 마이스터고등학교 설립이었다. 정년연장과 임금피크제 실시와 해외동포의 국내이민 확대를 위한 복수국적제도[17] 채택 등은 집권 후에 추진되었다.

일곱째, 고교다양화300 구상이다. 고교다양화300 구상의 배경에는 1968년 고교평준화를 도입하였다가 2003년부터 폐지한 일본의 실패가 있었다. 일본의 고교평준화는 학력의 하향평준화와 함께 저소득층 자녀가 좋은 대학에 가는 비율이 줄어드는 결과를 초래했고, 특히 일본 경제 침체의 중요한 요인이 청년들의 학력저하와 패기의 상실이라는 보고도 있었다. 우리가 모델로 한 일본이 고교평준화를 폐지하였는데 우리도 폐지하여야 한다고 생각했지만 폐지를 반대하는 현실의 벽을 넘기 위해 단계적으로 고등학교 교육을 다양화하여 평준화의 문제점을 해결하는 것이 불가피한 선택이었다. 교육은 선진국같이 학생과 학부모와 선생님의 선택에 맡겨야 한다. 일본에서는 교육을 정상화하기 위해 문부성과 도쿄대학을 없애야 한다는 주장도 있었다. 저소득층의 기회를 감소시키고 세상을 하향평준화하는 고교평준화는 이제 종말을 고해야 한다. 선진국에 유례가 없는 우리의 교육제도는 질투의 경제학이고 공멸의 경제학이라고 말하고 싶다.

손녀를 키우면서 사교육과 선행학습으로 붕괴된 교육현장을 체험한 나는 고교뿐만 아니라 중학교까지 학생 선발과 교육의 자율권이 보장되지 않으면 교육정상화는 불가능하다고 생각한다. 부모는 내 아이가 어느 수준인지 몰라 초등학교부터 고등학교까지 선행학습이라는 반칙을 하지 않을 수 없고 선생은 우수한 학생과 열등한 학생이 함께하는 교실에서 가르칠 방법을 잃어버린 현실을 어떻게 해결할 것인가? 대학시험 한 번으로 일생이 갈리는 불안을 어떻게 해결할 것인가? 다른 나라에다 있는 사립학교나 입학시험을 고등학교까지 외면한다고 평등과 기회가 보장되는가? 고등학교까지 제비뽑기를 하는데 대학과 취업은 왜 제비뽑기 하지 않는가?

여덟째, 비핵·개방·3000 구상[18]이다. 비핵·개방·3000 구상은 북한이 핵을 포기하고 개방에 나선다면 1인당 국민소득이 10년 안에 3,000달러가 되도록 경제, 교육, 재정, 인프라, 복지 5대 분야에서 북한을 지원하겠다는 것이다. 경제 면에서 북한에 5개의 자유무역지대를 설치하고 연 300만 달러 이상 수출 가능한 기업을 100개 육성하고, 교육 면에서 30만 명의 경제·금융·기술 전문인력을 양성하기 위해 북한판 KDI 및 KAIST와 주요 10개 도시에 기술교육센터를 설립하고, 재정 면에서 세계은행(World Bank) 및 ADB 차관, 남북교류협력기금, 해외직접투자 등으로 400억 달러의 경제협력자금을 유치하고, 인프라 면에서 서울—신의주 간 400km 신경의고속도로 건설, 예성강—대동강—청천강 운하 건설, 통신망·항만정비 등을 지원하며, 복지 면에서 식량지원, 의료진과 병원설비 지원, 주택과 상하수도 개선, 1억 그루 나무심기를 지원하는 내용이다.

비핵·개방·3000 구상은 7대강국으로 가기 위한 7% 경제성장과 남북통일의 기초를 놓기 위한 공약이다. 1997년 외환위기 때 외국금융기관들이 자금을 회수한 주요한 이유가 전투적 노조(militant labor union), 기업의 투명성(transparency of enterprise)과 예측할 수 없는 북한(unpredictable North Korea)이라고 영국의 최대 은행 CEO가 말한 적이 있었다. 7% 성장의 전제가 되는 투자의 활성화를 위해서는 한반도의 안보리스크를 해소하는 것이 중요하다. 남북간 평화공존체제의 구축도 8,000만 통일대국으로 가기 위한 필수 과제이다. 비핵·개방·3000 구상은 김대중 · 노무현 정부 10년간의 햇볕정책이 결과적으로 북한의 핵 개발을 지원하였다는 반성에서 출발하여 남한의 진정성을 보여주기 위해 구체적 프로젝트까지 제안하였지만 천안함 폭침, 연평도 포격 사건으로 시작도 못 해보고 좌초하고 말았다. 첫 단계인 비핵화를 위한 6자회담도 답보상태에 머물렀다. 안타깝기 그지없다.

위와 같은 공약 중 집권 첫해부터 강력히 추진해야 할 3대 우선과제는 1) 단기적으로 내수경기회복을 위해 한반도대운하를 건설하고, 2) 중기적으로 지속성장을 위해 탈규제 · 저세율로 세계 최고 기업환경을 조성하며, 3) 장기적으로 신성장동력 창출을 위해 R&D투자를 획기적으로 확대하는 것이었다.

일류국가 희망공동체 대한민국

공약의 구성

17대 대통령선거에 《일류국가 희망공동체 대한민국》이라는 이름의 이명박 후보 선거공약집을 만들었다. 과거 여야당의 선거공약집과 함께 미국과 일본의 선거공약집을 모두 참고하여 내용뿐만 아니라 모양에서도 최고의 공약집을 만들기 위해 노력했다. 과거 우리의 공약집은 짜깁기식으로 나열되어 있고 내용도 일관성이 없었다. 일본은 대통령선거가 없어 내용만 참고했다. 클린턴 미국 대통령의 선거공약집 *Putting People First*가 가장 잘되어 있었다. 유권자들이 쉽게 접하도록 스토리텔링식으로 정리되어 있고 소요재원도 포함되어 있어 우리는 이를 모델로 했다.

내용에 있어서도 '일하는 경제대통령'과 '7대강국 구상'을 바탕으로 시대의 소명, 국가비전과 국정철학, 이명박경제학의 철학과 원칙, 주요 공약, 실천계획과 재원조달방안, 5년 후의 모습으로 체계화하였다. 실천계획과 재원조달방안, 5년 후의 모습은 처음으로 시도한 것이었다. 과거에 없었던 공약선포식도 거창하게 열었다. 미디어환경이 크게 발전한 최근에는 과거 선거운동원을 중심으로 한 지상전보다 선거공약을 중심으로 한 공중전인 TV 연설과 토론이 승패를 좌우하는 상황이므로 공약이 선거전의 핵심이다. 특히 이명박 후보 선거캠페인은 처음으로 정치자금을 받지 않고 자원봉사와 공중전 형태로 이루어졌기 때문에 공약이 더욱 중요했다.

첫째, 우리의 시대적 소명은 정권교체에 의한 새로운 발전체제의 수립과 세계일류국가의 건설로 하고, 국가비전은 선진 일류국가, 국정철학은 경험적 실용주의(empirical pragmatism)[19]에 의한 따뜻한 시장경제, 민주적 실천주의, 창조적 개방주의로 하였다. 국정운영원칙은 자율과 경쟁의 원칙, 배려와 관용의 원칙, 법의 지배(rule of low) 원칙으로 하였다.

둘째, 이명박경제학(MBnomics)[20]의 철학은 따뜻하고 개방적인 시장경제(smart & open market economy)로 하고, 7대 경제원칙은 1) 자율과 경쟁을 최대한 보장, 2) 약자 보호와 탈락자 재기 지원, 3) 정치논리보다 경제논리 우선, 4) 수요 통제보다 공급 확충 우선, 5) 일자리 창출을 통한 분배 개선, 6) 경제 전반에 대한 법의 지배 확립, 7) 개방과 글로벌스탠더드 추구로 하였다.

셋째, 전체 선거공약은 목표—전략—전술—프로젝트 순서로 3대 비전(목표) · 10대 희망(전략) · 43대 과제(전술) · 92개의 약속(프로젝트)으로 구성하고 실천계획, 재원조달방안, 5년 후의 모습을 포함한 선거공약집

《일류국가 희망공동체 대한민국》을 만들었다.

3대 비전은 '잘사는 국민, 따뜻한 사회, 강한 나라'로 하고, 10대 희망은 1) 살아나는 경제, 2) 중산층이 두터운 나라, 3) 함께 번영하는 경제, 4) 생애 희망 디딤돌 복지, 5) 안전한 사회, 6) 그늘과 차별이 없는 사회, 7) 소프트파워가 강한 나라, 8) 아름답고 살고 싶은 국토 재창조, 9) 당당한 외교 평화로운 한반도, 10) 일 잘하는 실용정부로 했다.

분야별 43대 과제와 92개 약속은 탈규제·저세율에 의한 기업환경 개선, GDP의 5% 연구개발투자, 마이스터고 설립과 취업·학업병행제도 구축, 다목적 한반도대운하 건설, 매년 50만 호 주택건설, 출산에서 취학까지 국가책임보육, 고교다양화300 구상, 비핵·개방·3000 구상 등 8대 프로젝트가 핵심이었고 10대 공약은 다음과 같이 따로 정했다.

10대 공약

- 7% 성장, 300만 개 일자리

  감세, 규제완화, 법질서 확립, 공공개혁으로 세계 최고의 기업환경을 만들고, 과학기술투자를 GDP의 5%로 확대하여 신성장동력을 확보함으로써 7% 성장을 달성하고 300만 개 새 일자리를 창출하겠습니다.

- 공교육 2배, 사교육비 절반

  고교다양화300, 영어공교육 완성, 대학입시 3단계 자율화, 대학관치 완전철폐, 맞춤형 국가장학제도 구축 등을 통해 공교육을 정상화하고 글로벌 경쟁력을 갖춘 인재를 양성하겠습니다.

- 국가책임 영·유아 보·교육 실시

  임신―출산―보육―취학의 4단계에 걸쳐 의료비, 보육비, 교육비를 국가가 책임짐으로써 소중한 내 아이를 잘 기를 수 있는 행복한 가정을 반드시 이루어내겠습니다.

– 한반도대운하로 열리는 한 물길 한 마음

한강, 낙동강, 금강, 영산강을 한 물길로 연결하여 환경 개선, 수자원의 효율적 관리, 재해 예방, 물류 혁신, 지역경제 발전 등을 이룩하고, 아름답고 살고 싶은 국토로 재창조하겠습니다.

– 비핵·개방·3000을 통한 평화로운 한반도

국익에 기초한 실용외교를 통해 국제적 위상을 높이고, 북한의 핵 폐기와 개혁·개방을 유도하는 전략적 대북정책을 추진함으로써 평화통일의 기반을 완비해나가겠습니다.

– 아자아자! 중소기업, 으샤으샤! 자영업자

중소기업과 자영업은 우리 경제의 동력이요 일하는 복지의 핵심입니다. 금융·세제 지원, 제도 간소화 등을 통해 중소기업이 성공의 기회가 되는 사회를 만들겠습니다.

– 과학기술과 문화, 소프트파워가 강한 나라

IT, BT, NT, CT, 로봇 등 첨단 과학기술을 육성하고, 문화와 예술, 스포츠, 관광을 진흥하여 소프트파워가 강한 나라를 만들겠습니다.

– 서민 주요생활비 30% 절감

불합리한 유통구조와 가격체계, 지나친 정부개입 등 제도 혁신을 통해 주요생활비를 30% 경감하여 국민의 가계부담을 덜어드리고, 중산층이 두터운 나라를 만들겠습니다.

– 연간 50만 호, 신혼부부 보금자리주택 12만 호 공급

서민 주거권을 국민 기본권 차원으로 보호하겠습니다. 신혼부부 보금자리 주택을 연 12만 호 공급하고 수요자 중심의 계획적인 주택공급을 통해 연간 50만 호의 주택을 공급하겠습니다.

– 일 잘하는 실용정부 구현

법과 질서를 세우고 국가경영시스템을 시대에 맞게 재설계함으로써 국민을 위해 더 많은 서비스를 하는 도우미 정부, 경제를 살리고 세금을 아끼는 유능한 실용정부를 만들겠습니다.

이러한 공약을 위한 주요 정책 실천계획으로 2008년부터 2012년까지 연도별 추진일정과 예산 반영, 정책 수립과 법령 개정에 관한 구체적인 실천방안을 두었다. 예산 소요 및 조달 방안은 개별공약에 관한 24조 원의 재원소요금액을 추계하고, 이를 위해 예산 10% 절감과 중장기계획상의 추가세입으로 충당하는 재원조달방안을 마련했다. 공약이 집행되어 변화될 5년 후 우리의 모습은 3대 비전과 개별적인 프로젝트에 따라 구체적인 숫자로 표시하였다. 야당의 입장으로 정부의 도움을 받지 못하는 상황에서 새로 시도한 이러한 작업은 많은 어려움과 노력[21]이 필요했다.

이명박 후보의 선거공약집 《일류국가 희망공동체 대한민국》[22]은 요약본, 본공약집, 권역별 지방공약집 세 가지로 만들었다. 최초로 지방공약집을 만든 이유는 선거를 앞두고 지방의 민원성 프로젝트를 거부할 수도 없고 채택할 수도 없어 전국을 7개 권역으로 나누어 따로 만든 것이다. 지방공약집은 사실상 공약이 아니었지만 득표를 위해 지역선거대책본부의 책임으로 공약 형태로 만들었다. 부산 신공항 건설이 대표적인 예인데, 후에 공약으로 인식되어 논란이 되기도 했다. 공약책자는 전국 서점을 통해 처음으로 판매하기도 했다.

대통령직인수위원회의 낭비

그림자내각

2007년 12월 19일 대통령선거에서 이명박 한나라당 후보는 500만 표를 넘는 표차로 압승을 거두었다. 나의 3년에 걸친 정권창출 장정도 끝났다. 나는 대통령직인수위원회[23]에서 인수위원과 경제1분과위원회의 간사로 경제분야 업무의 인수작업을 하게 되었다.

재정경제부, 국세청, 관세청의 실무국장을 중심으로 현안업무와 선거공약의 실천계획을 보고받았고 과거와 같이 잘잘못을 따지지는 않았다.

이명박 대통령당선인에게 보고한 많은 보고서 중 핵심은 관련부처에서 파견된 공무원들과 함께 만든 경제공약의 MB노믹스 실천계획[24]이었다. 주요 내용은 1) 기업관련 규제 개혁, 2) 투자활성화를 위한 감세, 3) 예산지출의 효율성 제고, 4) 금융산업 경쟁력 강화, 5) 서비스산업 경쟁력 강화, 6) 물가 및 경상수지 관리, 7) 과학기술투자 확대, 8) 차세대 성장동력산업 육성이었다. 향후 5년간 경제운영 실천계획에서 2012년 목표연도에 경제성장률 7%, 투자증가율 12.0%, 경상수지 75억 달러, 취업자 증가 58만 명, 소비자물가 3.6% 달성을 목표로 하였다.

2008년 중 6% 성장 달성을 위해 추진해야 할 과제들을 정부출범 직후 3월부터 가동할 수 있도록 기획재정부 및 한국은행과 사전협의하고 법률개정 사항은 6월 국회에서 처리하고 시행령 이하 규정 개정으로 추진 가능한 사항은 출범 후 1개월 내 추진을 완료하도록 했다. 경상수지 악화와 함께 단기외채(2007년 말, 1,586억 달러)가 급격히 늘어나는 상황에서 국제금융시장의 혼란이 발생할 경우 금융기관의 외화유동성이 위협받을 가능성에 대비하여 필요한 경우 선제적 조치를 시행하도록 하였다.

위와 같은 실천계획을 차질 없이 추진하기 위하여 매월 대통령이 주재하고 민간단체가 참여하는 1) 기획재정부 주관의 경제활성화회의, 2) 지식경제부 주관의 무역투자진흥회의, 3) 교육과학부 주관의 과학기술진흥회의를 개최하여 추진동력을 유지하도록 했다.

아울러 기획재정부 장관은 경제금융점검회의, 경제정책조정회의, 대외경제장관회의를 주재하여 재정금융정책 점검, 부처 간 현안 조정, FTA 지속추진 등의 과제를 실천해가도록 했다. 특히 불안한 국제금융 시장에 대비하기 위해 정부출범 초기에는 매주 기획재정부, 금융위원회, 경제수석, 한국은행이 참석하는 비공개 경제금융점검회의를 개최하도록 했다.

선거캠프에서 일을 하지 않았던 사람들은 선거공약과 관계없이 새로운 과제들을 들고 나와 국정과제에 넣지만 이런 과제들은 대부분 새정부에서는 없었던 것이 된다. 인수위원이 장관으로 새 정부에 들어가지 않으면 2개월여의 인수위원회 활동은 큰 의미가 없는 것이 되어버린다. 많은 예산을 들이고 많은 사람들이 활동하지만 모두 낭비가 되고 만다.

17대 대통령직인수위원회는 2개월에 걸친 작업을 통하여 《성공 그리고 나눔》이라는 이름의 방대한 백서를 발간했다. 인수위원 중 첫 내각에 들어간 사람은 나 혼자였기 때문에 이 보고서가 집권 후 각 부처 업무에 얼마나 영향을 미쳤는지 의문이다. 내각이나 청와대에 들어가지도 않을 사람이 인수위원회에서 활동하는 것은 낭비일 뿐이고 혼란과 일탈이 성과보다 훨씬 많다.

미국의 정권인수위원회를 보면 인수의 핵심은 첫째 대통령당선인이 핵무기 사용을 명령하는 블랙박스를 인수하고, 둘째 각료 임명예정자들이 해당부처 업무를 보고받고, 셋째 정권인수위원회가 새로운 3,000여 명의 연방직공무원 임명을 위한 주요인사 인사기록(Executive Clerk's Bookcase)을 인수받는 것이다. 우리와는 많이 다르다.

대통령직인수위원회는 미국의 정권인수위원회와 영국의 '그림자내각 (shadow cabinet)'을 참고하여 새 정부에서 일할 각료들로 구성되는 예비

내각 형태로 구성되어야 한다. 첫째 인수위원회는 각료임명 예정자로 구성하고, 둘째 해당부처의 도움을 받아 대통령선거공약의 실천계획을 세우고, 셋째 대통령비서실과 내각의 인사를 위한 인사자료의 인수와 인사개편안의 작성을 하고, 넷째 취임식 준비와 정부조직 개편에 관한 업무가 중심이 되어야 된다.

나는 이러한 내용을 중심으로 '대통령직 인수에 관한 법률'의 개정을 인수위원회의 회의에서 제안하였다. 현재까지 법률의 개정은 이루어지지 않고 낭비와 혼란이 지속되고 있어 안타깝다. 다음 정부를 위해 떠나는 정부가 미리 처리해야 할 일이라 생각된다. 대통령직인수위원회는 재검토되어야 한다.

1 747 아이디어는 삼성그룹에서 경영전략을 오래 담당했던 지승림 알티캐스트 사 장이 보잉747 점보 비행기에서 착안하여 제안한 것이다.

2 이명박 후보 캠프는 2006년 7월 3일부터 후보경선 준비를 위한 조계사 앞 "안국 포럼", 2007년 5월 14일부터 한나라당 대선후보경선을 위한 여의도 용산빌딩 "국 민캠프", 경선 후 2007년 8월 27일 여의도 한나라 당사 "제17대 대통령선거 이 명박 후보 캠프"로 발전되었다. 싱크탱크에는 백용호 이화여대 교수가 중심이 되 어 만든 국제전략연구소(Global Strategy Institute, GSI, 후에 류우익 서울대 교 수가 맡음), 전 외대 총장 안병만 교수가 중심이 된 바른정책연구소(Barun Policy Institute, BPI), 전 연세대 교수 윤건영 의원의 정책그룹, 나와 장수만 전 재정경 제부 국장, 국회의원 보좌관들이 참여한 실무그룹 등이 있었고 정치, 외교, 국방, 경제, 복지, 문화 등에 걸쳐 400여 명의 교수, 전문가, 실무자가 참여했지만 실제 로 역할을 한 인원은 100여 명이었다.

3 안국포럼에서부터 시작된 공약준비 과정에서 수없이 제시된 정책 아이디어를 정 리하고 상충되는 정책을 조정하기 위해 경제를 포함한 모든 정책의 조정이 필요 하여 이명박 후보의 결정으로 내가 코디네이터 역할을 맡게 되었다. 2007년 5월 부터 여의도 경선캠프에서는 정책특보로서, 공약을 최종 확정하는 본선캠프에서 는 2007년 9월 4일 출범한 '일류국가비전위원회'의 부위원장 겸 정책조정실장으 로서, 게이트키퍼로서 재원조달계획과 실현가능성을 점검하는 역할을 했다. 김형 오 의원이 위원장을 맡고 최경환 의원, 전재희 의원 등 국회의원이 소위원장을 맡 은 분야별 소위원회가 있었다.

4 이명박 후보의 선거전략은 김원용 이화여대 교수가 중심이 되어 정두언 의원, 박 형준 의원, 정태근 의원, 중앙일보 김용태 기획위원(현재 국회의원), 권택기(후에 국회의원) 등이 경선 전, 경선 후, 본선 단계별로 만들었다. 선거전략의 시작은 이 명박 서울시장 시절 2005년 10월부터 매주 토요일 서울시청에서 열린 '정무회의'

였는데, 서울시 부시장 출신의 이춘식 · 정두언 · 정태근, 전 · 현직 서울시정개발연구원장, 백용호 이화여대 교수와 나, 그리고 김백준, 백성운, 박영준, 조해진 등이 참여했다. 사안에 따라 서울시장 자문위원이었던 김태효 성균관대 교수, 김우상 연세대 교수, 류우익 서울대 교수가 참여했고 중간에 김기환 전 대사, 김원용 이화여대 교수, 중앙일보 김용태 기획위원도 참여했다.

5 7위 경제대국의 추정은 미국의 *Global Insight*(2006)의 인구증가율, 환율변동, 물가상승률, 경제성장률에 대한 장기전망과 IME의 *World Economic Outlook*을 기초로 하여 2008년부터 2017년까지 GDP를 프로젝션한 것이다. 프로젝션 결과 2017년 GDP는 2조 5,280억 달러로 이탈리아를 추월할 수 있을 것으로 전망되었다. 2008년 글로벌경제위기 후 많은 여건들이 바뀌어 아래 프로젝션은 많은 차이의 발생이 불가피했다. 장수만 전 재정경제부 국장의 책임으로 동덕여대 김태준 박사, 경기대 채희율 박사, 연세대 박진근 박사, 한양대 임양택 박사 등 많은 학자들이 참여하여 만들었다. 구체적인 작업에는 장수만 국장과 채희율 박사가 많은 수고를 했다.

국가	명목 GDP(십억 달러)				국가	1인당 GDP(달러)			
	2006	2008	2012	2017		2006	2008	2012	2017
미국	13,245	14,557	17,641	21,957	호주	37,035	44,747	56,071	71,300
중국	2,627	3,815	6,391	10,806	영국	39,397	47,471	52,412	68,069
일본	4,363	5,046	6,459	7,347	미국	44,198	47,731	55,887	66,714
영국	2,385	2,900	3,258	4,329	일본	34,153	39,524	50,783	58,468
독일	2,904	3,210	3,597	4,121	프랑스	36,488	40,874	47,382	56,687
프랑스	2,238	2,524	2,957	3,573	캐나다	38,999	41,580	47,726	56,278
한국	**887**	**1,050**	**1,547**	**2,528**	독일	35,253	39,075	43,876	50,457
이탈리아	1,850	2,015	2,179	2,515	**한국**	**18,227**	**21,377**	**30,979**	**49,973**
인도	898	1,137	1,622	2,489	스페인	27,893	32,102	38,514	47,978
러시아	978	1,316	1,916	2,433	이탈리아	31,385	34,090	36,991	43,054
스페인	1,222	1,437	1,763	2,214	러시아	6,875	9,332	13,815	17,989
캐나다	1,271	1,381	1,641	2,012	멕시코	7,730	8,245	9,355	10,876
호주	754	930	1,212	1,617	중국	1,995	2,858	4,657	7,659
브라질	967	1,118	1,344	1,567	브라질	5,174	5,828	6,664	7,360
멕시코	830	906	1,066	1,295	인도	808	995	1,349	1,958

6 2006년 북한의 경제규모는 213억 달러, 인구는 2,350만 명, 1인당 GNI는 905달러 수준(미국 CIA 자료)이다. 연 200억 달러의 자본이 북한에 투입된다면 연 15%

내외의 경제성장을 하고 2017년 1인당 GDP는 3만 달러로 하락하겠지만 남북통합 경제규모는 2조 6,200억 달러가 가능하다고 추정했다.

7 당시 OECD는 회원국들이 경쟁적으로 세율을 인하하고 있어 재정건전성을 우려해 세율인하 경쟁(tax competition)의 자제를 권고했다. 홍콩과 대만은 경쟁적으로 법인세를 20% 아래인 17.5%와 18.5%로 내렸다.

8 이명박 대선후보는 2007년 7월 3일 서울의 코엑스인터컨티넨탈호텔에서 열린 과학기술포럼과 한국엔지니어클럽의 조찬 강연회에서 이러한 과학기술육성 공약을 발표했다.

9 이명박 후보는 2006년 유럽의 RMD(라인강－마인강－도나우강)운하를 시찰하였고 그 해 11월 13일 프레스센터에서 그때 만난 덴(Hartmut Dehn) 독일 연방 수로국장을 초청해 운하 반대자들과 함께 한반도운하포럼을 열었다. 참석한 사람들 모두 반대의 목소리는 없었다.

10 한국 근로자 평균 가구소득 대비 주택가격(PIR)은 2005년 말 기준으로 전국 5.5배, 서울 11.1배, 강남 아파트 13.5배에 달했다. 강남 아파트값은 최고가 평당 5,000만 원을 돌파했다. 2003년 기준으로 미국 2.7배, 일본 3.8배, 영국 4.6배, 호주 3.5배인 데 비해 훨씬 높았다.

11 주택청약예금제도를 수요자 중심으로 개편하여 주택의 희망 구입연도, 희망 구입규모, 희망 지역 등을 명기한 주택청약제도를 시행하고 주택공사와 지방자치단체는 주택청약예금의 정보에 기초하여 맞춤형주택을 공급하도록 하는 것이었다.

12 신혼부부 보금자리주택은 주 출산연령인 34세 미만, 결혼 3년차 이하로, 서울과 수도권 및 광역시에 거주하고 '신혼부부주택마련 청약저축'(월 5만 원 이상)에 가입한 무주택세대에 대해 매년 국민주택규모 이하 12만 호를 공급하는 것이었다. 이를 위해 재개발, 재건축, 주거환경 개선작업 등의 용적률을 추가로 10% 상향조정하고, 도시주변 그린벨트와 한계농지를 풀어 택지를 마련하고, 국민주택기금과 재정으로부터 장기저리의 융자금을 지원받아 건설하도록 했다.

13 2007년 당시 용적률은 동두천, 군포, 이천 등의 소도시 300%, 대구 280%, 서울 250%로 거꾸로 되어 있었다. 우리의 그린벨트는 선진국 어디에도 없는 제도이고 그린벨트 규제 때문에 도심주변의 산지와 구릉지는 버려두고 도심에서 멀리 떨어진 신도시를 개발함으로써 교통난과 에너지 낭비를 초래하고, 도시주변의 한계농

지는 효율성 없이 보호되고 있었다. 광역도시의 구도심 및 슬럼화된 지역을 새롭게 정비하여 중심상업지역에 주상복합아파트를 건설하도록 허용하되 중산층, 신혼부부, 실버부부대상 임대아파트 및 저평형대 아파트를 일정 비율 이상 공급하고, 대도시권 내의 철도역(전철역) 및 신설역을 대상으로 교통시설은 지하구간에 배치하고 지상에는 고밀도 주상복합건물을 건설하는 역세권 개발계획도 포함하였다.

14 노무현 정부가 지출한 토지보상비는 2003년부터 4년 동안 73조 원, 2007~2008년 약 50조 원의 추가 방출이 예정되어 총 123조 원에 달했다.

15 나는 2008년 종합부동산세 경감을 위한 세법개정안을 국회에 제출하였고 종합부동산세는 조세원칙에 하나도 맞지 않고 다른 나라 어디에도 선례가 없는 "조세의 이름을 빌린 정치폭력"이기 때문에 폐지되어야 한다고 주장했다.

16 2011년 KDB금융그룹 회장으로 일하면서 햇빛이 잘 드는 산업은행 1층에 어린이집을 만들어 희망하는 직원의 유아를 100% 수용하도록 했다. 모든 민간기업과 공공기관에 좋은 어린이집을 만드는 것이 이 시대를 살아가는 우리들의 중요한 소명이라 생각했다.

17 우리의 해외동포는 700만 명 정도로 추산된다. 이들은 우리에게 소중한 민족자산으로 미래의 민족활로가 되도록 해야 한다. 영국, 독일, 프랑스에선 이슬람교를 믿는 이민족 이민이 인구의 10%를 넘어서자 인종갈등이 심각한 문제가 되었다. 2009년에 나는 국가경쟁력강화위원장으로 일하면서 해외동포의 국내 취업을 확대하기 위한 비자발급절차를 완화하고, 국내이민을 확대하기 위해 종래의 단일국적제도를 복수국적제도(주거국가의 법률이 허용하는 경우)로 바꾸는 국적법 개정을 추진하여 2010년 국회에서 통과되었다. 복수국적제도는 우즈베키스탄, 카자흐스탄 등 중앙아시아의 많은 고려인들을 주로 겨냥했지만 브라질이나 미국 등 모든 나라에 거주하는 동포들도 대상으로 했다. 아쉬운 점은 입법과정에서 병역기피에 악용될 가능성 때문에 우수인재 등에게 제한적으로 허용됨으로써 생산가능인구 확대정책으로서는 미흡한 점이 많다. 중앙아시아의 고려인들은 독립운동가의 후손이거나 나라가 기울어 살기 위해 조국을 떠난 동포이기 때문에 역사윤리적으로 그들은 당당한 한국인이고 그들의 입국을 우리가 심사하는 것은 역사의 정의에 맞지 않는 일이다. 2011년 KDB금융그룹 회장으로 일하면서 우즈베키스탄의 동포 대학생들을 방학 중에 초청하여 2주간 한글캠프를 열고 송별파티에서

"할아버지의 나라에서 일하고 싶으면 당당히 올 자격이 있는 대한민국 사람"이라고 말하고 아리랑을 불렀을 때 눈물바다가 되었다. 앞으로 이들을 제한 없이 받아들일 수 있는 국적법 개정이 조속히 이루어져야 한다.

18 비핵 · 개방 · 3000 구상은 이명박 후보가 외교안보 전문가들과 함께 직접 만들었고 공약의 이름도 직접 지었다. 김태효 성균관대 교수, 남성욱 · 현인택 고려대 교수, 남주홍 경기대 교수 등의 수고가 컸다.

19 국정철학은 많은 사람의 의견을 수렴한 결과 경험과 실용을 중시하는 이명박 후보의 개성과 삶의 궤적과 가장 가까운 "empirical pragmatism"으로 정했다. 이명박 후보가 대통령에 당선된 후 한 · 미FTA에 반대하는 촛불시위와 관련하여 철학 논란이 제기되기도 했지만 야간 상고를 다니며 고생하고 공부한 학창생활과 현대건설에서 사원에서 출발하여 30대에 사장에까지 오른 실적과 현장 중심의 기업 생활로 이루어진 인생여정이 각인된 이미지가 중요한 영향을 미쳤다고 생각된다.

20 이명박 후보의 대통령 선거공약이 본격적으로 검토된 것은 4년 서울시장 임기를 마치고 2006년 7월 안국포럼이 설립되면서부터였지만 선거공약과 관련된 정책을 준비하기 시작한 것은 그보다 훨씬 전인 2001년 5월 한나라당 국가혁신위원회가 발족되고 이명박 전 의원이 미래경쟁력분과위원회 위원장을 맡으면서부터였다. 당시 이명박 전 의원은 2002년 서울시장 도전과 2007년 대통령 도전이라는 계획을 갖고 있었고 그 첫 단계로 한나라당의 미래경쟁력분과위원장을 맡게 되었는데 나는 이때 미래경쟁력보고서를 작성하는 간사위원을 맡으면서 함께 일하게 되었다. 미래경쟁력보고서 작성에는 이한구 의원, 이성헌 의원, 백용호 박사, 조일호 전 농수산부 차관, 한나라당 정책위 곽창규 박사 등 의원과 전문가들이 참여했고 토론이 있었다. 이 보고서는 시장경제적 정부 실현을 위한 정부혁신, 경제활력 회복을 위한 기업혁신, 상업적 자율경영체제 확립을 위한 금융혁신, 국가부채 축소를 위한 재정혁신, 고용창출을 위한 노동시장 유연성 확립, 동북아 물류중심 국가 건설을 위한 국토 개조, 과학기술개발체제의 혁신, 선택과 집중에 의한 고부가가치 산업 육성, 환경친화적 에너지 개발 이용 시스템 구축, 새로운 세계경제질서에의 능동적 대응 등 10대 주제를 다룬 상당한 분량의 보고서였는데 '이대로는 안 된다, 기업 중심으로 개조하자'는 이름으로 그해 말 한나라당에 보고되었다. 후에 2002년 서울시장 선거와 17대 대통령 선거에서 이명박 후보 선거공약의 참고자료가 되었다. 2002년 6월 이명박 서울시장이 선출되었고 2005년 8월에 나는

서울시의 싱크탱크인 서울시정개발연구원장이 되어 한반도대운하의 기초가 되는 경부운하에 대한 연구를 하게 되었다.

21 이명박 후보의 최종 선거공약 작업은 '일류국가비전위원회'의 정책조정실에서 했다. 국회의원 보좌관과 한나라당 정책위원회 실무자 20여 명이 참여한 정책조정실은 내가 실장을 맡고 장수만 전 재정경제부 국장이 총괄책임자가 되어 큰 수고를 했다. 특히 소요재원의 추정과 재원조달방안 마련에 많은 수고를 했다. 권역별 지방공약은 해당지역 국회의원 보좌관이 중심이 되어 만들었다.

22 이명박 대통령후보 선거공약집은 중앙공약집, 권역별 지방공약집, 그림 중심의 요약집 세 가지로 만들었다.

23 이명박 대통령당선인의 대통령직인수위원회는 2007년 12월 26일 7개 분과위원회와 국가경쟁력강화특별위원회로 구성되었다. 인수위원회는 인수위원장 이경숙, 부위원장 김형오, 대변인 이동관, 기획조정분과 맹형규(간사)·박형준·곽승준, 정무분과 진수희(간사)·남주홍, 외교안보통일분과 박진(간사)·현인택·홍두승, 법무행정분과 정동기(간사)·이달곤, 경제1분과 강만수(간사)·백용호·이창용, 경제2분과 최경환(간사)·홍문표·최재덕, 사회교육문화분과 이주호(간사)·김대식·이봉화 등 22명의 인수위원과, 전문위원 70명, 행정관 76명, 사무직 14명 등 총 182명으로 구성되었다. 국가경쟁력강화특별위원회는 공동위원장에 사공일, 데이비드 엘든(David Elden, 두바이국제금융센터 회장) 아래 6개의 태스크포스를 두었다. 인수위원 중 내각에 들어간 사람은 나 혼자였다. 이경숙 위원장은 많은 수고를 하였지만 내각에 들어가지 못했다.

24 MB노믹스 실천계획은 공약수립 단계부터 실무를 총괄한 장수만 전문위원과 재정경제부에서 파견 나온 최중경 전문위원, 최상목 실무위원, 이찬우 실무위원, 김낙회 실무위원이 중심이 되어 만들었다.

제4부

불균형과 거품의 파열

글로벌경제위기

12 전례 없는 지구촌의 위기

: : 2008 글로벌경제위기

2008년 9월 15일 리먼브러더스의 파산을 기폭제로 하여 글로벌 불균형
과 금융파생상품의 거대한 거품이 파열되면서 전례 없는 지구촌의 경제
위기(Global Eeconomic Crisis)가 발생하였다. 2008년 미국의 서브프라임
사태는 18세기 이래 영어권의 위기, 1980년대 남미의 외채위기, 1990
년대 동아시아의 외환위기와 같은 국지적 위기와 다르게 지구적으로 전
개되었다. 뉴욕의 금융거래는 세계로 연결되어 있어 서브프라임사태는
뉴욕을 진앙으로 하여 세계로 파급된 금융위기로, 세계가 동시에 대불
황의 나락으로 떨어졌다. 아시아는 1997년 외환위기의 내성 때문에 덜
고통을 받았지만 선진국은 1929년 대공황의 내성이 너무 오래되어 고
통이 더 컸다고 생각된다.

21세기에 들어와서도 사람들은 18세기 때와 같이 금융기관의 신용
팽창(expansion of credit)과 탐욕적 투기(greedy speculation)를 반복했
다. 과거의 투기는 섬유, 철도, 광산, 주식, 부동산, 노예 등 실물을 대
상으로 하였지만, 21세기 들어 투기는 수학적 복잡성에 기초한 증권화

(securitization)를 통해 만들어진 혁신적 파생상품(innovative derivatives)을 매개로 하여 머니게임으로 발전하였다. 금융파생상품 투자는 판돈이 계속 돌지 않으면 지속이 불가능한 카지노였고, 금융파생상품을 만든 금융혁신은 위험을 계속 돌리는 신기루였다. 복잡한 수학적 모델은 시장 참여자 모두를 어리석은 인간으로 만들었다.

그린스펀 미국 연방준비제도위원회 의장은 저금리와 신용팽창으로 카지노의 판돈을 계속 대어주었고, 월스트리트의 천재들은 모두가 돈을 딸 수 있다는 현란한 신기루 게임을 만들었다. 그린스펀 의장은 누구도 돈을 잃지 않도록 주가가 하락할 때마다 시장에 개입하여 카지노 판은 갈수록 커졌다. 1980년대 후반부터 시작된 '대안정'은 그가 물러난 후 2008년에 터졌다. '대안정'의 배후에는 미국의 재정과 무역의 대쌍둥이 적자(Great twin deficit)라는 지속불가능한 불균형이 있었고, 이러한 지속불가능은 1980년대 후반 중국의 시장경제 편입에 의한 값싼 제품의 무한공급으로 가려져 있었다. 그린스펀의 '대안정'은 거품과 불균형의 산파였다. 경제에 공짜 점심은 없다는 것을 다시 한 번 증명했다.

지구촌의 거품 파열에 대해 2005년 6월 30일 영국 《이코노미스트》는 "중국의 싼 노동력의 세계경제 진입은 세계적으로 자본수익을 높였다. 그것은 균형이자율 수준(equilibrium level of real interest rates)[1]의 상승을 의미한다. 그러나 중앙은행들은 실질이자율을 역사상 가장 낮은 수준으로 유지하고 있다. 그 결과는 잘못된 자본배분, 특히 과도한 주택자금차입과 투자의 모습으로 명백히 나타난다"라고 위기도래에 관해 경고했다. 2006년부터 미국의 거품 파열에 대해 루비니 뉴욕대 교수는 부동산 거품이 꺼지기 시작한 2006년 9월 "아직 구체화되지 않은 주택부문 불황은 금융시스템의 구조적 문제로 전개될 수 있다"라고 경고했다.

불균형과 거품의 파열

세상의 모든 것은 균형점으로 수렴하는 경향이 있다. 물이 차면 넘치고 에너지가 과하면 터진다. 적도상의 열에너지 과잉과 북극권의 열에너지 결핍의 불균형을 해소하기 위해 태풍이 북쪽으로 올라오는 것은 자연의 섭리다. 흑자국의 과잉 에너지와 적자국의 결핍 에너지가 임계점에 달하여 파열하는 것은 균형을 찾아가는 섭리다.

2008년 서브프라임사태에서 비롯된 글로벌경제위기는 1997년 아시아가 경험한 위기와 근본적으로 다른 점이 많다. 1997년 아시아위기는 유동성의 만기불일치가 문제였다면 2008년 글로벌위기는 가계수지, 재정수지, 국제수지에 관한 경제구조의 근원적 불균형(fundamental imbalance)이 문제였다. 또 아시아위기는 경제성장에 대한 과욕과 미숙에 의한 불안정성의 거품이 터진 것이라면, 글로벌위기는 투기소득에 대한 탐욕과 과신에 의한 불확실성의 거품이 터진 것이다.

글로벌경제위기의 뿌리는 경상수지의 일방적인 흑자와 적자의 누적이다. 흑자의 누적은 자본수출을 강요하고 적자의 누적은 자본을 수입하거나 기축통화를 찍어내도록 강요한다. 일본은 1992년부터 매년 1,000억 달러가 넘는 경상수지 흑자를 쌓아가기 시작해 2003년에는 GDP의 3%를 넘는 1,362억 달러를 기록했다. 독일은 2004년부터 1,000억 달러가 넘는 경상수지 흑자를 쌓아가기 시작했고 2005년 GDP의 5%를 넘어 2007년 7.5% 2,491억 달러로 정점을 기록했다. 중국은 2005년부터 GDP의 5% 1,000억 달러를 넘어선 다음 2006년 2,000억 달러, 2008년에는 9.1% 4,124억 달러로 정점에 섰다. 이에 반해 미국은 1994년부터

1,000억 달러가 넘는 경상수지 적자를 기록하였고 2000년대 들어 적자 규모가 지속가능성의 한계라고 말하는 GDP 3%선을 넘은 후 2004년에는 5%를 넘었고 2006년에는 최고로 5.8%에 달해 8,026억 달러를 넘어섰다. 일본, 독일, 중국, 미국 간에 발생한 거대한 불균형은 거대한 과잉자본을 창출했다.

경상수지의 불균형이 창출한 거대한 과잉자본은 파생상품에 불을 붙였다. 경상수지 흑자국의 과잉자본은 고수익의 파생상품에 투자되었다. 2007년 기준으로 세계 증권잔액이 61조 달러인 데 비해 파생상품은 10배나 되는 596조 달러였고, 외환거래 규모는 세계 수출거래금액이 17조 달러인 데 비해 46배나 되는 803조 달러였다. 2008년 거품의 규모는 금융부문에서 1,000조 달러가 넘을 것으로 추정된다. 국가채무가 2007년 OECD 평균 73.5%였고 일본이 최고 162.4%였다는 점에서 국가채무의 거품까지 포함하면 더 큰 숫자가 될 것이다. 실물경제에서 투자처를 찾지 못한 과잉자본이 갈 곳은 금융시장뿐이었다.

저금리의 과잉자본은 투기꾼의 탐욕을 부추기고 저금리 주택대출은 불에 휘발유를 부은 격이었다. 2000년대 들어 IT거품 붕괴와 9·11테러, 아프간전쟁과 이라크전쟁으로 미국의 경제성장률이 1% 전후로 악화되자 경기부양을 위해 기준금리를 6.5%에서 계속 인하하여 2003년에는 1%의 초저금리시대를 맞게 되었다. 실물투자의 기회가 적었던 과잉자금은 저신용자에 대한 주택대출로 활로를 찾았고 이를 근거로 한 파생상품, 그리고 파생상품을 근거로 한 또 다른 파생상품에 대한 투기적 거래가 거대한 거품을 만들었다. 2006년까지 10년간 미국의 주택가격은 190% 폭등한 후 2004년 저금리정책을 종료하면서 2006년부터 3년간 주택가격이 34% 폭락함으로써 부동산거품이 터지고 서브프라임사태가 시작되었다. 2008년 9월 15일 미국 5대 투자은행의 하나인 리먼브러더스가 파산하자 3거래일 동안 세계 주가는 6% 폭락하고 LIBOR금리가 4.29%까지 치솟았다. 파생상품에 거액을 투자한 미국의 거대 상업은행 씨티그룹, 거대 투자은행 메릴린치(Merrill Lynch), 거대 보험회사 AIG는 파산상태에 빠지게 되었다. 세계 3위 영국의 HSBC는 거액의 회수불능 자산을 떠안게 되었고, 프랑스의 BNP파리바도 파생상품의 환매를 중단하게 되었다.

2000년에서 2005년까지 2배 전후로 치솟았던 영국, 스페인, 이탈리아, 아일랜드, 헝가리 등 유럽 여러 나라의 주택가격이 폭락함으로써 금융경색은 유럽으로 번졌다. 중심국 여러 나라의 거품과 파열의 순환(bubble and burst cycle)이 지구를 전례 없는 공황상태로 몰고 갔다.

2008년의 거품 파열은 2009년 경제성장률을 세계 전체 -0.6%, OECD 국가 -3.5%, 미국·일본·EU 등 선진국 -3.2%로 추락시켰고, 2010년 남유럽국가인 포르투갈, 이탈리아, 그리스, 스페인의 재정위기로 연결되면서 더 깊은 글로벌경제위기로 이어졌다. 2008년 4분기부터 2009년 1분기까지 세계경제의 수축 규모는 1929년부터 1931년까지 대공황기의 수축 규모와 비슷하였다. 연율로 보면 미국은 2분기 동안 6%, 일본은 1분기 동안 12.7%나 수축하였다.

일본은 일찍이 1980년대에 주택거품의 파열과 '잃어버린 10년'의 침체를 경험했고 아시아 여러 나라들도 1997년 금융거품의 위기를 경험했다. 한국은 1997년 외환위기의 교훈에 따라 2008년 한 해 동안 환율실세화에 의해 경상수지를 흑자로 전환시키고, GDP의 7.1%에 달하는 72조 8,000억 원(약 580억 달러)의 감세와 재정지출을 확대하는 선제적, 결정적, 충분한 대책을 신속하게 취함으로써 2009년 0.3%의 플러스 경제성장을 이루었다. 외환보유고도 3,000억 달러 이상으로 늘어났다. 1997년 경제위기의 학습효과에 의해 글로벌경제위기를 견딜 수 있었다.

Too connected to fail

위기의 전개

위기의 조짐이 보이면 자본가들은 예금을 인출하고, 은행은 대출을 줄이고, 금융경색은 기업을 도산시키고, 기업도산은 금융기관의 파산으로 이어져 진짜 위기가 온다. 중심국(center countries)의 위기는 주변국(periphery countries)으로 번져 연쇄적인 금융경색이 일어나고 파산이 줄을 잇게 된다. 파산은 심각한 경기침체와 실업사태를 몰고 온다. 2차 대전이 끝나가던 1944년 브레턴우즈체제가 성립되고 IMF와 IBRD가 창설된 배경에는 위기에 대한 반성과 국제공조의 필요성이 있었다.

　금융시장에서 중심국과 주변국의 관계는 20세기 들어 더 강화되었다. 20세기 후반부터 뉴욕 증권시장을 중심으로 일어난 인수합병으로 씨티그룹, JP모건체이스, 골드만삭스, 리먼브러더스, AIG 같은 거대한 금융괴물(financial behemoth)이 출현하게 되었다. 이러한 거대한 금융괴물은 신흥국 금융시장의 개방과 세계화의 파도를 만들어 전 세계에 영업망을 넓히고 무분별한 신용팽창과 사나운 투기(reckless expansion of credit and wild speculation)에 의해 거대한 이익을 창출하고 은행가들과 증권거래인들은 엄청난 성과급과 스톡옵션을 받게 되었다. 이들 거대한 금융괴물들은 누구도 손댈 수 없을 만큼 대마불사(大馬不死, too big to fail)의 상황을 만들었고, 세계의 금융시장을 연결한 이들은 대결불사(大結不死,

too connected to fail)의 형국을 만들었다.

세계가 긴밀히 연결되어 중심국 혼자 글로벌경제위기를 관리하고 해결하기는 어려워졌다. 서브프라임사태를 맞아 미국이 구제금융과 경기대책에 GDP의 65%에 달하는 9조 달러 전후를 투입하고 EU, 일본, 중국도 엄청난 규모의 자금을 투입했다. 상상을 초월하는 자금을 투입했는데도 위기가 끝난 것은 아니라는 견해도 있다. 글로벌경제위기를 극복하기 위한 국제공조가 불가피하게 됨으로서 2차 대전 이후 국제금융질서를 주도하던 브레턴우즈체제와 함께 G20체제(Group of 20)가 태동하게 되었다.

할 수 있는 대책은 모두 동원

전례 없는 대책

1999년 출범한 G20재무장관회의(G20 Finance Ministers Meeting)는 글로벌경제위기 극복을 위한 국제공조를 위하여 2008년 11월 15일 정상회의로 격상되었다. G20국가들은 정상회의의 공조 합의에 따라 GDP의 6% 전후에 달하는 엄청난 규모의 전례 없는 재정금융대책(unprecedented fiscal and financial measures)을 추진하게 되었다.

미국과 G20국가들은 1930년대 대공황 때처럼 구제금융, 금리인하, 양적완화, 감세, 재정확대 등 모든 수단을 동원했다. 금리는 1% 이하로 내리고, 통화는 필요한 만큼 풀고, 세금은 여력이 되는 만큼 깎고, 지출은 재원을 동원할 수 있는 대로 늘렸다. 당시 발표에 의하면 중심국들 모두 GDP의 6% 전후에 달하는 전례 없는 재정금융대책을 동원하였다.

미국은 감세 3,170억 달러, 지출확대 7,872억 달러 등 GDP의 5.6%에 달하는 재정대책을 추진했고, GDP 기준으로 일본은 5.7%(25조 엔), 독일은 5.6%, 프랑스는 2.9%, 영국은 1.6%에 달하는 감세와 지출확대 정책을 추진했다. 중국은 3년간 GDP의 22%에 달하는 5조 5,000억 위안의 감세와 사회간접자본(SOC) 건설을 발표했다. 불똥이 날아온 다른 신흥국들도 피해갈 수 없었다. 루비니 뉴욕대 교수는 미국의 경우 구제금융, 지급보증, 경기부양과 기타 위기관리비용을 합치면 9조 달러 정도 되리라 추정했다. 한국은 GDP의 7.1%에 달하는 72조 8,000억 원의 감세와 지출확대를 추진하여 2009년 OECD 국가들 모두 마이너스 성장을 하는 중에 0.3%의 플러스 성장을 하였다.

미국이 취한 주요 대책들을 보면, 첫째 2008년 10월 3일 미국 부시 행정부는 7,000억 달러의 구제금융(Troubled Asset Relief Program, TARP)을 조성하여 씨티그룹, 뱅크오브아메리카(Bank of America), JP모건체이스, 골드만삭스, 모건스탠리(Morgan Stanley), 아메리칸 인터내셔널 그룹(American International Group), 아메리칸 익스프레스(American Express), 제너럴 모터스(General Motors), 크라이슬러(Chrysler) 등 은행, 증권, 보험, 카드회사, 그리고 자동차회사까지 부실자산을 매입하거나 지급보증을 섰다. 2009년 오바마 행정부는 다시 8,000억 달러의 2차 구제금융을 조성하고 배드뱅크(bad bank)를 통하여 금융기관의 부실자산을 추가로 매입하였다. 둘째, 정부의 주택저당회사인 패니메이(Fannie Mae, Federal National Mortgage Association)와 프레디맥(Freddie Mac, Federal Home Loan Mortgage Corporation)에 대한 5조 달러에 달하는 지급보증을 섰다. 셋째, 버냉키 연방준비제도위원회 의장은 2008년 11월부터 3차에 걸쳐 제로금리와 함께 3조 달러가 넘는 양적완화를 통하여 그의 말대로 헬리콥터

주요국 국제공조 상황

	GDP 대비	재정	금융
한국	7.1%	총 72.8조 원(3년) 감세: 34.9조 원, 지출확대: 37.9조 원	금리인하: 5.25% → 2.00%(325bp) 유동성: 원화 20.7조 원, 외화 550억 달러
미국	5.6%	총 1조 1,042억 달러 감세: 3,170억 달러, 지출확대: 7,872억 달러	금리인하: 6.25% → 0.25%(600bp) 1차 양적완화: 2조 달러 2차 양적완화: 0.6조 달러
EU	–	감세·지출확대: 독일 5.6%, 영국 1.6%, 프랑스 2.9%	금리인하: 4.25% → 1.0% ECB 양적완화: 1.6조 달러
일본	5.7%	감세·지출확대: 25조 엔(3년)	양적완화: 35조 엔
중국	22%	감세·지출확대: 5.5조 위안(3년)	금리인하: 7.47% → 5.31%

자료: 2009년 초 발표된 대책 종합정리.

로 공중에서 돈을 뿌렸다.

거품을 만든 선진국의 은행가들과 증권거래인들은 거액의 성과급과 스톡옵션을 챙겼지만 누구도 그들에게 엄중한 책임을 묻지 않았다. 거품을 만들도록 규제를 완화한 입법당국과 거품을 방관한 감독당국에 대하여도 준엄한 심판은 없었다. 자금이 필요한 금융기관의 어떤 자산도 연방준비제도위원회는 다 사주었다. 살리려고 해도 살 수 없는 수많은 좀비은행(zombie bank)과 좀비기업(zombie firm)을 만들어낸 비용은 최종적으로 납세자가 떠안았다. 주변국의 납세자도 중심국 거품 파열의 비용을 지불해야 했다.

전례 없는 위기는 전례 없는 대책(unprecedented measures)을 불렀다. 위기극복을 위한 재정정책은 OECD 국가의 국가채무를 100% 가까이 악화시켰고 또 다른 유럽의 재정위기를 불러왔다. 중앙은행의 전통은 허물어지고 지구적 모럴해저드(global moral hazard)를 책임질 사람은 아무도 없었다. 전례 없는 위기의 와중에 원유가격이 배럴당 80달러에서

2008년 여름 145달러까지 폭등했다가 2009년 30달러까지 떨어진 것은 위기를 투기의 기회로 활용하는 탐욕과 투기의 전형을 보여주었다.

헬리콥터로 달러를 뿌리다

전례 없는 통화전쟁

지구촌의 위기를 극복하기 위해 미국, EU, 일본은 제로금리의 양적완화 (quantitative easing)를 통하여 돈을 뿌렸다. 미국은 2008년 11월부터 3차에 걸쳐 3조 달러가 넘는 달러를 버냉키 연방준비제도위원회 의장의 말대로 헬리콥터로 공중에서 뿌렸다. 일본과 유럽의 중앙은행도 뒤를 따랐다. 일자리와 수출을 지키기 위한 유사 이래 최고의 통화전쟁이었다.

연방준비은행의 재할창구(discount window)를 상업은행 이외에 투자은행, 증권회사 등 프라이머리딜러(primary dealer)에게 1930년대 대공황 이후 처음 개방한 후 페널티금리 없이 2.5%로 누구에게나 무엇이든지(anyone and anything) 대출해주는 전례 없는 대책을 추진하였다. 2008년부터 연방준비은행의 자금공급 창구를 나열해보면 TAF(Term Auction Facility), PDCF(Primary Dealer Facility), TSLF(Term Securities Lending Facility), CPFF(Commercial Paper Funding Facility), MMIFF(Money Market Investor Funding Facility)에 이어, 너무 길어서 외우기도 힘든 ABCPMMMFLF(Asset-Backed Commercial Paper Money Market Mutual Fund Liquidity Fund)까지 가게 되었다.

일본도 2008년 이후 인플레이션율이 2%에 달할 때까지 무기한 양적완화 정책을 추진하였고, 유럽은 유럽중앙은행(European Central Bank,

ECB)을 통하여 스페인, 이탈리아, 그리스 등 금융경색국가의 국채매입을 통하여 자금을 풀었다. 영국도 구제금융을 통하여 은행의 부실자산을 매입하고 유동성을 확대하였다.

양적완화의 총규모는 정확히 알 수 없으나 2013년 말 미국 3조 6,000억 달러, EU 1조 6,000억 달러, 일본 2조 1,000억 달러로 총 7조 4,000억 달러인데 영국과 나머지 G20국가들을 합치면 10조 달러에 육박한다는 추정이 나온다. 실로 엄청난 규모다.

미국의 중앙은행 연방준비제도위원회는 2008년 위기를 거치면서 최종대부자(the lender of last resort)에서 누구에게나 필요한 만큼 달러를 뿌린 '최초 최종 유일의 대부자(the lender of first, last and only resort)'로 변모하는 전례 없는 중앙은행 역사를 쓰게 되었다. 일본은행과 유럽중앙은행도 새로운 중앙은행 역사를 쓰는 길을 함께 갔다.

준비통화(reserve currency)를 갖고 있는 중심국들의 양적완화는 그들 입장에서는 경기침체를 극복하고 일자리를 지키기 위한 불가피한 대책이라고 할 수 있지만 주변국 입장에서는 새로운 형태의 고통스러운 통화전쟁이라 할 수 있다. 제로금리에 가까운 미국과 일본의 양적완화는 과도한 캐리자금이 주변국에 유입됨으로써 주변국 통화의 절상을 초래하고 경쟁력 약화를 초래한다. 양적완화는 중심국에는 절하와 외화유출을 막아주는 역할을 하지만 주변국에는 절상과 외화유입이라는 문제를 일으켜 국제금융시장을 혼돈케 하는 양날의 칼이 되는 통화전쟁이었다.

2008년 11월 15일 워싱턴에서 처음 열린 G20정상회의에서 이명박 대통령은 모든 나라가 1930년대 대공황 때와 같은 관세전쟁과 통화전쟁을 하지 않고, 기축통화국은 통화가치의 유지를 위해 노력하는 현상유지(Stand-still)를 제안했고 국제공조에 합의했다. WTO체제에 따라 관세전쟁과 비관세전쟁은 일어나지 않았지만 자국의 이익을 위한 새로운 형태의 통화전쟁은 일어났다. 선진국 단기자금의 투기적 유출입을 억제하기 위해 브라질은 현재 6%의 자본거래세를, 우리는 0.2%의 은행세(외환건전성부담금)를 실시하였다. 중심국은 제로금리의 단기 캐리자금을 생산하고 주변국은 억제하는 통화전쟁은 상호보복적이다. 국제통화질서에서도 WTO와 같이 준비통화를 가진 중심국이 마음대로 할 수 없는 새로운 질서가 필요하다고 생각한다.

지속가능한 회복은 멀다

위기대응의 결과

전례 없는 위기에 대한 전례 없는 대책에도 불구하고 세계경제는 침체를 벗어나지 못하고 있다. 전례 없던 대책들은 사적 부채의 정부 이전(transferring private debts to government)에 그쳤다는 지적도 있고, 지속가능한 회복까지 10년 이상 걸리는 긴 여정(the long road to sustainable recovery, 10years or more)이라는 전망도 있다. 루비니 뉴욕대 교수는 글로벌경제위기의 회복은 U자 모양을 보일 것이라 전망했다. 위기 이전 상태로의 회복은 어렵다는 L자 모양의 비관적인 전망도 있다. 40여 년간 재정금융정책을 다루고 1997년 아시아금융위기와 2008년 글로벌경제위기와 싸운 나의 경험과 직관으로는 비관적인 견해에 공감이 간다.

글로벌경제위기가 본격적으로 불어닥친 2009년 OECD 국가들은 -3.5%의 경제성장과 8.2%의 실업률을 보이며 세계교역은 16%나 감소하고 세계경제는 -0.6% 성장이라는 초유의 사태에 빠지게 되었다. 미국은 -2.8%, 일본은 -5.5% 성장을 보였고 유로지역은 10%의 실업률을 보여 가장 심각했다. 위기가 발생한 지 5년째 되는 2012년 OECD 국가들의 성장률은 1.6%에 머무르고 유로지역은 아직도 -0.6%의 마이너스 성장을 보이고 있는 것을 보면 위기 이전 3% 전후의 성장률을 회복하는 것은 난망하다고 생각된다. 한국은 OECD 국가들이 마이너스 성장에 빠진 2009년 0.3%의 플러스 성장을 하였고 다음 해인 2010년에는 OECD 국가 중 최고인 6.3% 성장을 기록하였다.

글로벌경제위기가 불어닥친 후 선진국들의 전례 없는 대책에도 불구하고 지속가능한 회복이 어려운 이유는 구조적 불균형(structural imbalance)에 대한 대책이 없었고 재정적자의 한계 때문에 유동성 공급에 치우쳤기 때문이다. OECD 국가들의 국가채무는 2011년 102.5%로 위험선을 넘었고, 2013년 미국 104.1%, 유로지역 106.4%, 일본 227.2%를 기록하여 재정여력이 소진되었다. 미국 가계저축률은 2007년 3.0%에서 6%로 크게 늘어났다. 실업률도 OECD 국가들과 미국 모두 8%를 넘었다. 미국은 경상수지 적자가 위험선인 GDP의 3%대다. 경제가 위기 이전으로 회복될 전망은 어둡다. 이런 상황에서 위기관리를 이끌어 나갈 국제적 리더십은 보이지 않고 있다.

선진국은 재정의 한계에 도달해 미국은 3조 달러가 넘는 양적완화를 통하여 말 그대로 헬리콥터로 돈을 뿌렸고 일본도 무제한 엔화를 공급하고 있다. 준비통화를 가진 중심국과 주변국이 찍어내고 있는 양적완화의 총규모는 정확히 알 수 없으나 유사 이래 최대 규모의 통화전쟁이라 할 수 있다. 유동성문제가 핵심이었던 아시아금융위기는 달러만 투입하면 해결되었지만, 글로벌경제위기는 경제의 근원적 불균형이 문제

	2007		2008		2009		2010		2011	
	미국	OECD	미국	OECD	미국	OECD	미국	OECD	미국	OECD
성장률	1.8	2.7	−0.3	0.2	−2.8	−3.5	2.5	3.0	1.8	1.9
실업률	4.6	5.7	5.8	6.0	9.3	8.2	9.6	8.3	8.9	8.0
가계저축	3.0	−	5.0	−	6.1	−	5.6	−	5.7	
경상수지	−4.9	−1.2	−4.6	−1.5	−2.6	−0.4	−3.0	−0.5	−2.9	−0.6
국가채무	63.8	73.5	72.6	80.0	85.8	91.3	94.6	97.8	98.8	102.5

자료: OECD(2013).

였기 때문에 선진국들이 10조 달러에 육박하는 전대미문의 자금을 투입하고서도 경제는 회복되지 않고 있다. 돈을 쏟아부어 해결될 문제라면 버냉키나 구로다보다 고성능 화폐인쇄기를 설치하는 것이 더 싸고 효과적이 아닐까?

글로벌 불균형의 근저에는 가계는 소득보다 많이 쓰고, 기업은 과도하게 빌려서 투자하고, 금융은 투기가 지배하고, 감독당국은 안일에 빠져 있고, 입법당국은 대중영합주의에 빠져 있는 상황이 깔려 있다. 모든 나라와 경제주체의 근본적인 반성과 개혁이 없으면 L자형 침체를 탈출하기 어려우리라 생각된다. 돈을 무제한 찍어내는 전례 없는 대책으로 어쩌면 병이 더 깊어졌는지도 모른다.

근본적인 개혁은 세계의 중앙은행인 IMF가 중심이 되어 추진하여야 하지만 IMF 자체가 과거의 중심국이 과점하는 불균형된 기구이기 때문에 기대하기는 어렵다. 말만 많고 행동은 없는(many talks without actions) 상황이 우려되고 그래서 지구 사람들은 더 고통을 받지 않을까 걱정된다. 준비통화의 자유로운 발행(free printing of reserve currency)이 지속되는 한 거품과 파열의 순환을 근원적으로 끊는 것은 난망한 일이라 생각된다.

1   *The Economist*(2005. 7. 30)의 "China and the world economy – From T-shirts to T-bonds"에 언급된 오스트리아학파 관련 내용은 다음과 같다.

"The Austrian school of economics offers perhaps the best framework to understand what is going on. The entry of China's army of cheap labor into the global economy has increased the worldwide return on capital. That, in turn, should imply an increase in the equilibrium level of real interest rates. But, instead, central banks are holding real rates at historically low levels. The result is a misallocation of capital, most obviously displayed at present in the shape of excessive mortgage borrowing and housing investment. If this analysis is correct, central banks, not China, are to blame for the excess, but China's emergence is the root cause of the problem."

I3 비만경제와 불편한 진실

:: 경제위기의 반성

사람은 에덴동산에서 쫓겨날 때 수고하고 땀 흘려야 먹고살 수 있도록 운명 지어졌다. 영국 《파이낸셜타임스》의 마틴 울프는 글로벌경제위기의 본질에 대해 이솝우화를 들어 개미같이 일하는 독일, 중국, 일본 사람들과 베짱이같이 노는 미국, 영국, 스페인 사람들에 비유[1]했다. 개미 나라는 더 써야 하고 베짱이 나라는 덜 써야 문제가 해결된다며 베짱이에게 돈을 빌려주지 말라고 했다.

나는 아시아금융위기와 글로벌경제위기를 체험하면서 위기의 본질은 과식에 의한 비만(obesity by overeating)이라는 생각을 하게 되었다. 풍요가 가져온 과식은 관습이 되었고 비만은 문화로 자리 잡아가고 있다는 생각도 든다. 비만은 고혈압과 당뇨병을 불러오고 방치하면 죽음에 이르는 무서운 병이다. 다이어트와 운동이 필요한 것을 알지만 실천은 쉽지 않다. 내가 어릴 때는 먹을 것이 부족해 다이어트라는 말을 몰랐고 논밭에서 땀 흘리며 일하다 보니 운동을 하기는커녕 휴식이 필요했다. 글로벌경제위기의 중심에 있는 선진국은 비만이 문제이고 주변에 있는 개발도상국은 허약이 문제다. 비만경제(obesity economy)에서 다이어트 경제(diet economy)로 갈 수는 없을까?

준비통화를 발행할 수 있는 중심국은 애덤 스미스의 보이지 않는 손에 의한 자유주의와 투기행위에 대해 관대할 수 있지만 주변국의 입장에서 투기적 자본유출입과 금융시장에 대한 개입은 불가피한 선택이다. 서브프라임사태에서 보는 바와 같이 파생상품을 금융혁신으로 받아들이고 조지 소로스나 워런 버핏이 투자의 귀재로 존경받지만 위기를 당해본 아시아 주변국은 이들을 금융의 카지노와 투기의 귀재로 받아들인다. 나는 소로스나 버핏보다 생산과 고용에 많은 기여를 한 헨리 포드나 빌 게이츠를 더 존경한다.

과소비와 과투자의 비만경제

위기의 본질

케인스 이후 경제학에서는 소비가 미덕으로 등장했다. 어릴 적 학교에서 절약과 저축이 미덕이라고 배웠는데 뭔가 혼란스러웠지만 40여 년을 소비가 미덕이라는 전제를 받아들이고 경제정책을 운영해왔다. 장난감을 사달라고 졸라대는 손녀에게 낭비는 나쁜 거야라고 했더니 경제를 살리기 위해 많이 사야 한다고 했다. 요즘 학교에서는 소비를 미덕이라고 가르치나?

위기가 일어난 2008년 미국의 GDP는 14조 7,203억 달러, 순가처분소득은 12조 2,926억 달러, 최종소비지출은 12조 3,741억 달러, 순저축은 -815억 달러, 총고정자본형성은 3조 594억 달러, 순차입은 7,721억

2008년 주요 선진국 소비저축투자율

(GDP 대비 %)

	최종소비지출률	순저축률	총고정자본형성률	순대출/차입률
프랑스	80.1	6.6	21.9	−1.8
독일	74.4	10.5	19.2	6.0
이탈리아	79.2	2.6	21.6	−2.8
일본	76.8	4.1	22.9	3.1
영국	85.0	5.8	17.0	−0.7
미국	84.0	−0.5	20.7	−5.2
EU(27개국)	78.0	7.1	21.7	−0.5

자료: OECD StatExtracts.

달러였다. 미국은 소비가 가처분소득을 초과했고 해외로부터 거액의 차입도 있었다. 독일을 제외한 유로지역과 일본도 정도의 차이는 있으나 비슷한 형태를 보였고 소비와 투자가 소득과 저축에 비해 과도한 수준이었다.

80% 전후의 소비와 5% 전후의 저축, 20% 전후의 투자가 있는 경제가 얼마나 지속가능성이 있을까? 과도한 소비와 투자가 독일과 중국의 과도한 저축으로 지탱되고 있음을 보여주는 선진국 경제는 비만경제라고 할 수 있다. 비만경제가 발생하게 된 배경에는 소비와 투자의 글로벌 불균형, 실물과 분리되어 따로 도는 금융(free-wheeling finance), 상환이 불가능할 정도의 과도한 부채(over-leveraged debt) 세 가지가 있다. 일본의 주택거품과 '잃어버린 10년', 그리고 미국과 유럽의 주택거품과 글로벌경제위기는 비만경제의 한 단면이다.

첫째, 소비와 투자의 글로벌 불균형에 대해 2010년 영국《파이낸셜타임스》주필 마틴 울프는 이솝우화 〈베짱이와 개미〉에 비유하여 개미같이 일하는 독일, 일본, 중국과 베짱이같이 노는 미국, 영국, 남유럽으로

묘사했다. 이러한 불균형은 금융시장과 자본거래의 거품을 키우는 근본적인 배경이라고 했다. 베짱이는 언제까지 놀기만 하고 개미는 언제까지 일만 할 수 있을까?

둘째, 실물과 분리되어 따로 도는 금융은 거대한 규모의 파생상품과 외환거래를 낳았고 금융기관이 아니면서 금융기관같이 거래하는 그림자금융(shadow finance)이 번성하게 만들었고, 거대한 거품을 만들었다. 2007년 세계의 증권 잔액은 61조 달러였는데 파생상품은 10배나 되는 596조 달러였다. 같은 해 세계의 상품과 서비스의 수출입규모는 34조 달러 정도였는데 외환거래는 23배가 넘는 803조 달러였다. 탐욕과 투기가 그림자금융을 주도하고 사기수법 폰지게임(Ponzi game)이 생존가능하게 만들었다. 월스트리트의 CEO들은 행원 연봉의 250배나 되는 거액의 연봉을 받고 24만 달러짜리 바캉스를 즐겼다는 보도가 나왔다. 실로 카지노자본주의(casino capitalism)이다. 실물경제와 분리된 금융산업, 발행시장과 따로 가는 유통시장이 지속가능할까?

셋째, 따로 도는 금융은 외상소득(borrowed income)으로 상품과 주택을 구입하게 만들었고, 외상구매를 근거로 한 파생상품은 엄청난 불로소득(unearned income)을 만들고, 여기에 대중영합주의 지출을 위한 정부의 외상재정(borrowed finance)이 끼어들어 상환이 불가능할 정도의 과도한 부채를 낳았다. 과도한 부채는 저금리를 불가피하게 만들고 저금리는 제로금리를 만들고 제로금리는 부채를 겁내지 않게 만든다. 지금 OECD 국가들의 국가채무는 100%를 넘었고 일본은 200%를 넘었다. 외상소득, 불로소득, 외상재정은 언제까지 지속가능할까?

가계, 금융기관, 정부가 합작한 거품경제(bubble economy)는 자본주의(capitalism)를 부채주의(debtism)로 만들었다. 1980년대 세계경제는 '항상 증가하는 인구(ever-growing population)'를 전제로 그들의 생산에 기대어 부채의 누적구조가 가능했다. 세계의 노동인구는 1990년대 중국, 인도, 소련이 시장경제로 편입하면서 14억 6,000만 명에서 29억 3,000만 명으로 대증가(great doubling)를 이룬 후 2000년대 들어 '항상 감소하는 노동인구(ever-shrinking workforce)'의 상황으로 바뀌었다. 21세기 들어 생산이 뒷받침되지 않는 투기시장의 부채주의가 만든 거품이 파열될 수밖에 없는 상황이 되어버린 것이다. 그들의 골프게임에 판돈(skins)을 끊임없이 대던 신흥국과 개발도상국 사람들이 하나둘 사라지면서 게임이 끝난 것이다. 과도한 비만은 고혈압과 당뇨를 유발하여 건강을 악화시키고 결국 병원에 가서 치료를 받지 않을 수 없는 것과 같다.

글로벌경제위기를 선진국의 입장에서 보면 과도한 단기차입자금(over-leveraging from short-term fund)의 투기적 파생상품 투자(speculative-investing on derivatives)로 일어난 호황·불황의 순환(boom and bust cycle)이라고 할 수 있다. 신흥국의 입장에서 보면 과도한 차입캐리자금(over-borrowing from carry-fund)의 무분별한 신흥시장 투자(reckless-investing on emerging markets)로 일어난 유입·유출의 순환(dash-in and rush-out cycle)이라고 할 수 있다. 신흥국의 입장에서는 경제성장에 대한 과욕과 미숙이 만든 불안정성이 요인이라면, 선진국의 입장에서는 투기소득에 대한 탐욕과 과신이 만든 불확실성이 요인이라고 할 수 있다. 선진국의 입장에서는 창조적 금융혁신(creative financial innovation)에 의해 만들어진 과도한 파생상품 투자(over-investment on derivatives)가 문제였다면, 신흥국의 입장에서는 불가피한 금융도관(inevitable financial conduit)을 통한 과도한 전염효과 노출(over-exposure on contagion effect)이 문제였다.

소득을 넘는 과잉소비(over-consumption)와 저축을 넘는 과잉투자 (over-investment)로 만들어진 비만경제가 위기의 본질이다. 비만경제 는 소득과 소비, 저축과 투자, 재정수입과 지출, 수출과 수입에 대한 글 로벌 불균형에 뿌리가 있다. 미국, 영국, 남유럽 등 적자국의 경상계 정은 독일, 일본, 중국 등 흑자국의 자본계정으로 보전되었다. 글로벌 경제위기의 본질은 경상계정과 자본계정의 불균형(imbalance of current and capital account)에 있다. 지금 우리에게는 '방임된 탐욕의 경제학 (economics of let-alone greed)'이 아니라 '관리된 절제의 경제학(economics of managed restraint)'이 필요하다.

수고하고 땀 흘리는 다이어트경제
위기의 반성

거품은 언젠가 터진다는 것이 역사의 교훈이다. 거품이 만들어지고 터 지는 머니게임에는 판돈이 필요하다. 18세기 이후 식민지시대에는 식 민지에서 벌어들이는 판돈으로 가능했고, 2차 대전 이후 식민지들이 독 립한 후에는 금융시장의 개방과 세계화에 의해 신흥국과 개발도상국에 서 벌어들이는 판돈으로 가능했다. 정책당국은 규제를 완화하고, 감독 당국은 투기를 방관하고, 중앙은행은 판돈을 키웠다.

위기가 일어나기 전 2005년 7월 영국 《이코노미스트》는 판돈을 키우 는 중앙은행들의 행태[2]에 대해 다음과 같이 경고했다.

"중국의 값싼 상품은 중앙은행이 금리를 크게 올리지 않고도 인플레 이션 목표를 달성할 수 있게 했다. 이것은 흥청망청 차입을 불러왔다.

이렇게 유발된 초과유동성은 전통적인 인플레이션으로 연결되지 않고 주택 같은 자산가격으로 튀었다. 중앙은행들이 인플레이션 퇴치의 공을 내세우려 하지만 최근에는 중국이 큰 기여를 했다. 예를 들면 미국에서 구두와 의류의 평균가격은 지난 10년간 10%, 실질가격으로는 35% 하락했다. 오늘날 우리는 다시 19세기의 좋은 디플레이션(good deflation)을 맞고 있는 데 반해 중앙은행은 아직 그들의 인플레이션 타깃을 유지하기 위해 낮은 금리를 유지하고 있다."

나는 두 차례의 위기와 맞서 싸운 사람으로서 많은 전문가들의 조언과 충고를 들었다. 한마디로 인간은 수고하고 땀 흘려야 먹고살 수 있다는 단순한 진리였다. 하나님은 선악과를 따 먹은 아담을 에덴동산에서 추방할 때 우리에게 수고하고 땀 흘려야 먹고살 수 있는 숙명을 내렸다. 기본으로 돌아가서(back to the basics), 더 일하고, 더 저축하고, 더 투자하는(work hard, save more, invest more) 것이 근본적인 해결책이다. 돈을 뿌린다고 경제가 살아난다면 좋은 인쇄기만 있으면 되니 무슨 걱정이 있으랴?

은행은 예금을 받아 대출하고, 투자은행은 위험을 인수한 대가를 받고, 증권시장은 발행시장이 중심이 되고, 감독당국은 탐욕적 투기를 관리하면 위기를 예방할 수 있을 것이다. 위기를 맞으면 야단법석이다가 위기가 끝나면 잊어버리는 반복을 끊어야 한다. 1987년 미국 블랙먼데이(Black Monday)에 대한 대통령 태스크포스의 〈브래디 보고서(Brady Report)〉에서 밝힌 다섯 가지 건의 중 첫째가 '하나의 관청이 적지만 치명적인 규제 이슈를 조정해야 한다(One agency should coordinate the few, but critical, regulatory issues)'는 것이었는데, 미국은 이를 잊은 것 같다. 우리는 1997년 많은 진통을 치르고 하나의 감독당국(one regulatory agency)으로 통합했다. 중심국은 통 큰 사고와 과감한 개혁(big-thinking and radical-reform)을 주도하고, 주변국은 충실히 협력해야 문제가 해결될 수 있다. 누가 어떻게 할 수 있으랴?

거품과 불균형의 근저에는 준비통화의 자유발행(free printing of reserve currency)이라는 불편한 진실이 있다. 이것은 중심국에도 주변국에도 모두 독이 된다. 1997년 외환위기를 당한 아시아 신흥국의 입장에서는 미국, 유럽, 일본의 싼 단기자금으로 아시아에 비싼 장기대출을 하는 캐리트레이드가 위기의 핵심이었다. 외환시장의 환차익을 노린 선진금융기관의 재정거래(arbitrage trade)와 신흥국에 진출한 선진국 은행의 스왑자금(swap funds)이 신흥국 금융위기를 더욱 악화시켰다는 것이 1997년 아시아금융위기의 경험이다. 선진국 금융기관의 입장에서는 싼 이자의 캐리자금으로 높은 수익의 신흥금융시장에 투자하는 것이 땅 짚고 헤엄치기이지만 우리들에게는 위험한 일이다. 그들 개구쟁이는 재미로 연못의 개구리에게 돌을 던지지만(A punk kid throws a stone at frogs in pond and enjoys a fun), 우리들 돌을 맞은 개구리는 죽는다(The frogs to be stoned come to death). 선진국의 은행가들과 증권거래인들은 머니게임을 즐기는 것이지만, 선진국의 단기자금을 쓸 수밖에 없는 신흥국의 경제는 사느냐 죽느냐의 문제다.

나는 1980년대 외국은행의 끊임없는 스왑자금 확대 압력과 1990년대 과도한 금융시장 개방과 세계화 압력을 받으면서 땅 짚고 헤엄치는 그들이 던지는 돌에 맞아 고통받는 개구리 신세를 면치 못했다. 투기적이고 무분별한 단기자금에 대한 자본거래세(capital transaction tax)가 주변국 입장에서는 필요하다고 생각한다. 글로벌경제위기의 근본적인 해결을 위해서는 선진국, 신흥국 모두에게 피해를 주는 투기적인 단기자금의 급격한 유출입이 규제되어야 한다.

불균형, 불안정과 과점주의 국제금융질서
불편한 진실

글로벌경제위기의 근본적인 문제는 선진국의 과도한 소비와 신흥국의 과도한 저축에 따른 글로벌 불균형에 있고 이를 해결하기 위한 구조적 대책(structural measure)은 적자 선진국은 생산성 향상을 위해 더 일하고 더 저축하고 더 투자해야(work-hard, save-more & invest-more) 하고 흑자 신흥국은 지출확대(more spending)를 하는 것이다.

　루비니 뉴욕대 교수는 글로벌경제위기의 근본적인 해결을 위해 "큰 그림의 모색과 과격한 개혁(some big-picture thinking and some radical reform)"이 있어야 한다고 말한다. 평화와 풍요가 계속되면 사람들은 나태해지고 타락하여 결국에는 위기를 맞는다. 투기와 거품으로 이루어진 비만경제를 절제와 수고로 만들어진 다이어트경제로 전환하는 것은 매우 어려운 일이지만 지금 우리 모두가 깊이 생각해봐야 할 때가 되었다고 생각한다. 비만은 치명적인 고혈압과 당뇨병을 일으킨다. 거품과 위기의 근저에는 비만이 있고 지금 치료하지 않으면 죽음으로 갈 수도 있다. 미국의 대공황은 사람들을 각성시키고 많은 개혁이 일어나게 하였지만 그때와 지금의 선진국 상황은 다르다. 그때 선진국에서는 생산의 탄력성이 높아 수요가 문제였지만 지금 많은 선진국은 반대로 수요의 탄력성은 높지만 공급의 탄력성은 낮아졌다. 새로운 상황에 상응하는 새로운 개혁이 필요하다.

40여 년간 재정금융정책을 다루고 1997년 아시아금융위기와 2008년 글로벌경제위기와 싸운 나의 경험으로 생각하면 중심국의 통 큰 사고와 과감한 개혁은 쉽지 않고 위기의 근본적인 원인인 글로벌 불안정(global uncertainty)과 글로벌 불균형(global imbalance)으로부터의 탈출도 쉽지 않으리라 생각한다. 나의 비관적인 견해의 근거는 경제 내적으로 경상계정의 적자(deficits of current accounts)와 금융계정의 투기(speculation of financial accounts), 자산계정의 변동성(volatility of asset accounts)과 자본계정의 경직성(rigidity of capital accounts), 경제 외적으로 감독당국의 행정적 관료주의(administrative bureaucratism of regulator)와 입법당국의 정치적 대중영합주의(political populism of legislator), 그리고 국제금융체제의 과점주의(oligopolism of international financial system) 일곱 가지로 정리할 수 있다.

첫째, 가계활동, 기업경영, 금융시장, 재정활동, 대외무역에 관한 경상계정의 적자 문제다. 과다한 소비, 투자, 투기, 지출, 수입은 가계, 기업, 금융기관, 정부의 절제와 생산성 향상에 관련된 어려운 문제다. 다이어트가 쉽지 않은 것과 같다.

둘째, 실물경제와 독립적으로 움직이며 실물경제를 끊임없이 교란하는 금융계정의 투기 문제다. 궁극적으로 금융산업은 실물경제와 분리되어서는 독자적인 생존이 가능하지 않다고 생각한다. 돈에 대한 인간의 탐욕이 금융시장의 근저에 깔려 있기 때문에 더 어려운 과제다.

셋째, 변덕스러운 환율에 의한 자산계정의 변동성이다. 시장환율은 아시아위기와 글로벌위기에서 경상수지보다 자본유출입에 더 상관관계가 큰 변수가 되었고 그래서 더 변덕스러웠다. 1985년 플라자합의에 의한 엔화의 절상에 따라 일본의 대외 달러자산은 반 토막이 났다. 일본은 마른 수건을 짜며 경쟁력 회복을 위해 노력하였지만 '잃어버린 10년'으로 갔다. 2차 대전 후 금본위제도와 고정환율체제를 전제로 성립된 브레턴우즈체제는 1971년 이미 무너졌다. 환율과 경제지표와 자본유출입의 상관관계에 대한 재검토와 이에 따른 국제금융질서의 재검토가 필요하다. 거래의 기준이 매시간 매일 바뀌는데 어떻게 합리적인 상거래가 이루어질 수 있는가?

넷째, 독일, 일본, 중국 등 과다 저축국과 미국, 영국, 남유럽 등 과다 투자국 간 자본계정의 경직성 문제다. 자본계정의 경직성은 국제통화질서의 불안정성과도 관계가 깊고, 사회안전망과 생활습관에도 관련된 문제로서 쉽게 변화되지 않고 변화가 일어나도 장기간을 필요로 한다. 체력단련이 하루이틀의 운동으로 해결될 수 없는 것과 같다.

다섯째, 감독당국의 행정적 관료주의 문제다. 관료체제는 위기에 대해 안일하고 방관적이다. 관료주의는 인류 역사와 함께해온 난제 중의 하나다. 끝없이 변화와 개혁을 추진하고 있지만 언제나 미완의 과제로 남아 있다.

여섯째, 입법당국의 정치적 대중영합주의 문제다. 보통·평등선거와 다수결의 원칙에 입각한 민주주의체제에서 대중영합주의는 필요악이다. 선거자금과 표에 연결된 정치제도에서는 이성과 합리보다 감성과 인기가 앞서는 인기영합주의적 입법을 막기 어렵다. 미국 서브프라임사태의 근저에는 상업은행, 투자은행, 보험회사의 합병을 가능하게 한 1999년 금융서비스현대화법(Financial Services Modernization Act)과 파생상품의 규제를 완화한 2000년 상품선물현대화법(Commodity Futures Modernization Act)이 있고, 이 두 법은 금융권의 강력한 로비에 의해 만들어졌다. 그러면 다수결민주주의의의 대안은 있는가?

끝으로, 미국과 유럽 중심으로 주요한 결정이 이루어지는 불안정한 국제금융체제의 과점주의 문제다. 고정환율제와 금본위체제를 근간으로 했던 브레턴우즈체제는 1971년 미국의 금태환 중지선언에 의해 깨졌다. 현재 준비통화인 달러화, 엔화와 유로화를 마음대로 찍어낼 수 있는 국제금융질서의 유일한 세이프가드(safe guard)는 준비통화국의 자비와 절제(mercy and restraint)뿐이다.

달러가 기축통화인 국제금융질서에서는 달러 자체가 사실상 무한수요를 갖고 있는 상품이기 때문에 달러인쇄기(dollar-printing machine)가 고장 나지 않는 한 미국은 기술적으로 대외부채로부터 자유롭고 환율도 보유고도 걱정할 것이 없다. 미국의 입장에서 미국경제가 흔들릴 때 달러화 가치가 절상되는 역설은 이해하지만 그 원인은 불안정한 국제금융질서에 있고 이러한 질서는 미국의 리더십에 의해서만 해결될 수 있다. 주변국이 위기를 피할 수 있는 길은 지속적인 경상수지 흑자와 높은 보유고 이외에는 없다. 주변국이 외환시장에 개입하는 것은 생존을 위한 주권행사이고 위기를 피할 수 있는 유일한 수단이다.

실물경제의 글로벌 불균형과 금융경제의 글로벌 불안정은 지속가능성에 문제가 많다. 실물경제의 불균형은 많은 노력과 긴 시간이 필요하다. 금본위제도가 무너진 국제금융질서는 가치척도가 무너진 시장질서다. 쌀장수의 됫박이 매일 바뀌면 시장의 신뢰가 무너지고, 마일의 길이가 매일 바뀌면 법규의 권위가 무너진다. 교역의 불균형은 지속가능성에 한계가 있고, 시장환율의 불안정은 이론적으로 성립할 수 없다. 국제금융질서의 불편한 진실(inconvenient truth)은 큰 그림의 모색과 과격한 개혁을 필요로 한다.

중심국의 리더십과 주변국의 협력

2008년 글로벌경제위기로 G7체제와 함께 G20체제가 등장했다. 신흥국 중국, 인도, 브라질, 러시아, 이른바 BRICs의 경제력이 커짐에 따라 G7의 비중이 세계 GDP의 50% 아래로 내려갔고 이에 따라 대표성과 위기대처능력의 한계를 인식하기 시작했다. 이런 배경에서 1999년 출범한 G20재무장관회의가 글로벌경제위기 극복을 위한 국제공조를 위하여 2008년 11월 15일 정상회의로 격상되었다. 정상회의가 개최되는 날 아침 《워싱턴포스트》는 1면에 G20정상회의에 대해 "역사적 힘의 이동(Historic Power Shift)"이라는 제목의 기사를 실었다. G20그룹은 세계 인구의 3분의 2에 달하고 세계 GDP의 85%에 해당하며 세계 교역량의 80%을 차지하는 등 역사적 힘의 이동이 확실하게 나타나고 있었다.

2010년 11월 11일 한국은 의장국으로서 G20서울정상회의(G20 Seoul Summit)를 개최하고 환율에 관한 새로운 원칙의 합의를 이뤄내는 데 주도적 역할을 했다. 2010년 G20서울정상회의에서 합의된 환율에 관한 원칙은 국제금융질서의 대전환을 이루는 커다란 변혁이다. 환율에 관해 합의된 내용을 보면 첫째로 원칙은 '경제지표를 반영하는 탄력적 환율(exchange rate flexibility to reflect underlying economic fundamentals)'로 하고, 둘째로 준비통화를 발행하는 선진국은 '환율의 과도한 변동성과 무질서한 움직임을 경계(vigilant against excess volatility and disorderly movements in exchange rate)'하고, 셋째로 신흥국의 보유고와 환율에 관한 정책대응에 '신중하게 설계된 거시건전성 규제의 도입(include carefully designed macro-prudential measures)'을 포함한다는 것이다.

외환시장 개입을 부정해왔던 IMF와 미국이 환율에 대한 새로운 합의를 도출해준 데 대해 경의를 표한다. 준비통화국이 돈을 찍어낼 때 주변국이 선택할 수 있는 유일한 대안은 환율주권(sovereignty on exchange rate)으로, 우리는 이의 관철을 위해 끊임없이 노력했다. 환율에 관한 새로운 합의는 국제금융 역사에 길이 남을 코페르니쿠스적인 전환이라 생각한다. 우리가 과거 국제질서의 규칙준수자(rule taker)에서 규칙제정자(rule maker)로 기여할 수 있게 된 것은 또 하나의 기적이라 할 수 있다.

G20체제는 이제 시작일 뿐이다. 글로벌 불균형과 불안정을 해소하고 과점주의적 국제금융체제를 개편하기 위해서는 중심국의 리더십과 주변국의 협력이 절실하다. 이것이 1997년 아시아금융위기, 2008년 글로벌경제위기, G20재무장관회의와 정상회의를 직접 경험한 나의 솔직한 생각이다.

1 *Financial Times*(2010. 5. 16)의 Martin Wolf 칼럼 "The grasshopper and the ants-a contemporary fable"의 관련된 내용은 다음과 같다.

"Yet life is more complex than in Aesop's fable. Today, the ants are Germans, Chinese and Japanese, while the grasshoppers are American, British, Greek, Irish, and Spanish. ⋯ When the crash comes to America and households stop borrowing and spending and the fiscal deficit explodes, the government does not say to itself: "This is dangerous. We must cut back spending." Instead, it says: "We must spend more, to keep the economy humming." ⋯ If you want to accumulate enduring wealth, do not lend to grasshoppers."

2 *The Economist*(2005. 7. 30)의 두 기사 "How China runs the world economy" 와 "China and the world economy"의 요지는 다음과 같다.

"Cheaper goods from China have made it easier for central banks to achieve their inflation goals without needing to push real interest rates sharply higher. This has encouraged a borrowing binge. The resulting excess liquidity has flowed into the prices of assets, such as homes, rather than into traditional inflation⋯. Central bankers like to take all the credit for the defeat of inflation, but China has given them a big helping hand in recent years. China's ability to produce more cheaply has pushed down the prices of many goods worldwide, as well as restraining wage pressures in developed economies. For instance, the average prices of shoes and clothing in America have fallen by 10% over the past ten years—a drop of 35% in real terms. ⋯ Today, we would again have had "good deflation"—but central banks have instead held interest rates low in order to meet their inflation targets. The BIS frets that this has encouraged excessive credit growth."

14

방임된 탐욕에서
관리된 절제로

: : 절제의 경제학

우리에게 역사는 현명한 판단을 주고, 수학은 지혜로운 해법을 준다고 한다. 호황과 불황을 되풀이해온 경제위기의 역사는 위기를 감지할 수 있는 현명한 판단력을 제공한다. 경제학자들이 만들어놓은 수리경제학의 모델은 이미 지혜로운 해법을 제공하고 있다. 지구촌이 다시 위기를 맞지 않기 위해 글로벌경제위기에 대한 반성을 토대로 하여 교역의 불균형, 환율의 불안정과 국제금융질서의 과점주의에 대한 재검토가 필요하다. 글로벌경제위기에서 나타난 문제를 해결하기 위해 많은 경제학자들이 다양한 해법을 제시하고 있다.

다양한 해법에 따른 전례 없는 대책에도 불구하고 세계경제는 침체를 벗어나지 못하고 있다. 지속가능한 회복까지 10년 이상 걸리는 긴 여정이 될 것이라는 전망도 있다. 글로벌경제위기의 뿌리에는 경상계정과 자본계정의 불균형과 금융의 불안정이 있다. 지금 우리에게는 '방임된 탐욕의 경제학'이 아니라 '관리된 절제의 경제학'이 필요하다. 경제학에서도 새로운 상황에는 새로운 창이 필요하고 새로운 창은 새로운 방패를 필요로 한다.

탐욕과 투기의 금융은 땀 흘리고 수고하는 사람의 노력을 무력하게 만들었다. 금융이 실물을 좌우하는 주요한 변수라는 것이 아시아금융위기와 글로벌경제위기에서 드러났듯이 금융 변수가 빠진 경제학은 무력했다. 금융자본의 급격한 유출입과 투기가 두 위기의 뿌리였다. 최근 영국《이코노미스트》는 은행과 전통적인 경제학의 문제를 다음과 같이 보도했다.

"금융위기는 중앙은행들과 다른 정책결정자들이 사용하는 표준 거시정책모델, 즉 동태·확률적 일반균형모델(dynamic stochastic general equilibrium model, DSGE)[1]이 금융시스템을 정확히 제공하지도 못하고 실물세계에 나타나는 호황과 불황을 말해주지도 않는다는 것을 보여주었다. 많은 학자들이 이런 실패를 고치기 위해 노력하고 있다. 첫 번째 일은 은행을 모델에 넣는 것이다. 오늘의 주류 거시모델은 소수의 주체, 즉 은행을 제외하고 가계, 비금융기업과 정부를 포함한다. 거시경제학자들은 은행이 이익추구를 위해 대출을 하고 경제에 영향을 주는 기업이라기보다 예금자와 차입자 사이의 단순한 베일(veil)이라고 생각했기 때문에 생략했다."

불균형의 해소와 국제금융질서의 개편
위기의 교훈

2008년 글로벌경제위기는 우리에게 지구촌의 불편한 진실과 함께 많은 교훈을 남겼다. 글로벌 불균형과 불안정은 국제금융질서의 과점주의에 뿌리를 두고 부문별로 경상계정, 금융계정, 자산계정, 자본계정, 국제금융질서에서 문제를 키워왔다. 이러한 문제에 대해 글로벌위기는 다음과 같은 교훈을 남겼다. 문제는 상황판단과 실천가능성에 있다.

첫째, 경상계정의 적자를 해결하기 위한 과제는 가계의 절약과 저축, 기업의 내부유보 확대와 효율적 투자, 재정의 양입제출 준수, 적정환율의 유지 등이다. 구체적인 전술은 나라마다 상황에 따라 다를 수 있다. 소비의 위축에 따른 경기침체는 다음 단계에서 투자의 결실로 소득이 증가할 때까지 기다리면 되지만 단기성과에 민감한 노동자, 기업인들이 기다리지 못하고 정치인들은 유권자들의 불만에 굴복하는 것이 문제다. 다이어트가 어려운 것과 같다.

둘째, 금융계정의 탐욕은 잘 짜인 규제와 감독으로 관리가 가능하다. 그러나 탐욕은 인간의 본능이고 계량이 불가능하며 금융인들의 끊임없는 로비를 막기가 어렵다. 감독과 규제를 허물거나 무력화하는 혁신상품(innovative commodities)이나 규제선택(regulatory arbitrage)도 문제다.

셋째, 자산계정의 변동성은 환율에 관한 정부의 합리적 개입에 의해 완화할 수 있다. 외환시장 개입에 관해서는 2010년 G20서울정상회의에서 원칙을 합의했지만 아직 구체적인 행동지침이 만들어지지 않았다. 과거 인류사에 시장환율(market exchange rate)이라는 것은 없었다. 매시 매일 킬로미터의 기준이 달라지면 제한속도를 지킬 수 없다. IMF와 선진국은 외환보유고 이외에 아무 수단도 없는 주변국에 시장개입을 금지하라는 압력을 오랫동안 행사해왔다. 주변국에게는 사느냐 죽느냐 선택의 문제다.

넷째, 자본계정의 경직성은 과다저축국의 소비 확대와 과다소비국의 저축 확대에 의해 해결될 수 있다. 자본계정의 경직성은 국제통화질서의 불안정, 사회안전망의 불비, 생활습관과 관련이 있는 사항이라 쉽게 바꾸기 어렵다. 일본이 1960년대부터 쌓이는 흑자를 상품 수입(commodity import)에 쓰지 않고 달러 수출(dollar export)에 매진한 것이 자충수가 되어 1985년 플라자합의로 달러자산이 반 토막이 났고 1990년대의 '잃어버린 10년'을 맞았다.

다섯째, 관료주의와 대중영합주의에 대하여는 누구나 알고 있지만 대안을 찾기 어려운 문제다. 보통·평등·직접·비밀선거의 다수결민주주의는 세금을 적게 내고 책임을 덜 지는 사람이 다수다. 책임과 권한이 분리된 선거구조에서는 옳고 그름이 아니라 좋고 나쁨에 의해, 나라의 장래보다는 나의 이해에 따라 투표결과가 좌우되는 경우가 많다. 다수결민주주의는 현실적으로 대중영합주의를 피할 수 없고 관료주의는 다수결민주주의의 종속변수다. 다수결민주주의의 대안으로 전문가민주주의(techno-democracy)가 제기되고 있다. 관료주의와 대중영합주의의 극복은 끊임없이 노력해야 할 숙제다.

끝으로, 국제금융체제의 과점주의는 중심국이 말하지 않을 뿐이지 스스로 알고 있으리라 생각한다. 글로벌 불균형을 해소하고 투기적 거품 창출을 예방하기 위한 기초는 국제금융체제의 개편이다. 자유로운 준비통화 발행이 허용되는 한 불균형과 불안정으로 발생하는 거품과 파열은 막기 어렵다. 그들은 환율과 대외부채에서 기술적으로 자유롭지만 주변국에게는 환율과 외환보유고 이외에 부도를 막을 수단이 없다. 돌을 던지는 개구쟁이와 그 돌에 맞는 개구리의 차이다.

1944년 브레턴우즈체제가 성립될 때 케인스는 30개의 상품을 포함한 바스켓을 기준으로 한 뱅커(bankor)를 글로벌슈퍼커런시(global super currency)로 하자고 제안한 적이 있다. 1984년 미테랑 프랑스 대통령이 새로운 국제통화체제를 제창했고 2008년 브라운 영국 총리도 1944년의 브레턴우즈체제의 전면 개혁을 주창했다. 금, 은, 철, 석유, 곡물 등 세계에 골고루 있는 상품을 바스켓에 넣는 신금본위제도(new gold standard)의 논의가 필요한 시점이 되었다.

지구촌이 다시 위기를 당하지 않기 위해 글로벌 불균형과 불안정을 해소하기 위한 국제금융질서의 개편은 불가피하다. 브레턴우즈체제를 유지하기에는 상황이 너무 바뀌었다. 시장환율제도는 불안정하고 악용하면 불균형이 더 커진다. 과점주의적 국제금융체제는 대표성에 문제가 크다. 지금의 국제금융질서 아래에서 중심국은 '준비통화 찍기', 그리고 주변국은 '준비통화 쌓기'에 매달릴 수밖에 없다. 탐욕과 투기자본이 정보기술과 결합한 괴물은 관리가 어렵다. 중심국의 통 큰 생각과 과격한 개혁이 필요하다. IMF는 G20체제와 협력하여 새로운 국제금융체제 창설의 주역이 되기를 바란다.

케인스 · 프리드먼 · 하이에크 · 슘페터

경제학의 모순

창과 방패, 즉 모순(矛盾)은 인간에게 영원히 풀 수 없는 숙제를 남긴다. 어떤 방패도 뚫을 수 있는 창과 어떤 창도 막을 수 있는 방패를 만들기 위해 노력하는 것은 다시 굴러떨어질 것을 알면서도 산 위로 바위를 밀어 올려야 하는 시시포스의 형벌과 같다. 두 번 경험한 위기에 대응하기 위한 경제학에서 나는 창과 방패의 모순을 해결할 수 없었다.

자본주의는 15세기 중상주의 시대의 상업자본주의(commercial

capitalism)에서 출발하여 18세기 산업혁명을 거치면서 산업자본주의 (industrial capitalism)로 발달했고 20세기에 들어와 금융시장을 중심으로 금융자본주의(financial capitalism), 증권자본주의(security capitalism)로 발달하여왔다. 21세기는 디지털기술로 네트워킹된 지구촌(digitally networked global village)이 되었고, 지구촌을 하나의 시장으로 하는 디지털자본주의(digital capitalism), 글로벌자본주의(global capitalism) 시대라고 한다.

경제학은 시대상황에 따라 그 시대의 문제해결을 위해 존재하는 것이기 때문에 시대상황이 바뀌면 한계를 가질 수밖에 없다. 자본주의의 영웅산업인 철강산업은 1980년대에 미국에서 사라졌고 휴대폰은 한국의 삼성전자가 세계의 선두주자다. 21세기 들어 선진국은 상품의 생산과 공급에 한계가 있기 때문에 공급이 탄력적이었던 시대의 경제학도 한계를 가질 수밖에 없다. 공급이 탄력적이지 못하면 경기부양책은 거품으로 연결되기 쉽다. 40여 년 재정금융에 관한 정책을 다루면서 가장 많이 만난 경제학은 케인스(John Maynard Keynes)와 프리드먼 (Milton Freedman), 그리고 하이에크(Friedrich von Hayek)와 슘페터(Joseph Schumpeter)였다. 케인스의 유효수요이론(effective demand theory)과 프리드먼의 통화론(monetarism)은 공급과 부채의 제약, 하이에크의 법치적 자유시장경제(free market economy by rule-of-law)와 슘페터의 창조적 파괴(creative destruction)는 정서와 정치의 제약이라는 현실에 부딪히게 했다.

먼저, 케인스의 유효수요이론은 제조업의 경쟁력을 상실한 경우 공급의 한계를 극복할 수 없고, 정부지출이 과도한 경우 국가채무의 한계라는 장애가 있다. 맨큐(Gregory Mankiw) 하버드대 교수는 감세가 침체와 싸우는 최선의 재정정책(the best fiscal tool to combat recession)이라고 주장한다. 이와 같은 주장은 미국 대통령경제자문위원장을 지낸 로머(Christina D. Romer) 박사가 2차 대전 후의 재정정책을 분석한 결과 1달러의 감세가 3달러의 GDP를 증가시켰다는 실증적 연구를 근거로 하고 있다. 하버드대의 알레시나(Alberto Alesina) 교수와 아르다그나(Silvia Ardagna) 교수도 1970년 이후 21개 OECD 국가들의 91개에 걸친 경기부양책을 연구한 결과 법인세와 소득세의 감세가 성공적이었고 지출확대는 실패였다는 것을 밝혀냈다. 따라서 국가채무가 과도한 경우 재정의 건전성은 경기회복에 못지않게 중요한 과제이기 때문에 같은 금액의 경기부양정책이라면 감세정책이 효율적이라 할 수 있다.

한국은 1980년대 이후 꾸준히 감세정책을 써왔고 세율인하에 의해 결과적으로 세입이 증대하였다. 2008년 위기 때도 세율을 인하하였지만 다른 선진국에 비해 빠르게 경기가 회복되어 2009년 이후 법인세와 함께 전체 세입이 늘어났다. 다른 나라에 비해 낮은 10%의 부가가치세율로 내국세입의 30% 전후를 거두고 있다. 생산능력에 탄력성이 있다면 기업의 생산부문에 대한 직접지원이 유효성이 큰 것은 당연하다. 케인스가 유효수요이론을 주장했을 때 미국이나 영국에서는 생산능력이 충분했기 때문에 수요만 있으면 공급에는 문제가 없었다. 지금 미국과 영국은 그때와 다르다.

다음, 프리드먼의 통화론은 생산능력이 탄력적일 때 유효성이 높고 준비통화를 가진 나라에서는 가능하다. 그렇지 않을 때 대외지급이 불가능한 통화의 팽창은 거품만을 만들게 된다. 위기를 맞은 주변국이 신용팽창을 하게 되면 자국화폐의 절하를 초래하여 급격한 외화의 유출과 퇴장의 위험이 일어난다. 준비통화국의 급격한 통화 팽창은 통화전쟁을 유발하여 주변국에 피해를 주게 된다. 투기의 수익률이 금리를 상회할 때 통화의 팽창은 투자로 연결되기보다 투기로 연결된다.

1997년 외환위기 당시 IMF는 한국에 통화긴축과 금리인상을 권고했고 우리는 권고대로 했다. 2008년 글로벌경제위기 때 미국과 일본 등 많은 중심국은 양적완화와 금리를 인하했지만 IMF는 말이 없었다. 준비통화 여부에 따라 달라지는 통화경제학은 혼란스럽다. 2008년 한국은 단기외채를 감당할 수 있는 외환보유고를 갖고 있었기 때문에 금리를 내리고 신용을 확대할 수 있었다. 소규모 개방경제인 한국은 경기상황보다 외환사정이 통화정책에 더 큰 영향을 미쳤고 위기를 예방하기 위해 대내균형보다 대외균형을 우선할 수밖에 없었다. 소규모 주변국은 대외균형이 우선되지만 대규모 중심국은 대내균형이 우선되는데, 이것은 힘의 차이이지 경제이론의 차이는 아니다.

통화론자들의 주장에 따라 미국이 3차에 걸쳐 제로금리에 3조 달러를 넘게 뿌린 양적완화의 최종 귀착이 궁금하다. 미국의 경기가 침체되면 달러화 가치가 떨어져야 하는데 시장의 불확실성이 높아짐에 따라 달러화를 선호하고 주변국의 퇴장수요(hording demand)가 증가함으로써 달러화 가치가 올라가는 역설을 생각하면 미국의 입장에서 정당성이 있다고 하겠다. 2008년의 서브프라임사태가 생산의 한계를 그대로 두고 저금리의 신용팽창이 원인이었다는 점에서 경제학의 원칙에 따라 생각하면 양적완화는 병을 더 깊게 하지 않을까 걱정된다. 서브프라임사태는 파생상품의 수익률이 금리를 상회하여 발생한 거대한 거품이 파열된 것이다.

한편, 하이에크의 법치적 자유시장경제는 가장 이성적이고 냉철한 논리를 바탕으로 한 경제학이라 생각한다. 법치주의가 실종된 한국이 추구하고 싶은 경제학이라고 생각하지만, 현실적으로 다수결민주주의 아래에서 실업, 경기침체, 그리고 높은 복지수요를 감당하기 어려운 경제학이다. 사람의 정서는 옳고 그름이 아니고 좋고 싫음에 의해 결정되고 정서가 다수의 대중을 지배한다. 상가에 가서 울어준다고 죽은 사람이 살아나지 않지만 우는 척이라도 해야 하는 사람의 정서를 누가 어찌하랴. 현실은 슬프고, 삶은 어렵고, 대중은 참을성이 없는데, 이상은 너무 멀리 있다.

한국에서 1997년 위기를 당한 후 등장한 좌파 정부 10년은 법치주의의 후퇴, 과도한 복지, 반기업정서를 불러왔고 2008년 우파정부의 개혁은 정치적 대중영합주의에 의해 지지부진할 수밖에 없었다.

끝으로, 슘페터의 혁신에 의한 창조적 파괴는 경제위기를 근본적으로 치료할 수 있는 이론이라 생각한다. 기술의 발전뿐만 아니라 새로운 시장개척, 새로운 상품개발, 상품 공급방식의 변경도 슘페터는 혁신이라 했다. 창조적 파괴는 현실적으로 정치적 압력과 정리해고에 대한 저항 때문에 채택에 용기가 필요한 정책이라 생각된다. 보통·평등선거의 다수결민주주의에서는 유권자의 저항을 이기기 어렵다. 2008년 서브프라임사태를 맞은 미국은 창조적 파괴 대신에 대마불사로 위기에 대처했다.

1997년 위기를 맞은 한국은 정치적 이유로 혁신에 의한 창조적 파괴를 제대로 하지 못했다. 정치권과 노동조합은 노동시장의 경직성을 더욱 강화해왔다. 생산성 향상을 위한 설비투자나 정리해고는 노동조합과 합의가 있어야 하는 노사협약이 많다. 한국에서는 가장 어려운 과제다.

케인스, 프리드먼, 하이에크, 슘페터의 경제학은 경제정책에 많은 기여를 했다. 정책을 집행하는 현장에서 그들의 경제학을 이해하고 정책으로 구체화할 때 경제의 상황과 나라의 여건을 반영해야 하는 당국자의 입장은 어렵다. 케인스와 프리드먼은 소비와 유동성을 중심으로 경기부양에 초점을 둔 현실적이고 대중적인 따뜻한 가슴(warm heart)의 경제학이고, 하이에크와 슘페터는 투자와 생산성을 중심으로 구조조정에 초점을 둔 이상적이고 구조적인 차가운 머리(cold head)의 경제학이라 생각된다. 현실과 이상은 서로 멀고 가슴과 머리는 서로 상충된다. 정책 현장에서는 공급과 부채의 한계가 있고, 정서와 정치의 한계를 넘기가 어렵다. 현실의 정책은 이것도 저것도 합친 혼합의 길을 가는 경우가 많고 상황에 따른 서로 상반된 선택과 조합(choice and mix)이 불가피한 작업이었다.

상황에 따른 선택과 정책의 조합

한국의 경험

2009년 OECD 국가들이 평균 -3.5%의 마이너스 성장을 할 때 우리는 0.3%의 플러스 성장을 하고 2010년부터 가장 빠른 속도로 경제를 회복시켰다. OECD 국가가 평균 수출이 2009년 10.9% 감소할 때 우리는 7.8% 감소했고, 2010년 12.4% 증가할 때 우리는 15.5% 증가하여 세계 12위에서 7위 수출국이 되었다. R&D에 대한 투자에 집중하여 2012년 GDP 대비 투자비중이 4.36%를 기록하여 2008년 세계 5위에서 1위가 되었다.

가장 빠른 경제회복은 환율정상화 및 금리인하와 함께 37조 9,000억 원(302억 달러)의 재정투입, 34조 9,000억 원(278억 달러)의 대규모 감세 정책, 22조 3,000억 원(177억 달러)의 4대강 프로젝트 등 공격적 재정금융정책이 주요한 요인으로 작용했다. 2008년 확정된 감세와 세출증가를 합친 총재정투입규모는 GDP의 7.1%인 72조 8,000억 원(579억 달러)으로 OECD 국가 중 가장 빨리 최대 금액의 재정정책을 집행했다.

존스(Randall S. Jones) OECD 한국·일본과장은 2008년 한국의 재정금융정책에 대해, 원화 절하에 의해 수출을 증가시킴으로써 경제회복에 기여했고, OECD 국가 중 최대 규모인 감세와 지출 증가로 국내수요를 회복시켰고, 확장통화 정책은 실질금리를 마이너스로 만들어 투자를 확대시켰다고 평가했다. 랄(Subir Lall) IMF 한국과장은 한국의 재정금융정책에 대해 경제가 침체될 때 부양정책을 어떻게 써야 하는가에 대한 교과서적인 사례(textbook example)라며, 글로벌경제위기를 맞아 오히려 생산을 확대함으로써 시장점유율을 확대했고, 환율 흐름도 시장경쟁력에 도움이 됐다고 평가했다.

빠르고 단호한 재정금융정책에도 불구하고 국가부채비율은 2012년 OECD 통계로 우리는 GDP의 35.5%인 데 비해 일본은 218.8%, 미국은 102.1%, OECD 전체 평균은 107.4%이다. 확장적 재정금융정책의 배경에는 세계 최우량 수준인 90% 이하의 상장기업 부채비율도 있었다.

2008년 글로벌 경제위기에서 우리는 특정 경제이론보다 1997년 위기에서 배운 교훈에 따라 감세와 지출 확대, 금리인하와 통화량 확대, 선별적 파괴와 구조혁신 등 재정금융의 모든 분야에 대해 한국의 상황에 따라 가능한 선택과 정책의 조합(choice and policy mix)을 추구했다. 그리고 선제적이고(preemptive), 결정적이며(decisive), 충분한(sufficient) 정책을 위기 첫해에 추진했다. 소규모 개방경제는 어떤 경우에도 살아남기 위해 수많은 비판 속에 대외균형을 우선하지 않을 수 없었다. 나에게는 공급의 탄력성과 자유 달러 발행이 전제가 되었던 미국 경제학과의 전쟁이 위기와의 전쟁보다 힘들었다.

땀과 수고의 관리된 절제

저축이 미덕인가, 소비가 미덕인가? 투자와 투기는 어떻게 다른가? 집 값이 올라가는 것이 좋은가, 내려가는 것이 좋은가? 제조업이 없는 서 비스업이 지속가능한가? 금융업이 독자적인 산업으로 존속할 수 있는 가? 발행시장과 따로 노는 유통시장은 무슨 의미가 있는가? 자유와 규 제의 한계는 어디인가? 노동과 소득에 대한 경제학은 많은데 탐욕과 부 에 대한 경제학은 왜 별로 없는가? 소로스와 버핏이 과연 존경받아야 하는가? 그리고 가장 중요한 것, 쌀장수의 됫박은 아침저녁 같은데 최 대의 가치척도인 환율은 시도 때도 없이 바뀌어도 되는가? 매일 킬로미 터의 길이가 달라진다면 어떻게 속도제한을 지킬 수 있는가? 내가 40여 년간 재정금융정책을 수행하면서 끊임없이 만났던 의문들이다.

이런 의문에 봉착하면 '세계인구 10명 가설'과 'each other's hamburger' 이야기를 생각하곤 했다. 세계인구가 10명이고 이들이 농업에 종사한다 고 가정할 경우 1명이 농업기술을 연구할 때, 또 1명이 비료를 생산할 때, 또 1명이 관리를 담당할 때를 계속 생각해보자. 적절한 수준에서는 생산성이 높아져 모두의 후생이 올라가지만 종국적으로 10명 모두 직접 생산에서 떠나면 생산물은 제로가 된다. 이것이 서비스업의 한계이자 거품생성의 한계라는 생각에 미치게 된다. 햄버거 장수 두 사람이 1달러 짜리 햄버거를 서로 사고팔았을 때 마지막에는? 내가 미국에서 공부할 때 월스트리트에서 일어나는 머니게임의 한계를 햄버거 장수에 비유한 교수의 이야기다. 두 가지 가설은 경제정책을 선택하는 현장인에게 사 물을 단순화해서 문제를 푸는 수학적 지혜를 제공한다. 금융과 실물, 서비스와 제조업, 거품과 실물을 가리고 경제의 지속가능성을 판단하는 데 유용한 도구가 된다. 경제학은 현장의 나에게 명쾌한 결론을 내려주지 못했다. 내가 하면 투자, 남이 하면 투기가 결론일까?

두 번의 위기에서 생산 증가와 연결되지 않은 소비 증가와 가격상승은 거품경제학(bubble economics)이고, 생산의 탄력성이 없는데 소비와 투자를 확대하는 경제학은 비만경제학(obesity economics)이라는 생각이 들었다. 투기와 거품이 없고 절제와 수고에 의한 다이어트경제학(diet economics)를 생각해보았다. 케인스의 따뜻한 가슴(warm heart)과 하이에크의 차가운 머리(cold head)는 함께 갈 수 없는가도 생각해보았다. 탐욕적인 보이지 않는 손(greedy invisible hand)이 아닌 합리적인 보이지 않는 손(rational invisible hand)을 어떻게 하면 이룰 수 있을까도 생각해보았다. 거품은 노동과 소득의 흐름(flow)이 아니라 탐욕과 부의 축적(stock)이 만든다고 생각도 해보았다. 그들은 부가 쌓여 있으니까 확률의 법칙에 따라 몇 번 잃어도 딸 수 있고 부를 팔아도 되니까 무모할 수 있지만 노동과 소득만 가진 사람은 한 번 잃으면 거덜난다. 탐욕의 온상인 유통시장과 파생상품에 대한 과격한 규제가 필요하다고 생각된다.

하나님은 우리가 수고하고 땀 흘려야 먹을 수 있도록 만들었다. 절약과 저축이 미덕인 경제학, 제조업과 서비스업이 같이 가는 경제학, 실물경제와 화폐경제가 같이 가는 경제학, 발행이 중심이 되는 증권시장의 경제학, 탐욕과 투기가 아닌 절제와 투자의 경제학, 따뜻한 가슴과 차가운 머리가 조화된 경제학, 그래서 지방을 빼고 근육으로 채워진 당당한 몸매의 경제학을 생각해본다. 경제학자들의 통 큰 이론(big theory by economists), 정부의 통 큰 개혁(big reform by government), 가진 자들의 통 큰 자비(big mercy by the haves), 그리고 월스트리트와 롬바드스트리트의 통 큰 사고(big thinking by Wall Street & Lombard Street), 이런 것들이 가능한 일일까? 현실은 우울하다.

탐욕과 투기를 억제하고, 절제와 투자를 촉진하는, 따뜻한 가슴과 차가운 머리가 조화되는, 그리고 금융을 포함하는 다이어트경제학이 필요하다. 하이에크의 법치적 자유시장경제와 슘페터의 혁신에 의한 창조적 파괴, 그리고 금융을 포함하는 관리된 절제(managed-restraint)의 경제학이 40여 년 재정금융정책의 현장에서 은퇴하는 사람의 꿈이다. 그래도 희망은 있다.

1 *The Economist*(2013. 1. 19)는 "New Model Army"라는 제목의 기사를 실었는데 주요 내용은 다음과 같다.

"The Depression of the 1930s and the "stagflation" of the 1970s both forced rethinks. The financial crisis has sparked another. The crisis showed that the standard macroeconomic models used by central bankers and other policymakers, which go by the catchy name of "dynamic stochastic general equilibrium"(DSGE) models, neither represent the financial system accurately nor allow for booms and busts observed in the real world. A number of academics are trying to fix these failings. Their first task is to put banks into the models. Today's mainstream macro models contain a small number of "representative agents", such as a house hold, a non-financial business and the government, but no banks. They were omitted because macroeconomists thought of them as a simple "veil" between savers and borrowers, rather than profit-seeking firms that make loans opportunistically and may themselves affect the economy. This perspective has changed, to put it mildly. Hyun Song Shin of Princeton University has shown that bank's internal risk models make them take more and more risk as asset prices rise, for instance. Yale's John Geanakoplos has long argued that small changes in the willingness of creditors to lend against a given asset can have large effects on that asset's price. Easy lending terms allow speculators with little cash to bid up prices far above their fundamental value. If lenders are more conservative, the marginal buyers are forced out of the market, causing prices to tumble."

제5부

위기가 기회였다

위기의 대응

I5 한국경제와 글로벌경제위기

:: 한국의 글로벌위기

2007년 12월 19일 대통령선거에서 이명박 한나라당 후보가 압승을 거두게 됨으로써 나의 3년에 걸친 정권창출 장정은 끝나고 10년의 인생유전도 감격으로 마무리되었다. 그리고 2008년 2월 25일 새 정부가 출범하고 2월 29일 금요일 기획재정부 장관이 되어 10년 만에 과천청사에 돌아왔다. 주말에 사무실에 나가 3월 3일 월요일 첫 국무회의에 상정할 유류세 인하와 예비비 지출안건을 챙기고는 10년 전 올랐던 뒷산에 다시 올랐다. 소나무들의 키가 부쩍 커 건너 청계산이 가렸다. 어쩌면 흘러간 10년은 내 인생에서 가장 아름다웠는지도 모른다. 구름에 달 가듯이 살았고 강같이 흐르는 평화가 있었으니까.

2008년은 IMF가 경제전망을 매달 수정할 정도로 세계경제의 불확실성이 컸다. 한국은행은 2008년 4.7%의 경제성장을 전망했으나 결과는 2.3%였다. 2007년 미국에서 발생한 서브프라임사태로 2008년 3월 미국 5대 투자은행 중 베어스턴스(Bear Sterns)가 파산위기로 몰리고 국제금융시장은 경색되어갔다. 2009년에는 세계경제를 마이너스 성장으로 몰아넣는 글로벌경제위기로 치달았다. 1997년 재정경제부 차관으로서 위기와 온몸으로 부딪혔는데 다시 장관으로서 위기와 맞서게 되었다. 한 번도 만나기 힘든 위기를 차관으로서, 그리고 장관으로서 두 번 맞게 되었다. 실수를 해서는 안 되는 국가의 명운이 걸린 상황이었다.

한국경제는 2008년 글로벌경제위기가 오기 전에 이미 저투자, 저환율, 저기술의 3저함정과 저성장의 늪에 빠져 있었다. 대외경쟁력의 핵심인 투자, 환율, 기술의 3저함정은 경상수지도 적자의 늪으로 몰아가고 있었다. 2008년 이전 3년간의 경상수지 악화 추세가 1997년 환란 전 3년간의 추세와 꼭 같다는 것이 환란의 혹독함을 경험한 우리에게 가장 무서운 상황이었다.

위기의 역사는 되풀이되어왔다. 과거 우리는 국제수지 적자 누적에 의해 1965년, 1971년, 1975년, 1982년, 1997년 다섯 번의 외환위기가 있었지만 1997년 외환위기 이전에는 냉전체제의 산물인 한·미·일 특수관계, 월남전 특수, 중동건설 특수라는 외생변수에 의존하여 고통스러운 위기를 당하지 않고 수습할 수 있었다. 1997년 외환위기 때 행운의 외생변수는 없었고 IMF 구제금융이라는 외세에 의해 혹독한 비용을 치르고 넘었다. 2008년은 다시 외세에 의한 혹독한 비용을 치러서도 안 되고 오직 스스로의 힘에 의해 위기를 극복하는 길만 남았다.

어디서 전단을 열고 어떤 수순으로 응전해야 할까? 나는 1997년 환란의 교훈을 생각했다. 미국 컨설팅회사 부즈 앨런 앤드 해밀턴이 경고한 대로 저임금의 중국과 고기술의 일본의 호두가위에 낀 호두 같은 한국경제는 행동은 없고 말만 무성했던 리더십의 공백(leadership vacuum)으로 변화를 강요당했다. 우리에게 필요할 때 친구는 없었다. 이번에는 말보다 행동(deeds rather than words)하는 리더십으로 선제적, 결정적, 충분한 변화(preemptive, decisive and sufficient change)를 추진해야 했다. 필요한 친구보다 필요한 대책(measures in need rather than friends in need)을 찾아야 했다.

1997년 환란에서 배운 가장 큰 교훈은 소규모 개방경제가 살아남기 위해서는 국제수지관리가 국가경영의 기본이라는 것이다. 1997년 위기 때와는 반대로 구조적인 문제의 해결보다 대증적인 위기관리부터 먼저 해야 된다. 환율에서 전단을 열고 경상수지관리, 외채관리, 물가관리, 다음 성장관리의 수순으로 응전해야 한다. 서브프라임사태로 경기가 침체되고 국제금융시장이 경색되면 강자가 살아남는 것이 아니라 살아남는 자가 강자는 되는 상황이 온다. 살아남기 위해서 대외균형을 우선하고 대내균형의 파괴에 따른 비용의 감수는 불가피하다.

저투자, 저환율, 저기술의 함정
3저함정의 한국경제

1998년 들어선 좌파정부는 IMF 구제금융으로 유동성위기를 벗어났지만, 2008년 한국경제는 위기와 관계없이 저투자, 저환율, 저기술의 3저 함정에 의해 저성장, 경상수지 적자, 성장잠재력 저하의 늪에 빠져들고 있었다. 연평균 경제성장률은 1970년대에 10.1%, 1980년대 8.6%, 1990년대 6.7%, 2000년대에 들어와 2007년까지 5.2%로 둔화되어왔다. 정태적인 측면에서 국가채무와 기업부채비율은 양호한 수준이었고, 외채와 외환보유고는 큰 문제가 없었다.

첫째, 투자증가율은 1998년부터 김대중 정부 5년간 1.3%(설비투자 증

		1998~2002	2003~2007	2005	2006	2007	2008
OECD	경제성장률	2.7	2.8	2.7	3.2	2.7	0.2
	투자증가율	2.5	3.8	4.7	4.7	2.8	−2.2
한국	경제성장률	3.7	4.3	4.0	5.2	5.1	2.3
	투자증가율	1.3	3.2	1.9	3.4	4.2	−1.9

자료: OECD. 투자증가율은 총고정자본 투자증가율임.

가율 5.8%), 2003년부터 노무현 정부 5년간 3.2%(설비투자 증가율 5.0%),
경제성장은 1998년부터 김대중 정부 5년간 3.7%, 2003년부터 노무현
정부 5년간 4.3%에 머물렀다. 경제성장률을 밑도는 투자증가율에 따라
잠재성장률도 4%대로 하락하여 우리 경제는 점진적으로 위축되고 있
는 것이 2008년의 상황이었다.

좌파정부 10년간 한국경제는 연평균 4.0%의 성장률에 2.3%의 투자
증가율(고정자본증가율)을 보였다. 장기적으로 성장하는 경제는 투자증가
율이 경제성장률을 초과하는 것이 정상이다. 같은 기간 OECD 국가들
의 평균 경제성장률은 2.8%였는데 투자증가율은 3.2%였다. 장기적으
로 한국경제는 활력을 잃고 서서히 위축되어가고 있는 중대한 국면에
이르렀다.

둘째, 환율은 2004년 1,043.8원에서 2007년 938.2원으로 11.3% 절
상되었고, 경상수지는 2004년 281억 달러 흑자에서 2007년 58억 달러
흑자로 급격하게 줄어들었다. 2007년 12월부터 8억 달러 적자로 돌아
선 후 2008년 들어 1분기에 52억 달러로 적자폭이 늘어났다. 1997년 외
환위기 전 3년간 경상수지 적자가 38억 달러에서 230억 달러로 악화되
는 추세와 2008년 글로벌위기 전 3년간 경상수지 흑자가 149억 달러에

외환위기와 글로벌위기 전 5년간 환율과 경상수지 추이 (억 달러, 원/달러)

		1993/2004	1994/2005	1995/2006	1996/2007	1997/2008
1997 위기 전 5년	경상수지	9.9	−38.6	−85.1	−230.0	−81.7
	환율	808.1	788.7	774.7	844.2	141.5
2008 위기 전 5년	경상수지	281.7	149.8	53.9	58.8	−57.7
	환율	1,043.8	1,013.0	929.6	938.2	1,257.5

자료: 경제백서(1998 재정경제부, 2008 기획재정부). 통계기준 차이로 한국은행 통계와 다름.

서 58억 달러로 악화되는 추세는 같은 모습이었다. 위기 전 3년간 고평가된 환율은 경상수지를 급격하게 악화시켰지만 물가는 안정시켰다.

셋째, R&D투자가 낮아 2000년대 들어서도 새로운 기술의 개발이 부진하고 기술무역수지 적자도 증가하고 있다. 2007년 기술무역수지는 29억 3,000만 달러 적자이고 R&D투자는 GDP의 3.21%였다.

2014년 IMF보고서는 한국의 잠재성장률이 1997~2001년 4.6%, 2002~2007년 4.0%, 2008~2009년 3.6%, 2010~2012년 3.3%로 하락하고 특별한 개혁이 없으면 2020년에는 2.2%까지 하락할 것으로 추정하였다. 2016년부터 생산가능인구의 감소와 OECD 평균보다 높은 노동보호제도를 전제로 하면 우리나라의 잠재성장률을 증가시킬 수 있는 남는 변수는 기술교육 강화에 의한 인적자본의 개선과 R&D투자 확대에 의한 물적자본의 증가뿐이다. 일본에 비해 크게 낮은 R&D투자를

기술무역수지와 R&D투자 추이

	1999	2001	2003	2005	2007
기술무역수지(억 달러)	−24.9	−20.2	−24.2	−29.0	−29.3
R&D투자(GDP 대비 %)	2.19	2.47	2.49	2.79	3.21

자료: 통계청, 잠재성장률은 IMF보고서.

혁신적으로 증가시키지 않으면 저임금의 중국과 고기술의 일본이라는 호두가위에서 벗어나기 어렵다. 일본은 OECD 국가들 중 가장 높은 3% 대의 R&D투자를 유지하고 있고 기술무역수지의 흑자도 매년 증가하고 있다.

대외의존도가 높은 한국경제는 2007년 저투자, 저환율, 저기술에 의해 가격, 품질, 기술의 대외경쟁력은 정체상태였고 대내외균형 모두 위험한 상황으로 가고 있었다. 정태적인 측면을 보면 2007년 국가채무는 GDP의 30.7%, 기업부채비율은 제조업 97.8%로 OECD 국가 중 최우량 수준이었다. 양호한 국가재정과 기업재무구조는 한편으로 부진한 투자와 기술개발에 기인한 것으로 추정되었기 때문에 한국경제의 미래를 어둡게 하는 측면도 있었다. 총외채 3,832억 달러에 단기외채는 1,583억 달러였고 외환보유고는 2,622억 달러로 외채관리에는 문제는 없는 수준이었다.

서브프라임사태의 파도는 밀려오고
글로벌위기의 도래

2008년 2월 29일 기획재정부 장관으로 갔을 때 서브프라임사태의 파도는 밀려오고 지구촌 경제의 침체와 국제금융시장의 경색이 우려되는 형국이었다. 1997년 외환위기의 상처가 컸던 우리의 공포감은 컸다.

미국은 2000년대 들어 IT거품이 붕괴되고 경제성장률이 1% 전후로 악화되자 기준금리를 6.5%에서 2003년에는 1%까지 내렸다. 저신용자에 대한 저금리의 주택대출 증가로 190%까지 폭등한 미국의 주택가격이 2004년 저금리정책을 종료하면서 34%나 폭락함으로써 서브프라임 사태가 시작되었다. 2008년 들어 미국 5대 투자은행 중 베어스턴스, 리먼브러더스, 메릴린치가 파산위기로 몰리면서 서브프라임사태는 국제금융시장에 큰 불확실성으로 등장했다. 이어서 거대 상업은행 씨티그룹, 거대 보험회사 AIG의 파산상태로 이어져갔다.

서브프라임사태의 파도는 바다 건너 유럽과 아시아에서도 주택가격의 폭락과 함께 국제금융시장을 불안의 도가니로 몰고 갔다. 거품과 파열의 순환(bubble and burst cycle)은 지구를 공황상태로 만드는 글로벌경제위기로 전개되었다. 2009년 경제성장률을 세계 전체 -0.6%, OECD 국가 -3.5%, 미국·일본·EU 등 선진국 -3.2%로 추락시켰고, 2010년 남유럽국가인 포르투갈, 이탈리아, 그리스, 스페인의 재정위기로 연결되었다. 2008년 4분기부터 2009년 1분기까지 세계경제의 수축 규모는 1929년부터 1931년까지 대공황의 수축 규모와 비슷하였다.

서브프라임사태에 의한 국제금융시장의 경색과 함께 한국으로 밀려온 원유가격과 원자재가격의 폭등은 우리에게는 큰 공포였다. 과거 1973년 1차 오일쇼크와 1979년 2차 오일쇼크 때 원유를 전량 수입에 의존하던 우리는 원유가격 폭등에 의해 무역수지가 크게 악화되어 외환수급에 큰 어려움을 당했다. 또한 1986년부터 3년간 저유가, 저금리, 저달러의 3저호황으로 유사 이래 처음 무역수지 흑자를 이루었으나 1989년부터 원자재가격이 폭등함으로써 다시 적자로 돌아간 아픈 경험이 있었기 때문에 원유가격과 원자재가격의 폭등은 우리에게 큰 공포가 아닐 수 없었다.

위기관리부터 먼저 하자

한국경제는 2008년 서브프라임사태와 함께 원유가격 급등, 원자재가격 급등, 국제금융시장 경색이라는 삼각파도의 소용돌이에 휩싸이게 되었다. 2008년 들어 경상수지 적자가 급격히 악화되어가는 가운데 배럴당 100달러를 넘어선 원유가격은 양날의 칼이 되어 경상수지 악화를 부추기고 물가에 불을 붙였다. 원자재가격도 함께 폭등세를 보여 설상가상의 형국이었다. 더구나 국제금융시장이 경색된 가운데 2008년 이전 3년간의 경상수지 악화 추세가 1997년 환란 전 3년간의 추세와 꼭 같다는 것이 가장 큰 위협이었다. 2,600억 달러의 외환보유고가 있었지만 잘못하면 다시 외환위기를 맞을 수도 있는 상황이었다. 서브프라임사태가 어디까지 어떻게 전개될지 모르는 상황에서 정책의 선택에도 불확실성이 너무 컸다.

위기대응보다 원유가격 상승에 따른 물가대응이 더 급했다. 나는 장관이 되자 3월 3일 첫 국무회의에서 유류세 인하, 할당관세 확대, 임시투자세액공제 연장 등 긴급 위기감내대책을 시행하였다. 3월 10일 대통령직인수위원회에서 만든 MB노믹스 실천계획을 토대로 작성한 2008년 업무계획 '7% 성장능력을 갖춘 경제'[1]를 이명박 대통령에게 보고했다. '7% 성장'이 아닌 '7% 성장능력'을 보고한 것이었다. 주요 내용은 1) 경기회복을 위한 내수확충과 서민경제 안정 및 경상수지 안정대책으로 유류세와 할당관세 인하, 세계잉여금 서민지원사업 추진, 50만 호 주택건설, 환율실세화, GDP의 40% 내로 대외채무 관리, 2) 지속성장을 위한 세계 최고 기업환경 조성대책으로 규제의 최소화, 세율의 최저화,

아시아 선도은행 육성, 지역별 노사민정협의체 운영, 3) 장기성장을 위한 신성장동력 확충대책으로 GDP의 5% R&D투자, 규제완화에 의한 서비스산업 발전, FTA 적극 추진, 비핵·개방·3000 구상 실천 등이었다. 2008년 경제는 성장률 6% 내외, 소비자물가 3.3%, 경상수지 −70억 달러 내외로 전망했다. 정책의 추진체계는 대통령 주재 민관합동 경제 활성화회의, 무역투자진흥회의, 과학기술진흥회의를 통해 주요 정책을 점검하고, 기획재정부 장관은 경제정책조정회의, 거시정책협의회, 대외 경제장관회의를 통해 실천계획을 조정하고 추진하도록 만들었다.

한국은행과 여러 연구소에서 5% 전후의 경제성장을 예측하고 있던 상황에서 선거공약 7% 성장은 난망한 일이었지만 처음부터 그렇게 말할 수가 없었다. 위기의 징후가 짙어지자 '7% 성장능력을 갖춘 경제' 전략과 7대강국 이야기는 접을 수밖에 없었다. 공약을 잊어버리고 현실을 바탕으로 하여 위기대응을 위한 업무체계와 전략을 추진해야 했다.

업무체계는 1997년 환란의 교훈에 따라 위기관리체제로 전환하고 업무 우선순위, 조직운영, 추진방식, 시장점검체제를 개편했다.

첫째, 업무우선순위에서 1997년과 반대로 국제수지관리를 최우선에 두고 이를 위해 환율 운용에서 전단을 열기로 했다. 경상수지관리와 외채관리를 최우선으로 하고 다음 물가관리와 성장관리의 수순으로 대외 균형을 우선하기로 했다. 위기감내를 위한 단기적이고 대증적인 대책을 우선 추진하고, 다음으로 성장을 위한 장기적이고 구조적인 대책을 추진하기로 했다. 단기외채보다 많은 2,600억 달러의 외환보유고에 의해 최악의 경우에도 1997년과 같은 위기는 당하지 않겠지만 상당한 고통은 있으리라고 판단했다. 살아남기 위해 대증적인 위기감내대책을 시급하게 쓰지 않을 수 없었다. 전단을 잘못 열면 고전을 면할 수 없고 수순이 꼬이면 이길 수 있는 바둑을 놓치게 된다. 위기를 감내하고 살아남으면 우리가 강자가 될 수 있는 상황이었다.

둘째, 조직운영에서 담당 국장과 과장에게 직접 지시하고 보고 받는 시스템으로 전환하고 중간단계인 차관과 차관보는 사후에 보고 받도록 했다. 특히 국제금융은 위기관리의 핵심이었으므로 신제윤 차관보는 통화스왑과 G20공조 등 대외금융협력을 전담하도록 하고, 환율과 경상수지는 최종구 국제금융국장이 직접 나의 지시를 받고 움직이도록 했다. 위기 때는 보고 단계가 많을수록 의사소통에 혼선이 일어나고 신속성이 떨어지기 때문이었다. 주요한 정책은 매주 화요일 청와대 서별관에서 대외비로 열리는 거시정책협의회를 통하여 청와대 경제수석비서관, 금융위원장, 한국은행 총재와 함께 사전 점검과 조율을 거쳐 추진하도록 했다. 2008년 들어 미국 5대 투자은행 중 베어스턴스, 리먼브러더스, 메릴린치가 파산위기로 몰리고, 3월 16일 베어스턴스가 JP모건체이스에 매각되자 국제금융시장의 불확실성은 고조되어갔다. 국내금융시장도 5월부터 9월 대란설이 제기되면서 불확실성이 커져가자 7월 10일부터 내가 의장인 경제부처 장관들의 경제정책조정회의를 '위기관리대책회의'로 개편하였다.

셋째, 업무의 추진방식은 처음부터 끝까지 정책은 나의 책임으로 결정하고 실무진은 집행을 책임지도록 했다. 1997년 위기 때 비판과 책임이 장관에게 집중되었고 나중에 냉혹한 정치적 단죄가 있었기 때문에 장관의 행동하는 리더십(leadership with action)은 불가피했다. 모든 정책은 시장이 깜짝 놀랄 정도의 선제적, 결정적, 충분한 대책을 추진하고 필요한 친구보다 필요한 대책을 찾기로 했다. 1997년 위기에서 누구도 자신 있게 정답을 말할 수 없는 상황이었고 소극적인 대응은 위기만 키왔다. 위기가 상륙하기 전에 선제적으로 대응해야 비용이 적다. 비판이나 여론과 타협하지 않고 정면돌파하고 결과로 평가받기로 결심했다.

넷째, 금융위기를 예방하기 위해 IMF가 도입한 조기경보체제(early warning system)를 우리도 1997년 도입하였지만 외환위기 관리에 큰 실효성이 없었기 때문에 금융시장과 외환시장의 개별지수를 마이크로타기팅(micro-targeting)한 일일점검체제를 운영하기로 했다. 일일점검체제는 일, 주, 월, 분기, 연 단위로 환율과 외환사정에 대한 동향을 파악하고 대응하는 시스템으로 만들었다.

1   2008년 3월 10일 이명박 대통령께 보고한 2008년 업무계획 '7% 성장'이 아닌
'7% 성장능력'은 1) MB노믹스 실천기조, 2) 우리 경제의 현황과 평가-성장역
량 급속둔화, 서민경제 어려움 가중, 대외불안요인 확대, 3) 7% 성장능력 전략,
4) 2008년 실천계획(Action Plan)으로 구성되었다. 전략의 주요 내용은 1) 경기
회복을 위한 내수확충과 서민경제 안정 및 경상수지 안정대책으로 유류세와 할
당관세 인하, 15조 원 세계잉여금 서민지원사업 추진, 금리인하와 중소기업자금
방출, 서민생활비 경감, SOC사업을 통한 서민 일자리 창출, 전통시장과 소상공
인 지원, 50만 호 주택건설, 환율실세화, 수출주력산업 발굴, 해외소비 국내전환,
GDP의 40% 내 대외채무 관리, 2) 지속성장을 위한 세계 최고 기업환경 조성대
책으로 규제의 최소화, 세율의 최저화, 아시아 선도은행 육성, 금융규제 선진화,
인터넷은행 설립, 기술금융의 활성화, 노사관계의 법치화, 지역별 노사민정협의
체 운영, 예산 10% 절감, 3) 장기성장을 의한 신성장동력 확충대책으로 GDP의
5% R&D투자, 신성장산업 발굴, 규제완화에 의한 서비스산업 발전, 해외자원개
발 지원, 인적자본 확충, FTA 적극 추진, 비핵·개방·3000 구상 실천 등이었다.
이러한 대책으로 2008년 경제는 성장률 6% 내외, 취업자 증가 35만 명 내외, 소
비자물가 3.3%, 경상수지 -70억 달러 내외로 전망했다. 이러한 대책의 일정과 세
부추진방안을 정한 실천계획을 만들고 대통령 주재 민관합동 경제활성화회의(기
획재정부 주관), 무역투자진흥회의(지식경제부 주관), 과학기술진흥회의(교육과
학기술부 주관)를 통해 점검하고 기획재정부 장관은 경제정책조정회의(관계부
처), 거시정책협의회(기획재정부, 금융위원회, 한국은행 참여 서별관회의), 대외
경제장관회의(관계부처)를 통해 구체적인 정책의 조정과 추진을 하는 실천체계
를 만들었다.

Get up and go!

:: 위기대응전략

우리는 전쟁의 폐허에서 한 세대 만에 가난과 권위주의를 벗어나 산업화와 민주화의 기적을 이룬 나라였지만 아시아금융위기에서 큰 좌절과 아픈 상처를 받았다. 잃을 것이 없었던 우리는 패기 하나로 기적을 이루었지만 아시아위기는 패기로 견디기가 힘들었고 많은 것을 잃었다. 다시는 1997년 환란의 전철을 밟지 말아야 한다.

2007년 미국 서브프라임사태는 2008년 3월 미국 5대 투자은행 중 베어스턴스가 파산위기로 몰리면서 글로벌경제위기로 전개되어갔고 국제금융시장은 경색되어갔다. 한국경제는 위기와 관계없이 이미 저투자, 저환율, 저기술의 3저함정과 저성장의 늪에 빠져 있었고 경상수지도 적자의 늪으로 빠져가고 있었다. 2005년부터 3년간 경상수지 악화 추세는 1994년부터 3년간 추세와 꼭 같은 상황이었고 서브프라임사태와 관계없이도 특별한 대책이 없으면 위기로 갈 수 있는 상황이었다.

외국 언론들이 한국경제를 보는 시각은 몹시 부정적이었다. 한국의 2008년 경제상황에 대해 영국의 《파이낸셜타임스》[1]는 "11년간 잠자고

1997년으로 회귀(asleep for 11 years and 1997 rewind)"(8월 13일), "금융전염의 분명한 문제지역(obvious trouble spot for financial contagion)"(10월 6일), "가라앉는 느낌(Sinking feeling)"(10월 14일)이라고 보도했다. 영국의 《타임스》[2]는 "검은 9월, 모든 것이 날아가는 통화위기(black September, full-blown currency crisis)"(9월 1일)라고 보도했고, 미국의 《월스트리트저널》[3]은 "아시아의 아이슬란드(Asia's Iceland)"(10월 10일)라고 보도했다. 다음 해 영국의 《이코노미스트》[4]는 "남아프리카와 헝가리 다음으로 위험도가 높은 나라"(2009년 2월 26일)라고 보도했다.

패기로 위기를 넘자

패기경제학

2008년은 지난 환란같이 주저앉지 말고 '일어나 나가자(Get up and go)'는 패기의 경제학이 필요했다. 1997년 아시아위기는 금융시장이 개방된 후 처음 맞은 위기라면, 2008년 글로벌경제위기는 세계가 지구촌으로 바뀐 후 처음 맞은 위기였다. 환란의 교훈에 따라 대외균형을 우선하고 위기감내대책과 함께 위기를 기회로 삼기 위한 대책을 추진하게 되었다.

2008년 2월 29일 나는 장관으로 취임하면서 패기의 경제학을 위한 메시지를 동료 직원들에게 보냈다.

"긍정적인 사고로 도전하는 사람에 의해 역사는 이루어집니다. 인류는 농업혁명과 산업혁명을 거치며 폭발적인 발전을 해왔습니다. 우리는 산업혁명의 낙오자가 되어 나라 잃는 수난을 겪었습니다. 지금 디지털혁명을 맞아 새로운 폭발적 변화가 일어나고 있습니다. 세계사의 중심에 서느냐, 아니면 변방으로 가느냐는 역사의 기로에 서 있습니다. 지금 세대가 어떻게 하느냐에 따라 미래는 크게 달라질 것입니다.

'7% 성장능력을 갖춘 경제'를 목표로 정했습니다. 속도감 있는 규제완화와 감세에 의해 투자마인드를 살리고, 중소기업, 소상공인, 영세자영업자를 위한 지원조치를 추진하여 경기를 회복시키도록 노력합시다. 규제의 최소화, 세율의 최저화, 금융의 글로벌스탠더드화, 노사관계의 법치화 등 4대 원칙에 의해 세계 최고의 기업환경을 조성하여 지속성장을 이어갑시다. 과학기술투자를 GDP의 5%로 확대하여 첨단산업을 발굴하고, 관광, 의료 등 서비스산업의 혁신적인 발전으로 지속적인 신성장동력을 개발하여 나갑시다.

지난 10년간 우리 경제는 축소지향의 경제였습니다. 4.9% 성장했지만 투자증가는 2.6%에 그쳤습니다. 280억 달러까지 갔던 경상수지는 매년 반 토막 가까이 잘려나가고 외채는 3,800억 달러로 늘었습니다. 청년실업자 80만에 비정규직 800만이라고도 합니다.

세계경제는 10년 호황을 마감하고 침체의 길로 들어섰습니다. 우리는 좋았던 지난 10년을 놓쳤습니다. 지금 대내외여건 모두 10년 이래 최악입니다. 세계경제의 성장이 둔화되고 국제원자재가격은 폭등하고 있습니다. 원유가는 100달러를 넘어섰고 밀가루가격은 100%나 올랐습니다.

기획재정부가 수석부처로서 솔선수범하여 선진일류국가 건설과 7% 성장능력을 갖춘 경제를 달성하는 데 향도적인 역할을 합시다. 할 수 있는 일과 할 수 없는 일을 분명히 국민에게 알리고 구체적인 행동계획에 따라 속도감 있게 일합시다.

우리가 어떻게 하느냐에 따라 차세대의 운명이 갈립니다. 세계사의 낙오자가 다시 되어서는 안 됩니다. 제2의 국운융성시대를 열어봅시다. 우리 다시 한 번 해봅시다."

위기가 기회다

경제역량의 확대

21세기 들어 세계경제는 저성장과 양극화의 늪에 빠져들었다. 1930년대 대공황이 브레턴우즈체제의 성립, 정부역할의 확대, 고성장·저물가의 지속, 복지제도의 확충이라는 '노멀(normal)'의 시대를 열었다면 2008년 전대미문의 글로벌경제위기는 지금까지와 다른 새로운 경제질서를 열어갈 것이라 생각된다. 중심 선진국의 저성장과 양극화는 역사적 힘의 이동(historic power shift)을 부르고 G20체제를 등장시켰다. 저성장과 양극화는 시대적 트렌드가 되어가고 '뉴노멀(new normal)'로 불리기 시작했다.

한국경제는 좌파정부 10년간 새로운 시대적 트렌드인 저성장과 양극화의 늪을 탈출하기 위한 노력이 부족했다. 노력한다고 저성장과 양극화가 쉽게 해결되는 것은 아니지만 그러한 트렌드를 완화는 할 수 있다. 선진국이 저성장과 양극화에 빠져 있을 때 우리가 노력하면 그 노력은 2배의 효과가 있고 국가의 순위도 바꾸고 일류국가가 될 수 있는 기회가 된다. 투자에 의한 성장이 최고의 복지인 일자리를 만들 수 있다. 성장과 분배는 선택의 문제가 아니라 융합의 문제이다. 성장이 없는 복지가 지속불가능한 것은 복지선진국 영국과 스웨덴이 '일하는 복지(workfare)'로 전환한 것에서 알 수 있다.

저성장과 양극화의 뉴노멀을 뛰어넘기 위해 패기 있는 성장경제학과 이에 따른 경제역량을 확대하는 전략은 시대의 소명이다. 저성장의 늪을 탈출하기 위해 투자가 필요하고 투자는 기업가정신과 투자역량에 의해 결정된다. 양극화의 늪을 탈출하기 위해서는 일자리가 필요하고 일자리는 교육과 경영환경에 의해 결정된다. 따라서 경제역량의 확대는 기업가정신과 교육, 투자역량의 확대와 경영환경의 개선에 의해 달성된다. '일어서 나가자 경제학(Get up and go economics)'으로 위기를 기회로 만들 수 있다.

기업가정신과 교육은 깊은 성찰과 국민적 합의가 필요한 문제인데, 지금 경제민주화와 하향평준화에 의해 논란만 무성하다. 경제민주화는 한국에서 많은 관심을 불러일으키고 있지만 기업가정신과는 상반되는 개념이다. 지금의 획일적 교육제도는 18세기 산업혁명 이후 대량생산 체제에 적합한 정형화된 대량인재양성제도에 뿌리를 두고 있다. 디지털 시대에 필요한 창의적인 교육을 위해 많은 노력이 필요하다. 우리가 모델로 삼은 일본의 고교평준화는 이미 폐지되었다.

글로벌경제위기를 맞은 세계는 생존게임을 하고 있고 강자가 살아남는 것이 아니라 살아남는 자가 강자가 되는 시대다. 성장과 일자리 창출은 정부가 아니라 기업이 하고, 누가 먼저 기업의 투자역량과 경영환경을 개선하느냐에 따라 국가의 순위와 함께 저성장과 양극화를 누가 먼저 탈출하느냐가 결정될 것이다. 생존게임에서 살아남아 강자가 되고 국가의 순위를 바꾸기 위해서는 속도감 있는 위기감내대책의 시행과 함께 경제역량을 확대하는 패기(Get up and go)의 경제학이 필요하다.

선제적, 결정적, 충분한 대책

위기에 대응하기 위한 업무체계 개편과 함께 위기감내와 위기를 기회로 만들기 위한 종합전략을 수립했다. 2008년 가장 큰 위협은 서브프라임 사태와 함께 밀려온 원유가격의 급등과 경상수지 적자 전환이었다. 성장, 물가, 경상수지 중 어디서부터 전단을 열고 어떤 수순으로 대응해야 할지 누구도 자신 있게 말할 수 없는 전례 없는, 난국이었다.

2008년 글로벌경제위기에 대한 종합 위기대응전략은 먼저 1997년 환란의 교훈을 토대로 수비, 전환, 공격의 단계로 나누었다. 단계에 따라 대증요법과 구조대책을 추진하고, 단기적인 긴급위기감내대책, 구조적인 경제역량 확대전략을 순차적으로 추진하는 종합적인 위기대응전략을 구상했다.

소규모 개방경제가 살아남기 위해 국제수지관리는 국가경영의 기본이고 국제수지를 결정하는 대외경쟁력은 단기적으로 환율, 중기적으로 품질, 장기적으로 기술에 의해 좌우된다. 환율정책은 살아남기 위한 생존문제이고 통상적인 재정금융정책은 어떻게 사느냐의 문제이다. 대내균형과 대외균형이 충돌할 때는 대외균형을 우선해야 한다. 정책은 효과의 극대화를 위해 선제적으로, 결정적으로, 충분하게 추진하도록 했다. 1997년과 같이 위기가 상륙하고 난 다음 싸우는 것이 아니라 상륙하기 전에 해상과 공중에서 방어해야 희생이 적다. 수비만 하면 무승부는 될 수 있지만 공격을 해야 기회를 잡고 승리를 할 수 있다. 강자가 살아남는 것이 아니라 살아남는 자가 강자가 된다. 이것이 1997년 환란이 남긴 소중한 교훈이다.

1997년 환란을 교훈으로 삼고 자신감을 바탕으로 살아남기 위한 위기감내대책과 위기를 기회로 만드는 경제역량 확대전략을 포함한 패기의 경제학 〈글로벌경제위기 종합대응전략〉을 만들었다. 전략의 내용은 대응기조, 국가비전, 전략목표, 4대 전략, 20대 핵심과제로 구성하였다.

첫째, 대응기조에서 1) 살아남는 자가 강자다, 2) 달러가 가장 중요하다, 3) 위기 때 순위가 바뀐다는 상황인식을 전제로, 1) 수비, 전환, 공격의 3단계에 따라, 2) 선제적(Preemptive), 결정적(Decisive), 그리고 충분한(Sufficient) 대응책을 강구하는 것을 전략기조로 삼았다.

둘째, 국가비전은 대통령선거 공약대로 '일류국가 건설'로 하였다. 비전이란 우리 능력의 120%를 발휘했을 때 달성 가능한 목표라고 할 수 있다.

셋째, 전략목표는 위기감내와 성장역량 확대로 하고, 1) 경상수지 흑자, 2) 경기침체 예방, 3) 경제역량 확대, 4) 외부역량 확대를 4대전략으로 하였다.

넷째, 20대 핵심과제는 1) 위기감내대책으로 환율실세화, 금융안정기금 조성, 긴급기업자금 지원, 긴급재정자금 방출, 2) 지속성장대책으로 경쟁국 수준 세율 인하, 확장적 재정정책, 투자확대를 위한 규제혁신, 4대강사업 추진, 3) 미래성장대책으로 GDP의 5% R&D투자, 현장기술인력 육성, 신성장동력산업 육성, 경제활동인구 확대, 4) 사회자본대책으로 법치주의 확립, 정직바탕의 제도 확립, 글로벌스탠더드 확대, 신노사관계의 정립, 5) 해외역량대책으로 G20체제 확립노력, FTA 지속추진, 해외M&A 적극 참여, Open Korea 지속 추진 등으로 구성했다.

이명박 대통령께 〈글로벌경제위기 종합대응전략〉에 따라 수시로 대책을 보고하고 모든 문제는 책임지고 추진하겠다고 건의했다. 환율, 감

글로벌경제위기 종합대응전략

[대응기조]
상황인식: 살아남는 자가 강자다 / 달러가 가장 중요하다 / 위기 때 순위가 바뀐다
전략기조: 수비, 전환, 그리고 공격 / 선제적, 결정적, 충분한(Preemptive, Decisive and Sufficient)
국가비전: 일류국가 건설
전략목표: 위기감내와 성장역량 확대
4대전략: 경상수지 흑자 / 경기침체 예방 / 경제역량 확대 / 외부역량 확대
[20대 핵심과제]

위기감내 대책 시행	지속성장 대책 추진	미래성장 동력 확대	사회자본 확충	해외역량 동원
− 환율의 실세화	− 경쟁국 수준	− GDP의 5%	− 법치주의 확립	− G20체제
− 금융시장안정	세율 인하	R&D투자	− 정직바탕의	확립노력
기금 조성	− 확장적	− 현장기술인력	제도 확립	− FTA 지속 추진
− 긴급기업자금	재정정책 추진	육성	− 글로벌 스탠더드	− 해외M&A
지원	− 투자확대를	− 신성장동력	확대	적극 참여
− 긴급재정자금	위한 규제혁신	산업 육성	− 신노사관계	− Open Korea
방출	− 4대강사업	− 경제활동인구	정립	지속 추진
	추진	확대		

세, 종합부동산세, G20체제 등 주요한 정책에 관해 청와대 비서진과 다른 의견이 있을 때 책임지고 추진하도록 대통령께 요청했고 대통령께서는 그렇게 해주었다. 특히 환율에 대하여는 지지와 함께 대통령께서 직접 챙기기까지 한 것이 가장 큰 원군이었다. 위기대응전략을 만드는 데 경제정책국 직원들의 수고가 컸다. 특히 임종용 국장과 이찬우 종합정책과장의 노고가 없었더라면 어려웠을 것이라 생각한다.

위기극복을 위한 대책은 2008년 11월 15일 G20 워싱턴정상회의의 국제공조 합의에 따라 2008년부터 2010년까지 3년간 GDP의 7.1%에 상당하는 총 72조 8,000억 원 규모의 전례 없는 재정금융정책으로 구체화되었다. 내용은 감세 34조 9,000억 원, 지출확대 37조 9,000억 원, 원화유동성 공급 20조 7,000억 원, 외화유동성 공급 550억 달러 등이었고 금리도 5.25%에서 2.00%로 인하했다.

〈글로벌경제위기 종합대응전략〉은 일부 보완도 있었고 제대로 추진되지 못한 것도 있었지만 2008년 기획재정부 장관 때부터 대통령경제특별보좌관과 국가경쟁력강화위원장으로 일할 때까지 일관되게 추진해나갔다. 2009년 OECD 국가가 모두 마이너스 성장을 할 때 한국은 0.3%의 플러스 성장을 기록하고 위기를 가장 빨리 탈출했고, 경상수지는 2008년 말부터 흑자로 돌아섰고 그 후 흑자기조를 지금까지 이어오고 있다. 그리고 2010년 우리는 세계 7위의 수출대국으로 우뚝 섰다. 환율과 경상수지관리가 국가경영의 기본이라는 것을 다시 확인하게 되었다.

1 *Financial Times*의 세 차례 보도내용은 다음과 같다.

"Korea: 1997 rewind; If Sleeping Beauty, the heroine of European folklore, were to wake up in Seoul today, would she know she had been asleep for 11 years? The current account balance has teetered over into deficit, for the first time in 11 years. The Bank of Korea is busily shelling out dollars ($10bn worth in July) to shore up the currency, just as it was after the Asian financial crisis broke in 1997. Consumption and employment are falling and – just to ram the point home – Korea's top economic policymaker invoked the spectre of 1997 in parliament last month."(2008. 8. 13)

"On the basis that public funds seem to be going into banking systems in broadly alphabetical order – starting with America, Belgium, Bulgaria, Germany, Greece, Iceland and Ireland – Korea was vulnerable. Right on cue, Asia's fourth biggest economy is panicking. South Korea's finance minister yesterday urged banks to sell overseas assets to raise foreign funds and promised them access to the country's foreign exchange reserves."(2008. 10. 6)

"Sinking feeling: But fault-lines exist. South Korea, which was bailed out by the International Monetary Fund in 1997, has seen its currency plunge to a 10-year low amid a cramble for dollars. Politicians and the private sector are rallying round. Kang Man-soo, finance minister, is taking his plea for dollars to Wall Street, where he is due to meet executives of banks such as Citigroup and Morgan Stanley. Posco, the steel maker, said last week it would sell $1bn (730m, 570m) of bonds overseas as part of efforts to stabilise the won."(2008. 10. 14)

2 *The Times*(2008. 9. 1)의 보도내용은 다음과 같다.

"South Korea heads for black September with won problems. The deepening woes at Fannie Mae and Freddie Mac, badly stretched central bank reserves and a losing battle to support the won are pushing South Korea towards a full-blown currency crisis this month, analysts have said. Some believe that Seoul might have no ammunition left to prevent a significant flight from the won. Fruitless currency intervention by South Korea – increasingly esperate-looking verbal and financial measures to fight the market trend – cost about $20 billion in July alone."

3 *The Wall Street Journal*(2008. 10. 10)의 보도내용은 다음과 같다.

"Is South Korea Asia's Iceland? While nobody is expecting Asian Crisis Part Two, Iceland's huge current account deficit and banking system malaise could provoke comparisons with Asian countries with open financial markets in similar circumstances. If it does, South Korea, the biggest money loser for foreigners during the 1997 financial crisis, may top the danger list. Korea has the largest current account deficit in Asia and its banks have the worst loan-to-deposit ratios."

4 *The Economist*(2009. 2. 26)의 보도내용은 다음과 같다.

"Among the 17 larger economies shown in the table, South Africa and Hungary look the most risky; China the least. In contrast, the Asian emerging markets generally look the safest, taking all six slots at the bottom of the table. The main exception is South Korea, which, thanks to its large short-term foreign debts and highly leveraged banks, is deemed to be as risky as Poland. (Vietnam, though not included in the table, also scores high on the risk rating)."

17 살아남는 자가 강자다

: : 위기감내대책

2008년은 모든 것이 불확실한 상황이었다. IMF가 2008년 경제전망을 거의 매달 수정할 정도로 세계경제의 불확실성은 컸다. 한국은행은 2008년 4.7%의 경제성장을 전망했으나 결과는 2.3%였다. 1997년 환란의 상처를 생생하게 기억하는 나의 불안은 컸다. 모든 역량을 위기예방에 집중하지 않으면 안 되는 상황으로 가고 있었다.

2008년 1월 16일 이명박 대통령당선인과 함께 씨티은행, 도이치은행 (Deutsch Bank), 한국자본시장연구원 등의 이코노미스트들을 초청하여 미국 서브프라임사태에 대한 점검회의를 가졌다. 누구도 자신 있게 말은 못 하였지만 세계경제와 국제금융시장에 대한 전망은 불안하고 우울했다. 당시 미국 5대 투자은행 중 베어스턴스부터 파산위기로 몰리고 있던 상황이었다. 결국 3월 16일 베어스턴스가 JP모건체이스에 인수되고, 9월 15일 리먼브러더스가 파산하고, 9월 18일 메릴린치가 뱅크오브아메리카에 인수되었다.

내가 2008년 2월 29일 기획재정부 장관으로 가서 제일 먼저 챙긴 것은 1997년 차관 때와 마찬가지로 환율이었다. 환율은 장관으로 내정된 것이 발표된 2월 18일 달러당 930원대에서 빠르게 오르기 시작했고 3월 4일 외환시장의 개입은 당연한 주권행사라는 견해를 언론에 밝힌 후 매일 10원 전후로 올라 3월 17일에 1,000원대를 돌파하였다. 환율을 빠르게 정상화하는 것이 위기관리의 첫 단추라고 생각했다.

3월 3일 첫 국무회의에서 치솟는 원유가격과 원자재가격에 대응하기 위하여 유류세 인하와 임시투자세액공제 연장을 하고 할당관세 인하도 추진했다. 이어서 24만 원의 유가환급금 지급, 긴급금융자금 방출, 한·미 통화스왑, 대외지급보증 등 글로벌위기가 상륙하지 못하도록 하는 동원 가능한 모든 긴급대책을 쉴 새 없이 시행하였다. 말보다 행동을 먼저하고 필요한 친구보다 필요한 대책이 중요한 상황이었다. "일어서 나가자(Get up and go)."

환율정상화에 의해 2008년 10월부터 경상수지는 흑자기조로 전환되었고, 소비자물가는 원유가격이 배럴당 140달러를 넘어섰을 때 5%를 넘어서기도 했지만 연말에 4.1%로 잡을 수 있었고 경제성장률은 2.3%로 지켰다. 2009년은 0.3%의 플러스 경제성장을 기록하였는데 OECD 30개 회원국가의 경제성장률은 평균 -3.5%로 추락하였고 미국 -2.8%, 유로지역 -4.4%, 일본 -5.5%의 마이너스 성장을 기록하였다. 2008년 환율은 양날의 칼이었지만 경상수지를 우선하였고 물가도 동시에 잡게 되었다.

경상수지를 흑자로 반전시키기 위한 노력은 험로였다. 언론과 학자들과 정치인들은 계속하여 고환율 정책과 시장개입을 비난했고 물가상승의 주범을 원유가격이 아니라 환율로 몰아갔다. 미국에서 공부한 경제학자들은 환율은 시장에 맡겨야 한다고 주장했고 정치적 포퓰리즘의 대상인 물가는 나를 옥죄었다. 여당 한나라당마저 유령 같은 시장 신뢰를 내세워 퇴진압력을 넣어 더 아픈 상처를 받았다. 시장 신뢰는 말이 아니라 행동과 결과로 보여주는 것이다.

새벽 교회에 나가 "주여, 바른 길이 아니면 거두게 하시고 바른 길이라면 돌팔매를 맞아도 앞만 보고 가게 하소서" 기도하고 앞만 보고 걸었고 돌팔매를 맞았다. 나와 함께 고군분투하던 대외균형 우선론자 최중경 차관을 7월 7일 눈물로 보내는 아픔도 겪었다. 미국 FRB는 위기를 맞아 최종대부자(the lender of last resort)에서 최초 유일의 대부자(the lender of first and only resort) 역할까지 하였는데 한국은행은 1997년과 같이 빗나간 애기와 엇갈리는 행동을 했다. 위기보다 미국경제학, 그리고 한국은행과 싸우는 것이 더 힘들었다. 경상수지를 흑자기조로 반전시키고 다음 해 2월 10일 마지막으로 국무회의에 참석한 후 1년 만에 과천을 떠났다. 후회는 없었다. 아쉬움은 있었어도!

위기관리의 첫 단추는 환율이다

환율정상화

환율과 외환사정에 대한 일일점검체제를 만들어 매일 매주 매달을 단위로 챙기고 마이크로타기팅(micro targeting)에 의해 필요한 조치를 시행했다. 소규모 개방경제가 외환위기를 피할 수 있는 유일한 수단은 경제의 펀더멘털에 상응하는 환율관리라는 것이 1997년 환란의 교훈이다. 과거 재정경제부 장관들이 환율을 시장에 맡긴다고 말한 것은 책임의 포기라고 할 수 있다. IMF와 외국의 절상압력과 보복조치를 무서워한 것은 주권의 포기이고 굴복이다. 환율관리는 경제적 주권의 행사이고 국제수지관리는 국가경영의 기본이다.

과거 국제금융국장으로 일하면서 IMF와 미국의 절상압력을 받았을 때 "1985년 플라자합의에 의해 엔화가 반 토막이 난 것이 시장환율이냐"라고 그들에게 물었다. "나는 경제의 펀더멘틸에 따라 시장에 개입(intervention)을 하지만 조작(manipulation)은 하지 않는다. 환율을 시장에 맡기는 나라가 있으면 말해보라"라고 하자 그들은 대답이 없었다. 시장환율이란 1971년 미국의 금본위제도 포기에 의해 브레턴우즈체제가 사실상 붕괴된 데 따른 대안이었다. 1마일의 길이가 매일 바뀐다면 누가 어떻게 속도제한을 지킬 수 있겠는가? 가치척도가 매일 바뀐다면 이미 가치척도가 아니다. 소규모 개방경제에 환율주권은 사느냐 죽느냐의 문제다.

경상수지가 악화되는 가운데 환율이 절상되는 것은 심각한 문제로, 외환당국은 이를 시정해야 한다. 1997년 환율의 과도한 절상에 의한 경상수지의 악화로 외환위기를 당했는데 2008년 글로벌경제위기 전 3년도 1997년 외환위기 때와 같은 추세였다.

환율의 안정은 근원적으로 대외경쟁력 강화에 의한 경상수지 안정, 구조적으로 외환시장의 투기거래 방지, 대증적으로 정부의 적절한 시장개입에 의해 이루어질 수 있다. 2005년부터 경상수지 악화 속에 환율이 절상된 이유는 대내적으로 과도한 외환선물환(foreign exchange forward) 거래, 대외적으로 투기적 단기자금(short term fund) 거래, 역외에서 과도한 차액결제선물환(non-deliverable forward) 거래에 있었다. 투기거래(speculative transaction)에 대한 구조적 제어장치가 없었던 데다가 쏠림현상(tipping effect)에 대한 적절한 시장개입이 없었기 때문에 경상수지 악화 속에 과도한 원화의 절상이 있었다.

대내적으로 보면 실수요거래에 있어서 2005년부터 조선업 호황으로 환혜지(hedge)를 위한 선물환거래가 늘어나고 이에 따라 은행은 스퀘어 포지션(square position)을 위해 매입한 현물환을 외환시장에 매각함으로써 원화의 절상압력이 커졌다. 은행의 투기적 역외선물환거래도 외환시장의 쏠림현상을 가속시켰다. 과도한 절상압력이 있는데도 적절한 포지션관리나 시장개입이 이루어지지 못했다. 여기에 더하여 환율이 약정한도를 위로 넘으면 기업이 큰 손해를 보고 은행은 큰 이익을 보는 반면 한도 아래로 떨어지면 기업의 이익과 은행의 손해 모두 없는 것으로 만드는 파생상품 KIKO(knock-in knock-out)거래는 은행의 꽃놀이패가 되었고 환율의 하방경직성을 유발하였다.

대외적으로 보면 저금리의 달러나 엔화의 캐리자금(carry-money)과 함께, 투기적 헤지펀드가 주식이나 채권을 산 후 선물시장에서 헤지거래를 하고 역외원화선물시장에서 환헤지를 하면 환리스크도 없이 땅 짚고 헤엄치는 장사를 하고 있어 또 하나의 원화 절상압력이 되었다. 투기적인 해외 단기자금이 마음대로 드나들며 금리차익이나 투기차익을 누려도 자본소득세도 자본거래세도 없었다. 우리의 주가지수옵션시장과 원화역외시장이 세계 1위까지 올라간 것은 우리 경제의 규모로 보아 상상할 수 없는 일이다. 해외투기꾼들이 현물시장과 선물시장, 그리고 역외시장을 넘나들면서 투기를 하는데도 입출금도 자유롭고 세금도 없는 한국은 '아시아의 노다지(Asian bonanza)', '아시아의 자동현금인출기(Asian automated teller machine)'로 불렸고 외국인들이 오히려 걱정을 할 지경이었다. 규제도 세금도 없는 외환시장은 소규모 개방경제에는 치명적인 문제를 유발할 수 있다.

한국과 일본의 환율 · 경상수지 비교 (억 달러)

		2001	2004	2007	2001/2007
환율	원/달러	1,326.1	1,043.8	938.2	+41.4%
	엔/달러	131.8	104.1	114.0	+15.6%
경상수지	한국	80.3	281.7	58.8	−21.5
	일본	877.9	1,720.5	2,104.9	+1,227.0

자료: 경제백서(재정경제부. 기획재정부).

　외환시장의 과도한 투기거래를 방치한 결과 원화는 2001년과 2007년 사이 41.4% 절상되었고 같은 기간 일본 엔화는 15.6% 절상되어 25.8%p 과대절상되었다. 경상수지는 같은 기간 우리는 21억 6,000만 달러의 감소를 보인 반면 일본은 1,227억 달러의 증가를 보였다. 우리는 특히 2004년부터 2007년까지 3년간 223억 달러의 경상수지 악화를 초래했다.

　일본과 경쟁품목이 많은 우리에게 외환시장의 구조적인 문제보다 더 중요한 변수는 엔화와의 상대환율이다. 원화와 엔화의 달러에 대한 상대환율과 경상수지의 관계는 1997년 외환위기 때도 그랬지만 2000년대에 들어서도 1대10의 법칙을 따라가는 추세를 보여왔다. 1997년 위기도 엔화와의 상대환율이 1대8 아래로 떨어진 것이 가장 큰 요인이었는데, 1996년 달러당 원화가 844.2원이었을 때 엔화는 115.7엔이었다.

　원/엔의 상대환율과 경상수지의 관계는 원/엔 환율배수와 경상수지의 추세를 비교해보면 거의 일치한다. 우리 무역거래의 대부분이 달러로 이뤄지고 일본과 경쟁품목이 많기 때문에 일본과의 무역수지에 관계없이 원화와 엔화의 달러에 대한 상대환율은 원/엔 환율에 동조화되어 있고 원/엔 상대환율과 경상수지의 추세도 일치하는 것이다.

원/엔 상대환율과 경상수지 추세 비교

원/엔 환율배수: 10 = 0 기준 지수　—　경상수지: 100억 달러 = 1

　과도한 원화의 절상압력을 구조적으로 해결하기 위해 선물거래에 대한 포지션관리, 투기소득에 대한 과세 강화, 자본유출입에 대한 거래세 부과와 함께 원화와 엔화의 달러에 대한 상대환율의 교정이 필수적이었다. 당시 국제금융시장의 불안이 컸고 구조적인 문제를 개편하기에는 위험도 컸기 때문에 우선 외환보유고에 의한 시장개입과 창구지도로 환율을 실세화한 다음 제도적인 대책을 추진하기로 했다.

　경상수지를 빠르게 흑자로 반전시키기 위해 110엔 전후인 엔/달러 환율과 1대10의 법칙을 감안하면 원/달러 환율이 1,250원은 넘어야 된다고 판단했다. 우리의 대외균형은 1대10의 법칙을 벗어나면 빠르게 무너졌다.

　2008년 2월 18일 장관으로 내정된 것이 발표되자 환율은 달러당 930원대에서 940원대로 올랐고 장관으로 취임한 2월 29일 950원대로 올랐다. 3월 4일 기자오찬모임에서 환율주권론자로서 외환시장의 개입은 당연한 주권행사라는 나의 견해를 밝힌 후 매일 10원 전후로 올라 한 주 만인 3월 10일 960원대로, 두 주 만인 3월 17일에 1,000원대로 정상화되어갔다.

3월 17일에 1,000원대를 돌파했던 환율이 이성태 한국은행 총재의 돌출발언 때문에 970원대로 다시 떨어졌다. 3월 24일 오후 이성태 총재가 대통령과의 첫 대면에서 적정환율이 950원에서 1,000원 사이라고 말했는데, 이는 내가 생각하는 환율 1,250원과는 너무나 거리가 멀었다. 이성태 총재는 다음 날 아침 한국외국어대학 동창포럼에 나가서 적정환율이 970~980원이라고 발언하여 하루에 20.9원을 떨어트려 970원대로 후퇴했다. 1997년 외환위기 때 루디거 돈부시 MIT 교수가 말한 대로 한국은행은 다시 외환시장의 절대군주 차르(tsar)가 되었다.

당시 발언에 대한 보도 내용은 다음과 같다. "최근 환율 급등은 일시적 현상이며 단기적으로 환율은 천장을 한 번 테스트한 것으로 보면 된다. 미국경제가 좋지 않으니까 장기적인 달러 전망은 계속 약세일 것이다. 최악의 상황은 지난 것 같다. 미국 FRB가 모든 조치를 취하겠다는 의지를 보이고 있는 만큼 더한 대형사건이 터지지는 않을 것이라는 것이 일반적인 견해다." 당시 원자재가격의 급격한 상승에 따른 물가상승에 대해서 "원유나 농산물가격이 흔히들 공급 충격이라고 얘기하고, 공급 충격에서 오는 것은 정책적으로 수용해야 한다고 하지만 이는 중국, 인도 등의 수요가 늘어난 요인이 있기 때문에 과거의 공급파동처럼 급격히 가격이 떨어지지는 않을 것이다. 따라서 정책적으로 수용한다고 되는 일이 아니다"라고 밝혔다.

이성태 총재의 발언 내용은 정부의 정책을 정면으로 반박하는 것으로 급히 진화할 필요가 있다고 판단했다. 나는 그날 저녁 매일경제신문

포럼에 나가 환율에 대해 "과거 경상수지는 악화되는데 환율은 절상되면서 우리 경제가 외환위기를 맞았다. 현재도 경상수지는 악화되고 있는 상황인데 환율은 가장 높을 때와 낮을 때를 비교하면 45%가량 절상됐다. 대외균형과 대내균형이 상치할 때 대외균형을 우선해야 하는 걸 몸으로 경험했다. 이는 견해가 아니라 팩트이며 팩트는 두 가지가 있을 수 없다. 경상수지 적자 추이를 감안할 때 환율이 어느 길로 가야 할지는 자명하다. 뭐든지 과유불급(過猶不及)이다. 환율정책 주무부처는 기획재정부다"라고 말했다." 그리고 "어떤 이코노미스트는 소득이 반밖에 안 되는 한국 사람들이 쇼핑하러 도쿄까지 가는 것은 경제학에 길이 남을 얘기라고 했다. 일본 가고시마에서 골프 치는 것이 제주도보다 싸다는 의미가 무엇일까? 지난 2002~2007년 한국 원화는 40% 정도 절상됐는데 일본 엔화는 15% 정도, 중국 위안화는 13% 정도 절상됐다. 경상수지가 계속 악화되고 있는데 이렇게 운영된 것은 잘못이다"라고 말했다. 나의 강한 발언에 의해 환율은 3일 만에 990원대로 회복되었고 한 달이 지난 4월 말에 가서 1,000원선을 회복했다.

금리에 대해서 "한국과 미국의 기준금리차가 2.75%p까지 과도하게 벌어졌다. 기획재정부 장관은 환율뿐만 아니라 통화정책에 대해 금융통화위원회에 거부권을 가지고 있다"라고 말하고 물가에 대해서 "현재의 물가상승은 원가요인이 강하기 때문에 총수요를 관리하는 통화정책으로는 억제하는 데 한계가 있다"라고 반박했다. 성장정책에 대해서 "1995년부터 지난해까지 우리 경제의 평균 성장률이 4.9%인데 고정투자는 2.6%에 그쳤다. 성장률보다 투자율이 낮은 것은 경제가 서서히 쇠퇴해간다는 증거다. 획기적인 감세와 규제완화정책이 없다면 우리 경제는 계속 하향 추세로 갈 것이다. 이명박 대통령이 물가를 성장에 우선하겠다고 말하여 장관을 흔든다는 보도가 있었는데 대통령께서는 흔든 적이 없고 나도 흔들린 적이 없다"라고 말했다.

1997년 외환위기를 앞에 두고 "890원은 마지노선이다. 그 이상은 안 된다"라고 버티던 한국은행이 생각났다. 한국은행은 그때나 지금이나 현실과 맞지 않는 실질실효환율[1]을 가지고 고집하고 금리도 세계가 다 내리는데 우리만 올리고 있었다. 기업의 부채비율이 100% 이하, 금융비용이 1% 전후로 떨어진 상황에서는 실물경제보다 금리가 금융시장에 더 큰 영향을 미치고 해외 단기자금 유출입과 환율을 매개변수로 한 효과가 더 중요하다. 위기관리를 위해 한국은행 총재의 교체가 검토되었으나 그렇게 했을 때 또 중앙은행의 독립을 문제 삼을 것이라는 우려가 있어 그럴 수도 없었다. 난감하기 그지없었지만 계속 설득하는 것 외에 달리 방법이 없었다. 한국은행의 예측은 10월 들어 원유가격이 배럴당 100달러 이하로 폭락하고 환율도 12월 1,250원대로 올라 모두 틀렸다.

외환 파생상품 KIKO[2] 거래는 금융감독원으로 하여금 실태조사를 하고 추가적인 거래의 자제를 지시함으로써 사라졌다. 통상적으로 헤지거래를 한 기업은 환율상승에 의한 차익으로 시간이 지나면 손실을 만회할 수 있었지만 과도하게 KIKO 거래를 한 기업들은 큰 손해를 보았다. 손해를 크게 본 기업은 KIKO 거래를 적극적으로 판매한 은행을 상대로 소송을 벌이기도 했다. 정부로서 KIKO 거래를 자제시킨 것은 불가피한 조치였다.

환율과 외환사정은 일일점검체제에 의해 매일/매주/매달을 단위로 은행별로 챙기고 마이크로타기팅에 의해 필요한 조치를 즉시에 시행했다. 매일이 치열한 전투였다. 대기업과 거액실수요자인 정유회사, 가스공사, 금융기관, 공공기관에 대하여는 매일 보고를 하고 직접 관리하도록 했다. 환율은 한국은행과의 우여곡절을 거쳐 4월에 다시 1,000원대를 돌파하였다. 2007년 12월부터 적자를 이어오던 경상수지가 빠르게 개선되어 6월에 18억 2,000만 달러 흑자로 반전되었다.

6월부터 원유가격이 배럴당 120달러를 넘자 환율은 경상수지와 물가에 양날의 칼이 되었다. 여기에 더하여 9월 만기 외국인투자자 소유 국고채권 84억 달러의 상당부분이 인출되면 환율이 폭등하고 채권가격이 폭락할 것이라는 9월 대란설이 발목을 잡았다. 외국 언론도 9월 내란설을 부추겼다. 영국의 《파이낸셜타임스》는 한국이 1997년 위기로 회귀할 것(8월 13일), 《타임스》는 "검은 9월(black September)"을 맞아 모든 것이 날아가는 통화위기를 맞을 것(9월 1일), 미국의 《월스트리트저널》은 "아시아의 아이슬란드"가 될 것(10월 10일)이라고 보도했다.

당시 외환보유고는 2,400억 달러를 넘었고 단기외채는 1,800억 달러(9월 말 총외채 3,650억 달러, 대외채권 3,956억 달러, 순대외채권 306억 달러)였기 때문에 감당할 수 있는 수준이었다. 9월 대란설과 외국 언론의 보도로 금융시장의 불안이 증폭되어 불가피하게 적절한 수준의 시장개입으로 환율을 1,100원 이하로 속도조절을 하지 않을 수 없었고 이에 따라 7월부터 다시 적자가 되어 아쉬움이 컸다. 외국신문의 보도는 정확하지 않았고 9월 대란은 없었다. 1997년 위기 때는 미국 블룸버그통신의 부정확한 보도로 고통을 당했는데 이번에도 그들 중심국 언론은 우리 주변국 '개구리'에게 돌을 던지는 자유를 즐겼다.

원유가격이 7월에 140.7달러(두바이유 기준)로 최고점을 찍은 후 하락하기 시작하여 환율정상화의 여력이 생겼다. 8월까지 1,100원 이하로 속도조절을 했던 환율은 9월에 1,100원대로 진입하고 9월 15일 리먼브러더스사태가 터지자 1,150원대를 깨고 10월에 내가 적절하다고 생각한 1,250원대를 넘었다. 환율이 1,250원대 이상을 유지하고 경상수지도 10월 47억 5,000만 달러 흑자로 다시 반전된 후 4분기에 75억 2,000만 달러의 흑자를 기록하여 연간으로 57억 7,000만 달러 적자로 막았다. 미국과 체결한 300억 달러의 통화스왑협정이 시장심리를 안정시키는 데 큰 역할을 하였다.

환율은 10월 1,300원대, 11월 1,400원대를 돌파한 후 11월 23일 최고 1,513.0원으로 정점을 찍고 원유가격과 원자재가격의 하락과 함께 12월 30일 1,259.20원으로 마감했다. 외환보유고는 2008년 3분기까지 139억 달러의 경상수지 적자 보전과 거액실수요자인 정유회사, 가스공사, 금융기관, 공공기관에 대한 250억 달러 정도의 직접외환공급을 포함하여 612억 달러를 썼지만 2,012억 2,000만 달러를 유지했다.

나는 과도한 해외단기자금의 유출입에 의한 환율불안을 막기 위해 자본거래세의 도입을 검토하였지만 환율의 급격한 상승에 의한 위기관리의 차질과 물가에 대한 부담 때문에 위기가 끝난 후 추진하자는 실무진의 의견을 받아들여 추후 검토과제로 남겼다. 2009년 환율은 1대10의 법칙에 따라 1,250원대 이상을 유지했고 경상수지는 426억 7,000만 달러 흑자로 반전되었다. 2010년에도 확실하게 흑자기조를 유지하며 글로벌경제위기를 넘고 2010년 세계 7위 수출대국이 되었다.

환율에 대한 논란은 나의 퇴진압력으로 전개되어 공직생활에서 가장 가슴 아픈 기억으로 남았다. 환율은 외환의 가격이기 때문에 외환의 수급에 의해 환율이 움직이는 것은 간단한 경제수학이다. 환율은 경제지표보다 자본유출입과 상관관계가 많고 외환의 한계물량(marginal quantity)이 등락을 결정한다. 자본유출입을 관리하지 못하면 환율은 관리할 수 없고 외환보유고에 의한 개입은 사후적이고 비용이 크다. 물가관리를 책임지는 중앙은행은 속성상 환율의 절상을 선호하지만 전체경제를 책임지는 정부는 자본유출입을 중시하고 절하를 선호하는 것이 속성이다. 모든 나라에서 환율은 정부의 권한이다. 매일 치열한 전투를 하던 당시 사용했던 일일점검표[3]를 보면 가슴 뭉클한 고뇌와 감동이 밀려온다. 함께 악전고투한 최종구 국제금융국장과 손병두 외화자금과장의 헌신에 감사를 보낸다.

유류세와 할당관세 인하

긴급물가안정대책

내가 장관으로 갔을 때 당시 원유가는 벌써 배럴당 90달러를 넘었고 국내 휘발유가격은 리터당 1,900원으로 올라 있었다. 소비자물가는 2008년 2월 3.6%(전년 동월 대비)로 상승하였고 주요 152개 품목의 생활물가는 4.6%로 올라 물가에 비상이 걸렸다. 2008년 서브프라임사태의 파도를 타고 원유가격과 원자재가격이 폭등하여 물가부터 비상이 걸렸다. 물가는 서민생활에 가장 많은 영향을 미치기 때문에 언제 어디서나 최고의 포퓰리즘 대상이다. 고평가된 환율의 정상화는 원유가격의 폭등에 따라 양날의 칼이 되어 출발부터 진퇴양난의 궁지로 몰렸다. 1997년 외환위기의 교훈에 따라 물가를 위해 경상수지를 희생시키지 않겠다는 판단을 초지일관하기로 했다.

원유가격은 2007년 들어 서브프라임사태의 영향으로 연초 56.99달러에서 연말 88.49달러로 급등하였다. 2008년 초 90달러대에 들어선 유

원유가 동향 (달러)

	2007	2008					
		1분기	4월	5월	6월	7월 1일	7월 4일
두바이유	68.43	91.30	102.54	119.50	129.90	136.56	140.70
WTI유	72.21	97.87	111.69	125.42	133.91	140.99	145.49

자료: 기획재정부.

가는 4월 100달러를 넘어가고 7월 4일 140.7달러(두바이유 기준)까지 폭등하였다. 수입의 18% 전후를 차지하는 원유는 100% 수입에 의존하기 때문에 경상수지의 가장 큰 변수로, 우리에게 원유가격 폭등은 큰 공포였다. 1973년 1차 오일쇼크와 1979년 2차 오일쇼크 때 원유가격 폭등에 의해 무역수지가 크게 악화되어 외환위기로 몰렸고 1986년 유사 이래 처음 이룬 무역수지 흑자도 원자재가격의 폭등으로 다시 적자로 돌아간 아픈 경험이 있었다. 밀, 옥수수, 콩 등 곡물가격도 50% 전후로 폭등하여 설상가상이었다.

폭등하는 물가를 잡기 위해 3월 3일 첫 국무회의에서 유류세 10% 인하를 위한 개별소비세법시행령개정안, 3월 25일 세 번째 국무회의에서 52개 품목의 생필품가격 특별관리대책[4]과 82개 품목의 할당관세율을 연말까지 인하하는 관세법시행령개정안[5] 세 가지 긴급물가안정대책을 통과시켰다. 생필품가격 특별관리대책은 서민생활에 영향이 큰 52개 품목에 대해 매점매석의 단속과 과도한 물가상승에 대한 행정지도를 하는 것이었다. 할당관세 인하는 수산물, 농산물, 농업용 원자재, 비철금속, 석유제품 등 사상 최대인 82개 품목의 할당관세를 대부분 무세로 내려 1조 9,000억 원을 감면함으로써 수입물가는 0.27%p, 소비자물가는 0.1%p를 낮추는 효과가 추정되었다.

유류세를 인하하고 할당관세를 확대하고 유통구조를 개선하고 매점매석을 단속하고 과도한 가격상승에 대해 행정지도를 하는 등 온갖 노력에도 불구하고 물가는 매일 뛰고 연간 5% 이내의 물가관리가 난망해졌다. 소비자물가 상승률은 6월에 5%를 넘어섰고 원유가격이 배럴당 140.7달러(두바이유 기준)로 오른 7월에는 5.9%로 치솟았다. 수입물가관리를 위해 612억 달러의 보유고를 동원해 급격한 환율상승을 억제하는 전략적 타협이 불가피했다. 9월 15일 리먼브러더스사태로 국제원자재가격이 폭락하기 시작하고 10월 들어 원유가격도 배럴당 100달러 이하로 떨어짐에 따라 연말에 소비자물가를 4.1%로 잡았다.

서브프라임사태를 이용한 원자재와 원유에 대한 투기 때문에 우리는 물가냐 경상수지냐 선택의 기로에 섰고 큰 시련을 당했지만 일관된 정책을 유지했다. 그 과정에서 나는 많은 비난을 들었고, 이것은 퇴진압력의 씨앗이 되었다.

근로자에게 24만 원 지급

긴급재정자금 투입

환율정상화, 그리고 물가관리와 함께 경기를 회복시키는 재정정책이 기다리고 있었다. 2007년 당시 세계잉여금으로 초과세입 14조 7,000억원과 세출불용액을 합쳐 15조 3,000억 원이 있었다. 여기에 더하여 2008년 5조 2,000억 원의 초과세입이 전망되어 총 20조 5,000억 원의 재정여유가 있었다. 위기를 앞두고 너무 알뜰하게 나라살림을 살았다. 경기침체를 예방하기 위해 임시투자세액공제를 연장하고 유가환급금을 지급하고 추가경정예산을 짜고 모든 수단을 동원하여 긴급히 재정자금을 투입했다.

임시투자세액공제는 씨티은행, 도이치은행, 한국자본시장연구원 등의 이코노미스트들로부터 서브프라임사태에 대한 우울한 전망을 들은 직후 1월 20일 대통령직인수위원회에서 발표했고 3월 3일 새 정부의 첫 국무회의에서 투자금액의 7% 세액공제를 위한 조세특례제한법 시행령을 통과시켰다.

15조 3,000억 원의 세계잉여금을 활용하는 데 국가재정법에 두 가지 장애요인이 있었다. 하나는 세계잉여금은 지방교부세와 교육교부금을 정산하고, 잔여금액의 30%는 1997년 외환위기 때 설치된 공적자금에 출연하고, 그 잔여금액의 30%는 국가채무를 상환하도록 한 것이었다. 둘은 추가경정예산의 편성은 전쟁, 자연재해, 경기침체, 대량실업 등에 한정하도록 규정한 것이다. 재정건전성을 위한 것이었지만 탄력성이 없어 위기관리에 부적합하고 행정부의 추가경정예산 편성권을 지나치게 제한하여 헌법에 위반되는 것이라 판단되었다.

2008년 4월 9일 국회의원 총선거에서 압승한 집권 한나라당은 들뜬 분위기였고 위기 발생의 가능성이 제대로 인식되지 않고 있는 상황이었다. 한국은행은 환율정상화에 엇박자로 나가고 국회도 재정투입을 위한 추가경정예산편성을 반대하며 엇박자로 나갔다. 국가재정법을 이유로 들어 추경편성 사유가 안 된다는 것이었다. 한나라당의 이한구 정책위원회 의장을 찾아가 경기침체가 예상되므로 국가재정법을 개정해서라도 추경을 추진하자고 설득하여 잔여 잉여금 범위 내에서 추경을 편성하는 데 합의를 했다. 지방교부세와 교육교부금 정산 5조 4,000억 원과 국가채무 상환 5조 원을 빼고 난 잔여금액은 4조 9,000억 원에 불과했다. 부득이 무리하게 2008년 초과세수입 예상액 5조 2,000억 원을 합쳐 겨우 10조 1,000억 원의 재원으로 반토막 긴급대책을 추진하기로 했다.

어렵게 합의한 재정투입계획에 따라 6월 8일 장관이 된 백일날 경기 부양과 서민지원을 위해 10조 원의 '고유가 극복 종합대책'을 발표하고 7월 1일부터 시행하기로 했다. 10조 원은 세법개정에 의한 5조 2,300억 원의 유가환급금과 추가경정예산에 의한 4조 8,654억 원의 유류사업 보조로 구성되었다.

주요 내용은 1) 연간급여 3,000만 원 이하 근로자와 연간소득 2,000만 원 이하 자영업자에 대해 24만 원(3,600만 원 이하 근로자와 2,400만 원 이하 자영업자는 구간에 따라 18만 원, 12만 원, 6만 원) 총 3조 1,400억 원, 2) 대중교통, 농어민, 소형화물차에 대해 1조 7,600억 원의 유가환급금을 지급하고, 3) 전기가스업자의 원유가격 상승에 따른 적자에 대해 1조 2,550억 원, 4) 에너지절약을 위한 구조조정사업에 6,040억 원, 5) 신재생에너지사업과 해외에너지자원 개발에 1조 4,540억 원의 보조금을 지급하는 것이었다.

유가환급금 지급대상은 근로자 988만 명(전체 근로자 1,263만 명의 78.2%), 자영업자 399만 명(전체 자영업자 458만 명의 87.1%) 총 1,387만 명으로 전체인구의 28.9%에게 지원되었다. 24만 원을 지원받은 사람은 근로자 904만 명, 자영업자 388만 명 총 1,292만 명으로 수혜자의 93.2%였다.

세입에서 직접 지급하는 유가환급금은 우리나라에서 처음으로 시도한 제도였고 규모도 컸다는 점에서 의미가 컸다. 에너지절약을 위해서는 세금을 올려야 한다는 논의도 있었지만 당시 유가가 급등했고 선제적 경기대책이 필요한 상황이었다. 원유가격은 전년에 비해 2배로 폭등한 데 따라 6월 들어 휘발유가격이 리터당 1,600원대에서 2,000원 전후까지 올랐다. 미국도 경기부양을 위해 2008년 1,000억 달러의 세금환급을 하였다.

고유가 극복 종합대책과 먼저 실시한 유류세 인하, 할당관세 인하를 합쳐 2008년 10조 6,244억 원의 재정투입효과로 0.4%p의 경제성장과, 추가적으로 소득세율 인하, 법인세율 인하 등 세제 개편에 의한 2009년 14조 2,350억 원의 감세효과로 0.6%p의 경제성장효과가 있을 것으로 전망했다. 이는 OECD 국가들이 2008년 0.2%, 2009년 -3.5%의 GDP 성장률을 기록한 데 비해 우리가 같은 기간 2.3%, 0.3%의 성장을 기록하는 데 큰 기여를 하였다. 긴급재정투입과 감세가 없었다면 우리도 마이너스 성장이 불가피했을 것이다.

FRB는 최초 유일 대부자가 되었는데

금리인하와 자금확대

미국 연방준비제도위원회(Board of Governors of the Federal Reserve System)[6]는 2008년부터 제로금리와 함께 3차에 걸친 양적완화를 통하여 3조 달러가 넘는 자금을 뿌렸다. 상업은행 이외에 투자은행과 증권회사에게도 6개의 펀드를 만들어 자금을 공급해주는 전례 없는 대책을 추진하였다. 이름이 너무 길어 외우기도 힘든 'Asset-Backed Commercial Paper Money Market Mutual Fund Liquidity Fund(ABCPMMMFLF)'까지 등장했다. 최종대부자(the lender of last resort)의 역할에서 누구에게나 필요한 만큼 달러를 쏟아부은 최초와 유일의 대부자(the lender of first and only resort)의 역할까지 하며 전례 없는 중앙은행 역사를 쓰게 되었다. 일본은행과 유럽중앙은행도 새로운 중앙은행 역사를 쓰는 길을 함께 갔다.

정부가 경기침체 예방을 위해 10조 원의 재정자금을 투입하면서 한국은행도 금리를 내리기를 권고하던 상황에서 8월 7일 기준금리를 5.00%에서 5.25%로 올렸다. 미국은 서브프라임사태가 닥치자 기준금리를 2007년 5.25%에서 4.25%까지 내렸고 2008년 3월 베어스턴스가 파산 상태로 몰리자 2.25%로 내린 후 9월 리먼브러더스가 파산하자 연말에는 제로금리 수준인 0.25%까지 내리며 무한정 달러를 풀고 있었다. 다른 선진국들도 미국과 함께 금리를 인하하고 통화를 풀며 공조하고 있는데 한국은행은 금리를 내리지 않고 버티고 있다가 미국과의 금리격차가 이미 3.00%나 벌어져 있는 데도 원유가격과 환율상승을 이유로 다시 올려 거꾸로 갔다.

10월 들어 원유가격이 배럴당 100달러 아래로 폭락해 금리인하의 여건이 좋았는데도 10월 9일 겨우 0.25%를 내렸다. 10월 26일 대통령 주재로 긴급대책회의가 열려 이성태 한국은행 총재도 참석한 자리에서 금리인하를 논의하고 다음 날 27일 임시 금융통화위원회를 열어 추가적인 인하를 하기로 결정했다. 아무래도 마음이 안 놓여 그날 오후 이성태 총재에게 전화를 해서 다른 나라가 다 내릴 때 올렸고 금리격차도 너무 심하니 1% 내리면 좋겠다고 권고했더니 그는 관례대로 0.25%를 내리겠다고 했다. 지금 상황이 위중하니 1%를 꼭 내렸으면 한다고 말했지만 금리는 금융통화위원회가 결정한다면서 안 된다는 것이었다. 나는 금융통화위원회의 결정에 거부권을 갖고 있다고 말하고 강하게 1%를 요구했더니 0.5%까지는 생각해보겠지만 더 이상은 절대 안 된다는 것이었다. 더 이상 언쟁을 할 수도 없어 "내 판단대로 하는 것이 좋을 거요"라고 말하고는 전화를 끊었다.

다음 날 사상 최대인 0.75%를 인하하여 2006년 수준인 4.25%로 돌아갔고 은행채권을 10조 원 정도 매입해 금융시장의 경색을 덜게 되었다. 신문들은 '한국은행의 과감한 결단'으로 평가하기도 하고, 항상 나오는 그 이야기 '한국은행의 독립성'에 대해 논란을 벌이기도 했다. 10월 30일 미국은 금리를 1.00%로 내리고 일본, 영국, EU, 중국도 이어서 금리를 내렸다. 한국은행은 금리를 연말에 3.00%까지 허겁지겁 내렸으니 중앙은행의 독립보다 고립이었고 9월 15일 터진 리먼브러더스사태의 대응을 위한 선제적, 결정적, 충분한 조치와는 거리가 너무 멀었다.

금리인하와 함께 채권시장의 자금경색을 덜어주기 위해 금융위원회가 10조 원 규모의 채권안정펀드를 제안한 것에도 한국은행은 최종대부자라는 이유로 참여를 반대하고, 은행권의 적극적인 자금지원과 기업구조조정을 위해 20조 원의 은행자본확충펀드를 만드는 데도 같은 이유로 참여를 반대하였다. 청와대 서별관회의에서 토론과 설득을 거쳐 한국은행은 50%의 참여를 결정하고 각각 5조 원과 10조 원을 투입했다. 우리가 서별관회의에서 뜨거운 설전을 한 지 얼마 후 미국 FRB는 제로금리와 함께 최초와 유일의 대부자 역할까지 자임하고 나서 3조 달러 넘게 자금을 뿌렸는데 너무나 다른 중앙은행의 모습이었다. 1997년 외환위기 때도 한국은행은 최종대부자라는 이유로 종합금융회사에 대한 1조 원의 특별대출을 반대하다가 결국은 하게 되었고 얼마 후 위기를 맞았다. 위기관리보다 최종대부자를 앞세우는 문제를 근원적으로 해결하기 위해 2011년 한국은행법에 물가안정에 추가하여 금융안정이 목적조항에 추가되었다.

환율, 금리, 자금에 대한 한국은행과의 갈등은 나에게 '시장신뢰 상실'이라는 족쇄가 채워졌고 퇴진압박으로 이어졌으니 참으로 안타까웠다. 시장신뢰는 말보다 행동과 결과로써 증명하기로 하고 비판과 맞서며 초지일관한 우둔함은 '강고집'이 되어 많은 상처를 남겼다. 위기는 다가오고 갈등은 쌓여가고 정말로 감당하기 힘들었다.

가장 대표적인 사건이 '미네르바사건'이었다. 인터넷에 떠도는 글을 편집하여 환율과 통화스왑, 리먼브러더스 등 닥치는 대로 인터넷에 올린 글이 상황과 그럴듯하게 맞아떨어지자 경제대통령이라 불리게 되있고 어떤 교수는 국민스승으로 모시자고 하는 데까지 이르렀다. 12월 29일 "정부 긴급업무명령 1호, 주요 7대 금융기관 및 수출입 관련 주요 기업에게 달러 매수를 금지할 것을 긴급 공문 전송"이라는 허위 글을 올린 것이 발단이 되어 검찰의 수사를 받게 되었다. 미네르바의 실명은 박대성이고 경제학을 전공하지도 않았고 인테리어사업을 하던 사람이었다는 것이 밝혀진 해프닝이었다. 나는 워낙 바쁘게 일하느라 사건이 터지고야 미네르바라는 이름을 알게 되었다. 비판하는 사람들이 만들어낸 시장신뢰 상실이라는 유령이 정치권으로 옮겨 가서 퇴진압력으로 발전했다. 난세에는 혹세무민(惑世誣民)이 세상을 사로잡는다는 이치를 절감했다.

Reverse Spillover를 생각하라

한 · 미 통화스왑

위기예방을 위해서는 경상수지 흑자와 함께 외환수급 관리를 위한 외환보유고 확충이 핵심이다. 외환보유고 확충은 국내시장에서의 외환매입, 해외시장에서의 외환차입, 그리고 중앙은행 간의 통화스왑 세 가지를 통해 이루어진다.

9월 들어 대란설은 잦아들었지만 외환시장의 스무딩오퍼레이션(smoothing operation)을 위해 당시까지 200억 달러 정도의 보유고를 소진했다. 꼭 필요한 것은 아니었지만 시장심리의 안정과 금융기관의 원활한 해외차입을 위하여 정부가 관리하는 외국환평형기금의 채권 발행이 필요했다. 이런 배경에서 나는 신제윤 차관보에게 10억 달러의 외국환평형기금채권 발행을 추진하도록 했다. 9월 11일 뉴욕에서 10억 달러 외평채를 순조롭게 발행할 수 있을 것으로 생각했으나 리먼브러더스의 주가폭락과 김정일 중병설에 의해 스프레드가 200bp 이상으로 오르는 돌발사태를 맞았다. 1년 전에만 해도 스프레드는 85bp였는데 200bp는 너무 높았고 외환보유고도 위기를 관리할 수 있는 수준이었기 때문에 신제윤 차관보에게 포기하고 돌아오라고 했다. 다음 주 9월 15일 월요일 리먼브러더스의 파산신청으로 런던 LIBOR금리가 3거래일 만에 4.29%p 급등했고 세계 증시가 3일 동안 주가가 6% 이상 폭락하면서 국제금융시장은 불확실성이 커져갔다.

9월 15일 미국 5대 투자은행인 리먼브러더스의 파산신청은 국제금융시장에 큰 충격이었다. 9월 18일 미국 FRB는 유럽중앙은행, 영란은행, 스위스국립은행, 캐나다은행, 일본은행에 대해 통화스왑한도를 1,800억 달러 추가하여 2,470억 달러로 늘렸다. 당시 2,400억 달러의 보유고를 갖고 있었고 단기외채는 1,895억 달러(9월 말 대외채무 3,651억 달러, 대외채권 3,956억 달러, 순대외채권 306억 달러)이었기 때문에 최악의 경우에도 외채관리는 가능하다고 판단했지만 추가 차입이 어려운 상황에서 시장심리의 안정을 위하여 9월 19일 신제윤 차관보에게 남은 최종 수단인 통화스왑을 추진하라고 지시했다. 신제윤 차관보는 이미 국제공조를 위해 미국, 일본, 중국과의 핫라인을 가동하고 있었다.

9월 20일 토요일 이명박 대통령은 리먼브러더스의 파산신청에 따른 금융시장 점검회의를 소집했다. 전광우 금융위원장, 이성태 한국은행 총재, 이윤호 지식경제부 장관, 박병원 경제수석비서관과 함께 리먼브러더스사태의 국제금융시장에 대한 영향과 우리의 대응방안에 대한 보고와 협의가 있었다. 내동링세 2,400억 달러의 보유고로 단기외채는 1,895억 달러는 관리 가능하며 기획재정부, 금융위원회, 한국은행이 합동실무대책반을 구성하여 일일점검을 통해 외채관리를 차질 없이 하겠다고 보고했다. 당시 국내금융기관이 보유하고 있는 대외자산은 615억 달러였고 리먼브러더스에 관련되는 자산은 그 1.2%인 7억 2,000만 달러, 한국투자공사의 메릴린치에 대한 투자금액은 20억 달러에 불과해 전액손실이 나도 감내할 수 있는 수준이었고 국내 주식시장과 자금시장에는 큰 동요가 없다고 보고했다. 문제는 신용경색에 따라 외국계를 제외한 국내금융기관 차입금의 차환율이 20% 이하로 떨어졌고 추가차입이 어려워졌다는 것이었다. 대응방안으로 보고받은 이명박 대통령께서는 현대건설 때의 경험을 얘기하면서 위기 때는 현금이 가장 중요하고 또한 위기가 기회이고 위기 때 기업의 순위도 바뀐다고 했다. 금리가 높다고 외평채 발행을 포기한 것은 잘못이라고 질책하면서 통화스왑을 적극 추진하라고 지시했다.

미국 FRB는 당시 유럽중앙은행, 영란은행, 스위스국립은행, 캐나다은행, 일본은행과 통화스왑계약에 따라 달러를 공급하고 있었고 9월 30일에는 스웨덴, 노르웨이, 덴마크, 오스트레일리아 중앙은행과 추가로 통화스왑계약을 하고 다음 해 4월까지 6,200억 달러의 달러를 공급할 것을 발표했다. 신제윤 차관보가 핫라인을 통해 라우리(Clay Lowry) 미국 재무부 차관보와 협의한 결과 한국의 신용등급이 AAA가 아니어서 다른 신흥국과의 형평상 어렵다는 것이었다. 오스트레일리아도 통화스왑계약을 맺었는데 IMF에서 지분이 더 많고 경제규모도 더 큰 우리가 못한다는 것은 납득할 수 없었다.

미국이 7,000억 달러의 부실자산구제금융(Troubled Assets Relief Program)을 발표한 10월 3일 개천절 청와대에서 대통령 주재로 경제와 금융 전반에 걸쳐 두 번째 점검회의를 하게 되었다. 국제금융시장의 경색정도에 따라 3단계 비상대처계획(contingency plan)[7]을 보고했다. 해외 자본 유출이 심각한 최악의 단계에 가면 환전을 통제하고 외환집중제를 실시하는 세이프가드(safe guard)를 발동하는 내용이었다. 미국과의 통화스왑이 실무자 레벨의 정상적인 절차를 거쳐서는 쉽지 않다는 보고와 함께 10월 11일부터 워싱턴에서 열리는 IMF총회에 가서 직접 노력하기로 보고했다. 대통령께서는 한·중·일 재무장관회의도 열어 아시아 간의 금융협력을 추진하라고 지시했다.

10월 11일 예정에 없던 임시 G20재무장관회의가 갑자기 IMF빌딩에서 열렸다. 미리 워싱턴에 간 신제윤 차관보는 라우리 미국 재무부 차관보와 통화스왑을 협의했으나 사실상 불가능하다고 보고했다. 라우리 차관보는 나에게 폴슨(Henry Paulson) 장관은 너무 바쁘니 회의장에 올 때 잠깐 만나라고 했다. 회의장에서 폴슨 미국 재무장관과 버냉키 FRB 의장을 만났으나 두 사람 모두 넋이 빠진 상태 같아서 깊이 있게 얘기하지 못했다. 회의에서 "preemptive and decisive"한 7,000억 달러의 TARP로 12월에 위기가 끝날 것이라고 발표한 폴슨 장관에게 1997년 우리의 경험으로 보면 10배가 넘는 'preemptive, decisive and sufficient measure'[8]가 필요할 것이라고 말했다. 부시(George W. Bush) 대통령도 예고 없이 참석했다.

10월 13일 IMF/WB총회에서 기조연설을 마치고 나는 서울에서부터 준비한 비공식 라인으로 루빈(Robert Rubin) 전 미국 재무장관을 만나 마지막으로 통화스왑을 시도하기 위해 기차로 뉴욕으로 갔다. 한국은행도 미국 FRB와 협의했으나 재무부와 같은 답을 얻었고 이성태 한국은행 총재는 기자들에게 통화스왑은 불가능하다는 말을 남기고 서울로 돌아갔다.

다음 날 14일 10시 내가 묵고 있는 헴슬리(Helmsley)호텔에서 루빈 전 재무부 장관과 로즈(William Rhodes) 씨티은행 부회장을 만났다. 당시 루빈은 씨티은행의 고문이었는데 1997년 외환위기 때 차관보였던 가이트너와 함께 몇 번 만난 적이 있었다. 루빈 전 장관에게 "우리는 통화스왑이 없어도 위기관리가 가능하다. 위기관리를 위해 우리가 보유한 미국 재무부증권(Treasury Bond)을 팔면 미국의 통화정책을 저해(undermining)하는 역류효과(reverse spillover)가 있을 것이다. 미국을 위해서도 우리와 통화스왑을 하는 것이 좋을 것이다. 미국이 일으킨 위기 때문에 우리가 고통받는 것은 옳지 않다. 오스트레일리아와는 통화스왑을 하는데 경제 규모가 더 크고 IMF지분도 높은 우리를 제외시키는 것은 이해하기 어렵다"라는 말을 하고 도움을 요청했다. 루빈 전 장관은 전적으로 나의 견해에 동의하고 그날 통화스왑에 대해 실질적인 결정권을 갖고 있는 가이트너 뉴욕연방준비은행 총재와 오찬 약속이 있는 로즈 부회장에게 내가 한 말과 자기도 전적으로 동의한다는 말을 전하도록 했다. 로즈 부회장이 오찬 후 가이트너의 대답을 전화로 알려주기로 하고 만남은 끝났다. 대외관계에 관한 협상을 많이 했던 나의 경험에 의하면 협상에서 도와달라는 말은 금기이고 상대방의 필요성과 이익을 납득시키는 것이 성공의 요체이다.

오후 2시 30분 휴대폰으로 로즈 부회장의 전화가 왔다. 가이트너가 나의 견해에 동의했다며 100% 가능하다고 전해왔다. 절차를 거치는 데 14일 정도 필요한데 공식 결정까지 절대 비밀을 지킬 것을 부탁했다.

나는 창밖 센트럴파크를 내려다보며 무거운 짐을 내려놓는 안도를 느끼며 씨티뱅크와의 오랜 인연과 그들이 말한 "한국에 대한 약속(Commitments to Korea)"을 생각했다. 1973년 오일쇼크 때 2억 달러의 점보론, 1997년 외환위기 때 외채협상을 주도해준 로즈 부회장과 리드(John Reed) 회장, 그리고 오늘 로즈 부회장과 루빈 고문으로 이어진 35년간의 인연을 하나님께 감사드렸다. 그들은 필요할 때마다 진정한 친구(friend indeed in every needs)가 되어주었다.

다음 날 서울로 와서 10월 17일 대통령께 한·미 통화스왑에 대해 만약의 사태를 생각해 100% 대신 51% 이상의 확실성과 절대비밀을 보고했다. 뉴욕에서 루빈 전 장관을 만나고 10일 후 10월 24일 저녁 베이징 한·중 재무장관회의와 ASEM정상회의에 참가하고 있을 때 신제윤 차관보로부터 전화로 한·미 통화스왑의 확정을 보고받았다. 리전트(Regent)호텔로 가서 이명박 대통령께 다음 주 목요일 10월 30일 300억 달러 한·미 통화스왑을 미국이 공식 발표할 것이라는 보고를 했다. 대통령과 박병원 수석비서관, 그리고 나는 브라보를 외치며 한 잔 마셨다.

다음 날 토요일 베이징국제공항에서 한·중 재무장관회의에 동행한 이광주 한국은행 부총재에게 한·미 통화스왑 확정을 알리고 총재에게 보고한 후 미국 가서 FRB와 절차를 추진하라고 일러줬다.

10월 30일 300억 달러 한 · 미 통화스왑이 한국과 미국에서 동시에 발표되었다. 나를 비판하던 온 세상이 달라졌다. 나는 대중에 대한 배신감을 느꼈다. 위기관리를 위해 통화스왑보다 환율이 훨씬 중요하고 한 · 미 통화스왑이 없어도 고통스럽지만 위기를 관리할 수 있었던 상황이었다.

한 · 미 통화스왑이 발표되던 날 저녁 서울 신라호텔에서 열린 한 · 미 재계회의(Korea-US Business Council)의 축사에서 미국 측 회장으로 참석한 빌 로즈 부회장에게 나는 다음과 같이 감사를 표시[9]했다.

"This morning, Korea and the US announced the set of the currency swap line. Again, Citibank has been a great help through various channels. Chairman Rhodes is the prime example of "A friend in need is a friend indeed." I would like to express my sincere appreciation to Chairman Rhodes for his continuous support and commitment for Korea. Please give a big hand to the Chairman."

나는 여기서 몇 가지 비망록을 남기고 싶다. 먼저 나와 함께 수고한 신제윤 차관보와 윤여권 뉴욕재무관의 노력에 감사를 표한다. 다음 루빈 전 장관과의 만남을 주선한 하영구 한국씨티은행 행장의 수고에도 감사를 표한다. 그리고 뉴욕 현지에서의 노력을 후에 메일로 보내와 알게 된 윤용진 한국은행 뉴욕지점 부지점장에게도 감사를 보낸다. 현지에서의 노력들은 높이 평가받을 만하다고 생각된다.

10월 24일 한 · 미 통화스왑의 성공을 통보받은 그날에 베이징 댜오위타이(釣魚臺)에서 쉐시런 중국 재정부장과 300억 달러 상당의 한 · 중 통화스왑에 합의하였고 그 후 이것이 지렛대가 되어 일본과도 300억 달러의 통화스왑을 하게 되었다. 중국과는 흔쾌히 합의하였지만 일본은 이때도 30억 달러, 그리고 50억 달러를 제안하여 도쿄에 간 최종구 국제금융국장에게 그만두고 돌아오라고 했다. 11월 15일 한·중·일 재무장관회의에서 중국 때문에 마지못해 300억 달러를 했으니 언제나 그들은 머나먼 이웃이었다.

1997년 외환위기 때 일본의 행태가 생각났다. 가장 적은 단기채권을 갖고 있었던 미국이 만기연장에 앞섰던 반면 최대 채권자인 일본은 자금회수에 집중했다. IMF 구제금융이 합의된 후 모라토리엄이 우려되던 12월 19일 일본 대장성 차관에게 자금회수의 자제를 요청한 간곡한 편지를 보냈으나 허사였다. 1950년 한국전쟁을 계기로 2차 대전의 폐허에서 재기한 일본을 생각하면 그들이 누구인지 혼동되었다. 일본이 자금줄을 끊으면 삼성전자도 망한다는 극언을 하던 2013년 나는 기획재정부 후배들에게 일본이 그런 입장이라면 이때 맺은 통화스왑도 그만두는 게 좋겠다고 말했고 실제로 그만두었다. 중국은 아직도 통화스왑을 체결 중이다. 그들은 한국전쟁에서 적국으로 싸웠던 중국보다도, 태평양 건너 미국보다도 더 머나먼 이웃이었다.

시장이 깜짝 놀랄 1,000억 달러로

대외지급보증

2008년 10월 15일 나는 뉴욕에서 한·미 통화스왑 소식을 갖고 돌아오는 비행기 속에서 위기예방을 위한 마지막 남은 장치인 대외지급보증을 구상했다. 1차 방어선으로 2,400억 달러의 외환보유고, 2차 방어선으로

300억 달러의 한·미 통화스왑, 그리고 3차 최종방어선으로 금융기관 단기외채에 대한 지급보증까지 하는 것이 안전한 대응이라 생각했다. 1997년에는 대외지급보증을 해보지도 못하고 위기를 당했다.

10월 16일 해 질 녘 인천공항에 도착하자마자 최종구 국장에게 전화를 걸어 과천으로 갈 테니 금융기관 단기채무 현황과 대외지급보증 방안을 검토하여 보고하라고 지시했다. 보고를 받아보니 금융기관의 1년 이내 만기가 도래하는 해외단기차입은 290억 달러 정도였다. 실무진은 넉넉히 잡아 500억 달러 지급보증만 하면 된다고 했다. 나는 시장이 깜짝 놀랄 정도로 500억 달러의 더블 1,000억 달러를 보증하는 선제적, 결정적, 충분한 방안을 준비하도록 했다. 실무진은 국회통과를 걱정했지만 300억 달러를 하면 300억 달러가 다 쓰이고 500억 달러를 하면 조금만 쓰이고 1,000억 달러를 하면 1달러도 쓰이지 않을 수 있으니 가장 비용이 적은 1,000억 달러로 준비하라고 했다.

1,000억 달러 지급보증을 위한 〈국내은행이 비거주자로부터 차입하는 외화표시 채무에 대한 국가보증동의안〉은 국내 18개 은행이 해외로부터 2008년 10월 20일부터 2009년 6월 30일까지 차입하는 외화표시 채무의 원리금 상환에 대해 차입일로부터 3년간 1,000억 달러 한도로 국가가 보증하는 것이었다. 한국산업은행 161억 달러를 최고로 5대 상업은행인 국민은행, 신한은행, 우리은행, 하나은행, 한국외환은행과 국책은행인 중소기업은행과 한국수출입은행에 대해 100억 달러 전후를 한도[10]로 하였다.

이렇게 마련된 1,000억 달러 대외채무 지급보증동의안은 대통령 보고를 거쳐 10월 23일 발표하였다. 국제금융시장의 반응은 깜짝 놀랄 정도의 예상하지 못한 규모라는 것이었다. 국회에서 너무 과하다는 얘기가 나왔지만 돈을 아끼기 위해 1,000억 달러 지급보증이 필요하다는 논리로 설득했다. 10월 30일 300억 달러 한·미 통화스왑이 발표되던 날 1,000억 달러 지급보증동의안도 국회를 통과하였다.

예상한 대로 충분한 규모인 1,000억 달러의 대외지급보증으로 국내 은행의 리스크가 없어지자 외국은행은 지급보증 없이 국내은행에 대출하게 되어 우리의 외환수급은 원활하게 돌아갔다. 내가 기획재정부를 떠난 후 몇 건의 소액지급보증이 있었다고 했다.

OECD 선진국들은 2009년 마이너스 성장을 하였지만 우리는 플러스 성장을 하였고 2010년에는 세계 7위의 수출대국으로 우뚝 섰다. 2011년 글로벌위기의 여파로 남유럽국가인 포르투갈, 이탈리아, 그리스, 스페인이 재정위기를 당해도 우리는 아무 일 없었다. 1997년의 환란은 많은 고통과 상처를 남겼지만 인류사에 전례가 없던 2008년 글로벌경제위기는 국외에서 방어함으로써 국내에서는 고통을 모르고 넘어갔다.

300억 달러 한·미 통화스왑이 발표되고 1,000억 달러 대외지급보증 동의안이 통과되던 10월 30일 지난 일들을 되돌아보았다. 환율의 정상화와 경상수지 흑자 전환, 유류세와 할당관세의 인하, 10조 원의 고유가 극복대책, 300억 달러의 한·미 통화스왑, 최종방어선 1,000억 달러의 지급보증까지 위기감내를 위해 동원할 수 있는 수단은 모두 다 했다. 장관이 되던 날부터 이것이 조국을 위한 마지막 봉사라고 생각하고 하루도 쉬지 않고 일했다. 남아 있는 감세법안과 예산안을 처리하고 국회가 끝나면 물러나기로 결심했다. 실무자 시절 국회를 다니면서 내가 장관이 되면 맞은 것은 맞고 틀린 것은 틀렸다고 확실하게 대응해야겠다고 오래 다짐했다. 그리고 그렇게 했다. 정공법은 우리의 정치와 언론이 받아들이기에는 너무 빨랐다.

2008년은 가족에게도 큰 불행의 씨앗이 되었다. 야인시절 어떤 자리에서 후배들은 장관으로 불리는데 나는 평생 차관으로 불리는 것이 가슴 아파 하루라도 장관을 했으면 좋겠다고 말한 적이 있었다. 고물가와 고환율 때문에 나를 욕하는 인터넷 악플과 혼자서 밤을 새우며 싸우던 나의 딸이 이제 아빠 소원을 이루었으니 장관을 그만두라고 말하며 눈물을 흘렸다. 외국 음악동호인들[11]과 자녀를 해외유학을 보낸 강남 아줌마들이 갑자기 음악CD 수입가격과 해외 송금액이 오르자 나를 욕하게 된 것이 그 악플의 시작이었다고 했다. 그때의 스트레스 때문에 병이 악화되어 천국으로 떠났으니 애비의 애통은……

아! 어찌 잊으랴 2008년을
그 많은 날들의 도전과 응전을
그 많은 비판과 비난을
올드보이, 킹만수, 강고집, 경제대통령
그대들은 모르리라
그 많은 영혼의 고뇌들을
자식을 먼저 보내야 했던 영혼의 아픈 상처를

1 실질실효환율(REER)은 교역국 간의 물가변동을 반영한 실효환율로서 교역상대국과의 상대물가지수를 이용하여 산출한다. 물가변동에 따른 실질구매력의 변동을 실효환율에 반영하기 위하여 명목실효환율을 교역상대국의 가중상대물가지수로 나눈 것이다.

2 KIKO(knock-in knock-out)는 환율이 약정범위의 상한선을 넘으면 약정에 따라 기업이 2배 이상 손해를 보는 반면 은행은 큰 이익을 챙기고 하한선 아래로 떨어지면 기업이 큰 이익을 보고 은행이 손해를 봐야 하는데도 계약이 무효화되는 상품으로 경상수지와 관계없이 환율이 일정범위에 묶여 있어야 은행과 기업 모두 만족할 수 있는 상품이었다. 은행은 어떤 경우에도 큰 위험이 없고 기업은 큰 위험이 있는 불공정 계약으로서 미국에서 판매되다가 중지된 상품이었다.

3 2008년 사용했던 일일점검표의 첫 페이지다.

1. 일일 외화차입 만기도래액 및 상환계획 [속보지]

(단위 : 백만불)

前日	10.9 ⊛					今日	10.10 ⊛				
은행명	만기도래액	상환액	만기전연장액	신규차입액	차환율(%)	은행명	만기도래액	상환액	만기전연장액	신규차입액	차환율(%)
신 한	-	-	-	100	-	신 한	80	80	-	-	0.0
우 리	323	123	200	-	61.9	우 리	30	30	-	130	433.3
SC 제일	125	100	25	120	116.0	SC 제일	-	-	-	-	-
하 나	235	-	235	-	100.0	하 나	20	-	20	-	100.0
외 환	-	-	-	300	-	외 환	12	-	-	-	-
한국씨티	-	-	-	-	-	한국씨티	300	100	200	-	66.7
국 민	6	6	0	30	500.0	국 민	71	50	22	-	31.0
대 구	-	-	-	-	-	대 구	-	-	-	-	-
부 산	-	-	-	-	-	부 산	-	-	-	-	-
광 주	-	-	-	-	-	광 주	-	-	-	-	-
제 주	-	-	-	-	-	제 주	-	-	-	-	-
전 북	-	-	-	-	-	전 북	-	-	-	-	-
경 남	-	-	-	20	-	경 남	-	-	-	-	-
산 업	-	-	-	13	-	산 업	27	27	-	-	0.0
기 업	-	-	-	-	-	기 업	-	-	-	-	-
수 출 입	100	100	-	50	50.0	수 출 입	165	165	-	-	0.0
농 협	5	5	-	-	0.0	농 협	100	100	-	-	0.0
수 협	12	12	-	2	16.7	수 협	4	4	-	-	0.0
합 계	806	346	460	635	135.9	합 계	809	556	242	130	46.0

• 자료 : 동 자료는 10월 8일 저녁 점검 자료임, 차환율은 만기연장액과 신규차입액을 만기도래액으로 나눈 비율

4 52개 생활필수품목은 소관부처별로, 1) 23개 농수산식품(쌀, 밀가루, 라면, 빵,

쇠고기, 돼지고기, 멸치, 고등어, 배추, 무, 두부, 콩나물, 파, 양파, 설탕, 마늘, 고추장, 식용유, 달걀, 우유, 사과, 스낵과자, 소주), 2) 9개 공산품(바지, 유아용품, 세제, 휘발유, 경유, LPG, 등유, 화장지, 전기료), 3) 9개 공공서비스(자장면, 전철료, 시내버스료, 상수도료, 도시가스료, 이미용료, 목욕료, 쓰레기봉투료, 공동주택관리비), 4) 3개 교육서비스(학원비, 가정학습지, 납입금), 5) 4개 보건위생용품서비스(샴푸, 위생대, 외래진료비, 보육시설이용료), 6) 2개 주거교통서비스(주거비, 시외버스료), 7) 2개 통신서비스(이동전화통화료, 방송수신료)로 구성되었다.

5 할당관세 품목은 46개에서 82개로 확대하였다. 밀, 옥수수, 밀 전분, 요소 등 식품 및 그 원자재 32개 품목과 생사, 금지금, 니켈, 주석, 철분 등 국내산업과 경쟁하지 않는 생산원자재 37개 품목 등 총 69개 품목의 관세율을 무세로 하고, 휘발유, 등유, 경유, 중유 등 4개 석유제품의 관세율은 3%에서 1%로 내리고, 폴리프로필렌(5%→4%), ABS합성수지(6.4%→4%), 폴리스티렌(6.5%→4%) 등 석유화학제품도 내렸다. 원유와 LNG(1%), 설탕(35%)은 수입이 급증하고 있어 관세율을 그대로 유지했다. 기존 46개 할당관세 품목의 1조 3,000억 원과 추가 36개 할당관세 품목의 6,000억 원 총 1조 9,000억 원 감세효과에 따라 수입물가는 0.27%p, 전체 소비자물가는 0.1%p 낮추는 효과가 추정되었다.

6 미국 연방준비제도위원회(Board of Governors of the Federal Reserve System)는 우리의 중앙선거관리위원회와 유사한 성격의 공무원으로 구성되어 있고 연방준비은행(Federal Reserve Bank)을 감독하는 연방관청(federal government agency)이다. 연방준비제도위원회를 연방준비제도이사회로 부르는 것은 잘못이다. 지역별로 12개 주식회사 형태인 연방준비은행에 법인의 의사결정기구로서 연방준비은행이사회(Board of directors of the Federal Reserve Bank)가 따로 있다. 행정관청인 'Board of Governors'를 이사회라고 부르는 것은 틀린 것이다. 한국은행은 민간의 특수법인이라는 점에서 연방준비은행과 같은 성격이라고 해석할 수 있다.

7 유동성 상황을 감안한 3단계 비상대처계획은 다음과 같다.
  • 제1단계(신용경색 및 차입여건 악화되어 모니터링을 강화): 1) 외화유동성이나 투기자금 유출입 상황 등 모니터링 강화, 2) 외환보유액으로 스왑시장 참여 또는 은행 유동성 지원, 3) 사치성 소비재 수입억제 등 경상수지 개선대책 추

진, 4) 외화유출을 촉진할 우려가 있는 외환자유화 일정 재조정, 5) 국제적인 공조체제 유지 및 대외홍보 강화

- 제2단계(해외자본 유출이 가시화되어 외화유동성을 확충): 1) 국내은행이 보유한 외화증권 매각 유도, 2) 기업·은행의 대외채권 및 개인 해외예금의 회수 독려, 3) 불법외환유출에 대한 감시 강화
- 제3단계(해외자본 유출이 심각해 세이프가드를 발동): 1)거주자 환전 시 실수요 증빙 요구, 2) NDF 실수요 규제 및 매도매입 포지션 규제, 3) 유학경비, 해외신용카드 사용, 해외예금 등 제한, 4) 비거주자에 대한 대외채권 중 만기도래 채권 회수명령, 5) 외환집중제 실시, 금융기관 해외자산 매각명령 발동

8 공식회의에서 폴슨 장관에게 1997년 우리는 1조 원으로 출발한 공적자금이 최종적으로 100배가 넘는 168조 원을 썼다는 예를 들면서 미국이 발표한 공적자금 (TARP) 7,000억 달러의 10배 이상 필요할 것이라고 말해줬다. 그가 TARP에 대해 "preemptive and decisive measure"라고 말한 데 대해서 우리는 1997년 14번의 대책을 발표했는데 그때마다 주가가 떨어진 예를 들면서 "preemptive and decisive"보다 시장이 깜짝 놀랄 "sufficient"한 대책이 더 중요하다고 말했다.

9 로즈 회장에 대한 감사 연설의 원문은 다음과 같다.

"I would like to close my remarks by introducing you a special guest. An American bank has been an enduring supporter for the Korean economy every time we go through economic hardships. For example, Korea was in desperate need of FX liquidity with only around $10 million of foreign reserve in the 1973 oil shock. It was this bank that gave us a helping hand to get a jumbo loan of $200 million. Since then, the former Korean finance minister Jeong In-yong always told us never to forget the support we got from the American bank. And, in 1997, Korea was hit hard by the Asian Financial crisis. When Korea was striving for extending the external debt maturity, it was this bank again who greatly contributed to the successful roll-over. This morning, Korea and the US announced the set of the currency swap line. Again, this bank has been a great help through various channels. Distinguished guest! It was Chairman Bill Rhodes who took the lead in extending helping hands to Korea on these occasions. Chairman

Rhodes is the prime example of "A friend in need is a friend indeed." Taking this opportunity, I would like to express my sincere appreciation to Chairman Rhodes for his continuous support and commitment for Korea. Please give a big hand to the Chairman."

10 은행별 한도는 국민은행 86억 2,100만 달러, 신한은행 95억 5,500만 달러, 우리은행 118억 7,000만 달러, 하나은행 117억 9,700만 달러, 한국외환은행 86억 2,300만 달러, 한국씨티은행 34억 700만 달러, 한국스탠다드차타드제일은행 58억 4,400만 달러, 부산은행 8억 6,900만 달러, 대구은행 5억 7,100만 달러, 광주은행 4억 1,400만 달러, 경남은행 3억 8,500만 달러, 전북은행 1억 달러, 제주은행 1억 달러, 한국산업은행 161억 9,500만 달러, 중소기업은행 70억 1,000만 달러, 한국수출입은행 93억 9,400만 달러, 농업협동조합중앙회 48억 1,200만 달러, 수산업협동조합중앙회 4억 3,400만 달러 합계 1,000억 달러였다.

11 《위클리경향》(2009. 6. 30)은 온라인커뮤니티 회원좌담회의 내용을 다음과 같이 보도했다.

"이 정권의 문제는 정신적으로 풍요로운 삶에 대해 관심이 없다는 거다. 취미로 음반이나 DVD를 모으면서 두 번 위기를 맞았다. 한 번은 외환위기 때고 또 한 번은 작년이다. 두 번 모두 환율이 엄청나게 뛰었고, 공교롭게도 집권당이 같다. 동호회 회원들이 강만수 전 장관을 욕했던 이유는 사고 싶은 DVD, 음반, 카메라가 격이 2배로 올라버린 탓도 크다."

18 최고의 투자환경을 만들자

: : 투자역량의 확대

2008년은 위기를 감내하기 위한 1차 방어선 2,400억 달러의 외환보유 고, 2차 방어선 900억 달러의 한·미·중·일 통화스왑, 3차 최종방어 선 1,000억 달러의 대외지급보증까지 3중의 방어벽을 구축하는 것과 동 시에 위기를 기회로 활용하기 위한 전략도 동시에 추진해야 할 때였다. 위기는 국가 순위를 바꿀 수 있는 기회이고 1997년 우리가 당한 많은 상처를 뛰어넘어 일류국가로 도약할 수 있는 공격의 기회였다.

2008년 한국경제는 위기와 관계없이 저성장, 경상수지 적자, 성장잠 재력 저하의 늪에 빠져들고 있었다. 경제성장률은 1970년대 10.1%, 1980년대 8.6%, 1990년대 6.7%, 2000년대에 들어와 2007년까지 5.2% 로 둔화되어왔다. 1998년부터 좌파정부 10년간 한국경제는 연평균 4.0% 성장률에 2.3%의 투자증가율을 보였고 잠재성장률도 4%대로 하 락했다. 같은 기간 OECD 국가들의 평균 경제성장률은 2.8%였는데 투 자증가율은 3.2%였다. 2008년 우리 경제의 상황은 점진적으로 위축되 고 있는 중대한 국면에 이르렀다. 성장하는 경제는 투자증가율이 경제성장률을 초과하는 것이 정상이다.

저성장과 저투자의 늪을 탈출하기 위해 우리 경제의 역량을 확대하는 전략이 필요하다. 경제역량의 확대는 기업의 투자역량 확대와 경영환경 개선으로 귀착된다. 기업의 신규 투자역량을 결정하는 4대 핵심 변수는 투자재원을 확대하는 감세정책, 신규투자를 유인하는 기술개발, 투자기회를 확대하는 규제완화, 시설가동을 위한 노동공급 확대라 할 수 있다. 기업의 활발한 경영활동을 결정하는 주요 변수는 적극적 재정정책, 사회간접자본(SOC) 확충, 외환시장의 안정, 금융시장 발전이라 할 수 있다. 과거 경제변수의 상관관계를 보면 저세율이 고투자와 고세입을 산출했고 고환율이 고성장과 저실업을 산출했다.

감세가 Best Tool이다

감세정책

기업의 투자역량을 확대하기 위한 첫 번째 전략은 기업의 투자재원 확대를 위한 감세정책이다. 1997년 외환위기에서 차입경영의 위험은 너무 컸다. 내부유보에 의한 건실한 투자가 경제역량을 확대하는 첫걸음이다. 차입자금에 의한 투자의 경우도 내부유보와 혼합되면 위험도가 떨어진다. 내부유보의 확대를 위한 감세정책은 투자역량을 확대하는 첫걸음이고 투자확대를 통해 장기적인 증세정책도 된다.

감세문제는 국가경영과 기업경영의 핵심변수이기 때문에 많은 논란이 있어왔지만 아직도 논란이 계속되고 있다. 인간은 죽음을 피할 수 없듯 세금도 피할 수 없고, 국가의 흥망도 조세행정의 흥망에서 오는 경우가 많기 때문에 논란은 불가피하다. 한 가지 분명한 것은 감세정책이든 증세정책이든 종국적으로는 세금을 많이 받기 위한 전략이라는 점이다.

미국 대통령경제자문위원장을 지낸 로머(Christina D. Romer)는 실증적인 연구[1]를 통하여 1달러의 감세는 3달러의 GDP를 증가시켰다고 했다. 하버드대 교수 알레시나(Alberto Alesina)와 아르다그나(Silvia Ardagna)가 1970년 이후 21개 OECD 국가의 91개 경기진작책을 비교한 결과[2] 놀랍게도 성공한 정책은 기업과 소득에 관한 감세정책이었으며 정부지출의 증가는 대부분 실패한 것을 발견했다. 하우저(W. Kurt Houser)는 2차대전 후 미국의 경우 세율을 아무리 올려도 세입이 GDP의 20%를 넘지 못했고 증세정책은 GDP와 세입을 동시에 감소시켰다는 법칙[3]을 발견했다. 최근 다른 연구에서도 감세가 가장 강력한 정책수단이라는 보고가 많다.

우리나라에서도 세율을 내리는 감세정책이 장기적으로 세입을 올렸다는 것을 통계가 말하고 있다. 나는 1974년부터 재무부에 근무하면서 70%의 소득세율을 40%까지 내렸던 사람으로서 직접 경험한 일이기도 하다. 감세정책의 유효성은 통계적인 방법 이외에 논리적인 추론[4]으로도 이해 가능하다. 세율이 100%일 때와 세율이 0%일 때 세입은 모두 제로가 된다. 납세자가 흔쾌히 받아들이고 열심히 기업활동을 하는 수준에서 최고의 세입이 결정된다.

소득세, 법인세, 상속세는 세율을 내릴수록 경제가 성장하고 소득이 증가함으로써 세입이 늘어났다는 것이 통계로 증명된다. 소득세 최고 세율은 1975년부터 2012년까지 70%에서 35%로 인하되었으나 GDP 대비 세입비중은 오히려 1.9%에서 3.6%로 확대되었고 법인세도 1981

소득세율·법인세율과 세입비중

범례:
— 소득세율(50% = 0 기준, 단위1 = 10%)
— 법인세율(30% = 0 기준, 단위1 = 10%)
--- 소득세 비중(2.5% = 0 기준, GOP 대비 %)
--- 법인세 비중(2% = 0 기준, GDP 대비 %)

년 35%에서 2009년 22%로 인하되었으나 세입비중은 1.20%에서 3.32%로 증가했다. 상속세도 비슷한 추세를 보였다.

2008년 글로벌경제위기를 맞아 이론적 추론이 아닌 경험적 사실에 따라 나는 실무자 시절부터 세 번째 광범위한 감세정책을 쓰게 되었다. 감세정책은 세입의 증대보다 경제성장을 위한 투자활성화와 소비수요확대에도 최고의 수단이었기 때문이다. 당시 한국의 조세부담률은 22.7%(2007년)였고 미국은 20.6%(2005년) 일본은 17.3%(2005년)로 상대적으로도 높아 감세의 목표는 조세부담률 20%였다. 국가채무비율은 GDP의 30% 수준으로 상당히 낮았다.

2008년부터 2012년에 걸쳐 추진된 감세정책은 원유가격 상승에 따른 저소득층의 지원을 위한 긴급대책과 저성장을 극복하기 위한 구조적인 대책으로 나누어 추진했다. 긴급감세대책은 유류세 인하, 할당관세 인하, 임시투자세액 공제, 유가환급금 지급으로 9조 8,000억 원이었고, 구조적 감세대책은 소득세율 인하, 법인세율 인하, 상속세율 인하, 종합부동산세율 인하 등으로 25조 1,000억 원으로 총규모가 GDP의 3.4% 수준인 34조 9,000억 원의 감세정책을 추진했다. 이것으로 GDP는 0.6%, 소비는 0.5%, 투자는 7%, 고용은 18만 명 증가할 것으로 추정되었다.

2008년 9월 1일 발표한 구조적인 감세정책은 소득세법, 법인세법, 부가가치세법, 관세법 등 주요세법이 모두 포함된 17개 세법을 개정하는 대규모 개혁이었다. 최대 역점은 투자 촉진을 위한 세율의 인하, 성장잠재력 확충을 위한 파격적 R&D지원, 조세원칙과 상충되는 종합부동산세 폐지에 두었다.

첫째, 세율인하는 소득세율을 8~35%에서 6~33%로, 법인세율을 25%에서 20%로, 상속세를 10~50%에서 6~33%로 내리도록 했다. 당시 소득세 최고 세율은 OECD 평균 35.5%, 미국 35%, 일본 40%였고, 법인세 최고 세율은 OECD 평균 24.2%, 대만 17.5%, 홍콩 16.5%였고, 상속세 최고 세율은 미국 45%, 일본 50%, 독일 30%였다.

둘째, R&D투자를 GDP의 5%를 목표로 하여 다른 나라에 없는 3단계의 파격적인 지원제도를 만들었다. 준비단계에서 매출액의 3%를 준비금으로 쌓고, 투자단계에서 10%의 세액공제를 하고, 지출단계에서 지출액의 25%(대기업 6%) 또는 지출증가액의 50%(대기업 40%)를 세액공제하는 것이었다. 이런 제도를 모두 활용하면 법인세가 대부분 면제되는 수준이 될 수 있도록 구상했다.

셋째, 부동산투기의 억제를 위해 도입한 종합부동산세는 조세원칙과 상충되고 부담이 징벌적인 수준으로 과도하여 세율을 단계적으로 인하한 후 재산세와 통합하여 폐지하기로 하였다. 2008년에는 1단계로 과세대상을 주택가격 6억 원에서 9억 원으로 인상하고, 세율도 1~3%에서

0.5~1%로 내리고, 60세 이상 고령자에 대해 10~30%의 세액공제를 하여 부담을 대폭 줄이도록 했다.

나머지 소득공제제도, 양도소득세제, 기업과세제도의 개편과 목적세인 교통세, 교육세, 농어촌특별세의 본세 통합을 위한 개편이 있었고 근로장려금(earned income tax credit) 지급대상을 연간소득 89만 원에서 120만 원으로 확대하도록 했다.

위와 같은 감세정책은 논란이 많았다. 야당은 부자감세로 정치공세를 폈고 학계에서도 정운찬 전 서울대 총장을 비롯하여 많은 교수들이 반대하고 나섰다. 정운찬 교수는 "감세는 실제적인 경제효과 없이 소수 부자들의 재산을 불려주는 이데올로기에 불과하다"며 "경제이론으로는 효력을 상실한 레이건 정부 시절의 공급경제학에 기대 감세를 통한 경기부양을 하겠다는 것은 큰 실수"라고 비판했다. 석학이라는 사람의 과격한 비판이었다. 뒤에 이명박 정부의 총리가 된 그는 국회에서 "감세에 대해서는 적극적 찬성 못 하지만, 경제상황에 따라서는 쓸 수도 있지 않나 싶다"라고 애매한 태도를 취했다.

부자감세라는 야당 민주당의 정치공세에 대해 감세의 70% 이상이 중저소득층과 중소기업에 귀착되고 감세정책은 장기적으로 증세정책이 된다는 논리로 방어했다. 그리고 "나는 개인적으로 부자감세를 할 이유가 없는 삶을 살아왔다. 어느 나라 정부가 정치적인 큰 부담을 안고 부자감세를 하겠느냐? 감세정책은 장기적인 증세정책이다"라는 논리로 설득했다. 야당과의 타협과정에서 소득세와 법인세율의 최고 세율 2%는 2010년부터 내리기로 하고 상속세율 인하는 보류하는 것으로 조정되었다.

많은 논란을 거쳐 일부의 수정과 조정이 있은 후 목적세 폐지법안을 제외한 25조 1,000억 원의 13개 감세법안이 2008년 12월 5일 기획재정위원회를 통과하고 12월 13일 284조 5,000억 원의 2009년도 예산안과 함께 국회를 통과하였다. 13개 세법을 통과시키는 데 야당의 간사였던 이광재 의원과 김종률 의원이 위기를 앞두고 대승적인 타협[5]을 해준 것을 잊을 수 없다. 두 사람이 없었다면 세법들이 통과되지 못했을 것이고 위기관리에 큰 차질이 있었을 것이라 생각된다.

감세정책을 어렵게 통과시켰으나, 2010년부터 시행하기로 했던 소득세와 법인세 2% 인하는 폐기되었고 상속세율의 인하와 종합부동산세의 재산세 통합은 논의도 없었다. 정치권의 대중영합과 정부의 무기력이 낳은 결과였다.

종합부동산세는 정치폭력이다

종합부동산세 폐지

2008년 감세정책을 추진하면서 크게 논란이 된 것은 정책적으로는 소득세와 법인세였지만 정치적으로는 야당 민주당이 도입한 종합부동산세였다.

종합부동산세는 부동산투기 억제를 위하여 2005년 도입되었는데 통상적 재산세에 추가하여 9억 원 초과 주택의 경우 1~3% 과세하고, 6억 원 초과 나대지와 40억 원 초과 건물의 부속토지를 합산하는 경우는 1~4%의 세율로 과세하였다. 부동산투기가 계속되자 2006년 주택기준 금액을 6억 원으로 내리고 개인별 과세에서 세대별 합산과세로 강화하였다. 2007년 서울 강남지역의 은퇴한 1세대1주택 소유자에게 적게는 몇백만 원 많게는 몇천만 원이 부과되어 빚을 내어 세금을 내는 경우가 생겨 큰 논란이 일었다. 은퇴한 사람에게는 너무 과중하여 세금을 내기 위해 빚을 내거나 주택을 팔아야 하는 징벌적인 제도였다.

종합부동산세는 어느 나라의 조세 역사에도 없었고 사실상 세금이라는 이름을 빌린 정치폭력이었다. 첫째, 연간 소득 4,000만 원 이하 은퇴자의 부담이 45%를 넘어 20년 과세하면 원본이 없어지게 되어 사실상 몰수에 가까웠다. 둘째, 전체 납세자의 2%에게 과도하게 과세함으로써 보편성의 원칙에 위반되었고 빌딩을 세외함으로서 공평성의 원칙에도 맞지 않았다. 셋째, 중앙정부가 특정지역에 집중적으로 과세하는 것은 지방정부의 서비스에 대한 수익자부담금인 재산세의 본질에 어긋났다. 넷째, 1~4%의 누진세율은 지방정부의 서비스에 대한 재산세의 경우 통상 1% 전후의 단일세율로 과세하는 원칙과 어긋났다. 다섯째, 재산보유에 대한 과세가 GDP의 3.7%로 OECD 평균 2.0%보다 너무 높았고 미국 3.1%보다 높았다. 끝으로 2005년 전후의 부동산투기는 주택공급의 부족과 주택대출의 증가에 의해 일어났기 때문에 투기와 관계없는 1세대1주택을 가진 사람들에게 혹독한 과세로 대응한 것은 정책착오였다.

종합부동산세가 도입된 경위는 2005년 전후에 일어난 부동산투기를 정부가 감당하기 어려워진 것을 기화로 한 좌파정부의 질투와 조세당국자의 착오가 합쳐진 결과라 추정되었다. 첫째, 2005년 종합부동산세를 도입했던 재정경제부 당국자들은 청와대가 주도했다고 해명했는데 당시 종합부동산세 도입을 주도한 청와대 당국자는 재정학을 전공하지 않은 시민운동 경력자라 했다. 노무현 대통령은 종합부동산세의 수입을 지방재정으로 돌리게 하여 종합부동산세를 '헌법보다 개정하기 힘든 대

못'으로 만들었다. 둘째, 2005년 재정경제부는 종합부동산세를 도입하면서 "보유세는 높이고 거래세는 낮추어야 한다"라고 발표했는데 큰 착오였다. 보유세는 서비스가격과 같은 것이므로 가능하면 낮게 해야 하고 자장면 값을 부자라고 갑절로 받아선 안 되듯이 단일세율로 해야 한다고 1975년 IMF가 권고한 적이 있다. 오히려 부동산 거래의 배후에 소득이 있기 때문에 거래세는 중과해도 지속가능한 세금이 된다고도 했다. 이런 착오는 어떤 재정학자가 재산세 시가표준액이 너무 낮기 때문에 시가표준액을 올려 재산세를 높여야 한다는 말이 와전된 것으로 확인되었다.

나는 장관으로 간 뒤 몰수 형벌에 가까운 정치폭력 종합부동산세를 내 손으로 없애 조세정의를 바로잡기로 했다. 실무진을 불러 "보유세는 높이고 거래세는 낮추어야 한다"라는 근거를 찾아오라고 지시했다. 근거도 찾을 수 없고 잘못되었다는 보고를 했다. 즉시 종합부동산세 폐지방안을 만들도록 지시했다. 참으로 어처구니없는 일이었다.

잘못된 정책이 한 번 시행되면 바로잡는 데 20년이 걸린다고 한다. 좌파정부에서 헌법보다 개정하기 힘든 대못을 박아놓은 종합부동산세를 일시에 폐지하는 것은 많은 무리가 있을 것이라 생각해 지방재정 보전방안 마련과 함께 3단계로 추진하는 방안을 9월 23일 발표했다. 1단계로 2008년에는 과세표준 적용률을 동결하고, 2단계로 2008년 정기국회에서 세율을 1~3%에서 0.5~1%로 낮추고 60세 이상 고령자는 10~30%의 세액공제를 하고, 3단계로 종합부동산세를 지방세인 재산세에 통합하여 폐지하는 방안이었다.

종합부동산세 개편방안을 9월 1일 발표한 종합적인 감세정책과 따로 발표한 배경은 청와대와 한나라당의 반대가 심해 조율이 필요했기 때문이었다. 청와대 대통령실장, 경제수석, 정무수석, 정책기획수석이 참석한 회의에서 이명박 대통령께서 종합부동산세 3단계 폐지방안을 최종적으로 결정하게 되었다.

종합부동산세 개편안을 발표하자 나에게 부자감세의 정치공세가 집중되었고 나중에는 퇴진압력으로 진행되었으니 노무현 대통령의 '대못'을 빼는 비용은 컸다. 누구를 탓해야 할지 그저 정치는 그런 것이라 생각하기에 종합부동산세를 도입한 야당은 무책임했고, 총선에서 압승한 여당은 비겁했고, 논란을 피하려는 청와대 비서진은 안일했다. 청와대 회의에서 내가 남긴 마지막 말은 "모든 것은 내가 책임지고 하겠다"라는 것이었다. 종합부동산세가 내 퇴진의 가장 큰 원인이었다. 그러나 후회하진 않는다. 나는 장관이 되면서 위기예방을 위한 환율실세화와 경상수지 흑자 전환, 정치폭력 종합부동산세 폐지 이 세 가지는 기필코 하고 떠나겠다는 다짐을 했었다.

국회협의과정에서 최고 세율은 2%로 하고 5년 이상 장기보유에 대해 20%, 10년 이상 장기보유에 대해 40%의 세액공제를 추가하는 것으로 타협하여 2단계 종합부동산세의 경감안은 다른 세법과 함께 12월 13일 국회를 통과했다. 헌법재판소 위헌판결 예상 발언으로 청문회[6]까지 열게 된 해프닝도 있었다. 감세정책을 추진하는 데 수고가 많았던 윤영선 세제실장은 나와 함께 종합부동산세 때문에도 어려움을 많이 당했다. 11월 13일 세대별 합산과세는 위헌판결을 받았고 1주택자에 대하여는 헌법불합치 판정을 받았다. 그리고 내가 떠난 후 종합부동산세의 재산세 통합에 대해 누구도 말을 안 했다.

R&D투자 GDP의 5%로

"한국이 성장을 지속하기 위해서는 새로운 전술이 필요하다. 따라갈 것이 있을 때 다른 사람이 하거나 잘하는 것을 참고할 수 있다. 현대는 믿을 만하고 효율적이고 값싼 자동차로 도요타를 따라잡을 수 있었다. 한국 조선소는 규모의 경제로 모든 경쟁자를 이길 수 있었다. 한국경제는 다른 나라의 성공에 의존하기보다 스스로의 혁신과 실수에 더 의존해야 할 때가 되었다"라고 영국《이코노미스트》[7]는 말했다.

기업의 투자역량을 확대하기 위한 두 번째 전략은 GDP의 5% R&D 투자를 위하여 구상한 3단계 R&D 지원제도였다. 경제역량을 키울 수 있는 신투자는 신기술개발이 관건으로, 신기술개발을 위한 과격할 정도의 지원책을 통해 기술강국으로 가는 전략이 필요했다. 자원이 빈약하고 준비통화를 가지지 못한 소규모 개방경제가 지구촌의 경쟁에서 살아남을 수 있는 수단은 기술뿐이라는 것을 나는 1997년 외환위기에서 뼈저리게 느꼈다. 밀려오는 해외자금이 원화를 절상시킬 경우 이를 극복하는 길도 기술이다.

글로벌경제위기 속에서 생존게임을 하고 있는 기업에 선제적이고 파격적인 기술개발을 지원함으로써 위기 속에 많은 숨은 챔피언(hidden champion)을 육성하여 위기 후 국가의 순위를 바꾸고 일류국가로 가기 위한 강력한 전략이었다. 강자가 살아남는 것이 아니라 살아남는 자가 강자가 된다. 살아남기 위해 위기 속에서 기술개발을 해야 했다. 새로운 기술개발이 창조적 파괴의 원동력이다. WTO체제에서 허용된 경제정책으로서 정부지원은 R&D지원이 유일하다.

R&D투자 비중과 기술무역수지 추이 (GDP 대비 %, 백만 달러)

		2001	2003	2005	2006	2007
한국	R&D투자	2.47	2.49	2.79	3.01	3.21
	기술무역수지	−2,024	−2,421	−2,900	−2,941	−2,925
미국	R&D투자	2.64	2.55	2.51	2.55	2.63
	기술무역수지	28,479	32,921	42,975	30,223	33,685
일본	R&D투자	3.07	3.14	3.31	3.41	3.46
	기술무역수지	5,747	8,181	12,018	14,384	15,046
OECD R&D투자		2.21	2.19	2.19	2.22	2.26

자료: 통계청; OECD.

한국의 기술 수준을 나타내는 기술수지를 보면 2001년 20억 달러 적자에서 2007년 29억 달러 적자로 확대되었다. 미국과 일본은 같은 기간 각각 284억 달러와 57억 달러 흑자에서 336억 달러와 150억 달러 흑자로 크게 늘어났다. 기술격차가 점점 더 벌어지고 있는 추세다. 한국의 R&D투자는 2007년 GDP의 3.21%였고 미국은 2.51%, 일본은 3.31%였다. 투자금액으로는 미국의 10.8%, 일본의 27.8%에 불과했다.

R&D투자를 세계 최고 수준인 5%로 확대하기 위해 R&D투자를 확충하기 위하여 정부부문에서 2005년 GDP의 0.75%인 5조 8,000억 원에서 2012년에는 GDP의 1.5%인 21조 원으로 확대하여 기초과학과 원천기술부문에 집중투자하고, 민간부문은 2005년 GDP의 2.04%인 18조 원에서 2012년에는 3.5%인 49조 원으로 확대하여 응용과학과 제조기술 부문에 집중투자하는 것을 목표로 했다.

정부부문의 GDP 1.5% R&D투자를 위해 R&D 예산 과목을 과거 열한 번째에서 최우선으로 올리고 매년 최소 10% 이상 증액하도록 했다. 과거에는 복지부문이 첫 번째였다.

민간부문의 GDP 3.5% R&D투자를 위해 세계 최초로 준비−투자−연구 3단계에 대하여 법인세를 감면하도록 했다. 준비단계에서 매출액 3%의 연구개발준비금을 비용으로 산입하고, 투자단계에서 연구시설 투자액의 10%를 세액공제하고, 지출단계에서 연구비 지출액의 25%(대기업 6%) 또는 4년간 평균연구비지출 초과액의 50%(대기업 40%)를 세액공제해주는 혁신적인 내용이었다. 조세 이론상 3중지원이라 통상적으로는 하지 않는 정책이었다.

R&D의 범위에 디자인, 광고, 영화, IT 등 소프트웨어와 함께 외부 위탁 R&D도 포함시켰고 세액공제대상 연구비에 인력개발비도 포함시켰다. 산학협력의 촉진을 위해 대학에 대한 R&D 기부금은 100% 비용공제를 하고, R&D 시설투자의 경우 내부와 같이 10%의 세액공제를 하도록 했다. 해외고급인력의 유치를 위해 외국인 R&D 종사자의 소득세율을 15% 단일세율로 과세하도록 했다.

과격할 정도의 R&D 지원제도를 모두 활용하면 법인세가 거의 면제될 수 있는 수준이었다. R&D 지원에 의해 없어지는 법인세는 경제성장과 이익증가에 의해 충분히 보충될 수 있다. 정부가 세금으로 받아 R&D 지원예산으로 쓰는 것보다 기업이 바로 그 재원을 사용함으로써 자금의 효율성 제고와 함께 연구개발과 상품개발의 시차를 단축하는 효과도 얻게 된다. 2008년 감세정책의 핵심인 3단계 R&D지원은 국회에서도 논란이 없었던 유일한 사항이었다.

R&D에 대한 강력한 조세지원제도를 만든 후 지적재산권 거래제도와 기술금융제도를 도입하여 기술개발을 위한 기초를 완성하였다. 2010년 대통령경제특별보좌관 겸 국가경쟁력강화위원장으로 가서 신기술개발에 의해 형성된 특허권이나 지적재산권을 관리하고 투자하는 ㈜인텔렉추

얼디스커버리(Intellectual Discovery)[8]를 정부와 민간이 공동 투자하여 설립했고, 2011년 KDB금융그룹 회장으로 가서는 한국산업은행이 특허나 지적재산권을 대상으로 투자하고 대출하는 기술금융(techno-banking)[9]을 시작하여 활발한 R&D 활동을 위한 환경도 조성했다.

마이스터고 설립과 현장숙련도 향상

품질강국

기술개발 전략의 효율적인 추진을 위해 품질향상 전략은 불가분의 관계에 있다. 개발된 기술의 경쟁력은 품질에 의해 결정되고 품질은 현장인력의 숙련도에 의해 결정된다. 현장인력의 숙련도는 조기취업에 의한 오랜 시간이 필요하다. 현장기술의 숙련도를 높여 품질강국으로 가기 위해 세계 최고의 숙련도를 갖고 있는 독일과 스위스의 조기직업교육과 취업·학업병행 시스템을 배우는 것이 길이다. 독일과 스위스는 고기술이 필요하지 않는 분야에서도 최고의 품질경쟁력을 갖고 있다.

우리나라의 취업개시 연령은 2006년 기준 25세인데 OECD 평균은 23세, 독일은 19세였다. 반면에 대학진학률의 경우 우리나라는 한때 80%를 넘었는데 제조업경쟁력이 가장 강한 독일은 35% 전후, 일본은 45% 전후, 미국은 55% 전후, OECD 평균은 60% 정도다. 80%에 가까운 대학진학률에 비해 취업률은 낮은 수준에 머문다는 점은 교육의 낭비가 심하다는 증거이다.

교육의 낭비를 방지하고 연구개발의 성과를 높이기 위해 현장숙련을 통한 품질강국 전략이 2007년 대통령선거에서 이명박 후보의 핵심공약의 하나였던 마이스터고교의 설립이었다. 마이스터고교 설립은 독일의 직업교육제도를 모델로 한 숙련된 현장기술인력 양성, 서민의 교육비부담 경감, 경제활동인구 확대를 위한 다목적 정책이었다.

마이스터고교는 2010년 21개교를 시작으로 2014년 42개교가 되었다. 기업과의 고용계약에 의한 학생 선발, 수업의 50% 현장실습, 수업료와 기숙사비 전액면제, 현장실습비 지급에 대한 2,000만 원 한도의 세액공제 등 대부분 당초 선거공약대로 운영되고 있다. 특히 2011년 1월 19일 나는 국가경쟁력강화위원회가 주관하여 교육과학부, 기획재정부, 국방부 등과 합동으로 마이스터고교 졸업 후 더 공부하고 싶은 사람에게는 사내대학, 동업자대학, 야간대학, 방송대학, 계약대학 등 다양한 경로를 통하여 더 공부할 수 있는 취업 · 학업병행교육체제도 만들어 마이스터고교 출신 학생이 세계적인 장인(meister)으로 성장할 수 있는 길도 만들었다. 취업 · 학업병행교육체제의 정착을 위하여 2011년 세법을 개정하여 현장실습비는 25%(대기업 6%)의 세액공제대상이 되는 인력개발비에 포함시키고, 졸업 후 취업하면 3년간 소득세를 100% 면제하는 파격적인 지원제도를 마련하였다. 현장실습 학생들에 대한 세액공제와 취업 후 소득세 면제는 가장 생산성이 높은 R&D투자라 생각한다.

이러한 특전은 인문계를 중심으로 한 특성화고교에 대하여도 적용하여 직업교육의 혁신과 함께 현장숙련도 향상을 위한 조기취업의 길을 열었다. 마이스터고교는 혁신적인 직업교육제도인 동시에 서민에게는 고등학교만 보내면 취업과 장래가 보장되는 최고의 복지제도로 설계되었다. 집행과정에서 약간의 변동이 있었지만 마이스터고교에 인재들이 모이고 90%가 넘게 취업이 된 성공한 정책이 되었다.

나는 마이스터고교의 공약에서 시작하여 정부에서 정책으로 추진한

다음 2011년 3월 KDB금융그룹 회장으로 가서 금융계에서 처음으로 특성화고교 졸업생의 정규직 채용과 함께 첫 금융계 사내대학인 KDB금융대학을 설립하여 총장으로 취임하였다. 마이스터고교, 취업·학업병행체제, 고졸 정규직 채용, 그리고 금융대학이 나의 공직생활에서 가장 아름다운 추억이 되었다. 이러한 일들로 43년에 걸친 공직을 마감하던 2013년에 민간인에게 수여되는 최고 훈장인 국민훈장 무궁화장을 받았다.

규제형평제도의 도입 추진

규제혁신

기업의 투자역량을 개선하기 위한 세 번째 전략은 기업의 투자기회를 확대해주는 규제완화의 추진이다. 투자재원이 있고 신기술이 있어도 신규투자에 대한 규제가 있으면 투자가 불가능하다. 규제완화는 경제역량을 확대하기 위한 핵심전략이지만 2008년 기획재정부는 위기관리에 전념하였고 규제완화에 대한 업무는 국가경쟁력강화위원회에서 주로 다루었다.

국가경쟁력강화위원회는 2008년 이명박 정부의 출범과 함께 대통령 자문기구로 출범했다. 위원회는 대통령경제특별보좌관이 겸임하는 위원장과 기획재정부 장관, 청와대 경제수석, 한나라당 정책위원회 의장, 경제5단체 회장 30명으로 구성되었고 매월을 원칙으로 대통령이 직접 참석하는 회의를 통하여 규제완화와 경쟁력에 관한 정책을 대통령에게 자문하는 기구[10]였다.

2009년 2월 10일 기획재정부 장관에서 물러나고 대통령 경제특별보좌관 겸 국가경쟁력강화위원장으로 가서 규제완화와 경쟁력에 대한 일을 하게 되었다.

규제개혁분야에서 규제일몰제 강화, 군사시설보호구역 규제완화, 복수국적제도 채택, 성장동력분야에서 엔지니어링산업 발전, DMZ 생태평화공원 조성, 지식재산산업 육성, 인적·사회적 자본 분야에서 취업·학업병행체제 구축, 교통운영체제 개편, 한글로마자표기법 개선 등 여러 분야의 많은 경쟁력정책[11]을 추진하였으나 규제완화와 관련하여 가장 역점을 두었던 일은 규제형평제도의 도입이었다.

역대 정부가 규제완화를 위해 많은 노력을 기울였음에도 불구하고 규제완화는 항상 부족하고 문제가 되어왔다. 이러한 문제를 해결하기 위해 규제의 본질과 현실을 감안한 근원적 규제구제제도를 구상하였다. 규제에 관한 법률은 본질적으로 규제대상의 평균적 허용범위를 기준으로 금지나 허용을 규정하기 때문에 개별적인 사례에서는 과도할 수도 부족할 수도 있고 규제법률을 만들 당시와 상황이 바뀌거나 예상하지 못한 사례가 나올 수도 있다. 예를 들어 공장 자동화를 위해 공장을 증축하는 경우 종업원 수는 줄어드는데 공장면적이 늘어나 주차장을 계속 증설해야 하는 경우가 있다. 개별사례를 보면 명백히 과잉규제이지만 행정관청의 입장에서 보면 개별적인 구제는 위법이고 규제를 폐지하면 규제가 필요한 경우에도 규제를 못 하게 된다. 위헌판결제도가 있지만 법률로 해결하기 위해서는 많은 절차와 시간이 소요된다.

규제형평제도는 규제가 개별사례에서 형평에 맞지 않거나 피해가 과도한 경우 당초 규제의 입법취지에 따라 개별적인 법규에 불구하고 독립위원회의 평결에 따라 구제조치를 할 수 있는 제도다. 규제형평제도는 다른 법률의 효력을 정지시키는 법률 위의 법률을 만들 수 있느냐의 근본적인 문제가 있어 한국공법학회에 용역을 주어 연구한 결과 미국의 규제면제제도, 영국의 규제예외제도, 독일의 형평면제제도의 입법사례가 있고 우리 헌법체계에서도 가능하다는 결론을 얻었다.

오랜 기간의 연구와 관계부처와의 협의를 거쳐 완성한 규제형평제도는 독립적인 규제형평위원회가 규제의 일반적인 타당성은 인정되나 개별적으로 '명백하고 중대한 피해'가 있는 경우 입법취지에 맞고, 공익을 해치지 않는 경우 예외 적용을 결정하고, 행정관청은 '정당한 사유'가 없는 경우 그 결정에 다른 처분을 하도록 하는 제도였다. 이 제노는 기업의 투자를 옥죄는 규제를 근본적으로 해결할 수 있는 혁신적인 조치가 될 수 있었다. 법제처와 함께 〈행정규제의 피해구제 및 형평보장을 위한 법률〉을 만들어 2010년 11월 국회에 제출하였다. 규제형평위원회는 따로 신설하지 않고 국민권익위원회가 맡도록 하고 업무량의 추이를 보아 독립하기로 규정하였다.

규제문제를 근본적으로 해결하기 위해 그렇게 노력하여 만든 〈행정규제의 피해구제 및 형평보장을 위한 법률〉은 다음 해 나도 떠나고 그다음 해 국회의원 임기도 끝나 폐기되고 말았다. 나와 함께 규제형평제도의 검토에서부터 법제처에 가서 법률안을 만들고 국회에 제출한 정선태 법제처장의 노력은 안타깝게도 수포로 돌아갔다.

앞으로 새 정부가 들어설 때마다 계속 규제완화를 들고 나올 것이고 문제가 생길 때마다 규제는 신설될 것이고 개별적으로 형평에 맞지 않는 규제제도도 함께 늘어날 것이다. 투자를 위해 형평에 맞지 않는 규제를 들고 관청을 찾는 기업은 "들어보니 사정은 딱하지만 현행 규정상 어쩔 수 없다"라는 관리의 판박이 소리를 얼마나 더 들어야 할지!

조기취업과 해외동포에게 길이 있다

기업의 투자역량을 확대하기 위한 네 번째 전략은 노동공급의 확대를 추진하는 것이다. 빠른 고령화와 출산율 저하가 우리 경제의 가장 큰 위협요인이 되고 있다. 자금과 기술이 있고 투자기회가 있어도 노동공급이 부족하면 투자는 불가능하다. 중소기업의 투자환경에서 가장 큰 애로는 노동공급의 부족이라는 조사결과가 있다.

우리의 생산가능인구는 2016년 3,700만 명을 정점으로 감소하기 시작하고 현재 5,000만을 넘어선 남한인구는 2100년에 반으로 줄어들고 2500년에 가면 한민족이 한반도에서 사라질 것이라는 보고가 있다. 중소기업 경영환경에 대한 조사결과를 보면 최대 애로사항은 사람을 구하기 어렵다는 것이다.

노동공급을 확대하기 위해 출산율 제고와 여성인력 활용을 위해 정부는 많은 노력을 하고 있고 정년연장도 시작되었다. 조기취업과 이민 확대에 대하여는 아직 관심이 적다. 노벨상을 받은 베커(Gary Becker) 시카고대 교수는 고령화와 출산율 저하에 대하여 이민을 권고한 적이 있지만 결혼이민 이외에는 별다른 노력이 없다.

나는 조기취업을 위하여 마이스터고의 설립하는 것을 대통령선거공약으로 만들었고 국가경쟁력강화위원장으로 와서는 조기취업을 더 활성화하기 위해 2011년 교육과학부와 함께 사내대학, 동업자대학, 야간대학, 방송대학, 계약대학 다양한 경로를 통하여 더 공부할 수 있는 취업·학업병행교육체제도를 만들고 2011년 마이스터고와 특성화고 학생의 현장실습비는 25%(대기업 6%)의 세액공제대상이 되는 인력개발비에 포함시키고, 졸업 후 취업하면 3년간 소득세를 100% 면제하는 파격적인 지원제도를 마련하였다.

2011년 3월 KDB금융그룹 회장으로 가서 금융계에서 처음으로 특성화고교 졸업생의 정규직 채용과 함께 첫 금융계 사내대학인 KDB금융대학을 설립하였다. 마이스터고교, 취업·학업병행체제, 고졸 정규직 채용, 사내대학은 기술교육으로서의 전략도 되지만 노동력 확대 전략도 되기 때문에 적극 추진하였다.

우리는 700만 명, 비공식으로는 훨씬 많은 해외동포를 갖고 있다. 해외이민 문제는 다민족국가가 아닌 우리에게 민감한 문제다. 유럽에서도 이교도의 이민이 10%를 넘자 큰 사회문제로 불거지고 있다. 이런 유럽의 경험을 생각할 때 해외동포들을 이민으로 받아들이거나 자유로운 출입국을 보장하는 것이 노동공급의 좋은 해결책일 수 있다.

국가경쟁력강화위원회에서 인구확대정책의 하나로 재외동포에 대하여 대한민국 국적을 부여하고, 상대국에서 복수국적이 허용되지 않는 경우 자유입출국을 허용하는 제도를 추진하였다. 법무부와 협의 과정에서 병역기피에 악용될 소지가 있다는 이유로 복수국적제도가 우수 인재와 특별 공로자, 국적 회복을 위해 영주 귀국하는 65세 이상 동포에게만 허용하는 것으로 변경된 국적법 개정안을 국회에 제출하여 2010년 4월에 통과되었다. 재외동포의 자유로운 출입국은 출입국관리법의 탄력적인 비자발급으로 해결하도록 되었다.

재외동포에 대한 복수국적을 완전히 개방하지 못한 것은 큰 아쉬움이 남았으나 단일국적제도에서 우선복수국적제도로 전환한 것에 의미를 두고 재외동포에 대한 복수국적의 완전개방은 다음 기회로 미루게 되었다. 우즈베키스탄이나 카자흐스탄 동포의 경우 독립투사의 후손이거나 나라가 제대로 못 해 먹고살려고 떠난 사람들이다. 한국 땅에서 살아온 우리가 그들의 국적 회복을 제한하거나 입국을 심사한다는 것은 역사의 정의에 맞지 않다.

나는 KDB금융그룹 회장이 된 뒤 한국산업은행이 진출한 우즈베키스탄의 고려인 대학생들에게 방학을 이용하여 할아버지 나라를 알고 한국에서 일할 계기를 마련해주기 위해 한국어연수코스를 만들어 시행했다. 나는 고려인 대학생들에게 여러분은 대한민국에서 일할 수 있는 역사적인 권리를 갖고 있고 지금 우리는 당신들이 필요하다고 말했다. 연수를 마치고 마지막 날 캠프파이어에 둘러서서 아리랑을 합창할 때 눈물 바다가 되었다. 이런 사실이 현지 신문에 크게 보도되고 큰 호응을 얻었다. 그들의 눈물을 외면하는 것은 역사의 망각이고 국가번영의 길을 막는 것이다. 지금 우리에게 절실하게 그들이 필요하다. 그들이 우리를 심사했으면 했지 우리가 그들을 심사하는 것은 역사의 정의가 아니다. 조속히 국적법이 개정되어 그들의 복수국적과 자유입출국이 보장되어야 한다.

1   그레고리 맨큐 하버드대 교수가 *The New York Times*(2009. 12. 13)에 조세정책에 대해 기고한 칼럼의 주요 내용을 발췌하면 다음과 같다.

  "Keynesian theory says that government spending is more potent than tax policy for jump-starting a stalled economy. The report in January (2009) put numbers to this conclusion. It says that an extra dollar of government spending raises G.D.P. by $1.57, while a dollar of tax cuts raises G.D.P. by only 99 cents. [⋯] According to the Romers, each dollar of tax cuts has historically raised G.D.P. by about $3. [⋯] Andrew Mountford of the University of London and Harald Uhlig of the University of Chicago [⋯] They report that "deficit-financed tax cuts work best among these three scenarios to improve G.D.P."[⋯] Failed stimulus relies mostly on increases in government spending. [⋯] This effect is difficult to reconcile with Keynesian theory." These studies point toward tax policy as the best fiscal tool to combat recession."

2   위의 맨큐 칼럼 참조.

  "Harvard colleagues Alberto Alesina and Silvia Ardagna have recently conducted a comprehensive analysis of fiscal policy in 21 nations in OECD-91 episodes since 1970. Successful stimulus relies almost entirely on cuts in business and income taxes. Failed stimulus relies mostly on increases in government spending."

3   *The Wall Street Journal*(2010. 5. 18)의 사설 "Hauser's Law"의 주요 내용을 발췌하면 다음과 같다.

  "The nearby chart shows how tax Revenue has grown over past eight decades along with the size of economy. It illustrates the empirical relationship first introduced on this page 20 years ago by the Hoover Institution's W. Kurt Hauser-a close proportionality between revenue and GDP since World War II, despite big changes in marginal tats in both directions. "Hauser's Law," as I call this formula, reveals a kind of capacity ceiling for federal tax receipts at about 19%. For budget planning it's wiser and safer to assume that tax receipts will remain at a historically realistic ratio to GDP no matter how tax rates are manipulated. Any major tax increase will reduce GDP and therefore revenue too."

4 조세는 기본적으로 소득의 흐름(flow)과 축적(stock)에 대한 과세이고, 소득의 유입(inflow)에 대한 소득세(법인세 포함)와 저장(storage)에 대한 재산세(상속세 포함)와 유출(outflow)에 대한 소비세 세 가지다. 상류의 수원과 중간의 저수지와 하류의 전답을 상정하면 과도하게 상류에서 물을 퍼가면 저수지의 수량이 줄어들고 넘치는 물이 줄어 하류의 전답은 농사가 안 된다. 적은 유량은 적은 수증기를 만들어 비를 감소시키고 상류의 유량이 자꾸 줄어드는 악순환을 거듭하게 된다. 물론 정부가 기업보다 더 효과적으로 물을 사용하면 다른 결과도 나오겠지만 정부가 납세자보다 소득을 효율적으로 쓰는 경우는 상정하기 어렵다. 저수지(pond)를 키우고 물을 많이 채우는 것이 감세정책이다. 저수지를 그대로 두고 물을 많이 쓰면 결국 수량은 줄게 마련이다. 우리의 경제는 서구에 비해 아직 축적이 적고 기업은 천수답 같아서 가뭄이 오면 농사를 망친다. 아직은 둑을 높이 쌓고 저수지를 키우고 물을 채우는 노력이 필요하다.

5 야당 간사였던 이광재 의원은 노무현 정부에서 청와대 국정상황실장을 지냈기 때문에 정부의 위기관리 노력을 이해했고 야당의 반대 당론에도 불구하고 타협을 이루는 가교 역할을 했다. 감세정책에 가장 강하게 반대하던 김종률 의원은 대학 후배로서 나의 간곡한 부탁에 큰 도움을 주었다. 이광재 의원은 그 후 강원도 지사에 당선되었으나 불운하게 정계를 떠났고 김종률 의원은 정치 스캔들에 휘말려 작고하였으니 안타까운 마음 그지없다.

6 2008년 11월 13일 국회 본회의에서 헌법재판소의 종합부동산세 위헌 여부 결정 전망에 대한 최경환 의원의 질문에 "헌재와 접촉했는데 확실한 전망을 할 수 없다. 일부는 위헌 결정이 나올 것으로 예상하고 있다"라고 답변한 것을 야당이 헌정질서 위반이라고 문제 삼아 '헌법재판소의 종합부동산세법 위헌소원 등 사건과 관련한 기획재정부 장관 발언 진상조사소위원회'라는 청문회가 열렸다. 예전 재정경제부 때 헌법재판소에 과장급 실무자를 파견하기도 했기 때문에 윤영선 세제실장이 유남석 헌법재판소 수석헌법연구관 등을 만난 것은 공익을 대표하는 정부

로서 당연한 업무였다. 청문회 결과는 아무것도 없었다. 야당의 정치 공세와 여당의 대중영합이 만든 해프닝이었다.

7 *The Economist*(2011. 11. 12)의 기사 "South Korea's economy" 참조.

8 ㈜인텔렉추얼디스커버리(Intellectual Discovery)는 국가경쟁력위원회가 주관하고 정부와 대기업이 공동 출자하여 2010년 9월 15일 설립한 국내 최초의 지식재산전문회사로서 창의자본(Invention capital) 조성, 지적재산권(Intellectual property) 매입과 매출, R&D투자를 하는 자본금 547억 원의 주식회사다.

9 한국산업은행은 2012년 9월 14일 금융권 최초로 기술금융부를 만들어 지적재산권에 대한 투자와 대출업무를 개시했다. 산업은행은 칭설 때부터 국내에서 유일하게 이공계 행원을 모집해 기술에 관한 인재와 지식 축적이 많았다. 이공계 행원과 기술의 축적을 바탕으로 시작한 기술금융(techno-banking)은 박근혜 정부의 '지식경제'를 위한 중요한 역할을 하고 있다.

10 국가경쟁력강화위원회는 2008년 3월 13일 대통령경제특별보좌관이 겸임하는 위원장과 기획재정부 장관, 청와대 경제수석, 한나라당 정책위원회 의장, 경제5단체 회장(전경련, 대한상의, 무역협회, 중소기업중앙회, 경영자총협회), 4개 정부 연구원장(KDI, 산업연구원, 대외경제연구원, 농촌경제연구원), 주한 미국·일본·유럽 상공회의소 회장 등 30명으로 구성된 청와대, 정부, 경제단체, 연구기관, 민간전문가 합동의 대통령자문기구로서 매월 대통령이 직접 참석하는 회의를 통하여 규제와 경쟁력 장애요인을 해결하는 것을 목적으로 하였다. 2013년 2월 28일 새 정부 출범과 함께 막을 내렸다.

11 나는 국가경쟁력강화위원장으로 있으면서 2009년 3월부터 2011년 3월까지 15차에 걸친 회의를 하여 규제개혁, 성장동력, 인적·사회적 자본에 대한 여러 정책들을 추진하였다. 1) 규제개혁분야에서 규제형평제도 도입, 규제일몰제 강화, 시장진입규제완화, 원칙허용 인허가 확대, 부담금제도 개선, 군사시설보호구역 규제완화, 산업단지 리모델링, 인감증명제도 폐지, 복수국적제도 채택, 2) 성장동력분야에서 농식품산업 육성, 고유명주 육성, 프랜차이즈산업 육성, 엔지니어링산업 발전, 지식재산산업 육성, 전시회의산업 발전, DMG 생태평화공원 조성, 산림자산 이용 확대, 뷰티산업 육성, 3) 인적·사회적 자본 분야에서 취업·학업병행체제 구축, 직업능력 개발체제 구축, 교통운영체제 글로벌화, 도로체계 개선, 국토경관 품격 향상, 한글로마자표기법 개선 등이 주요한 내용들이었다.

I9 최고의 경영환경을 만들자

: : 경영환경의 개선

경제역량의 확대는 투자역량의 확대와 함께 경영환경 개선에 의해 이루어진다. 투자역량의 확대를 위한 감세정책, 기술개발, 규제완화, 노동공급 확대에 의해 투자가 이루어져도 경영환경을 개선하지 못하면 투자의 효율성이 떨어지고 활발한 경영활동이 어려워진다. 그 반대의 경우도 성립되기 때문에 투자환경과 경영환경은 상호의존적인 관계라고 할 수 있다.

경영환경을 결정하는 주요 변수는 적극적 재정정책과 SOC 확충에 의한 내수기반의 확충, 외환시장의 안정과 금융시장의 발전에 의한 경영환경의 안정이 핵심적인 변수다. 이와 같은 내부환경의 개선과 함께 사회자본(social capital)의 확충과 해외역량의 확대는 외부환경을 개선할 수 있는 새로운 변수다.

우리의 국가채무는 OECD 국가 중 가장 양호한 수준이기 때문에 글로벌경제위기를 기회로 삼아 일류국가로 가기 위해서는 공격적인 재정정책과 SOC의 확충에 의해 서비스산업 발전의 인프라와 내수기반을 확충하는 것이 중요하다. 기업경영의 시각에서 볼 때 외환시장의 불안은 대외의존도가 높은 한국경제에 엄청난 부담을 안겨주고 경영 성적이 환율에 의해 좌우되는 경우가 많다. 또한 아랍에미리트와 터키의 원자력발전소 수주 경쟁에서 제기된 대규모 프로젝트금융을 뒷받침할 수 있는 세계적 대형은행의 육성도 핵심과제의 하나다. 노동시장에서 법의 지배 원칙이 발달하지 못한 우리에게 사회자본의 확충은 필수적인 과제이고, 자유무역협정을 통한 경제영토의 확대는 해외역량 확대의 블루오션이다.

공격해야 승리가 있다

공격적 확대재정

기업의 경영환경을 확대하기 위한 첫 번째 전략은 위기를 기회로 전환하고 내수기반을 확충하기 위한 공격적인 확대예산의 편성이다. GDP의 100%가 넘는 국가채무를 지고 있는 선진국이 저성장에 빠져 있을 때 OECD 국가 중 재정상태가 최고로 좋은 우리가 재정을 공격적으로 운영하면 그 노력은 2배의 효과가 있어 국가의 순위도 바꾸고 일류국가가 될 수 있는 기회가 된다. 2008년은 추가경정예산, 일반예산, 수정예산을 편성해 한 해에 세 번 예산을 편성하는 진기록을 세운 해였다. 경기부양과 고유가 극복을 위한 10조 원의 유가환급과 추가경정예산, 내수기반 확충을 위한 274조 원의 2009년 일반예산, 국제공조를 위한 10조 원의 수정예산을 편성하게 되어 예산실 직원들은 3배의 고생을 했고 간부가 졸도[1]하기까지 했다.

2008년 9월 30일 정부는 274조 원의 2009년 예산안을 발표했으나 예산안을 내부적으로 확정한 후 9월 15일 리먼브러더스사태가 터져 글로벌경제가 전례 없는 위기로 가게 되었다. 우리 경제의 2009년 성장전망도 당초보다 1%p 정도 위축된 4% 전후로 전망되어 경기침체를 최소화하고 글로벌위기 극복을 위한 국제공조를 위해 국회의 예산심의가 시작되기 전 11월 3일 세출 10조 원을 증액하고 세입 1조 7,000억 원을 감액한 284조 원의 공격적인 수정예산을 편성하여 다시 국회에 제출하였다. 부족한 세입 18조 원은 국채 발행을 함으로써 GDP 기준으로 재정수지는 -2.1%, 국가채무는 34.3%가 되었다.

11월 19일 국회 예산결산위원회의 2009년 예산 제안설명에서 전례 없는 위기를 맞아 선제적, 결정적, 충분한 대응을 위해 예산을 편성하였고 중점사업은 성장능력 확충, 일자리 창출, 서민생활 안정을 최우선으로 하였다고 설명했다. 이를 위해 좌파정부에서 복지분야를 최우선에 두고 R&D와 경제분야를 하위에 두었던 예산구조를 R&D투자, 산업에너지투자, SOC투자 순서로 경제분야를 우선순위로 올리고 그다음 복지, 교육, 환경 부문으로 조정하였다. 특히 GDP의 5%를 목표로 한 R&D예산은 지출 1번 항목으로 올리고 총지출증가율 8.3%보다 높은 11.4%를 증액시키고 매년 10% 이상 증가시키기로 했다. 산업에너지 10.2%, SOC 20.2%로 증액시키고 복지분야도 평균 이상인 8.5% 증액시켰지만 공무원 보수와 정원은 동결하였다. 국회에서 항목 간 일부 조정이 있은 후 12월 13일 정부예산 217조 5,000억 원과 기금 80조 4,000억 원을 포함한 284조 5,000억 원의 2009년 예산이 여당 단독으로 통과되었다. 전년 대비 10.6%인 27조 3,000억 원이 늘어났고 10조 6,000억 원의 유가환급금과 추경예산을 포함하면 GDP의 3.7%인 37조 9,000억 원의 예산으로 확대되었다. 할당관세 감면 1조 9,000억 원을 포함한 34조 9,000억 원의 감세를 포함하면 GDP의 7.1%인 72조 8,000억 원의 재정투입을 하게 되어 OECD 국가 중 가장 빨리 최대 금액의 공격적 재정정책을 집행하게 되었다.

정부는 2009년 예산이 통과되자 통상 다음 해 연초에 하던 부처업무계획을 앞당겨 그해 12월 16일 〈일류국가로 도약하기 의한 2009년 경제운용방향〉[2]을 청와대에서 모든 부처가 참석한 가운데 보고하였다. 경제성장률 전망은 본예산 편성 때 5% 전후에서 수정예산 편성 때 4% 전후로, 12월에는 3% 전후로 내렸고 경상수지는 100억 달러 흑자, 취업자 증가는 10만 명 전후, 소비자물가는 3% 전후로 전망했다. 세계경제 성장은 2.2%, 선진국은 -0.3%로 전망했다. 이러한 경기침체에 선제적으로 대응하기 위해 12월부터 예산사업에 대한 계약을 체결하고 예산의 60%를 상반기에 조기 집행하도록 했다. 자금은 세입과 관계없이 국채 발행으로 조기 배정하고, 긴급입찰제도를 활용해 공사계약기간을 통상 90일에서 45일로 단축하고, 경상비의 조기 지출을 위해 예산사업 발주를 조달청 집중발주에서 부처별 자율발주로 전환하는 특별한 조치를 취했다.

글로벌경제위기가 소강상태로 접어든 2010년 5월 9일 재정전략회의에서 기획재정부가 공격적 확대재정을 균형재정으로 전환하겠다는 방침을 보고하였다. 나는 대통령경제특별보좌관으로 이 회의에 참석하여 국가채무가 100% 전후인 선진국이 저성장의 늪에 빠져 있을 때 우리는 수비단계를 넘어 공격을 해야 한다고 주장했다. 2010년 국가채무가 33.4%인 우리가 선진국과 같이 균형재정으로 가자는 것은 전략의 방향 착오라고 강력히 제동을 걸었다. 축구에서 계속 수비만 하면 잘해도 무승부일 뿐이고 공격을 해야 승리의 기회가 있다고 지적하며 국가채무가

50%에 달할 때까지 공격적인 확대재정으로 가야 위기가 끝나면 새로운 강자가 될 수 있다고 강조하고, 국가채무는 세기적 생존게임이 끝난 후 증세와 긴축으로 대처하면 된다고 강조했다. 여러 공방이 있은 후 이명박 대통령께서 '확대 균형재정'으로 가자고 결론 내렸으나 2011년 예산은 재정수지 1.5% 흑자, 국가채무는 34.0%로 가게 되었고 2012년은 4조 6,000억 원의 세계잉여금까지 냈으니 안타까운 방향착오가 되었다.

2009년 세계가 -0.6%, 선진국이 -3.2%의 마이너스 성장을 할 때 우리는 공격적인 재정금융정책으로 0.3%의 플러스 성장을 기록했다. 2010년부터 3년간 경제성장은 세계 5.2%→3.9%→3.2%, 선진국 3.0%→1.7%→1.5%를 보였는데 우리는 선진국보다는 높았지만 세계 평균에도 못 미치는 6.5%→3.7%→2.3%의 실적을 보였다. 선진국이 재정적자에 묶여 고전할 때 소극적인 재정정책으로 일관한 것은 소득세와 법인세를 2% 추가 인하하는 감세정책의 폐기와 함께 방향착오로 생각된다. 나는 이런 상황에 대해 빚이 많아 부도지경에 이른 경쟁 기업이 은행 빚을 갚는다고 빚도 없이 잘나가는 기업이 대출을 해주겠다는데도 빚을 갚는 격이고, 경쟁자를 제압할 수 있는 기회를 놓치는 것과 같다고 비유하면서 관계자들에게 여러 번 권고했지만 대한민국 경제는 축소지향적으로 흘러갔다.

다목적 한국판 뉴딜사업

4대강개발계획

기업의 경영환경을 개선하기 위한 두 번째 전략은 '다목적 한반도대수로사업'이었다. 이 대규모 SOC사업은 내륙수운의 개발과 함께 치수사업, 수자원 보전, 내륙개발, 경기부양과 서비스산업의 인프라를 확충하는 다목적 사업으로 구상되었다. 대통령선거 과정에서 '한반도대운하사업'으로 발표되어 운하는 일부 구간임에도 불구하고 운하사업으로 인식되어 반대가 많았다. 집행단계에서 '4대강 살리기 사업'으로 이름이 바뀌어 추진되었다.

한강과 낙동강에는 조선시대까지 배가 다녔다. 일제시대부터 신작로라는 도로망이 만들어지고 무분별한 산림벌목에 의해서 토사가 강으로 흘러내려 강바닥에 쌓이게 됨으로써 배가 다닐 수 없게 되었다. 오염물질도 쌓여 물이 썩어가고 여름에 비가 오면 홍수가 나서 재산과 인명피해가 계속되어 운하가 아니라도 치수사업은 불가피한 상황이었다. 1978년 박정희 대통령께서도 한강운하를 검토한 보고서가 있다. 선진국 모두 강을 방치하는 경우가 없고 유럽에서는 수자원관리와 함께 운하로 활용하고 있다. 소득 수준이 높아지면 요트가 일반화되므로 요트산업은 새로운 성장산업이 될 수 있다. 4대강개발은 운송수단뿐 아니라 수자원관리와 서비스산업의 개발을 위한 한국판 뉴딜정책이었다.

한반도대운하사업에 내가 참여하게 된 것은 2005년 서울시정개발연구원장으로 경부운하가 포함된 수도권의 물류체계 강화방안의 연구를 주관하게 되면서부터다. 이 연구를 바탕으로 2007년 대통령선거에서 경부운하를 포함한 한반도대운하사업이 선거공약으로 채택되었다. 경부운하는 이명박 대통령이 1995년 국회의원 시절 처음으로 제안하였다. 경부운하의 경우 90%는 옛날에 배가 다니던 구간이고 소백산맥을 통과하는 10% 미만의 구간만 운하이다. 따라서 한반도대운하계획은

'한반도대수로계획'이 맞고 그래서 선거공약에서도 영문으로는 'Korea Grand Waterway'라고 썼다.

한반도대수로사업은 당초 내륙 물류사업으로 연구되었지만 내수산업의 진작과 함께 물부족시대를 대비하기 위한 수자원관리를 위해 구상되었다. 남한의 경부수로, 금강수로, 영산강수로를 축으로 하여 12개 노선 약 2,100km와 북한의 예성강수로, 대동강수로, 청천강수로를 축으로 5개 노선 약 1,000km를 합하여 17개 노선 3,100km에 이르는 방대한 구상[3]이었다. 경부수로를 건설하는 데 4년의 기간에 15조 원 전후의 공사비가 소요될 것으로 추정하였고 수익형 민간투자사업(build-transfer-operate)으로 재정부담 없이 추진하고 공사비의 50%는 8조 원 전후의 골재 판매수익으로 충당하는 것이었다.

경부수로 건설에 의해 3분의 1의 운송비로 경부축 물류 20% 정도를 감당할 수 있다. 2,500톤 선박과 고속도로를 달리는 1톤 트럭 2,500대를 비교하면 적은 비용으로 친환경적인 제2의 경부고속도로를 건설하는 것과 같다. 충주, 여주, 구미, 대구, 광주, 나주, 강경 등 많은 내륙도시가 산업이 번창하는 항구도시로 변하는 국토개조가 이루어지고 수상레저산업과 강변레저산업의 발달과 함께 요트산업의 개발로 70여만 개의 일자리 창출도 가능할 것으로 추정되었다. 운송보다 국토의 재창조와 관련산업의 발전에 더 큰 효과가 있는 프로젝트였다.

한반도대운하 연구를 위해 2006년 당시 이명박 후보는 유럽의 RMD(라인강-마인강-도나우강)운하를 시찰하였고 독일 연방수로국장을 초청해 운하 반대자들과 함께 한반도운하포럼을 열었다. 독일 연방수로국장은 라인강 운하에 대해 설명하며 한국의 운하는 친환경적인 운송수단이 될 것이라 말했고, 이에 대해 누구도 이의를 제기하거나 반대

의견을 표시하지 않았다. 내륙주운이 발달한 유럽은 내륙이 항구로서 역할을 하여 독일과 같이 제조업의 발전기지가 되었는데, 라인강에 연결된 스위스의 바젤은 유럽 최대 항구의 하나라는 사실에서도 이를 알 수 있다. 내륙주운은 연료사용이 적어 가장 친환경적인 교통수단으로 간주되어 EU에서는 운하운송을 권장하고 보조금까지 주고 있다.

선거기간이 되자 후보경선에서 한나라당 후보들도 반대하고 본선에서 야당의 후보도 반대하는 등 한반도대운하사업은 중요한 쟁점 공약이 되었다. 선거가 끝나고도 반대가 많아 4대강 치수사업으로 대체되어 추진되었으나 환경단체와 종교단체의 많은 반대가 이어졌다. 나는 운하 프로젝트를 검토하면서 '운하'라는 용어가 잘못되었다고 생각했다. 경부운하에서 90%는 옛날에 배가 다니던 구간이고 소백산맥을 통과하는 10% 미만의 구간만 운하이다. 따라서 경부운하(Seoul-Pusan Canal)가 아니라 경부수로(Seoul-Pusan Waterway)가 맞지만 운하가 이미 정착된 용어가 되었다.

한반도대수로사업은 오해와 반대가 심해 '4대강 살리기 사업'으로 개편하여 2008년 12월 29일 낙동강지구 사업을 시작으로 2012년 4월 22일까지 22조 3,000억 원의 예산을 투입해 대하천 정비사업으로 추진되었다. 사업의 주요 내용은 한강, 낙동강, 금강, 영산강 등 4대강을 준설하고 친환경 보(洑)를 설치해 하천의 저수량을 늘리고 생태계를 복원하고 관광레저산업의 인프라를 건설하는 것이었다. 아직은 자전거길 조성에 그치고 있지만 앞으로 주변에 많은 관광레저산업이 들어서면 내수산업의 진작을 통한 일자리 창출에 많은 기여가 있으리라 전망한다. 4대강 사업 후 주변지역은 범람의 공포가 없어졌고 특히 여주는 범람의 위기에서 완전히 벗어났다. 수로가 현실화되었다면 충주, 강경, 나주, 대구는 항구도시가 되어 큰 발전을 이루었으리라 생각한다. 언젠가 누구에 의해서든 수로는 추진될 것이라 믿는다.

'4대강 살리기 사업'의 해당지역 지방자치단체와 지역주민 대부분은 사업을 환영하는데도 종교단체, 환경단체, 시민단체가 생태계파괴, 수질악화, 환경오염을 들어 반대가 심한 속에 마무리되었다. 당초 이 사업의 구상에 참여했던 사람으로서 하고 싶은 이야기는 일자리 창출을 위한 서비스산업의 기초인프라 건설을 위해 다른 대안이 별로 없었다는점과 생태계파괴, 수질악화, 환경오염은 당초 검토 때 전문가들은 문제가 없다는 견해였기 때문에 천성산 도룡뇽 사건과 같이 시간이 지나면진실이 가려질 것이라는 것이다. 시간이 모든 문제의 정답을 내놓으리라 생각한다. 처음부터 경부운하가 아니라 경부수로라 썼더라면 하는아쉬움이 많다. 당초 작명이 문제가 있어 논란이 더 커진 게 아닌가 하는 생각도 든다.

급격한 자본유출입을 막아라

자본거래 규제

기업의 경영환경을 개선하기 위한 세 번째 전략은 환율과 외환시장을 안정시키기 위해 해외단기자금의 과도한 유출입을 방지하는 장치의 마련이다.

소규모 개방경제에서 환율과 성장의 상관관계는 크다. 환율은 해외단기자금에 의해 영향을 크게 받기 때문에 한국경제가 해외단기자금에 의

환율 · 경상수지 · 경제성장 · 자본유출입 관계

해 좌우되는 결과가 된다. 해외단기자금은 평시에는 환율을 절상시키는 근원이 되고 위기 때에는 급격한 유출로 외환수급 관리를 어렵게 만드는 양날의 무서운 칼이었다는 것이 1997년 위기의 교훈이다.

2001년부터 10년간 환율과 경상수지와 경제성장률은 같은 추세를 보인 반면 금융계정의 해외자금 유출입과는 반대로 움직였다. 이것은 금융계정을 통한 해외자금의 유입이 경제성장과 역의 상관관계에 있다는 것을 보여준다. 경제정책의 핵심은 환율에 있고 해외단기자금의 관리에 있다. 2004년 343억 달러의 해외자본 초과유입은 14.7%의 원화절상을 통해 경제성장의 정체를 불러왔고, 2009년부터 3년간 763억 달러의 해외자본 초과유입은 9.0%의 원화절상을 초래하여 2011년부터 저성장을 불러온 것으로 추정된다.

특히 2009년부터 경상수지가 흑자기조이고 순채권국인 우리에게 해외단기자금은 부정적인 영향이 크기 때문에 외환관리전략의 핵심을 자본수입보다 자본수출로 전환해야 할 때가 되었다. 제조업의 부채비율이 외환위기 때 400% 정도에서 100% 정도로 떨어졌고 금리가 1.5%의 금융비용에 영향을 미치지만 환율은 100%의 매출액에 영향을 미치는 것을 생각하면 금리는 경영에 주요한 변수가 아니다.

2008년 글로벌경제위기 이후 IMF나 OECD 같은 권위 있는 국제기구와 선진국 중앙은행들의 경제예측이 맞지 않는 것은 금융기관의 투기적 자금거래가 위기의 뿌리임에도 불구하고 거시경제학의 기본모델인 동태·확률적 일반균형모델(dynamic stochastic general equilibrium model)의 경제주체에 가계, 기업, 정부만 포함하고 금융기관은 실물의 베일로 생각해 뺐기 때문이라는 것을 통계로도 알 수 있다. 금융자본의 유출입을 가장 중요한 경기예고 지표로 활용하는 기법도 개발되어야 한다. 해외자본은 실물경제를 적극적으로 교란했다. 투기적 금융거래는 우리에게 1997년 외환위기를 몰고 온 뿌리였고 2008년 글로벌경제위기에서 우리에게 큰 부담을 주었다.

나는 2008년 기획재정부 장관 때 해외단기자금의 급격한 유출입에 의한 환율불안을 방지하기 위한 자본거래세 도입을 구상하였지만 환율의 급격한 상승에 의한 위기관리의 차질과 물가에 대한 부담 때문에 추후 검토과제로 남겼다.

과도한 단기자금의 유출입을 방지하기 위한 구조적인 장치는 선물거래에 대한 포지션관리, 투자소득에 대한 과세 강화, 자본유출입에 대한 거래세부과, 역외원화시장에 대한 규제 등이다. 저금리의 캐리자금과 투기적 헤지펀드가 주식이나 채권을 산 후 선물시장에서 헤지거래를 하고 역외원화선물시장에서 환헤지를 하면 땅 짚고 헤엄치는 장사를 할 수 있다. 해외 단기자금이 마음대로 드나들며 금리차익이나 투기차익을 누려도 소득세도 자본거래세도 없다. 우리의 주가지수옵션시장과 원화 역외시장이 세계 1위까지 올라간 것은 우리 경제의 규모로 보아 상상할 수 없는 일이다. 해외투기꾼들은 현물시장과 선물시장, 그리고 역외시장을 넘나들면서 투기소득을 즐기는데도 입출금도 자유롭고 세금도 없는 한국은 '아시아의 노다지', '아시아의 자동현금인출기'로 불리는 지경까지 갔다. 규제도 세금도 없는 외환시장은 소규모 개방경제에는 치명적인 문제를 유발할 수 있다.

2009년에는 경상수지가 흑자로 전환된 데다가 900억 달러의 한·중·일 통화스왑과 1,000억 달러의 대외지급보증으로 3중의 외환위기 방어선이 있었고 4월 9일 30억 달러 외국환평형기금채권을 발행할 수 있는 상황이었다. 투기적인 외화유입을 억제해야 하는 상황에서 기획재정부는 외화유동성 공급을 확대한다며 5월 21일부터 외국인의 국채와 통화안정채권의 이자소득에 대해 면세조치를 하였다. 소득세 14%, 법인세 20% 면제에다가 4% 내외의 금리차익, 외환차익까지 합치면 최대 30% 정도의 수익이 예상되었다. 자본거래세를 도입해야 하는 상황에서 자본소득세를 면제했으니 큰 방향착오였다. 더구나 해외단기자본을 밀어내야 하는 상황에서 기획재정부 고위당국자가 자본유치를 한다고 해외에 나가 투자설명회까지 한 것은 과거 환란의 상처를 벗어나지 못한 방향착오였다.

나는 대통령경제특별보좌관으로 일할 때 재정금융정책 전반에 대해 대통령께 보고를 했는데 자본거래 규제에 대해 여러 번 보고했다. 기획재정부는 환율정책과 자금유출입 규제에 대하여 견해가 달랐고 2010년 G20서울정상회의를 앞두고 의장국으로서의 입장 때문에 논란을 기피하는 상황이었다. 그러나 2010년 2월 19일 IMF는 〈자본유입과 규제의 역할(Capital Inflows: The Role of Controls)〉[4]이라는 보고서에서 공식적인 입장은 아니지만 지금까지 지켜오던 시장환율과 자본자유화의 입장을 바꾸어 자본유입에 대한 규제와 단기부채의 유입에 대한 과세의 필요성을 제기했다. 이것은 국제금융질서의 큰 변화를 예고하는 것이었고 선제적인 대응이 가능한 상황이었다.

2010년 3월 23일 나는 〈경제상황 재점검과 선제적 대응〉에 관한 전략을 대통령께 보고했다.[5] 내용은 다음과 같다. "경제상황에 대한 낙관적인 분위기가 조성되고 있었으나 2010년 들어 성장률, 수출, 실업률 등에 좋지 않은 증상들이 나타나고 있어 경제상황에 대한 재점검과 선제적 대응에 의하여 어렵게 잡은 승기를 승세로 굳히는 전략이 필요하다. 선제적 대응 없이는 지난 2년의 노력이 수포로 돌아갈 가능성이 있기 때문에 신중한 출구전략과 함께 환율, 감세, 재정에 대한 재점검이 필요하다. 특히 자본거래 규제 등 환율에 대한 선제적 대응으로 신흥국 경제 (emerging economy)에 대한 투기적 투자의 피난처가 되고 있는 상황을 극복하지 못하면 모든 노력이 무력화될 수 있다. NDF시장규제, 포지션 관리, 은행차입금과 자본거래과세 등 다양한 방법이 필요한데 자본거래과세에 대하여는 IMF뿐만 아니라 미국, 영국, 독일, 중국도 필요성을 제기하고 있다. 2009년에 브라질은 환율안정을 위해 외국인투자에 2% 외환거래세를 도입했고 미국도 은행의 차입금에 대해 0.15%의 은행세 (bank levy)를 부과하기로 발표한 상황이다."

비슷한 시기에 대통령국제경제보좌관으로 일하고 있던 신현송 프린스턴대 교수도 해외차입금에 대한 과세를 대통령께 보고했다. 신현송 보좌관은 단기자금의 급격한 유출입은 은행을 통해 주로 이루어지기 때문에 자본거래세보다 은행의 외화차입금에 과세하는 은행세를 도입하는 것이 실효성이 있다는 견해였는데 이 점에서 나와 차이가 있었다. 일단 은행세부터 도입하고 상황을 보아가면서 자본거래세로 확대하기로 했다.

2010년 6월 13일 기획재정부는 외환 통화스왑, 역외차액결제선물환 등 통화와 관련한 모든 파생상품을 포함한 선물환에 대한 종합포지션을 은행 자기자본의 50%(외국은행 250%) 이내로 제한하는 것을 발표하고 10월부터 시행하게 되었다. 그 후 추가적으로 10%(외국은행 50%)씩 30%(외국은행 150%)까지 한도를 내렸다. 외국인채권은 2011년 1월부터 이자소득 14%와 양도소득 20% 원천징수제도를 의원입법으로 부활했다. 그해 8월부터 비예금 외화부채에 대해 최고 0.2%(만기 3년 초과 0.05%, 1~3년 0.1%, 1년 이내 0.2%)의 외환건전성부담금이 도입되었고 수입은 외국환평형기금으로 사용하도록 했다. 2011년에 '거시건전성 3종 세트'라고 불리는 선물환포지션(forward exchange position) 관리, 외국인채권투자 과세, 외환건전성부담금이 모두 시행되게 되었다.

아직도 외환시장에 투기적인 거래가 많고 단기 해외자금의 유출입이 과도한 상황을 보면 처음부터 자본거래세를 도입하는 것이 좋았을 것이라는 생각이 든다. 내국인의 역외원화선물시장 참여를 금지하여 역외원화시장을 위축시키고, 국내 선물시장에 대한 규제를 강화하는 조치가 추가되어야 한다. 외환건전성부담금 부과요율을 올려 외국환평형기금을 확대하여 위기에 대비해야 한다. 2010년 G20서울정상회의에서 합의한, 경제지표를 반영하는 '신중하게 설계된 거시건전성 규제의 도입(carefully designed macro-prudential measures)'은 해외자본유출입을 규제할 수 있는 확실한 근거가 되었다.

G20서울정상회의의 환율원칙

환율은 소규모 개방경제인 우리의 기업활동에 가장 중요한 변수이다. 해외자금의 급격한 유출입을 방지하는 제도적 장치의 작동을 위하여 환율운용에 대한 국제적인 합의가 필요하다. 우리는 IMF와 미국으로부터 정부의 환율개입에 대한 끊임없는 압력을 받아왔고 이는 내가 국제금융에 관한 일을 할 때 가장 어려웠던 일이었다. 2010년 11월 11일 G20서울정상회의에서 환율에 대한 정부개입에 합의한 것은 우리에게 환율에 대한 코페르니쿠스적 전환을 이룬 계기가 되었다.

G20서울정상회의는 많은 의미가 있다. 국내적으로는 유사 이래 처음 우리가 국제질서를 정하는 국제회의의 의장이 됨으로써 규칙준수자(rule taker)에서 규칙제정자(rule maker)가 되어 대한민국의 국격이 높아졌다는 것이고, 국제적으로는 주변국을 대표하여 주변국의 가장 큰 애로였던 환율에 관한 새로운 원칙을 정하는 대리인의 역할을 충실히 했다는 것이다.

G20서울정상회의에서 합의한 환율원칙[6]은 1) G20 회원국에 대해, 환율에 경제 펀더멘털이 반영될 수 있도록 보다 시장결정적인 환율제도로 이행하고 환율유연성을 제고하며 경쟁적인 평가절하를 자제할 것이다(We will move toward more market-determined exchange rate systems and enhance exchange rate flexibility to reflect underlying economic fundamentals and refrain from competitive devaluation of currency), 2) 선진국에 대해, 준비통화를 사용하는 국가들을 포함하여 선진국들은 환율의 과도한 변동성과 무질서한 움직임을 경계할 것이다(Advanced economies, including those with reserve currencies, will be vigilant against excess volatility and disorderly movement in exchange rate), 3) 신흥국에 대해, 과도한 자본유출입의 변동성 위험에 적응하는 데 과도한 부담이 있는 신흥국이 적절한 보유고를 갖고 있는데도 환율의 고평가가 지속될 경우의 정책대응에 신중하게 설계된 거시건전성 규제를 포함한다(Nonetheless, in circumstances where countries are facing undue burden of adjustment, policy responses in emerging market economies with adequate reserves and increasingly overvalued flexible exchange rates may also include carefully designed macro-prudential measures)는 것이었다.

2010년 10월 23일 G20경주재무장관회의(공식명칭은 'G20 Finance Ministers and Central Bank Governors Meeting in Gyeongju')에서 환율에 관한 합의가 이루어져 나와 함께 환율주권과 대외균형 우선론을 주장했던 최중경 대통령경제수석비서관이 드디어 우리의 환율주권론이 합의되었다고 전화를 했을 때 나는 감격했다. 1985년 뉴욕에서 주미대사관 재무관으로 근무할 때 일본을 '잃어버린 10년'으로 몰고 간 계기가 되었던 플라자합의를 직접 경험하고 1991년부터 재무부 국제금융국장으로 미국과의 환율분쟁에 참여했을 때부터 나는 환율주권론을 주장했고, 1997년에 외환위기를 맞아 환율주권이 국가경영의 기본이라는 것을 뼈저리게 느꼈다. 2010년 환율에 관한 새로운 합의는 나에게 장장 25년에 걸친 최대의 숙제가 해결된 것이었다. 경주에 직접 가서 환율주권을 위해 노력한 최중경 경제수석과 2008년 11월 15일 워싱턴 G20정상회의 때부터 2년간 환율주권을 관철하기 위해 엄청난 노력을 한 신제윤 차관보는 국제금융사에 큰 업적을 이루었다. G20재무장관회의의 의장으로서 새로운 환율원칙의 합의를 이끌어낸 윤증현 기획재정부 장관의 리더십에 존경을 보낸다.

환율에 관한 경주의 합의가 있기까지는 긴 여정이 있었다. 2008년 5월 3일 마드리드에서 한·중·일 재무장관회의가 열렸을 때 신제윤 차관보의 사전 실무협의[7]에 따라 아시아 차례가 돌아온 G20재무장관회의 의장을 내가 맡기로 합의하였다. 쉐시런 중국 재정부장은 부임한 지 얼마 되지 않았고 일본은 아시아태평양경제협력체(Asia-Pacific Economic Cooperation) 의장국을 맡기로 한 상태인 데다가 G20재무장관회의가 정상회의로 격상될 줄 아무도 몰랐기 때문에 쉽게 찾아온 행운이었다. 그 후 10월 11일 워싱턴에서 열린 긴급 G20재무장관회의에서 차기 의장국이 되도록 미국과 사전 협의를 하고, 11월 7일 상파울루 정례 G20재무장관회의에서 영국 다음의 차기 의장국으로 선출되었다. 이어 열린 11월 15일 미국이 주도하여 워싱턴에서 처음 열린 G20정상회의에서 신제윤 차관보는 라우리(Clay Lowry) 미국 재무부 차관보로부터 전기 의장, 현재 의장, 차기 의장으로 구성되는 G20재무장관회의의 트로이카 포맷을 정상회의에서도 그대로 적용하기로 한 미국의 의향을 들었다.

G20체제(Group of 20)가 성립되는 과정에서 사르코지 프랑스 대통령은 G14체제(Group of 14)를 주장했고 중국을 의식한 일본도 G20체제를 반대하는 입장을 취하기도 했다. G14체제는 G7 국가와 BRICs의 참여는 확실하지만 나머지 3개국은 불확실한 상태였고 한국의 참여는 어려운 상황이었다. G20이냐 G14냐의 불안정한 상황에서 2008년 10월 3일 청와대에서 이명박 대통령 주재로 박병원 경제수석과 사공일 경제특보가 참석한 전략회의가 열렸다. 나는 국제역학관계에서 볼 때 미국의 주도권이 흔들릴 수 있는 G14는 실현이 어렵고 G20이 우리에게 유일한

대안이라고 주장했다. G14 주장도 강력하여 대통령께서는 기획재정부는 G20체제로 노력하고 사공일 특보는 G14체제를 위한 노력을 하기로 결론 내리고 사공일 특보는 프랑스와 영국에 출장 가서 별도로 노력하기로 했다.

10월 11일 워싱턴에서 IMF연차총회 기간에 갑자기 열린 G20재무장관회의에 부시 미국 대통령이 예정에 없이 참가했다. 미국은 부시 대통령이 그해 말 퇴임하기 전에 글로벌위기를 극복하기 위한 국제공조체제로서 G20체제를 굳힌 단계였다는 것을 그때 알게 되었다. G20재무장관회의가 G20정상회의체제로 전환된다 하더라도 재무장관회의 의장국인 우리가 정상회의 의장국이 되는 데는 일본의 반대가 문제였다. 우리에게는 G20체제와 의장국이 중요하기 때문에 일본이 계속 반대할 경우 2010년 아시아 차례의 G20정상회의가 의장국에서 열리는 것이 관례였지만 정상회의 개최장소를 도쿄에 양보하는 방안도 대통령께 보고했다. 12월 13일 일본 후쿠오카에서 한·중·일 금융정상회의가 열렸던 당시 G20정상회의체제가 미국에 의해 사실상 굳어진 상태였기 때문에 이 문제는 제기하지 않고 넘어갔다. 당시 나는 G20정상회의체제가 우리에게 최선의 방안이었기 때문에 서울정상회의를 양보해서라도 G20정상체제와 의장국의 지위를 지키는 것이 중요하다고 판단했다. 이런 상황에서 이명박 대통령의 외교적 노력과 함께 부시 미국 대통령과 오바마 대통령과의 친분이 더하여 2010년 G20서울정상회의를 성공적으로 개최하게 되었다.

G20정상회의체제는 2008년 글로벌경제위기에 대한 국제공조를 협의하기 위해 그해 말 퇴임을 앞둔 부시 미국 대통령의 주도로 11월 15일 워싱턴에서 처음 G20 국가들이 참석한 정상회의[8] 'Summits on Financial

Market and World Economy'로 막을 열었고, 2009년 런던에서, 2010년 서울에서 정상회의가 열린 후 매년 정례적인 회의가 됨으로써 국제질서를 협의하는 가장 중요한 새로운 협의체제가 되었다.

2010년 10월 13일 G20경주재무장관회의와 G20서울정상회의를 앞두고 나는 〈G20 환율의제와 미국·중국·일본 관계 전략〉이라는 보고서를 통하여 환율의제에 대하여 1) G20은 환율이 경제지표(economic fundamentals)에 의해 움직일 수 있는 국제적 공조장치 마련, 2) 미국은 달러화 가치 유지 약속(pledge not to debase dollar)과 0% 금리의 1조 달러 추가적 통화완화(quantitative easing) 자제, 3) 중국은 위안화를 경제지표에 따라 탄력운용, 4) 일본과 브라질 등 신흥국은 이런 노력에 국제적 공조(international corporation by other countries) 촉구 등 네 가지 전략을 대통령께 보고했다. 이러한 내용이 G20합의서에 반영되도록 청와대와 기획재정부에 보고서를 보냈다. 2010년 11월 11일 대한민국이 의장국이 되어 G20서울정상회의가 열리게 되었고 미국과 IMF의 협력으로 환율에 관한 합의가 이루어지게 되었다.

G20체제는 국제정치적으로 많은 의미를 갖고 있다. 1945년 브레턴우즈체제가 탄생할 때 세계는 사실상 미국 중심의 일극체제였다. 1974년 오일쇼크 대책을 협의하기 위해 미국, 영국, 프랑스, 독일, 일본의 G5체제(Group of 5)가 성립되었고 이탈리아와 캐나다가 합류하여 G7체제(Group of 7)가 성립되었다. 1990년대 들어 거대한 영토와 인구와 자원을 가진 BRICs(브라질, 러시아, 인도, 중국)의 등장으로 G7체제의 대표성이 흔들리게 되었고, 아시아금융위기와 같은 위기의 재발을 방지하기 위한 새로운 협의체가 필요하게 되었다. 이런 배경에서 1999년 G20재무장관회의 체제가 출범하였고 G20국가는 세계인구의 60%, GDP의 85%, 교역

량의 80%를 차지하였다. 회원국은 아시아 5개국(한국, 중국, 일본, 인도, 인도네시아), 유럽 5개국(영국, 프랑스, 독일, 이탈리아, EU 의장국), 아메리카 5개국(미국, 캐나다, 멕시코, 브라질, 아르헨티나), 기타지역 5개국(러시아, 터키, 사우디아라비아, 남아프리카공화국, 오스트레일리아)으로 구성되었다. G7체제와 함께 G20체제도 미국에 우호적인 나라가 압도적 다수라는 것은 국제역학관계에서 중요한 의미가 있다. G14체제는 미국이 주도권을 장악하기 힘든 체제다. 이것이 내가 처음부터 G14체제에 회의적이었던 배경이다.

우리가 유사 이래 처음으로 규칙준수자에서 규칙제정자가 된 것을 나는 역사의 축복으로 생각한다. 아시아 최초로, 신흥국 최초로, 중국과 일본을 제치고 국제질서를 결정하는 G20정상회의를 의장국으로서 개최한 것은 국제역학관계에서 볼 때 역사적인 중대 변화라 생각한다. G20체제가 성립되고 우리가 의장국이 되는 데 있어서 신제윤 차관보의 실무적인 노력과 라우리 미국 재무부 차관보의 협력이 중요한 역할을 했다고 생각된다. 라우리 차관보가 부시 행정부와 함께 물러나고 나서 감사의 뜻으로 그를 서울에 초청하여 만찬을 베풀었다. 또하나 남기고 싶은 비망록은 내가 장관으로 내정되고 업무를 인계받는 과정에서 들은 전임 권오규 부총리의 권고로, G20재무장관회의가 앞으로 중요한 회의로 발전될 가능성이 있으니 적극 참여하라는 권고였다. 권오규 부총리의 권고가 없었더라면 무관심하게 넘어갔을 가능성도 있었다.

50대 은행을 만들자

기업의 경영환경을 개선하기 위한 네 번째 전략은 기업활동을 원활하게 지원할 수 있는 국제적인 대형은행의 육성이다. 국제적인 대형은행의 육성은 기업투자활동을 지원하고 금융산업 자체의 발전에도 선도적인 역할을 할 수 있다.

대형은행의 육성은 2008년 대통령직인수위원회 때 컨설팅회사 한국맥킨지(McKinsey Korea)가 한국의 선진국 진입을 위해서는 해외대규모 프로젝트금융을 뒷받침할 수 있는 아시아 10위권 이내의 챔피언은행(Asia champion bank)이 필요하다는 권고를 하면서부터 시작된 문제였다. 한국맥킨지가 보고한 내용은 정부은행인 산업은행, 중소기업은행, 그리고 예금보험공사가 대주주로 있는 우리은행을 합치면 자산규모 500조 원의 은행이 되어 한국의 챔피언은행, 아시아 10위권 이내, 세계 50위권 이내의 키플레이어은행(key-player bank)이 될 수 있고 산업은행의 프로젝트금융, 우리은행의 기업금융과 소매금융, 기업은행의 중소기업금융을 합치면 시너지효과도 클 것이라는 것이었다. 당시 한국 최대 금융그룹은 우리금융그룹이었는데 아시아 13위, 세계 71위에 불과했다.

한국맥킨지의 챔피언은행 구상은 당시 이명박 대통령당선인에게 보고되었는데 중소기업은행은 정치적으로 논란이 될 가능성이 많아 빼고 산업은행과 우리은행을 합병하는 방안이었다. 이러한 구상은 후에 금융위원회에 보내졌고 '메가뱅크(mega bank)'라는 이름으로 논의가 계속되었다.

챔피언은행 구상은 아랍에미리트와 터키의 원자력발전소 수출 시 계약단계에서 거액의 이행보증서(performance bond)와 공사단계에서 대규모 프로젝트금융(project finance)이 필요함에 따라 세계 50대 메가뱅크 문제가 본격적으로 논의되면서 촉발되었다. 2009년 400억 달러의 아랍에미리트 원자력발전소 수출을 계약할 때 신용등급 AA인 세계 50대 은행의 이행보증을 요구했다. 한국 측으로서는 한국전력이 정부 소유였기 때문에 정부보증을 할 수 있었지만 세계 50대 은행이 없었기 때문에 발주자 측의 요구를 충족시키기 위해 거액의 보증료를 주고 영국 스탠다드차타드의 이행보증서를 받아야 했다. 아랍에미리트 원자력발전소 수주를 계기로 정부는 2012년까지 원전 10기, 2030년까지 80기를 수출, 세계 신규 원전건설 시장의 20% 점유를 통해 3대 원전 수출 강국으로 성장한다는 원자력발전 수출산업화 전략을 발표했다. 2011년 2월 8일 청와대에서 새로 임명된 최중경 지식경제부 장관이 원자력발전 수출전략을 대통령께 보고하고 원자력발전 같은 대규모 프로젝트를 지원할 수 있도록 산업은행을 우리은행과 합병하여 대형은행으로 육성하는 방침도 정해졌다.

나는 산업은행을 우리은행과 합병하여 대형은행으로 육성하는 일을 맡기로 결정되어 2011년 3월 11일 KDB금융그룹 회장 겸 한국산업은행장으로 가게 되었다. 나는 개인적인 사정으로 다시 공직을 맡을 수 없는 상황이었고 2007년 산업은행의 민영화를 선거공약으로 채택했을 때부터 민영화를 반대했기 때문에 두 번 고사하였으나 청와대의 권유에 의해 가지 않을 수 없게 되었다.

나는 KDB금융그룹 회장으로 가기 전 산업은행의 민영화를 원점에서 재검토하고 대규모 프로젝트 수출을 위해 대형은행을 설립하는 방안을 대통령께 보고하고 승인을 받았다. 이러한 계획에 당시 청와대 백용호 정책실장과 김석동 금융위원장도 같은 생각이었다.

KDB금융그룹 회장으로 가서 대형은행을 만들기 위한 'Pioneer Bank of Asia 구상'을 만들었다. 주요 내용은 한국이 선진일류국가로 도약하기 위해서는 국내외 금융시장에서 선도적 역할을 할 수 있는 국내 1위, 아시아 10위, 세계 50위권의 대형 종합금융그룹(corporate and investment bank)이 필요하고, 산업은행이 우리은행과 합병하면 소매금융, 기업금융과 투자금융이 균형 잡힌 한국의 대형 챔피언은행이 되어 원전, 고속철도 등 해외 대형프로젝트를 지원하고 해외시장에 국내기업과 동반하여 진출하는 파이어니어은행(pioneer bank) 역할을 수행하는 것이었다. 미국 JP모건과 싱가포르의 DBS와 같이 M&A를 통하여 단기간에 균형 있는 포트폴리오를 가진 글로벌 종합금융그룹으로 발전하는 전략이 정부의 의사결정만으로 가능했다. 이번 기회를 놓치면 다시 기회가 오기 어려웠다. 민간금융그룹끼리 결합할 경우 인력과 점포의 과도한 중복으로 대규모 구조조정을 필요로 하고 시너지 효과도 크지 않으며 외국인 지분율이 높아 현실적으로 실행 불가능했다.

이런 구상에 따라 5월 17일 우리금융그룹 매각방안이 발표되었으나 KDB금융그룹의 인수에 대해 금융권과 함께 노동조합과 정치권의 반대가 많았다. 메가뱅크가 효율성이 떨어진다고 학계에서도 반대하는 의견이 나왔다. 정부는 야당의 반대로 상황이 어렵게 꼬였다. 나는 김석동 금융위원장에게 KDB금융그룹이 기업공개를 통하여 자본을 대형화하고 국내 소매금융 개척과 해외 인수합병을 통해서 시간이 걸리지만 독자적인 대형은행을 만드는 새로운 전략을 건의하였다. 6월 14일 금융위원장은 국회에서 KDB금융그룹이 우리금융그룹 입찰에 참여하지 않기로 보고하고 막을 내렸다. 얼마 후 터키의 원자력발전소도 프로젝트금융 때문에 일본에 넘어갔다.

글로벌경제위기 이후 많은 은행이 파산함으로써 정부가 대주주로 있으면서 기업을 공개하여 정부신용을 업고 자본시장을 통해 자본을 대형화하는 새로운 모델이 많이 등장하고 있었다. 나는 미국 투자은행 골드만삭스의 자문에 따라 정부지분을 50%+1주 이상으로 하고 KDB금융그룹의 기업공개를 추진하였지만 이것도 야당과 노조의 반대에 부딪혀 시간을 끌게 되었다. 골드만삭스는 기업공개를 하면 해외투자수요가 많기 때문에 주가를 주가순자산비율(price book-value ratio) 1.5배까지 받을 수 있다고 보고했다. 당시 은행의 주가는 최고가 0.8배 수준이었는데 대성공할 것이라고 자신했다. 기업공개도 결정권은 정부에 있었다.

내가 할 수 있는 일은 국내 소매금융 개척과 해외 인수합병만 남게 되었다. 국제금융시장에서 정상적인 신용등급을 받기 위해서는 2015년까지 유동성커버리지비율(liquidity coverage ratio)[9]을 30%에서 100% 이상으로 올려야 했기 때문에 소매금융은 선택이 아니라 필수였다. 자금조달 구성도 산업금융채권과 해외차입에 편중되어 있어 예수금 비중을 10%에서 30% 정도로 증가시켜 산업금융채권과 해외차입을 30%씩 안정적으로 재구성할 필요도 있었다. 산업은행은 점포가 당시 48개였기 때문에 다른 은행의 1,000개 전후인 점포에 비하면 통상적인 방법의 소매금융은 불가능한 상태였다.

영국계 HSBC은행 서울지점이 하고 있는 무점포 다이렉트뱅킹(direct banking)으로 가기로 했다. 미국에서 대성공한 ING다이렉트의 권고에 따라 "Simple한 상품, Independent한 운영, Unique한 채용"을 전략으로 조건 없이 4.5%의 금리를 주는 온라인 예금 'KDB다이렉트'를 1년 내 1,000억 원을 목표로 10명의 고졸행원과 함께 2011년 9월 29일 시작했다. 적은 인원으로 출발한 것은 HSBC은행의 4.5% 다이렉트상품이 성공하지 못했기 때문이었다. 다이렉트 행원은 특성화고를 대상으로 성적에 관계없이 끼가 많은 사람을 채용하고 "너희들은 창업자요, 선구자요, 동업자다"라고 격려하며 교육을 시켰다. 조직을 독립적으로 만들고 근무규칙과 급여에 대해서도 자율성을 주었다. 결과는 대박이었다. 1개월 만인 그해 11월 2일 1,000억 원을 돌파하여 행원을 30명 추가로 뽑았고 7개월 만인 2012년 5월 3일 1조 원을 돌파하여 행원을 100명으로 늘렸다. 9월 21일 5조 원, 연말 7조 5,000억 원에 달하고, 2013년 4월 4일 내가 떠날 때는 10조 원에 육박했다.

당시의 예금상품 15개를 최고 3.5%의 금리를 주는 예금 'KDB드림'으로 단순화하고 점포운영비용도 12억 원 정도를 목표로 자회사인 대우증권 점포를 활용하거나 임대료가 낮은 1층이 아닌 곳에 점포를 설치하고 인원도 5명 전후로 소형화하였다. 시중은행의 점포당 예수금은 1,500억 원 수준에 직원은 12명, 경비는 연간 60억 원 정도였다. 절감된 비용을 이자로 돌려주는 정직한 상품과 입소문(mouth evangelist) 전략으로 나갔다. 이것도 대박이 터졌다.

점포수도 미국과 일본을 기준으로 분석한 결과 175개 정도가 적절한 수준으로 나왔지만 다이렉트뱅킹임을 감안하여 100개만 하기로 했다. 내가 부임한 후 2년간 82개 점포로 늘렸고 개인예수금도 2010년 2조 1,000억 원에서 2012년 7조 5,000억 원으로 크게 증가했다. KDB다이렉트와 KDB드림의 성공으로 원화예수금은 2010년 16조 7,000억 원에서 2012년 35조 1,000억 원으로 110.2%(시중은행 평균 10.3%) 증가하여 점포당 예수금은 4,268억 원으로서 시중은행 1,520억 원의 3배 수준이었다.

원화예수금과 산업금융채권의 구성도 2013년 1분기에 40조 4,000억 원대 46조 3,000억 원으로 균형을 이루었고 원화예수금의 유동성커버리지비율은 120%로 목표를 초과했다. 소매금융의 호조와 적극적인 대출활동으로 산업은행의 총자산은 2010년 113조 2,000억 원에서 2012년 143조 원으로 26.3%(시중은행 평균 7.2%) 늘렸다. 이러한 노력은 기업공개를 할 때 주가를 제대로 받기 위해 중요한 것이었다.

산업은행에만 있는 이공계 인력의 강점을 활용하기 위해 기술금융부를 신설해 처음으로 지적재산권을 대상으로 기술금융(techno-banking)을 시작했다. 우리는 순채권국이기 때문에 국제영업에서 전체 조달자금의 30% 정도만 해외차입으로 하고 자본수출도 시작했다. 해외차입은 은행으로서는 이익이 남는 좋은 비즈니스이지만 원화의 절상압력을 불러와 국민경제에 부담이 되기 때문이었다.

해외 인수합병의 경우, 영국 RBS우즈베키스탄을 인수하였고 인도네시아 은행의 인수를 추진하였지만 결말을 짓지 못했다. 영업망을 유럽 전역으로 확대하기 위해 헝가리 부다페스트에 소재한 'KDB Bank Hungary'를 'KDB Bank Europe'로 개편하여 지점망을 확대해나가기로 했다.

2012년부터 금융계 처음으로 특성화고 출신을 정규직으로 뽑고 이들을 위해 정규대학으로 사내대학인 KDB금융대학교를 설립하여 총장을 겸임하였다.

2013년 새 정부가 들어서면서 모든 사정이 바뀌었다. KDB금융그룹을 해체하고 순수정책금융기관으로 분리된 한국정책금융공사와 다시 통합해 정책금융기관으로 되돌아간다는 것이었다. 1995년 WTO체제가 출범하면서 R&D, 지역개발, 환경개선을 제외하고 이미 금지된 정책금융[10]을 어떻게 부활시키겠다는 것인지, 정부가 증자할 여력이 없어

기업공개를 통하여 자력으로 자본을 확대하겠다는데 왜 못 하게 하는지, 소매금융은 시장마찰을 일으킨다며 중지해야 한다는데 산업은행이 국제금융시장에서 정상적인 활동을 위해 유동성비율을 어떻게 맞추어야 하는지에 대하여 대통령직인수위원회 때부터 문제점을 제기하였지만 새 정부의 방침을 바꿀 수는 없었다.

KDB금융그룹은 KDB산업은행, KDB대우증권, KDB생명, KDB캐피탈, KDB자산운용, KDB인프라자산운용 등 6개의 자회사에 7,200명의 직원을 거느리고 자산규모가 184조 원에 달해 아시아 최고의 금융그룹으로 발전할 수 있을 것으로 외국의 많은 컨설팅회사가 평가하고 있었다. 모든 것이 물거품이 되면 한국의 금융발전을 크게 후퇴시키고 다시는 그런 기회를 잡을 수 없게 될 것이다. 정책금융에 대한 착오와 소매금융에 대한 오해에서 비롯되었다는 생각에 안타까웠다.

한국 금융산업의 위기를 예언하는 전문가들이 많다. 2010년 일본 3대 은행의 평균 점포수 557개와 미국 3대 은행의 평균 점포수 5,919개를 기준으로 보면, 우리나라에 적절한 점포수는 금융자산 기준 175개, GDP 기준 250개이다. 어떤 은행 간부가 70% 이상의 점포가 적자라고 했다. HSBC은행을 시작으로 스탠다드차타드은행과 한국씨티은행이 소매점포를 폐지하기 시작했다. 일본과 미국도 중소금융, 증권보험, 상업은행 순으로 위기가 왔고 우리에게도 이런 구조조정 과정이 올 것으로 예언하는 사람도 있다.

KDB금융그룹을 세계적인 금융그룹으로 만들기 위한 노력은 수포로 돌아갔지만 공직에서 물러나면 경영인이 되고 싶었던 나의 소망을 실험해본 아름다운 추억이었다. 나와 함께 다이렉트뱅킹을 구상하고 노력했던 임경택 부행장과 100여 명의 다이렉트 행원들과의 추억은 오래 남을 것이다. KDB금융그룹의 발전전략과 기업공개를 위한 윤만호 KDB금융지주 사장의 수고도 오래 남을 기억이다. 새 정부가 들어서기 전에 여러 차례 새 정부 출범과 함께 물러나려는 뜻을 청와대에 전달했으나 말 못할 사정으로 한 달 정도 더 있다가 2013년 4월 4일 43년의 공직생활을 접고 '바람'과 함께 사라졌다.

신뢰자본이 성장의 20% 좌우한다

사회자본 확충

기업의 경영환경에서 사회의 이익을 조정하고 협동하는 규범, 신뢰, 연대로 정의되는 사회자본(social capital)은 중요한 변수다. 우리의 경제역량을 확대하기 위해서는 법치와 신뢰를 바탕으로 한 사회자본의 확충이 필요하다. 이것이 기업 경영환경에 미치는 영향은 과격한 노사관계에서 잘 나타난다. 한국은 산업사회가 되었지만 아직 법의 지배(rule of law)보다 전통적인 온정주의(paternalism)가 바탕에 있다. 정치, 경제, 사회 전반에 '떼법'과 '정서법'이 실정법 위에 있다. 정부예산이 법정기일 내에 처리되지 않는 것이 우리나라 법치주의 현실을 잘 보여준다.

후쿠야마(Francis Fukuyama)는 그의 저서 《트러스트(*Trust*)》에서 경제학은 경제의 80%를 좌우하고 나머지 20%는 신뢰가 좌우한다고 했다. 강한 공동체연대를 가진 사회는 고신뢰사회이며 공동체연대가 무너진 사회는 저신뢰사회인데, 일본과 독일은 고신뢰사회로, 한국과 중국은 저신뢰사회로 규정하고 있다. 우리에게는 눈에 보이지 않는 20%의 사회자본이 확실히 부족하다.

법의 지배와 사회연대로 형성되는 사회자본의 축적은 정직을 바탕으로 규정된 법규와 글로벌스탠더드에 따른 제도의 확립에 의해 이루어질 수 있다. 평균적인 사람이 지키지 못하는 법규는 입법자가 범죄자라는 법철학도 있다. 누구나 지킬 수 있고 지키는 사람에게 이익이 돌아가는 법규와 함께 글로벌스탠더드에 의한 제도의 확립은 경제적 국경이 사라지고 있는 지금 최고의 기업 경영환경이라 생각한다.

　정직을 바탕으로 규정된 법규에 의한 법의 지배만 확립되어도 과격한 노사분규와 정치권의 파행은 사라질 것이고 한국경제의 생산성은 크게 향상될 것이다. 우리가 불법파업을 없앨 수만 있다면 1% 정도의 추가 성장을 할 수 있다는 보고도 있다. 노사분규에 의한 근로손실일수는 2000년대 들어서도 연간 1,000일이 넘다가 2008년 이후 1,000일 이하로 감소했지만 노사가 함께 법을 지키면 더 감소시킬 수 있다. 과격한 노사분규는 12% 정도 노조원의 이익을 대변하여 사회를 양극화하고 30%가 넘는 비정규직을 양산하고 있다. 이러한 문제를 해소하기 위해 노사관계 법규를 국제노동기구(ILO)의 조약에 따라 개편하자는 노력도 결실을 보지 못하고 노동현장의 법치주의는 실종되어 기업 경영환경의 최대 애로의 하나가 되었다.

　글로벌스탠더드에 따른 제도의 확립은 경제적 국경이 낮아지고 지구촌이 하나의 사회로 통합되어가는 과정에서 불가피한 과제이고 기업의 경영환경에 중요한 변수가 된다. 특히 관광산업에서는 도로, 간판, 교통에 관한 법규와 제도의 글로벌스탠더드 채택이 아주 중요하다. 글로벌스탠더드에 의한 제도의 정비가 사회자본 형성의 첫걸음이고 대외경쟁력을 높이는 길이라 생각한다.

　나는 전체 부처의 업무에 걸쳐 국가경쟁력 어젠다를 다루는 국가경쟁력강화위원장으로 일하면서 정직을 바탕으로 한 법규의 글로벌스탠더드에 따른 제도 마련에 많은 노력을 했다. 규제를 완화하는 기준도 정직과 글로벌스탠더드에 따랐다. 법규가 평균적으로는 맞지만 개별사례에서 형평에 맞지 않는 경우 독립위원회의 평결에 따라 구제조치를 할 수 있는 규제형평제도도 이런 관점에서 추진했다.

우리는 '법의 지배(rule of law)'에 대해 관심이 너무 적은 것 같다. 우리는 식민지통치와 권위주의 지배를 거치면서 법은 강자가 만드는 것이고 강자가 만든 법에 저항하는 것이 정의라는 가치전도에서 벗어나지 못하고 있는 것 같다. 불합리한 법규를 고치는 노력보다 지키지 않는 쪽으로 가는 경우가 많다. 불합리한 법규를 고치려는 대표적인 사례로 1921년 조선총독부에서 만든 좌측통행과 좌회전 우선의 교통법규를 2009년 국가경쟁력위원회에서 88년 만에 폐지하기로 결정했다. 세계가 우측통행을 하는데 우리만 좌측통행을 하여 국내외에서 부딪치고, 세계가 직진 차량을 우선하는데 우리만 좌회전을 우선해 정체를 유발하고 있었다. 직진우선으로 교통법규를 개편한 후 정체가 10% 개선되고 교차로 사망사고가 30% 감소되었다고 경찰청이 보고했다. 교통법규는 출근에서 퇴근까지 모든 국민이 마주치는 생활의 기본법규이기 때문에 법의 권위를 확립하는 차원에서도 중요하다.

외국인에게 불편한 로마자표기법을 외국에서 주로 쓰는 맥쿤-라이샤워(McCune-Reischauer) 방식으로 개편하는 노력도 했다. 국립국어원은 우리 방식을 고집하고 문화부는 무심하고 청와대는 리더십을 보이지 않고 문제는 굳어져갔다. 2002년 월드컵 축구대회를 앞두고 김포는 'Kimpo'에서 'Gimpo'로 바꾸면서 성명 김씨는 'Kim'으로 쓰고 있고 경기도는 'Kyonggido'에서 'Gyeonggido'로 바꾸었다. 뒤죽박죽에 외국인은 읽기도 힘들다. 로마자표기법은 외국인을 위한 것이지 우리를 위한 것이 아니다. 어떤 영문학자는 박경리 선생의 소설《토지》를 오락가락하는 로마자표기법 때문에 번역을 못 해 노벨상을 못 받게 되었다는 얘기도 했다.

도로명주소도 문제가 많다. 선진국과는 너무 다르고 불편하다. 워싱턴이나 뉴욕같이 과학적이고 수학적으로 수정하자고 제안했으나 행정안전부는 무심하고 작업이 너무 많이 진행되어 수정이 불가능했다. 우리 위원회에서 제안한 내용은 서울의 광화문 네거리를 중심으로 동서는 '로' 남북은 '가', 그리고 광화문 기점 동남쪽 기간도로는 1, 3, 5의 홀수로, 서북쪽 기간도로는 2, 4, 6의 짝수로 하고 작은 도로는 지역 특성에 따라 두 자 내지 석 자로 간편하게 이름을 짓고 '길', '골' 등 거리 이름을 다양하게 쓰자는 것이었다.

도로명을 현행 표기법에 따라 영어로 표기하면 너무 길어 외국인은 발음하기 힘들고 내국인은 외국에 나가 입국신고서에 쓸 수도 없는 경우도 있다. 지구촌시대를 맞아 로마자표기법과 도로명주소도 글로벌스탠더드를 참고해서 전문가가 참여하여 개선해야 한다.

정직을 바탕으로 한 법규와 글로벌스탠더드에 의한 제도의 정비가 사회자본 확충의 첫걸음이다. 나는 법을 공부하고 만들었던 사람으로서 '떼법'과 '정서법'이 실정법 위에 있는 한 일류국가가 될 수 없고 글로벌스탠더드와 다른 제도를 갖고 있는 한 경쟁력이 떨어질 수밖에 없다고 생각한다. 사회자본의 확충이야말로 지금 한국이 일류국가로 가기 위한 중요한 전제조건이다.

소규모 개방경제는 해외에 길이 있다

해외역량 확충

소규모 개방경제인 한국에게 해외동포와 해외시장은 기업의 경영여건을 확대할 수 있는 새로운 활로다. 불행했던 역사의 결과인 700만 명의 재외동포는 우리에게 소중한 자산이고 해외시장은 우리의 새로운 경제영토다.

우리는 비공식적으로 세계에서 가장 많은 나라 160여 개국에 700만 명이 넘는 해외동포사회를 갖고 있다. 인구 증가가 둔화되고 노동력 부족문제가 심각해질 미래를 생각하면 700만 해외동포는 우리의 큰 자산이다. 2010년 국가경쟁력강화위원회에서 인구확대정책의 하나로 재외동포에 대하여 대한민국 국적의 부여와 자유입출국을 허용하는 제도를 만들었다.

작은 시작이지만 KDB금융그룹 회장으로 가서 우즈베키스탄의 고려인 대학생들을 대상으로 한국어연수코스를 만들었다. 연수를 마치는 날 캠프파이어에 둘러서서 아리랑을 합창할 때 눈물바다가 되었다. 우리는 그들을 필요로 하고 그들은 조국에 오고 싶어 한다. 해외교민의 역량을 활용하기 위한 글로벌한민족네트워크(Global Korean Network)와 과학기술역량을 최대한으로 결집하기 위한 세계한인과학자네트워크(Global Korean Scientist Network)는 논의만 되다가 실천이 없었다. 언젠가는 적극 추진해야 할 일이라 생각한다.

우리는 자유무역협정(Free Trade Agreement, FTA)을 통해 경제영토를 얼마든지 확장할 수 있다. 우리는 2004년 칠레를 시작으로 ASEAN, 인도, EU, 미국, 터키, 호주, 캐나다 등과 FTA를 체결하였고 이웃 나라 중국, 일본과는 협상 중이다. FTA를 체결한 나라를 기준으로 한 한국의 경제영토는 세계에서 최대로 크다. 앞으로 동북아 FTA와 환태평양경제동반자협정(TPP)에 적극 참여하여 기업의 활동무대를 넓혀야 한다.

기획재정부 장관은 대외경제장관회의 의장으로 FTA의 체결에 대한 부처 간의 이견 조정을 맡고 있다. 한국과 EU의 FTA도 부처 간의 이견이 많았다. 나는 통상교섭본부의 요청에 따라 2008년 10월 청와대 서별관에서 비공개 대외경제장관회의를 열어 최종적으로 부처 간의 이견을 조정했다. 우리가 민감했던 자동차 문제는 미국의 선례가 있어 쉽게 조정되었지만 프랑스가 민감한 화장품은 마지막까지 가서 겨우 조정되었다. 우리는 일본보다 뒤에 시작했지만 다음 해 2009년 한·EU FTA를 타결했다. 2009년 11월 19일 오바마 대통령과의 정상회담에서 한·미FTA의 처리가 합의되었고 다음 해부터 긴 협상과정을 거쳐 자동차에 관한 추가합의가 이루어진 후 2011년 말에 양국 국회의 비준이 되었다.

우리는 인류사 최초로 수원국에서 원조국으로 발전하여 2009년 11월 25일 OECD 개발원조위원회(Development Assistance Committee)에 가입하게 되었다. 우리는 다른 선진국과 달리 원조자금과 함께 인류사에 기적을 이룬 경제개발의 노하우와 새마을운동을 전파하고 있다. 2008년 10월 서울에서 아프리카 21개국 22명의 장관급 인사가 참석한 한·아프리카 장관급 경제협력회의(Korea-Africa Economic Cooperation Conference)[11]에서 개발경험과 자본을 합친 한국형 해외개발원조(ODA)를 제안했을 때 그들은 열렬히 환영했다. 선진국의 비만과 개발도상국의 영양결핍이라는 모순을 해결하는 데 민간단체, 특히 종교단체와 함께 노력하면 더 효과가 클 것이다. 청년들의 활동무대를 세계로 확대하기 위해 ODA와 함께 해외청년봉사단 활동을 확대하면 청년의 패기교육과 함께 새로운 성장역량으로서 역할을 하게 될 것이다.

1   세 번의 예산편성에 이용걸 예산실장의 고생은 컸고 류성걸 예산총괄심의관은 졸도하기까지 했다.

2   2008년 12월 16일 청와대에서 모든 부처가 참석한 가운데 2009년 경제운용방향 보고회의기 열렸다. 통싱 다음 해 2월에 열리는네 위기를 석극 관리하기 위해 2개월 앞당겨 열렸다. 이 회의에서 2009년 경제성장을 선진국 -0.3%, 세계 2.2%, 한국 3% 전후로 전망했고, 위기가 장기적으로 갈 것이라는 우울한 전망과 함께 위기의 본질을 "전례 없는(unprecedented) 세기적 위기, 세계적 생존경쟁, 역사적 권력 이동(historic power shift)"으로 보고했다. 워싱턴 G20정상회의(11월 15일)에서 논의된 국제공조를 포함하여 "위기관리-생존, 미래준비-전환, 경제 재도약-공격" 3단계로 구분한 글로벌경제위기 대응을 위한 종합대책이 최종 확정되었다. 일자리 창출보다 일자리 지키기와 나누기가 더 중요한 전략이 되었다. 추가적인 긴급 위기감내대책으로 금융기관 증자, 금융자금 추가공급, 자본유출입 대책 강구, 예산 조기집행, 할당관세 연장 등을 포함했다. 성장률은 3% 내외, 설비투자는 -2% 내외, 실업률은 3.4% 내외, 소비물가는 3% 내외, 경상수지는 100억 달러 이상의 흑자로 전망했다. 150달러에 육박하며 우리를 공포에 몰아넣었던 유가는 당시 40달러대의 대폭락 장세를 유지하였으나 2009년에는 60달러 내외로 전망했다.

3   한반도대운하계획도는 433쪽의 지도를 참고.

4   IMF의 Staff 보고서 "Capital Inflows: The Role of Controls"(2010. 2. 19)는 공식입장이 아님을 밝히고 있으나 시장환율과 자본자유화의 기존 입장에서 큰 변화를 예고하는 것이었다. 주요 내용은 37개 신흥국의 최근 경험을 토대로 분석한 결과 급격한 자본유입에 의해 발생하는 위험(risks)을 축소하기 위해 자본통제가 필요하고 그 수단으로 'unremunerated reserve requirements', 'taxation on short-term liabilities', 'minimum stay requirements' 등을 제시했다.

5   대통령경제특별보좌관으로 일할 때도 장관 때와 같이 경제현안에 대해 대통령께

한반도대운하계획도

북 한	
평원운하	379km
경원운하	257km
평개운하	206km
사리원운하	135km
청천운하	58km
합 계(5)	1,035km

남 한	
경부운하	540km
호남운하	378km
경평운하	104km
금호운하	113km
남해운하	220km
경춘운하	75km
안동운하	67km
충청운하	200km
여평운하	81km
광평운하	72km
아산운하	114km
새만금운하	135km
합 계(12)	2,099km

보고를 하였는데 특히 환율에 대하여는 거의 매달 보고했다. 〈경제상황 재점검과
선제적 대응〉 이외에 특별히 기억나는 보고는 다음과 같다.

• 2009년 12월 8일 〈출구전략 실천방안〉의 주요 내용은 "출구전략 선택의 3대

원칙은 1) 이른 결정이 늦은 결정보다 나쁘다(Exiting too early is costlier than exiting too late : Strauss-Kahn), 2) 적게 하는 것이 많이 하는 것보다 위험하다(Doing too little poses a greater threat than doing too much : Summers), 3) 모든 상황에 적용될 수 있는 범용성 출구전략은 없다(Avoid one-size-fit-all exit strategies : Zoellick)로 함. 선택 방법은 불확실성하에서의 의사결정모델(game theory)에 의함. 결론은 더블딥은 없다는 확신이 설 때까지 가능하면 출구전략은 늦게, 부양책은 많이, 정책은 탄력적으로 구사하는 'Late-Much-Flexible Exit'임"이었다.

- 2010년 5월 7일 〈승기를 승세로 굳히기 위한 경제에 대한 시각과 전략의 수정〉의 주요 내용은 "일본을 따라잡을 수 있는 승기를 승세로 굳히는 공격적 전략을 추진해야 할 때가 되었음. 건전한 재정과 외환보유고, 무역수지 일본 추월, 삼성·현대·LG 선전 등 강점을 최대 활용하면 선진일류국가로 조기 진입하여 국가순위를 바꿀 수 있음. 출구전략의 최대한 지연과 함께 투기적인 국제자본거래에서 원화를 제도적으로 보호하기 위해 NDF시장규제, 포지션관리, 자본거래 과세 등 다양한 방법 중 시행 가능한 것부터 조기 추진이 필요함"이었다.

- 2010년 10월 13일 〈환율전쟁 전망과 대응〉의 주요 내용은 "2009년 단기자본에 대한 과세가 논의되는 국제추세와 반대로 기존의 채권과세를 면세로 전환한 방향착오로 외국인투자자에게 '노다지(bonanza)'를 제공함으로써 1,000억 달러 채권자금 유입으로 환율 12% 대폭절상. 앞으로 미국의 제로금리에 의한 추가 통화공급에 의한 지속적인 단기자금(hedge fund)의 유입에 의한 환율 추가 절상을 예방하기 위해 채권투자 과세전환 등 대응조치 긴요. 임기 후반기 경제운용의 최대 난제는 환율전쟁(currency war) 대응에 있음. 내년 경제전망도 어둡고 2012년 선거를 감안하면 적극적인 대응이 필요함. 미국의 0% 금리와 함께 추가적인 통화완화(quantitative easing)가 논의되는 상황에서 일본과 함께 브라질, 인도 등 신흥국의 외환시장 개입도 불가피하여 환율전쟁이 격화될 가능성이 큼"이었다.

6 2010년 11월 11일 G20서울정상회의에서 합의한 환율에 관한 새로운 원칙의 전문은 다음과 같다.

"Monetary and Exchange Rate Policies : We reaffirm the importance of central banks' commitment to price stability, thereby contributing to the recovery and sustainable growth. We will move toward more market-determined exchange rate systems and enhance exchange rate flexibility to reflect underlying economic fundamentals and refrain from competitive devaluation of currencies. Advanced economies, including those with reserve currencies, will be vigilant against excess volatility and disorderly movements in exchange rates. Together these actions will help mitigate the risk of excessive volatility in capital flows facing some emerging market economies. Nonetheless, in circumstances where countries are facing undue burden of adjustment, policy responses in emerging market economies with adequate reserves and increasingly overvalued flexible exchange rates may also include carefully designed macro-prudential measures. We will reinvigorate our efforts to promote a stable and well-functioning international monetary system and call on the IMF to deepen its work in these areas."

같은 해 10월 23일 G20경주재무장관회의 합의내용과는 환율원칙 부분이 "Specifically, we will: move towards more market determined exchange rate systems that reflect underlying economic fundamentals and refrain from competitive devaluation of currencies"로 되어 있어 약간의 차이가 있지만 근본적인 차이는 없다. 일부 신문에서 거꾸로 해석해 "시장결정적 환율 이행합의" 또는 "정부의 환율개입 줄여. 강만수식 고환율정책 끝?"이라는 제목의 오보가 있었다.

7 마드리드 한·중·일 재무장관회의를 하기 전 신제윤 차관보는 리융(李勇) 중국 재정부 차관, 시노하라 나오유키 일본 차관(재무관)과 의장국에 대한 사전협의를 했다. 여기서도 한국의 폭탄주 위력(?)으로 쉽게 친해지고 라우리 미국 차관보와도 업무를 위한 핫라인을 만들고 비공식 접촉을 계속한 신제윤 차관보의 외교능력이 탁월했다고 생각되었다.

8 2008년 11월 14일 G20정상회의 참가 대표를 위한 백악관 만찬에 참석했을 때 백악관 현관에서 손님을 맞던 부시 대통령은 이명박 대통령을 보고 "How's your wife?"라고 인사할 정도로 친밀한 사이였다. 11월 15일 아침 *The Washington Post*의 왼쪽 톱기사의 제목이 "Historic Power Shift"였다. 이 회의에서 합의된 주요 내용 중 하나가 이명박 대통령이 주장한 국제공조와 통화전쟁의 방지를 위한

'stand still'인데 이것을 합의문에 넣기 위해 신제윤 차관보는 중국의 반대 때문에 이틀 밤을 새벽까지 고생했다. 회의에는 20개국 정상과 재무장관, 그리고 재무부의 실무대표와 외교부의 주최자(sherpa)가 참석했다. 우리는 신제윤 차관보가 실무대표로, 외교부 안호영 국장이 sherpa로 참석했다.

9 바젤은행감독위원회가 2015년부터 시행하기로 한 유동성커버리지비율(liquidity coverage ratio)은 유동성위기가 발생해 자금인출이 발생하더라도 30일 동안 견딜 수 있도록 국채 등 고유동성자산이 순현금유출의 100% 이상을 유지해야 한다는 것이다. 예금은 산업은행의 주력 자금조달 수단인 산업금융채권에 비해 유출률이 낮은 것으로 계산되었다. 2013년 1월 6일 이 비율의 시행을 2015년에서 2019년으로 연장했다.

10 1995년 발효된 "Agreement on Subsidies and Countervailing Measures"의 Article 8 허용보조(Non-Actionable Subsidies)에 (a) 연구지원(assistance for research activities), (b) 낙후지역 지원(assistance to disadvantaged regions), (c) 환경지원(assistance to promote adaptation of existing facilities to new environmental requirements)으로 한정하고 있다.

11 기획재정부는 아프리카개발은행(AfDB) 및 한국수출입은행과 공동으로 2008년 10월 27(월)~30(목)일까지 서울 신라호텔에서 '2008 KOAFEC회의(한·아프리카 장관급 경제협력회의)를 개최하였다. 카베루카(Kaberuka) AfDB 총재, 자네(Janneh) UNECA 의장, 나이지리아 석유부 장관 등 21개국 22명의 아프리카 장관급 고위인사를 포함, 130여 명의 아프리카 대표단이 참여하여 한국에서 개최된 아프리카 관련 최대 행사였다. 여기에서 개발경험을 포함한 ODA구상을 밝혔고 우리의 새마을운동을 통한 아프리카 농촌개발에 대한 토론이 있었다.

20 7위 수출대국에 서다

: : 위기대응의 성과

20세기가 동틀 무렵 고래싸움에 등이 터진 새우 신세였던 우리는 21세기 글로벌위기를 겪으면서 작지만 영리한 돌고래가 되었다. 전례 없었던 생존게임에서 살아남아 강자가 되었고, 위기를 기회로 만들어 국가순위를 바꾸었다. 속전속결로 추진한 위기감내대책에 의해 OECD 국가가 마이너스 성장을 할 때 우리는 플러스 성장을 하여 가장 빨리 경제를 회복시켰다. 선제적, 결정적, 충분한 전략으로 수출, R&D, 신용등급에서 국가순위를 크게 올렸고, 자본수출, 국제질서 정립, 해외원조에서 국가의 위상을 바꾸었다. 역사적 힘의 이동이 현실화되고 있다.

나는 기획재정부 장관으로 두 번째 위기를 맞아 10년 전 차관 때 겪었던 환란의 교훈에 따라 대외균형을 우선으로 하고, 수비 – 전환 – 공격 단계로 수립한 50개가 넘는 전략으로 맞섰다. 수많은 비판과 퇴진압력 속에 결과로 말하겠다는 각오로 외로운 투쟁을 했다. 전쟁의 폐허에서 다시 일어서고 권위주의를 극복한 패기는 우리가 가진 유일하고 강력한 자산이다. 위기를 견디어내고 위기를 기회로 만드는 'Get up and go'

의 경제학이었다.

1997년 환란 때 은행이 헐값에 해외에 팔리고 5개 지방은행과 30개 종합금융회사가 사라졌다. 6만 8,000여 개의 기업이 문을 닫고 큰 빌딩들도 외국에 팔려나갔다. 경제성장률은 -5.7%까지 곤두박질쳤고 실업자는 146만 명으로 폭발했고 1만 달러를 넘었던 국민소득은 6,863달러까지 뒷걸음을 쳤다. 참담한 기록을 남긴 그때 나는 재정경제부 차관이었다.

2008년에 외국 언론들은 우리가 다시 위기를 맞을 것이라고 보도하며 비아냥거리기도 했다. "1997년으로 회귀", "검은 9월, 모든 것이 날아가는 통화위기", "아시아의 아이슬란드", "남아프리카와 헝가리 다음으로 위험도가 높은 나라"라고 보도하던 외국 언론들은 2009년 들어 OECD 국가 중 가장 빠른 경기회복세를 보이자 태도를 바꾸어 찬사를 보내기 시작했다.

미국 언론은 "한국은 370억 달러의 경기부양책에 의하여 침체를 피하고 시장을 놀라게 했다"(2009년 4월 24일, CNN), "서울의 관료들에게 경의를 표한다(Hats off to officials in Seoul)"(2009년 7월 27일 블룸버그통신[1])라는 찬사를 보냈다. 영국 언론은 "한국은 더 이상 패자가 아니고, 경제는 인구가 20배가 넘는 인도만큼 크고, 수출은 영국을 추월했다"(2010년 2월 24일, 《파이낸셜타임스》), "한국의 발전모델은 개발도상국들의 본보기가 됐다. 이제 한국은 새로운 길이 필요하다"(2011년 11월 12일, 《이코노미스트》)라고 평가를 바꾸었다. OECD는 우리의 환율과 감세 등 재정금융정책이 예상보다 빨리 한국경제를 회복시켰다고 평가했고(2010년 1월 18일), 1997년 우리를 가르쳤던 IMF는 한국의 빠르고 단호한 재정금융정책 대응은 교과서적인 사례(textbook example)라고 평가했다(2011년 8월 5일). 그렇게도 격렬하게 비판하던 한국의 학자들은 말이 없었고, 시장신뢰를 잃었다고 퇴진압력을 넣었던 언론과 정치권은 침묵했다.

우리는 2008년 글로벌경제위기를 패기로 감내하고 기회로 만드는 전략을 추진하여 일곱 가지 큰 성과를 거두었다. 가장 빠른 성장회복, 7위 수출대국, 1위 R&D투자국, 자본수출국 전환, 아시아 최고 신용등급, 룰메이커 국가, 원조국 전환 등이 7대 성과다. 수출 7위 대국에 오르고, 신용등급에서 일본을 제치고, 인류사에서 처음으로 수원국에서 원조국으로 탈바꿈한 것은 위기 전에는 상상하지 못한 새로운 역사였다. 이러한 성과를 이루는 데 이명박 대통령의 탁월한 리더십이 중심이 되었고, 하루도 쉬지 않고 일을 한 예산실과 세제실, 경제정책국과 국제금융국 직원들의 특별한 헌신이 있었다.

큰 성과에도 아쉬웠던 점은 대외균형을 우선하는 과정에서 내수기반 확충에 소홀했다는 것이다. 환율정책이 수출과 대기업을 위한 정책이라는 비난이 있었으나 위기관리를 위해 불가피한 선택이었고 수출마저 어려웠다면 더 큰 고통을 당했을 것이라고 생각한다. 경제정책에서 선택은 불가피하다. 위기 때는 더욱 그렇다.

우리는 플러스 성장을 했다

가장 빠른 성장회복

글로벌경제위기를 맞은 다음 해인 2009년 OECD 국가들은 평균 -3.5%의 마이너스 성장을 할 때 우리는 0.3%의 플러스 성장을 했다. 2010년 OECD 국가들이 3.0% 성장할 때 우리는 6.3% 성장을 했고, 경제규모는 인구가 20배나 되는 인도와 비슷하게 되었다.

가장 빠른 경제회복은 환율정상화 및 금리인하와 함께, 10조 6,000억 원의 유가보조금을 포함한 37조 9,000억 원의 재정투입, 34조 9,000억 원의 대규모 감세정책, 22조 3,000억 원의 4대강사업 등 공격적 재정금 융정책이 주요 요인으로 작용했다. 2008년 확정된 감세와 세출증가를 합친 총재정투입규모는 GDP의 7.1%인 72조 8,000억 원으로 OECD 국가 중 가장 빨리 최대 금액의 재정정책을 집행하였다.

존스(Randall S. Jones) OECD 한국·일본과장은 〈한국은 어떻게 예상보다 잘했는가: OECD 국가의 비교〉라는 보고서[2](2010년 1월 18일)에서 한국의 환율정책, 금리정책, 감세정책 등 적극적 재정금융정책을 높이 평가했다. 주요 내용은, 1) 30%가 넘는 원화절하에 의해 수출경쟁력을 높여 수출을 증가시켰고, 2) 수출의 증가는 위기 이전 수준을 능가하는 경제회복에 기여했고, 3) OECD 국가 중 최대 규모인 GDP의 6%에 상당하는 감세와 지출증가로 구성된 재정정책이 국내수요를 회복시켰고, 4) 재정정책은 2009년 고용을 20만 명 늘려 실업 증가를 억제하고 민간 소비를 유지하게 하였고, 5) 확장통화정책은 실질금리를 마이너스로 만들어 투자를 확대하고 부채부담을 경감시켰다는 것이었다.

1997년 우리를 가르쳤던 IMF의 랄(Subir Lall) 한국과장은 한국의 빠른 경제회복에 대한 인터뷰(2011년 8월 5일)[3]에서 "정부는 위기에 대해 아주 빠르고 단호한 재정금융정책으로 대응했다. 그것은 경제가 침체될 때 어떻게 부양정책을 써야 하는가에 대한 교과서적인 사례다. 한국은 수출 주도의 개방경제이기 때문에 수출이 회복된 것이 긍정적인 영향을 미쳤다. 대기업의 재무건전성이 뛰어나기 때문에 글로벌경제위기를 맞아 오히려 생산을 확대함으로써 시장점유율을 확대했고, 환율 흐름도 이들의 시장경쟁력에 도움이 됐다"라고 평가했다.

빠르고 단호한 재정금융정책에도 불구하고 국가부채비율과 기업부채비율은 세계 최우량 수준이다. 국가부채비율은 2012년 OECD 기준 우리는 GDP의 35.5%인 데 비해 일본은 218.8%, 미국은 102.1%, OECD 전체 평균은 107.4%이다. OECD 국가들의 부채가 위기극복 과정에서 평균 20.7%나 늘어났지만 우리는 5.1%만 늘어나 나라살림을 너무 알뜰히 살지 않았나 생각한다. 상장기업의 부채비율 역시 90% 이하로 세계 최우량 수준이다.

세계 7대 수출대국으로 섰다

7위 수출대국

한국은 2010년 세계 7위의 수출대국으로 일어섰다. 위기에서 살아남아 우리는 세계경제의 새로운 강자가 되었다. OECD 국가의 평균 수출이 2009년 10.9% 감소할 때 우리는 7.8% 감소했고, 2010년 12.4% 증가할 때 우리는 15.5% 증가한 결과다. 무역수지는 역사상 처음으로 일본을 추월했고 경제규모는 인구가 20배나 되는 인도와 어깨를 겨루게 되었다. 위기 때 국가의 순위를 바꾼 것이다.

세계 7위의 수출대국이 될 수 있었던 배경에는 환율실세화에 의한 가격경쟁력의 상승과 R&D투자 확대에 의한 기술경쟁력의 제고가 있었음을 통계가 말해준다. OECD와 IMF도 환율이 핵심변수였다고 말했다. 2010년 11월 30일 무역의 날, 수출 3,600억 달러로 세계 7위 수출대국에 오르고 사상 최대 400억 달러 무역흑자를 경축하는 기념식에 대통령 경제특별보좌관으로 참석하여 가슴 뭉클한 감동을 느꼈다. 2008년 환율정상화 정책을 추진할 때 격렬한 비판과 퇴진압력을 받았던 기억이 머리를 채웠다. 특히 한국은행과 미국 경제학이 크게 떠올랐다.

우리의 수출 순위는 2008년 12위에서 2009년 9위로 오른 다음 2010년에 3,635억 달러로 7위에 올라서고 세계 시장점유율을 3%로 만들었다. 2010년에는 수출의 증가로 삼성전자의 매출이 세계 최대 전자회사 HP를 추월하고 일본 상위 15개 전자회사의 매출을 상회했다. 현대자동차는 동업자 중 최고의 영업이익을 내면서 미국 시장점유율을 3.7%(2008년)에서 4.6%로 올렸다. OECD 통계 기준으로 2011년 상품무역수지는 301억 달러의 흑자를 달성해 역사상 처음 202억 달러 적자의 일본을 추월했고, 경상수지도 2013년에 705억 달러로 사상 최초로 339억 달러의 일본을 추월했다.

세계 1위 R&D투자국이 되었다

우리는 2012년 GDP에 대비하여 R&D에 최고로 투자하는 세계 1위 R&D투자국이 되었다. 대외경쟁력의 핵심변수는 단기적으로 가격경쟁력이고 장기적으로 기술경쟁력이다. 7위의 수출대국으로 올라선 후 환율이 절상되어도 2014년까지 수출이 호조를 이룬 배경에는 활발한 기술개발이 있다. OECD 통계에 따르면 한국의 GDP 대비 R&D투자비중은 2008년 3.21%로 세계 5위에서 2010년 3위로 오른 후 2012년에 4.36%를 기록하여 1위가 되었다. 2위는 4.20%의 이스라엘이고, 일본은 3.34%로 5위, 미국은 2.79%로 11위, 중국은 1.98%로 19위였고,

OECD 평균은 2.40%였다.

자원이 빈약한 소규모 개방경제가 지구촌의 경쟁에서 살아남을 수 있는 수단은 기술뿐이다. 과도하게 유입된 해외자금이 원화를 절상시킬 경우 이를 극복하는 길도 기술이다. R&D투자를 세계 최고 수준인 5%로 확대하는 전략에 따라 정부부문의 R&D투자를 GDP의 1.5%까지 올리기 위해 R&D 예산 과목을 1번으로 올려 매년 최소 10% 이상 증액하도록 하고, 민간부문의 R&D투자를 GDP의 3.5%까지 올리기 위해 세계 최초로 준비-투자-연구 3단계에 대하여 법인세를 감면하도록 한 결과 4년 만에 1위가 되었다. 한국의 기술무역수지는 2008년 31억 달러 적자에서 2012년 57억 달러 적자로 확대되어 아직 적자가 계속되고 있다. 기술개발투자의 효과가 완전하게 나타나지 못하고 있는 것이다. R&D투자에 대한 지원과 함께 지적재산권의 거래와 금융에 대한 기술발전 인프라의 지속적인 발전이 필요하다.

2012년 기준 공공부문은 1.09%, 민간부문은 3.27%로 당초 구상대로 가고 있다. 금액으로 보면 2012년 기준 미국의 R&D투자액은 4,152억 달러로 압도적인 1위이고, 2위는 일본 1,998억 달러, 3위는 1,344억 달러의 중국이고 우리는 492억 달러로 6위 수준이다. 금액으로 보면 지속적인 노력이 필요한 부분이다.

민간부문에 대한 과감한 지원에 따라 EU가 발표한 민간부문 R&D는 2012년 기준 삼성전자가 83억 유로를 투자하여 95억 유로를 투자한 폴크스바겐에 이어 2위를 차지하였고, 3위는 마이크로소프트였고 도요타는 5위를 했다. 다른 회사들도 법인세 감면제도를 활용하여 기술개발투자를 획기적으로 확대하는 것이 유사 이래 처음 달성한 수출 7위 대국을 지키는 길이다.

최대 순대외채권을 기록하였다

자본수출국 정착

우리는 2008년 경상수지 적자와 순채무국에서 2013년까지 5년 연속 경상수지 흑자 기조를 이어갔고, 사상 최대의 순대외채권을 보유한 자본수출국으로 정착되어가고 있다. 2008년 경상수지 58억 달러 적자와 순대외채무 301억 달러에서 출발하여 2012년 사상 최대로 480억 달러의 경상수지 흑자를 냈고, 2013년 사상 최대로 1,856억 달러의 순대외채권 증가를 이룬 역사적 기록[4]을 세웠다. 외환보유고도 2008년 2,012억 달러에서 2014년 들어 3,600억 달러를 넘었다.

우리의 경상수지 역사는 1962년 경제개발이 시작된 후 만성적인 적자를 보여왔는데, 1986년부터 4년간 저달러·저유가·저금리의 3저 호황에 따라 사상 처음 흑자를 달성하였고, 외환위기 후 1998년부터 10년간 고환율에 의해 흑자를 유지하여왔지만, 2006년부터 1,000원 이하의 저환율에 의해 2008년 적자가 되었다. 대외채권채무도 2000년부터 사상 처음 순채권국이 되었지만 2008년 순채무국으로 떨어졌다가 다시 2009년부터 순채권국이 된 후 5년 동안 순채권국의 지위를 유지하고 있다.

원화 환율이 해외자본유출입에 의해 경제 펀더멘털과 반대로 움직일 때, 특히 달러에 대한 엔화와의 상대환율이 10대1의 범위를 벗어났을 때 경상수지는 악화되고 순채무국으로 전락하는 것을 과거의 통계가 말해준다. 준비통화국이 제로금리로 통화를 찍어낼 때 우리가 살아남기 위해서는 원화가치의 상승을 막아야 하고 외환보유고를 최대로 쌓아갈 수밖에 없다. 이것이 준비통화를 갖지 못한 소규모 개방경제가 선택할 수 있는 유일한 길이다.

과거 외환위기의 상처가 너무 컸기 때문에 아직도 우리는 자본수입국의 사고에서 벗어나지 못하고 있다는 사실은 2009년 외국인의 채권이자에 대한 면세조치와 해외자본유치를 위한 투자설명회의 방향착오가 잘 보여준다. 이제 우리는 자본수출을 위해 노력해야 하고 해외단기자본의 유입에 대한 관리를 더 강화해야 한다. 해외단기자본의 급격한 유출입이 우리 경제에 큰 부담이 되며 외환위기의 뿌리가 된다는 것을 잊어서는 안 된다. 자본수입국의 사고에서 벗어나지 못하고 환율 모멘텀을 지키지 못하면 자본수출국의 지위가 언제 흔들릴지 모른다. 우리는 1997년 외환위기 때의 교훈을 잊어서 안 된다. 지금은 환율 모멘텀 유지와 함께 공격적으로 해외에 자본을 수출해야 할 때다.

신용등급에서 일본을 앞섰다

아시아 최고 신용등급

2012년 9월 영국 신용평가사 피치(Fitch)는 한국의 국가신용등급을 일본과 중국보다 한 단계 높은 AA-로 평가했다. 일본은 2009년보다 2단계 내려간 상태에서 또 내려 A+이고 중국은 A+ 그대로인데 우리는 2단계가 올랐다. 그 배후에는 우리 경제의 건전성이 있는데, OECD 국가의 평균 국가부채비율이 100%를 넘는 데 비해 우리는 세계 최우량인 30%대에 있고, 주요 선진국의 기업부채비율이 200% 전후인 데 비해 우리 기업은 세계 최우량인 100% 이하다. 그리고 1,800억 달러가 넘는 순대외채권과 3,600억 달러가 넘는 외환보유고가 있다.

2012년 8월 무디스는 한국산업은행의 신용등급을 Aa3로 평가하여 영국의 HSBC와 일본의 도쿄미쓰비시그룹(Tokyo-Mitsubishi Group)과 같은 금융기관 최고의 등급을 주었다. 과거 세계 최고였던 도이치은행(A2)을 2단계 아래, 골드만삭스(A3)를 3단계 아래, 씨티그룹(Bbb2)을 5단계 아래 두게 되었다. 자기자본비율에서 한국산업은행은 15.80%로 HSBC와 도쿄미쓰비시그룹보다 높았기 때문에 한국산업은행이 사실상 세계 최고 신용등급을 가진 은행이 되었다. 과거에 상상도 못 하던 일이었다.

나는 KDB금융그룹 회장으로 있으면서 이 발표를 보고는 감동하지 않을 수 없었다. 1986년 내가 뉴욕에서 재무관으로 근무할 때 범접하기가 어려웠던 은행들이 우리보다 아래로 가고, 위기 때마다 우리를 도와준 씨티그룹이 5단계나 아래에 있다는 것에 놀라지 않을 수 없었다. 강자가 살아남는 것이 아니라 살아남으면 강자가 되는 일이 현실화되었다.

삼성전자, 현대자동차, 포스코는 세계 최고의 재무구조를 갖고 있어 민간기업의 신용등급도 크게 올랐다. 한국 제조업의 부채비율은 외환위기를 맞은 1997년 396.2%에서 지금은 100% 정도로 떨어졌고 700여 개 상장기업의 부채비율은 90% 아래로 떨어졌다. 제조업의 이자보상비율은 1997년 129.1%에서 500% 전후로 상승했다. 통계를 보면 환율 효과가 주요한 변수인 것을 알 수 있다.

일본을 앞지른 신용등급은 과거 외환위기를 생각하면 상상할 수 없이 크게 올랐다. 국제금융시장에선 글자 그대로 상전벽해의 변화가 일어났다. 국가의 신용등급은 일본을 추월하고, 한국산업은행의 신용등급은 세계 최고가 되고, 우리 제조업의 재무구조도 세계 최고가 되었다. 박세리, 김연아, 박태환만 세계 챔피언이 된 것이 아니라 경제에서도 많은 금메달을 땄고 숨은 챔피언이 즐비하다. 지금 우리는 우리를 잘 모르고 있다.

최초의 비서구 G20 의장국이 되었다

우리는 서구 국가 이외에 최초로 국제질서를 정하는 새로운 G20체제의 의장국이 되었다. 나는 2008년 5월 G20재무장관회의 의장국이 되기로 했을 때 이것이 정상회의로 발전할 줄 몰랐다. 아마 정상회의로 전환될 것을 알았다면 우리에게 행운이 오지 않았을 수도 있다. 100여 년 전 20세기가 시작될 때 고래싸움에 등이 터진 새우 신세였던 우리가 작지만 영리한 돌고래가 된 것이었다.

2010년 G7도, 서구도 아닌 우리나라가 국제질서를 만드는 G20정상회의의 의장으로서 규칙제정자(rule maker)의 대열에 섰다. G20서울정상회의에서 환율에 관한 새로운 원칙이 합의된 것은 국제금융사에 길이 남을 업적이다. 대한민국의 국격을 높였고, 국제적으로는 주변국의 가장 큰 애로였던 환율에 관한 새로운 원칙을 정하는 대리인의 역할을 충실히 했다. 환율에 관한 새로운 룰을 만드는 주역을 한 이명박 대통령의 탁월한 리더십은 역사에 길이 남을 것이다.

최초로 수원국에서 원조국이 되었다

우리는 2009년 11월 25일 인류사 최초로 수원국(recipient country)에서 원조국(donor country)으로 발전하여 OECD 개발원조위원회에 가입하게 되었다. 2008년 8월 OECD 개발원조위원회에 가입의향을 전달한 후

2009년 1월에 공식가입신청서를 냈다. 개발원조위원회의 실사를 거쳐 11월에 24번째 회원국으로 일본에 이어 아시아에서 두 번째로 가입하게 되었다.

우리나라의 해외원조는 1987년 대외경제협력기금(EDCF) 설립으로 양허성 차관을 제공하며 본격적으로 시작되었고, 1991년 한국국제협력단(KOICA) 설립으로 무상원조를 시작했다. 우리는 1978년 양허성 차관을 제공하는 세계은행의 자매기관인 국제개발협회(IDA)에 기금 출연국이 되었고 나는 1992년 재무부 국제금융국장으로서 기금 출연을 위해 IDA회의에 참석한 적이 있었다. 실질적으로 최초의 국제원조기구 가입은 무상원조자금을 제공하는 OECD 개발원조위원회의 가입이라 할 수 있다.

한국은 건국 후 해외로부터 126억 달러의 원조를 받았는데, 이중 대부분을 미국이 지원했다. 우리가 경제개발5개년계획을 추진할 때 세계은행의 양허성 차관이 큰 재원이 되었다. 해외원조가 없었다면 오늘의 우리가 될 수 없었다고 생각한다. 이제 우리는 원조를 받던 수원국에서 명실 공히 개발도상국에 유무상자금을 제공하는 원조국이 되었다. 아직은 규모가 크지 않으나 앞으로 선진국 수준인 GDP의 0.3%까지 연차적으로 확대해나갈 것이다. 우리는 다른 선진국과 달리 개발경험과 자본을 합친 한국형 해외개발원조(ODA)를 제공하고 있고 아프리카의 빈곤개발도상국에는 새마을운동을 함께 전파하여 큰 호응을 얻고 있다. 우리는 인류사에 또 하나의 기적을 기록하였다.

1 "Hats off to officials in Seoul" 기사를 쓴 블룸버그통신의 윌리엄 페섹(William Pesek) 기자를 2010년 6월 16일 제주에서 우연히 만났다. 그에게 감사를 표했다.

2 2010년 1월 18일 존스(Randall S. Jones) OECD 한국·일본과장은 "How has Korea performed better than expected? A comparison among OECD countries"라는 보고서를 제출했다. 요약 내용은 다음과 같다.

"Strong export growth boosted fixed investment and supported employment, thereby sustaining private consumption. Relatively large and early fiscal stimulus was effective. Monetary policy easing helped to lower borrowing costs and ease debt burdens, thereby promoting fixed investment and private consumption. The 2008 global crisis had a severe impact on Korea, given its dependence on trade. The fall in output was accompanied by a large decline in the won of more than 30% in effective terms, which increased Korea's competitiveness in world trade, leading to large export market share gains. The rebound in exports contributed to an economic recovery beginning in early 2009, making Korea one of only three OECD countries where output has already surpassed its pre-crisis level. Domestic demand has also recovered, thanks in part to large-scale fiscal stimulus amounting to 6% of GDP, the largest in the OECD area. Stimulus was almost equally split between tax cuts and increased outlays. Fiscal stimulus is estimated to have boosted employment by 200,000 in 2009, limiting the rise in unemployment and helping to sustain private consumption. The easing of monetary policy pushed real short-term interest rates into negative territory in early 2009, encouraging investment and easing the debt burden."

3 2011년 8월 5일 《연합뉴스》와의 인터뷰에서 "글로벌금융위기에 대한 한국의 대응을 평가한다면?"이라는 질문에 대해 랄(Subir Lall) IMF 한국과장은 다음과 같

이 대답했다.

"우선 정부의 발 빠른 대응이 두드러졌다. 통화재정정책이 교과서적인 사례라고 할 만큼 적절했고, 이는 정부부채 수준이 낮기 때문에 가능한 측면도 있었다. 아울러 수출 주도의 개방경제이기 때문에 2009년 초부터 국제무역이 회복된 것이 긍정적인 영향을 미쳤다. 또 대기업의 재무건전성이 뛰어나기 때문에 글로벌경제위기를 맞아 오히려 생산을 확대함으로써 시장점유율을 확대했고, 환율 흐름도 이들의 시장경쟁력에 도움이 됐다(One was the government, the authorities, acted very quickly and very decisively in policy responses to deal with fallout from the financial crisis. That meant both monetary policy cutting the rates and also the fiscal stimulus. Korea put fiscal stimulus in place very quickly. Korea had room to do that because public debt is low so it was not meant to create a problem to have a short term fiscal stimulus. And that was reversed once the economy started improving. That is in fact a textbook example of how you can use fiscal policy to help stimulate the economy when it is slowing down and then when economy speeds up you can remove the stimulus)."

4 국제수지와 대외채권채무는 내가 재직할 당시 기획재정부의 경제백서(2008~2012년)를 기초로 하였기 때문에 2010년부터 기준이 바뀐 한국은행 통계와는 차이가 있다. 새로 편제된 한국은행 통계기준은 2008년 경상수지 31억 달러 흑자, 순대외채권은 246억 달러였고 2012년 경상수지 508억 달러 흑자, 순대외채권은 1,296억 달러였다. 당시 정책은 정부의 통계를 기초로 하였기 때문에 수치가 달라졌지만 정부 통계를 썼다.

제6부

공격해야 승리가 있다

일류국가의 정치경제학

2015년이 피크다

:: 갈등의 경제학

2009년 9월 도쿄에서 만난 후쿠가와 유키코(深川由起子) 와세다대학 교수는 2015년 전후가 되면 한국경제는 피크를 만날지도 모른다고 전망했다. 2012년 11월 영국 《이코노미스트》는 "메가체인지 2050년"에서 한국은 2050년 미국, 일본, 독일 등 모든 선진국을 제치고 최고로 부유한 나라가 될 것이라고 예측했다. 하나는 한국경제를 오래 연구한 사람의 직관에 근거하였고, 다른 하나는 통계에 의한 추정을 근거로 하였다. 너무 다른 상반된 전망이다.

상반된 두 전망을 두고 많은 생각을 해보았다. 우리를 어둡게 본 이유는 2015년경에 생산가능인구가 정점에 달하고, 노령화 속도는 세계에서 가장 빠르고, 청년들은 패기를 잃고 있다는 것 때문으로, 이런 현상들을 일본의 1990년대에 대입해보면 2015년 전후에 피크가 올 수 있다는 것이었다. 우리를 밝게 본 이유는 자유주의가 크게 전진도 후퇴도 않는 '관리된 세계화(controlled globalization)'를 전제로 하고, 노동력(labor-force), 자본재고(investment-stock), 총요소생산성(total factor productivity)

의 성장이 2009년까지의 통계적 추세와 같다는 가정을 기초로 추정한 결과이다. 2050년 1인당 실질GDP는 미국을 100으로 보았을 때, 한국은 105.0(1위), 독일이 87.7(3위), 러시아가 71.9(5위), 일본이 58.3(8위), 중국이 52.3(9위)이라는 것이다.

두 가지 견해 중 무엇이 맞을지 현재로서는 말할 수 없다. 전제와 예측에 포함된 변수는 과거의 궤적이며 미래의 동학이 아니다. 분명한 사실은 두 예측의 전제와 가정이 맞는다면 우리의 미래는 밝을 수도, 어두울 수도 있다는 것이다.

아시아의 세기와 뉴애브노멀

메가트렌드

21세기에 들어 지구촌은 전례 없는 위기를 맞아 새로운 거대한 흐름, 즉 메가트렌드(megatrends)에 직면하고 있다. 아시아의 부상에 따른 역사적 힘의 이동(historic power shift)과 경제의 저성장과 양극화(low growth and polarization)가 대표적인 메가트렌드라고 할 수 있다. 과거에 없었던 2개의 메가트렌드는 우리에게 불확실성을 더 크게 하고 적응을 더 어렵게 할 것이다.

영국 《이코노미스트》는 "메가체인지 2050년"에서 2050년이 아시아의 세기가 될 것이라고 전망했다. 세계 GDP에서 아시아가 차지하는 비중은 2010년 27.9%에서 2050년 거의 2배가 되는 48.1%에 이르고, 북미는 21.5%에서 12.3%, 서구는 18.7%에서 8.9%로 떨어질 것이라 추계했다. 1인당 GDP는 아시아 4.7%, 사하라 이남 아프리카 4.4%, 중동과 북부 아프리카 3.9%, 라틴아메리카 3.3%, 동유럽 3.2% 증가할 것이고, 중국은 인도와 함께 과거 2,000년간 누렸던 우월한 지위를 다시 찾을 거라고 전망했다.

선진국 경제에 대한 비관적인 전망은 미래를 더 어둡게 만든다. 루비니 뉴욕대 교수는 2008년 글로벌경제위기는 저성장, 긴축피로감, 과도소유권이 경제활동을 방해함으로써 뉴애브노멀(new abnormal)의 경제질서를 불러올 것이라고 했다. 뉴애브노멀은 불확실성을 크게 하여 경제에 대한 예측을 어렵게 할 것이라고 했다.

강자가 살아남는 것이 아니라 살아남는 자가 강자가 되는 현상이 지금 일어나고 있다. 제로금리의 양적완화는 전례 없는 새로운 형태의 통화전쟁이고 그 귀착이 불확실하다. 어쩌면 거품의 에너지를 더 크게 공급하여 위기를 더 깊게 만들고 있는지도 모른다. 관리 가능한 국제금융질서는 1971년에 이미 무너졌고 지금은 돌아올 수 없는 다리를 건넜는지도 모른다.

우리에게 역사적 힘의 이동과 저성장과 양극화는 기회인 동시에 위기다. 전쟁의 폐허에서 한 세대 만에 산업화와 민주화를 이루고, 2008년 수출 12위에서 2010년 2년 만에 7위로, 2008년 기술개발투자 5위에서 2012년 4년 만에 1위로 뛰어오른 패기와 역량을 이어간다면 우리의 미래에 대한 밝은 예측이 맞을 수도 있다. 반면에 유사 이래 처음 맞은 기회를 살리지 못하고 일본과 같은 길을 간다면 어두운 예측이 맞을 수도 있다. 우리 앞에 위기와 기회가 함께 기다리고 있다.

Much food, many problems!

갈등과 정의의 경제학

지금 우리는 우리를 너무 모르고 있고, 정치 · 경제 · 사회의 갈등은 증폭되고 있다. 우리는 글로벌위기를 거치면서 수출 7위 대국, R&D 1위 투자국, G20 의장국, 그리고 삼성전자, 현대자동차 등 새로운 강자로 살아남았다. 그러나 갈등은 더 커지고 있다.

"메가체인지 2050년"은 21세기 중심 어젠다로 두 가지의 빈부격차 (disparity between rich and poor), 즉 국가 간의 평준화(leveling)와 국민 간의 양극화(polarization)를 제시했다. 2050년 국가 간의 소득불평등은 크게 평준화될 것이고 반면에 국민 간의 소득불평등은 더 크게 벌어질 것이라고 전망했다. 아시아의 1인당 소득은 현재 미국의 12%에서 40%가 될 것이고, 사하라 이남 아프리카는 5%에서 14%로 평준화될 것이라고 전망했다. 반면에 미국에서 1%의 부자가 차지하는 국민소득은 1970년대 8%에서 2007년 24%로 증가하여 국민 간의 양극화는 심화될 것으로 전망했다. 이러한 현상은 교육과 노동의 숙련도의 차이와 함께 금융산업의 과도한 성장에 의해 나타난다. 금융산업과의 불균형은 조금씩 해소되겠지만 앞으로 기술의 발전에 따라 격차는 심해질 것이라고 전망했다.

양극화는 우리를 우울한 갈등으로 몰아넣는다. 2011년 9월 17일 시작된 "월스트리트를 점령하라(Occupy Wall Street)"는 시위, "1%의, 1%에 의한, 1%를 위한 미국(United States of the 1%, by the 1%, for the 1%)"이라는 구호는 21세기의 갈등을 잘 나타내는 사건이다. 글로벌경제위기의 발상지였던 월스트리트의 금융자본에 대한 분노의 표시다. 배후에는 양극화가 있다.

세계적 환경운동에 도전한 덴마크의 롬보르(Bjorn Lomborg) 박사는 그의 저서 《회의적 환경주의자(*The Skeptical Environmentalist*)》에서 "상황은 개선되고 있다. 굶주리는 사람의 수도 점점 줄어들고 있다. 1900년에 인류의 평균 수명은 30세였지만 오늘날에는 67세다. 언론인의 교과서라고 할 수 있는 한 책에는 '좋은 기사는 대개 나쁜 소식이다'라고 씌어 있다. 우리는 대체로 나쁜 소식에 호기심을 느끼며 열광하는 것 같다. 환경단체들이 세심하게 준비한 다양한 선전자료와 언제나 문제점만을 주목하는 학자들의 연구결과가 사람들의 이러한 시각과 합쳐지면 세계 상황을 부정적으로 보는 심각한 편견이 생겨날 수 있다. 객관적인 자료들이 정반대의 상황을 보여주고 있는데도 어떻게 상황이 점점 더 나빠지고 있다고 믿을 수 있을까? 이 분명한 모순은 아마도 경제적 번영의 결과인 것 같다. '먹을 것이 없으면 문제는 하나, 먹을 것이 많으면 만사가 문제(No food, one problem. Much food, many problems)'"라고 썼다.

사람은 배고픈 것보다 배 아픈 것을 더 참기 어려워한다는 말이 있다. 배가 고플 때는 문제가 하나지만 배가 부르면 문제가 많아진다. 양극화의 심화는 경제성장을 저해하고 갈등을 해소하기 위한 엄청난 재정부담을 유발한다. 이런 압박을 해소하기 위해 세금을 올리고 지출을 줄여야 하지만 정치의 대중영합주의로 인해 세입은 늘리지 못하고 지출은 늘리는 파탄의 길로 가고 있다. OECD 국가의 국가채무비율이 글로벌 위기가 일어나기 전 75%에서 지금 100%를 넘었는데 양극화의 심화는 큰 재정압박으로 작용할 것이다.

천성산 도롱뇽 스님, 어디 가셨나?

갈등의 진화

저성장과 양극화는 21세기 들어 인류가 당면한 시대의 트렌드이기 때문에 쉽게 해결될 수 없다. 양극화가 갈등으로 진화할 때 갈등은 투쟁으로 진화하고, 투쟁은 정의로 포장된 질투의 경제학으로 진화한다. 질투의 경제학이 대중영합주의와 만나면 여론을 끌고 가고 우리를 공멸로 몰고 간다. 양극화의 상위에 있거나 하위에 있거나 양극화는 우리 모두를 우울하게 한다.

일본 경제학자 다케우치 야스오(竹內靖雄)는《정의와 질투의 경제학》에서 "질투는 때때로 정의라는 가면을 쓰고 나타난다. 10억 엔을 번 부자에게 9억 엔의 세금을 받는 것은 당연하다는 왜곡된 정의는 질투의 산물이고, 질투의 산물은 능력 있는 사람과 경제활력의 해외 유출을 초래하고 결국 남아 있는 가난한 사람이 더 많은 세금을 부담하는 어리석은 결과를 가져온다"라고 했다.

우리의 갈등은 빠르게 진화하고 있다. 갈등을 넘어 증오로, 증오를 넘어 공멸로 가고 있는 게 아닌가 걱정된다. '희망버스'가 찾아가는 파업 현장은 전투적이고, '천성산 도롱뇽'과 '4대강사업 반대'가 보여준 환경운동은 파괴적이다. 자기들이 결정한 군사항구 건설을 자기들이 반대하는 '강정마을'은 대의정치를 무너뜨리고, 몇 명이 나가면 해결될 '전교조의 조퇴투쟁'은 스승의 길을 넘었다. 청문회도 하기 전에 문창극 총리 후보를 사퇴시킨 언론과 정치는 과정을 무시했다. 법치와 과정이 핵심가치인 민주주의는 도전에 직면했다. 민주라는 이름으로 포장된 '불법'은 법을 초월한 '소도'가 되고 있다. 정치, 경제, 사회, 언론 모두 너무 멀리 나가고 있다. 여기에 끼리끼리 모여 하고 싶은 말만 하고 듣고 싶은 말만 듣는 SNS(social networking service)는 욕설과 무법이 범벅된 비정의 정글을 만들고 있다. 지금 천성산 습지에는 도롱뇽이 더 많아졌다는데 엄청난 국고 낭비를 초래한 도롱뇽 스님은 어디 가셨나?

2008년 위기를 극복하기 위한 감세정책은 '부자감세'로 포장되었고, 고평가된 환율의 정상화는 '시장신뢰 상실'로 포장되었고, 마구잡이로 허위사실을 유포한 인터넷 논객 미네르바는 '국민스승'으로 포장되었다. 정의로 포장된 질투는 위기관리를 위한 정책을 비판하는 도구가 되었다. 아무리 설명해도 듣고 싶은 말만 듣고 하고 싶은 말만 했다. 그들이 보기엔 나도 그랬겠지만 갈등을 조정하는 현자는 나타나지 않았다.

지금도 정의로 포장된 경제민주화는 기업을 해외로 내몰아 일자리를 옥죄는 반면 외국자본에 시혜를 베푸는 결과를 낳고 있다. 갈등이 정의를 부르는 것이 아니라 정의가 갈등을 부르는 판국이다. 대중영합주의가 다수결민주주의를 파괴하고 경제민주화가 경제활성화를 짓누르고 있다. 정의와 시민으로 포장된 논리에 그들만의 정의와 시민만 있었음을 2008년 광우병시위에서 보았다. 아직도 그들은 미국산 소고기를 먹지 않는지 모르겠다.

원래 민주주의(democracy)는 '민중(demo)'과 '지배(cracy)'의 합성어이지 '주의(ism)'는 없다. 민주주의는 목적도 철학도 주의도 아니고 '민주정체'로 번역하는 것이 맞는 것이라 한다. 인권과 법치가 없는 북한이 '조선민주주의인민공화국'이 아닌가. 최근 발표된 어떤 민주주의 지표에서 한국은 아시아 1위, 세계 20위인데 미국은 세계 21위였다. 우리 민주주의의 현주소가 대단하다.

아직도 살아 있는 조선총독

슬픈 유산

날이 갈수록 증폭되는 갈등과 증오를 보면서 우리는 왜 이럴까 생각한다. 혹시 우리에게 이런 DNA가 있는 게 아닌가 하는 공포도 느낀다.

데모를 막던 경찰이 하이힐에 맞아 피를 흘리는 문명국이 어디에 있을까? 데모대의 죽창에 군인들이 도망가는 현장에 나타난 어떤 총리가 쌍방이 조금씩 물러나라고 한 것은 국가와 법의 권위를 무너뜨리는 중대한 사건이다. 국회 본회의장에서 최루탄을 던지고 도끼로 문을 부수는 국회의원에 대해 자율적인 처리를 못 하는 국회가 어떻게 법을 만들 수 있을까? 미국에서 경찰의 정지명령을 따르지 않아 사살된 교포 택시 운전사 사건과, 국회 의사당 앞에서 불법데모라고 경찰에 체포되는 미국 의원들을 보면서 그들은 무슨 생각을 할까? 그래서 우리가 미국보다 더 민주적인가?

나는 이런 사건들을 우리의 슬픈 역사와 슬픈 유산에 대입해본다. 부패왕조, 식민통치, 권위주의통치를 거치면서 살인과 방화와 탈세가 애국이었던 적이 있었다. 가치가 전도된 슬픈 역사에서 법의 지배가 무시되는 슬픈 유산을 물려받았다는 생각이 든다. 부패관료가 괴롭혀도 당할 수밖에 없고, 지배계층이 앞장서 나라를 팔아먹고, 대통령이 헌법을 유린한 과거는 지나간 과거이고 역사일 뿐 지금의 현실이 아니다. 지금의 박근혜 대통령은 우리가 다수결로 뽑은 대통령이다. 지지하지 않는 사람은 다음 선거를 기다려야 한다. 이것이 다수결에 의한 대의민주주의의 요체다. 박근혜 대통령은 부패왕조의 여왕도, 일본제국의 조선총독도 아니고, 힘과 권위로 올라선 대통령도 아니다.

지금 관리는 자유민주주의 대한민국의 관리이지 부패왕조의 관리도, 조선총독부의 관리도, 권위주의정부의 관리도 아니다. 나는 80여 년 만에 좌측통행과 좌회전우선 교통규칙을 바꾸면서 아직도 우리 속에 살아 있는 조선총독을 보았다. 슬픈 역사의 유산은 아직도 우리를 짓누르고 있다. 자기학대와 자기비하가 아니면 지금의 갈등과 증오를 설명하기 어렵다. 법에 따라 행위자를 처벌하면 되는 세월호사건은 아무 관계도 없는 '관피아'에 '천만관료'까지 나갔다.

잘못이 있으면 잘못한 사람을 잘못대로 처벌하면 되지 왜 성실히 일하는 대다수 관료들의 사기를 죽이는지 알 수 없다. 속담에 머슴 잘 부리려면 밥부터 많이 주라는 말이 있다. 한 세대 만에 산업화와 민주화를 이룬 기적의 배후에 엘리트관료제도가 있다는 평가가 많다. 행정고시와 세월호사건의 인과관계는 얼마나 있을까? 관리를 때려잡는다고 세월호 같은 사건의 재발을 막을 수 있을까? 합리적인 시장가격구조의 작동에 대하여는 왜 아무도 말하지 못하고 있을까? 우리끼리 갈등과 증오를 확대 재생산하는 이 슬픈 유산에서 언제 해방될 수 있을까? 생각할수록 더 슬퍼지고 더 우울하다.

22 갈등을 넘어 일류국가로

: : 일류국가의 정치경제학

아시아의 세기를 맞아 우리가 일류국가로 도약할 수 있는 길은 무엇일까? 일류국가로 갈 수 있는 일류국가의 경제학은 무엇일까? 갈등과 증오를 확대재생산하는 정치와 사회를 그대로 두고 일류국가가 될 수 있을까?

풍요와 평화가 지속되면 인간은 나태하고 타락하는 것이 속성이다. 나태와 타락은 정의와 선의로 포장된 대중영합주의를 부른다. 지금 우리가 맞고 있는 글로벌경제위기도 나태와 타락에 뿌리를 둔 대중영합주의가 부른 시련이다. 풍요가 넘쳤던 로마제국과 평등이 넘쳤던 소련은 스스로 무너졌다

지금 지구촌은 역사적 힘의 이동과 함께 저성장과 양극화의 늪에 빠져 있다. 저성장과 양극화의 벽을 넘지 못하면 우리는 일류국가가 될 수 없다. 갈등과 증오의 슬픈 유산을 극복하지 못하면 우리는 전진할 수 없다. 지금 이 나라는 우리의 대한민국이다. 우리가 우리를 모르고 알아주지 않는데 누가 우리를 알아주고 존중해줄 것인가? 새로운 불확실성을

극복하고 일류국가를 만들기 위해 정치, 경제, 사회 전반에 걸친 패기의 정치경제학(Get up and go political economics)이 필요한 시대가 되었다.

양극화와 갈등을 넘어

위협요인과 기회요인

정치가 바로 서지 않으면 경제는 무력하다는 것을 역사는 말한다. 나는 경제가 정치 앞에 무력하고 사회 앞에 길을 잃는 경험을 많이 했다. 21세기의 메가트렌드를 타고 일류국가로 도약하기 위해 정치, 경제, 사회 문제를 포괄하는 새로운 전략이 필요하다.

삼대 만석 없고 삼대 진사 없다는 속담이 있다. 백년 왕조도 드물다. 21세기 역사적 힘의 이동이 일어나고 저성장과 갈등의 불확실성이 커지고 있다. 생존게임에서 살아남아 강자가 되기 위해 위협요인을 극복하고 기회요인을 살려야 한다.

위협요인은 경제적 양극화와 정치적 갈등이다. 경제적 양극화는 저투자, 과도한 가계부채, 전투적 노조를 불러와 '저성장경제'를 낳고, 정치적 갈등은 타협 없는 대립, 다수결의 파괴를 불러와 '불임정치'를 낳고 있다. 갈등의 확대재생산은 법치의 붕괴로 '무법사회'를 만들고, 듣고 싶은 말만 듣고 하고 싶은 말만 하는 인터넷 정글은 '천민문화'를 만들고 있다.

기회요인은 아시아 세기의 도래, 지정학적 유리, 패기 있는 기업가, 세계 최고의 교육 수준이라고 할 수 있다. 8,000만의 통일 대한민국은 준비를 하면 엄청난 기회요인이 될 수 있다. 전쟁의 폐허에서 산업화와 민주화를 이룬 패기를 살리면 우리는 새로운 역사를 만들 수 있다.

지금 우리 앞에는 기회요인보다 위협요인이 많고 크다. 우리가 추구해야 할 것은 양극화를 완화하고 갈등비용을 최소화할 수 있는 정치경제학으로서 새로운 비전과 전략 전술이 필요하다.

성장과 균형과 개방

일류국가의 길

21세기를 맞은 우리의 시대적 소명은 선진 일류국가의 건설이다. 일류국가는 고난과 치욕의 역사를 갖고 있는 우리의 진정한 소망이고 비전이다. 우리가 2015년 이후 내리막길을 걷느냐 아니면 2050년 세계 최고의 부국이 되느냐는 앞으로 10년간 어떤 전략으로 가느냐에 달려 있다.

우리가 일류국가로 갈 수 있는 길은 더 일하고 더 저축하고 더 투자하는 것이다. 더 일하고 더 저축하고 더 투자하는 근면은 모든 전략의 전제이기도 하다. 어떤 경우에도 저축과 투자가 미덕이고 차입과 소비가 미덕이 될 수 없다는 것이 이번 글로벌위기에서 증명되었다. 이것이 내가 정부에서 일을 할 때 겪은 실패와 성공의 교훈이다.

근면을 바탕으로 한 일류국가 건설의 3대 전략은, 1) 더 지속가능한 성장 경제(More Sustainable & Growing Economy), 2) 더 패기 있고 균형된 사회(More Vitalized & Balanced Society), 3) 더 세계로 개방된 국가(More Global & Open State)라고 생각한다.

정치에 현자들의 리더십이 필요하고, 경제에 역량 있는 기업가의 개척정신이 필요하고, 사회에 정직과 신뢰를 바탕으로 한 연대가 필요하고, 문화에 타락을 벗어나는 새로운 향도적 선비정신이 필요하고, 관료에게는 깨어서 헌신하는 책임정신이 필요하다. 대내적으로 역량과 도덕과 패기, 대외적으로 도전과 개척과 모험이 있어야 갈등의 정치, 저성장의 경제, 투쟁적 사회, 퇴폐적 문화, 무사안일의 관료의 굴레에서 벗어날 수 있다.

자원과 기술이 부족한 소규모 개방경제에서는 대외균형을 우선해야 하고 근면과 저축과 투자가 기본이다. 케인스와 프리드먼의 수요와 소비와 유동성보다 하이에크와 슘페터의 공급과 투자와 생산성이 우리가 지속가능한 성장과 사회를 이루고 일류국가를 만드는 데 도움이 될 것이다.

Never up, never in!

패기의 정치경제학

우리가 2015년 이후 내리막길을 걷지 않고, 2050년 세계 최고의 부국이 되기 위한 성장경제, 균형사회, 개방국가의 3대 전략의 성패는 '공격을 해야 승리가 있다'는 패기와 갈등을 해소할 수 있는 정치경제학에 달려 있다. 공격이 없으면 비길 수는 있어도 이길 수는 없다. Never up, never in!

일류국가 비전을 달성하기 위해 최우선적으로 실천해야 하는 전술적 과제는 열 가지가 있다. 으뜸 과제는 법의 지배이고, 경제 과제는 환율주권, R&D투자, 기업환경이고, 사회 과제는 사회자본, 보금자리주택, 필요적 사회보장이고, 대외 과제는 재외동포, 해외진출, 통일준비로 뽑을 수 있다. 이러한 10대 과제는 내가 공직생활을 하는 동안 성공과 실패의 교훈에 따라 선택한 것이다. 다른 과제도 많지만 선택과 집중에 의한 공격이 최대의 효과를 발휘할 수 있다.

첫째, 법의 지배를 확립하자! 일류국가를 위한 정치경제학의 으뜸법칙은 법의 지배(rule of law)다. 법의 지배는 정치, 경제, 사회, 문화 모든 것의 바탕이 되어야 한다. 법의 지배가 확립되지 않으면 아무것도 할 수 없다. 확대재생산되고 있는 갈등을 해소할 수 있는 수단은 법의 지배밖에 없다. '정서법'과 '떼법', '부법'과 '불법'이 난무하는 '성글의 지배(rule of jungle)'는 위력과 비용이 너무 크다. 그 비용은 계산된 바 없지만 놀랄 정도이리라 추정된다.

법의 지배를 위한 기초는 정직과 글로벌스탠더드를 바탕으로 한 법규와 제도의 정비에서 출발해야 한다. 법을 지켜야 편하고 유리하도록 만들어야 법의 지배가 가능하다. 이러한 법을 기초로 정부는 무관용의 원칙에 따라 확실하게 집행해야 한다. 윗물이 맑아야 아랫물이 맑은데 우리는 과거도 지금도 윗물이 흐리니 어떻게 아랫물이 맑으랴.

불법파업에 의한 경제손실이 GDP의 1% 정도라는 연구가 있다. 노사관계도 국제노동기구만큼의 노동기준으로 만들고 이렇게 만든 노동법규에 따라 노사 함께 법을 지키자. 12% 정도의 노동자들로 구성된 노동조합이 법치주의를 지키면 조합원뿐만 아니라 88% 노동자의 이익도 보호될 수 있다. 88%를 위한 대타협이 필요하고 대타협이 없으면 유사 이래 최고의 기회를 놓칠까 우려된다.

둘째, 환율주권을 지키자! 환율주권이 무너지면 모든 정책은 실효성을 잃는다. 소규모 개방경제가 살아남기 위해서는 대외균형을 우선해야 하고 적정한 환율 수준의 유지는 대외경쟁력 유지의 첫걸음이고 적절한 환율에 의한 경상수지의 흑자가 국가경영의 기본이라는 것이 두 차례 경제위기의 교훈이다.

2010년 G20서울정상회의에서 적절한 환율의 유지에 관한 합의가 있었다는 것은 국제금융사의 큰 전환이다. 지금 우리는 자본수출국이고 과도한 해외자본의 유출입은 우리 경제를 어렵게 하는 가장 큰 요인이다. 지금 준비통화국은 제로금리로 돈을 찍어내는 전례 없는 통화전쟁을 벌이고 있다. 통화전쟁에서 살아남을 수 있는 방법은 단기적으로 환율이고 장기적으로 기술이다.

셋째, R&D투자를 확대하자! 근원적인 대외경쟁력은 기술에 있다. R&D투자는 저성장을 탈출하고 지속적인 신성장동력을 발굴하기 위한 기초가 된다. 환율주권과 기술개발이 우리가 살아남을 수 있는 두 축이다. 기술무역수지가 흑자가 될 때까지 적어도 GDP의 5% 이상의 투자가 필요하고 기초과학과 기술은 정부가, 실용기술은 기업이 맡는 두 가지 전략이 필요하다.

R&D투자 비율은 2012년 세계 최고인 4.36%로 높아졌지만 기술무역수지는 50억 달러가 넘는 적자를 나타내고 한 번도 흑자가 된 적이 없다. R&D투자 금액은 5위인 일본의 45%, 11위인 미국의 15% 수준으로 낮다. 지금 시행되고 있는 R&D투자의 확대를 위한 조세지원제도와 지출확대정책은 계속 유지되고 강화되어야 한다.

넷째, 최고의 기업환경을 만들자! 저성장의 늪을 탈출할 수 있는 길은 기업가정신이 발휘될 수 있는 기업환경을 만드는 것이다. 기업의 투자환경과 경영환경을 경쟁국보다 나쁘지 않게 하는 것은 경제역량의 지속적 확대를 위한 최소한의 조건이다. 최고의 기업환경은 투자를 유인하고, 투자는 성장을 유인하고, 성장은 일자리를 만든다.

기업환경의 개선을 위해 공격적 재정금융정책, 규제의 완화, 시장경쟁의 창달, SOC투자의 확대가 핵심적인 실천과제다. 대기업과 중소기업의 동반성장 전략으로 끊임없이 숨은 챔피언을 육성해야 경제의 역동성이 살아난다. 성장이 없으면 미래가 없고 복지도 없다. 성장을 위한 기업의 투자환경과 경영환경의 혁신은 복지의 밑거름이고 저성장과 양극화에서 탈출할 수 있는 길이다.

다섯째, 사회자본을 확대하자! 사회자본은 사회구성원 간 갈등을 조성하고 협력을 촉진하는 규범, 신뢰, 연대, 패기 등을 말한다. 사회자본은 물적자본 및 인적자본과 함께 생산활동을 증가시키는 역할을 한다고 말한다. 갈등을 확대재생산하는 정치와 사회의 구도에서 벗어나지 못하면 일류국가로 갈 수 없다. 규범은 평균인의 정직을 바탕으로 할 때 준수가능성이 높아지고, 신뢰는 높은 준수가능성을 가진 규범 아래서 형성되고, 연대는 구성원의 신뢰가 높을 때 강화된다. 여기에 패기가 더해지면 역동성이 강한 사회자본이 형성될 수 있다.

강한 사회자본의 형성을 위해 나는 세 가지를 제안한다. 하나는 건강한 좌우파의 형성, 둘은 건전한 인터넷의 연대, 셋은 패기의 청소년 육성이다.

사회적 갈등은 건강한 좌우파가 있어야 해결할 수 있다. 다수결민주주의, 대중영합주의를 극복하기 위해 건강한 좌우파의 타협이 필요하다. 수구적인 우파가 아니고 투쟁적인 좌파가 아닌 현명한 좌우파가 나서야 한다. 좌우파의 현자들이 나서지 않으면 파괴와 투쟁이 선이었던 슬픈 역사의 유산에서 벗어날 수 없다. 기득권에 안주하는 안일과 정의로 포장된 투쟁은 공멸의 길이다. 세금, 연금, 의료보험 같은 주요한 과제는 선출되지 않은 현명한 전문가들이 결정하는 전문가민주주의가 하나의 대안이다.

욕설과 음란이 활개 치는 인터넷문화는 사회 전체를 타락하게 만든다. 끼리끼리 듣고 싶은 것만 듣고 하고 싶은 말만 하는 인터넷은 갈등을 증폭시키고 증오로 몰고 간다. 인터넷 실명제는 악순환의 고리를 끊는 하나의 대안이다.

경쟁을 모르는 청소년들은 패기가 없다. 일본의 '잃어버린 10년'의 가장 큰 원인은 청년들의 패기 상실이고, 패기 상실의 가장 큰 원인은 고교평준화에 의한 여유교육이라고 한다. 일본은 40여 년간 유지해온 평준화를 폐기했고 세계 어디에도 우리 같은 평준화는 없다. 대학입시에서 한 번으로 승패를 결정하는 것은 너무 가혹하고 평준화는 저소득계층에 불리한 제도다. 과도한 사교육은 평준화에 뿌리가 있고 저출산과 임금압박의 큰 원인이다. 중등교육은 지방자치단체와 학부모에게 맡기는 것이 하나의 대안이다. 대학도 제비 뽑고, 직장도 제비 뽑기 전에는 확실한 평등은 불가능하다. 중학교 입시를 실시하는 나라도 많다.

여섯째, 보금자리주택을 지어주자! 신혼부부의 보금자리주택은 교육을 받을 권리와 근로의 권리와 함께 3대 기본권으로 보장되어야 한다. 집이 없는데 어떻게 교육을 받고 근로를 할 수 있는가? 보금자리주택은 저출산, 복지, 노사관계, 내수경기의 부양을 위해서도 필요한 다목적 뉴딜정책이고 양극화의 완화를 위한 첫걸음이다.

주거권은 헌법으로 보장되어야 한다. 그린벨트를 풀어 보금자리주택을 짓고 결혼하면 능력에 따라 영구임대주택이나 국민주택 규모의 보금자리주택을 주어야 한다. 고임금 속 격렬한 투쟁적 노사관계의 배후에는 주택문제가 있다. 주택구입비를 공제한 임금은 다른 선진국에 비해 결코 고임금이 아니다. 집을 사는 데 이렇게 어려운 나라는 세계에 드물고 이렇게 무관심한 정부도 세계에 드물다. 선진국 지방자치단체의 최대 임무는 대중교통과 서민주택이다.

일곱째, 필요한 사람을 필요한 만큼 돕자! 먹을 것이 없는 사람에게 먹을 것을 주고, 잘 곳이 없는 사람에게 잠자리를 주고, 돈이 없어 병원에 못 가는 사람에게 병원에 가게 해주면 된다. 경쟁에서 탈락한 사람에 대한 패자부활전을 위한 배려를 제도적으로 마련하자. 과도한 복지는 근로의욕과 경제의 역동성을 잠식하고 종국적으로 복지의 후퇴를 부른다. 성장 없는 복지는 지속불가능하다. 기업이 국제적인 생존게임에서 지면 성장도 분배도 없다.

복지의 선진국 스웨덴은 1990년대 경제위기를 맞아 복지제도를 축소하고 자유주의적인 정책으로 회귀했다. 영국 역시 1976년 국가부도위기를 IMF 구제금융으로 해결한 보수당은 일할 뜻이 있는 사람에게 실업수당을 주는 '일하는 복지(workfare)'로 개편했고, 1997년 집권한 노동당은 일할 뜻이 있는 사람에게 직업교육을 통해 일할 기회를 주는 제도로 확대했다.

여덟째, 재외동포를 조국으로 부르자! 우리의 불행했던 역사의 결과로 160여 개국에 뻗어 있는 700만의 재외동포는 소중한 자산이다. 재외동포에게 자유입출국을 보장하고 대한민국 국적을 주어 경제활동인구를 확대하는 것이 저출산의 함정과 노동력 부족을 해결할 수 있는 길이다. 해외동포를 네트워킹하여 글로벌한민족공동체를 구축하는 것은 우리의 새로운 활로다. 해외동포의 두뇌를 연결하면 더 큰 미래를 열 수 있다.

아홉째, 해외로 나가자! 자유무역을 통한 경제영토의 확장은 소규모 개방경제의 활로다. 자본수출국이 된 우리는 해외 M&A시장에도 적극 참여하여어야 한다. 국부펀드도 확대하고 해외시장에 공격적으로 진출해야 한다. 우리의 개발경험과 자본을 결합한 한국형 ODA에 청년들을 동참시켜 그들의 안목을 넓히고 패기를 부추기자.

열째, 통일을 준비하자! 통일은 준비해야 축복이 된다. 정치적인 통일 이전에 교류의 확대를 통한 동질성의 회복과 북한의 생활과 경제 수준을 향상시키는 것이 통일을 촉진하고 비용을 절약하는 길이다.

한반도의 역학관계를 보면 통일은 쉽게 이루어지기 어렵다. 한반도는 세계 4대 강국 미국, 중국, 러시아, 일본이 육지로 바다로 연결되어 있는 유일한 국가이고 분단된 유일한 국가다. 미국이 한반도에서 두 번 떠났을 때 우리는 식민지와 전쟁의 상처를 받았다는 것을 잊지 말아야 한다. 중국의 어떤 정치학자가 한국은 미국과 동맹관계에 있기 때문에 외교적인 중요성이 있다고 했다. 우리가 쇄국정책으로 고립되었을 때 일본의 식민지가 되었고 미국이 한반도를 떠났을 때 한반도는 초토화되었다. 한반도의 통일이 우리의 주도적인 노력으로 되었을 때와 그렇지 못한 경우의 결과는 1945년의 분단에서 알 수 있다. 권리와 자유는 주어지는 것이 아니라 쟁취하는 것이고 역사를 잊어버리는 민족은 사라진다.

23 깨어서 일하고 결과로 말하라

:: 관료의 길

"네 길을 여호와께 맡기라. 그를 의지하면 그가 이루시고 네 의를 빛같
이 나타내시며 네 공의를 정오의 빛과 같이 하시리라."

일류국가 건설의 중추적인 역할은 관료에게 있다. 관료가 깨어 있어
야 다수결민주주의의 대중영합주의를 극복할 수 있고 패기의 정치경제
학을 구현할 수 있다. 비판을 무릅쓰고 내일을 위하여 관료들이 일할 때
밝은 내일이 있고 일류국가를 구현할 수 있다.

나의 43년 공직생활은 논란 많은 정책의 소용돌이 속에서 비판과 비
난의 범벅이었다. 세 번 업무에 대한 책임을 지고 사표를 써야 하는 상
황을 맞았고 한 번 좌천을 당했다. 첫 번째는 1977년 부가가치세 도입
에 대한 책임으로 담당과장이었던 나는 사표를 써야 했고, 두 번째는
1997년 외환위기 대응에 대한 책임으로 차관이었던 나는 사표를 써야
했고, 세 번째는 2008년 글로벌경제위기에 대응한 환율정책과 감세정
책의 책임으로 장관이었던 나는 사표를 써야 했다. 그리고 1992년에는
미국과의 금융개방협상의 소용돌이 속에서 좌천을 당했다.

모두 다 결과는 다르게 평가되었지만 당시로서는 책임을 피할 수 없었던 것이 현실이었다. 비판과 함께 퇴진압력을 받았던 세 번째 사표는 "서울의 관료들에게 경의를 표한다", "교과서적인 사례"라는 평가로 결론지어졌다. 결과적으로 공의가 밝혀졌지만 나에게 많은 상처를 남겼다. 그것이 관료의 숙명이라고 여긴다.

경주세무서에서 꿈과 포부로 시작한 공직생활은 고뇌와 고난의 연속이었다. 아직도 보관하고 있는 1970년 11월 누런 월급봉투의 2만 3,544원(당시 환율로 74.74달러)이 고뇌의 단초가 되었다. 하숙비 정도의 월급을 받으며 자식 노릇도 할 수 없는 공직을 접을까도 생각했다. 대구로 서울로 뉴욕으로 흘러흘러 43년을 버티었다. 2007년에는 정권을 탈환하는 데 동참하고 주도적으로 정책을 추진하기도 하였다.

실무자 때는 나라의 재정금융과 기업의 부실을 처리하기 위해 분주했다. 차관 때는 아시아금융위기와 싸웠고, 장관 때는 글로벌경제위기와 두 번째 싸웠다. 한 번도 만나기 힘든 일을 두 번이나 만났으니 고난의 길이었다. 이제 43년의 대장정을 마감하고 후배 공직자들에게 나의 경험을 교훈으로 하여 관료가 가야 할 길을 남긴다. 관료들이여 깨어서 일하고 결과로 말해라!

어찌 잊으랴, 2008년을!

'강고집'의 변명

나는 글로벌경제위기를 맞아 조국에 대한 마지막 봉사라고 생각하며 일하고 장관에서 물러났다. 물러난 게 아니라 쫓겨났다. 엄청난 비판과 비난을 넘어 수많은 욕설도 들었다. 섭섭함은 있었지만 내가 구상한 정책을 남김없이 추진하여 후회는 없다.

장관에서 물러난 뒤 어느 날 옛날 재무부 실무자 시절 자주 드나들던 피맛골 막걸릿집 '열차집'에 갔다. 벽에 붙어 있는 낙서장에 "만수 수구 또라이 기득권 부자 그만 챙겨라"라는 글이 있고 그 옆에 "수구 좌파 또라이야"라는 글도 있었다. 인터넷에서 떠오른 글들을 짜깁기하여 중구난방으로 나를 물고 늘어졌던 미네르바라는 논객에 대해 어떤 교수는 '국민스승'으로 칭송했다. 올드보이, 킹만수, 강고집, 경제대통령이라며 수없이 비아냥거리기도 했다. 어떤 신문은 한 달 동안 집요하게 나를 비판하며 물러나야 한다는 기사를 올리기도 했다.

위기와 싸우는 것보다 정치권과 언론의 비판에 맞서는 데 많은 시간을 빼앗겼고 한국은행과 미국경제학과 싸우는 것이 더 힘들었다. 한국은행은 금리, 환율, 물가 모두 다 반대로 나갔다. 118명의 경제학자들은 나를 경제위기의 주범으로 지목하고 조속한 경질을 공개 촉구하고 야당은 국회 앞마당에서 나의 퇴진 데모까지 했다. 이렇게 많은 비판과 비난과 퇴진압력을 받아본 사람은 없는 것 같았다.

2008년 위기와 맞서면서 바쁜 중에도 매일 새벽기도에 나가 "주여, 바른 길이 아니면 거두게 하시고 바른 길이라면 돌팔매를 맞아도 앞만 보고 가게 하소서"라고 기도하고 앞만 보고 갔다. 청와대와 한나라당도 반대할 때는 이명박 대통령이 유일한 후원자였다. 위기극복의 씨를 뿌린 사람에게는 정치적 단죄가 있었고 정책의 시차를 모르는 대중은 열매를 따는 사람들에게 찬사를 보냈다. 그해 11월 24일 나의 수첩에 "새벽기도, 의지할 곳 없어서, 하염없는 눈물, 예수 이름으로 승리, 위기를 기회로, 걸림돌을 디딤돌로"라고 적혀 있는 것이 그때의 고뇌를 보여준다. 나의 길을 주님께 맡기고 언젠가 나의 공의를 정오의 빛과 같이 하시리라 믿고 악전고투의 길을 걸었다.

나는 스스로 고집이 세다고 생각하지 않는다. 옳은 것은 언제 어디서나 옳고, 해야 할 일은 아무리 어렵고 누가 뭐라고 해도 하는 비전략적 우둔함이 있을 뿐이다. 내가 하는 일에 대해 가부를 분명히 하고 확실하게 지시를 하고 선제적이고 단호하게 집행했다. 그래서 독선적이라는 말도 들었고 많은 비판을 받았다. 거꾸로 나와 함께 일한 많은 동료들은 나와 일하기가 쉽다고 했다. '강고집'이라는 별명은 싫어했으나 늘 나를 따라다녔다.

2008년 기획재정부 장관이 된 날 환율실세화와 경상수지 흑자, '정치 폭력' 종합부동산세의 폐지, 적어도 이 세 가지만은 꼭 하고 떠나겠다는 다짐을 했고 종합부동산세말고는 그렇게 했다. 내 인생에서 가장 치열했고 강렬했던 순간들이었고 긴 시간이었다. 처음부터 정면돌파로 나가며 장관직을 오래 못할 각오를 했다. 2009년 2월 10일 하고 싶었던 50여 개 정책을 후회 없이 다하고 마지막 메시지를 남기고 과천을 떠났다.

"이제 떠납니다. 설렘으로 와서 불 같은 마음으로 여러분들과 함께 일했습니다.

전대미문의 위기였습니다. 선제적이고 단호하며 충분한 응전에 노력했습니다. 살아남는 자가 강자가 되는 생존게임입니다. 세기적인 힘의 이동이 태동하고 있습니다.

정책은 창조적 파괴입니다. 기득권을 잃는 사람의 목소리는 많고 이득을 얻는 사람의 목소리는 적습니다. 일을 하면 말이 있습니다.

역사는 긍정적인 사고로 행동하는 사람에 의해 창조됩니다. 위기를 기회로 만들면 내일의 대한민국은 달라질 것입니다. 일자리를 지키고 나누며 버티어내야 합니다. 내일을 위한 준비도 소홀히 할 수 없습니다.

경상수지 관리는 국가경영의 기본이고 내수기반 확충은 최대의 당면과제임을 잊지 말기 당부합니다.

지나간 것은 그리움으로 남습니다. 새로운 설렘으로 내일을 갑니다."

한국경제는 글로벌위기 대응 결과 가장 빠른 성장회복, 7위 수출대국, 1위 R&D투자국, 자본수출국 전환, 아시아 최고 신용등급, 룰메이커(rule maker) 국가, 원조국 전환 등 7대 성과를 이루었다. 많은 비판과 반대 속에 '교과서적' 정책을 추진하는 과정에서 이명박 대통령의 강력한 지지와 지원이 없었더라면 아무것도 할 수 없었을 것이다. 50여 개 정책을 추진할 때 청와대와 여당의 반대도 있었지만 대통령께서는 항상 나의 편이었다. 기획재정부 직원들은 2008년 한 해를 밤낮도 주말도 없이 위기와 싸웠다. 특히 최중경 차관, 신제윤 국제금융차관보, 이용걸 예산실장, 윤영선 세제실장, 임종용 경제정책국장, 최종구 국제금융국장, 이찬우 종합정책과장, 손병두 외화자금과장, 그리고 나의 손발이 되어준 최상목 비서실장의 헌신을 기록에 남기고 싶다. 어찌 잊으랴, 2008년의 그 많은 비판과 상처들을! 이것이 '강고집'의 변명이다.

일하면 비판받는다

공직자의 숙명

내가 기획재정부를 떠난 후 많은 언론에서 인터뷰 요청이 있었지만 결과가 나올 때까지 아무 말 안 하기로 했다. 대통령경제특별보좌관 겸 국가경쟁력위원회 위원장으로 일하고 있던 2009년 7월 27일 미국 블룸버그통신에 "서울의 관료들에게 경의를 표한다(Hats off to officials in Seoul)"라는 기사가 나온 후 인터뷰에 응했다. 처음으로 8월 18일 《월간조선》과 인터뷰를 하여 "풍운아 강만수 장관" 기사가 나왔다. 8월 21일 《매일경제신문》에 "소신, 1년이 다른 장관 10년에 필적", 9월 2일 《연합뉴스》에 "한국의 경제위기 극복 세계가 인정"으로 인터뷰가 이어졌다.

일하면 비판을 받는다. 일을 해서 비판받는 것은 일하는 관료의 숙명이다. 관료는 대중의 비판과 비난에 굴하지 않고 나라의 미래를 위해 싸우는 것이 바른 길이라고 생각한다. 몸에 좋은 약은 입에 쓰다. 그래도 진정한 관료는 맡은 일을 치밀하게 검토하고, 패기를 갖고 실패를 두려워 말고 일을 해야 한다. 일하면 비판받고 멀리를 보고 일하면 더 큰 비판을 받는 것은 어쩔 수 없다. 국민들은 진정으로 무력하거나 방관하는 관료를 원치 않는다.

나는 발이 넓고 원만하고 타협을 잘하는 관료를 싫어한다. 무사한 관료는 한 것도 없고 그래서 욕 들을 일도 없다. 무능한 관료는 때로 실수를 하지만 가르치면 잘할 수 있다. 원만한 관료가 무능한 관료보다 더 문제다. 실무진이 보고하는 것을 처리하며 실무자에게 끌려다니는 장관은 그가 장관이 아니라 실무자가 장관이다. 최고 관료인 장관은 단호하게 일하고 결과로 말해야 한다. 이것이 나의 공직 경험에서 나온 공직자의 도리다.

1997년 위기 때도 그랬지만 2008년 위기 때도 국내 언론들이 위기설과 비판에 앞장서고 외국 언론이 뒤따라가는 모양이었다. 2008년에 외국 언론들은 우리가 다시 위기를 맞을 것으로 단정하고 우리의 정책을 비아냥거리기도 했다. 2009년 들어 한국이 가장 빨리 경기를 회복하고 경상수지가 흑자로 반전하자 태도를 바꾸어 찬사를 보내기 시작했다. 미국 언론은 "서울의 관료들에게 경의를 표한다"라고도 했고, 영국 언론은 "한국은 더 이상 패자가 아니다"라고도 했다. OECD는 한국의 우리의 재정금융정책을 OECD 국가 중 최고로 평가했고, 1997년 우리를 가르쳤던 IMF는 우리의 재정금융정책을 "교과서적인 사례"라고 평가했다.

역사는 용기를 갖고 행동하는 사람에 의해 쓰인다. 아무것도 하지 못한 패기 없는 관료는 비판받을 일도 없지만 평가받을 일도 없다. 그저 무사안일하다. 국민은 아무것도 안 하는 무사안일한 관료보다 결과로 말하는 관료를 진정으로 원한다. 대중은 비판받을 때는 비판에 동참하지만 결과에 대한 평가에도 동참한다. 비판을 받고 물러난 관료는 그 자리에 없고 평가는 평가로만 남는다. 일하면 비판받는다. 그것이 공직자의 숙명이다.

대중에 영합하면 미래가 없다

국가의 보루

민중의 성향에 맞서면 정권을 어렵게 만들고, 민중의 잘못을 따라가면 나라가 흔들린다는 2,000년 전 플루타르코스의 말은 지금도 맞는 말이다. 나라는 영원하고 정권은 유한하다.

관료는 국가의 최후 보루다. 관료가 대중에 영합하면 미래가 없다. 대중영합주의 정치는 다수결민주주의의 불가피한 비용이고 이런 비용을 최소화할 수 있는 장치는 관료들의 사명감과 패기뿐이다. 두 번의 위기에서 정치인들도 사명감으로 설득하면 협력하였고 그들도 내심으로는 그런 관료들을 원했다. 겉으로는 표를 의식하여 어쩔 수 없지만 정치인들도 궁극적으로 나라를 위하는 마음은 마찬가지다.

직업관료는 영혼이 없어야 한다. 근대 헌법은 관료의 신분보장과 함께 정치적인 중립을 요구한다. 직업관료는 국민이 선택한 대통령의 철학과 정책을 충실히 따르는 것이 정치적 중립이라는 것이 통설이다. 나는 장관이 되었을 때 대통령 선거과정에서 이명박 후보의 공약을 비판한 관료를 그대로 중용했다. 그들은 소신이 없었던 것이 아니라 정치적인 중립을 지켰던 것이다. 자기의 소신대로 하는 것이 정치적 중립이 아니다. 어떤 관료가 새 정부의 달라진 정책에 따라야 한다며 관료는 영혼이 없다고 한탄하였다는데 그는 헌법을 배우지 못한 것 같다.

관료의 또 하나 중요한 의무는 비밀의 유지다. 최근 공무원의 비밀 누설에 의해 일상 업무가 정치쟁점이 되고 큰 비용을 치르는 경우가 많다. 관료는 옷을 벗어도 비밀을 누설해서는 안 된다. 양심선언은 관료의 길이 아니다. 불법에 대해 말하는 것이 아니다.

국가의 최후 보루인 관료는 대중에 영합하지 말고, 정치적 중립과 비밀유지 의무를 지켜야 한다. 그 대가로 신분이 보장되는 것이다. 그러지 않으면 다수결에 의한 대의정치는 무너지고 나라의 미래는 없다.

나는 관료에서 물러난 후 3년이 지나 나를 비판했던 장관 재직 시의 기자들로부터 다음과 같은 감사패를 받았다.

"한국경제는 시련과 위기 속에 피어난 도전의 역사입니다. 당신은 늘 그 도전의 앞자리에 섰습니다. 2008년 글로벌금융위기 때는 기획재정부 장관으로서 한국경제가 위기를 딛고 일어나도록 이끌었습니다. 설득엔 서툴렀지만 포기하거나 돌아가지 않았습니다. 세월은 흐르지만 영혼이 깃든 정책은 남습니다. 당신의 헌신은 오래도록 기억될 것입니다. 때로는 비판하며, 때로는 옹호했던 기자단이 오늘 이 자그마한 감사패를 드립니다."

– 2012년 11월 15일 글로벌금융위기 당시 기획재정부 출입기자단

"삶이 그대를 속일지라도 슬퍼하거나 노하지 말라. 슬픈 날을 끝까지 참고 견디라. 그러면 즐거운 날은 오고야 말리니. 마음은 미래를 바라지만 현재는 한없이 우울한 것. 모든 것 하염없이 사라지나 지나가버린 것은 그리움으로 남게 되리니."

나를 그리움에 머물도록 하는 것들! 한적한 산골에서 태어나 가장 옛날로 올라가는 어릴 때 기억은 꽃이 만발한 앞산에 올라가 참꽃(진달래)을 따 먹던 일이다. 교실이 없어 수양버들 밑에서 시멘트블록을 책걸상 삼아 공부하던 초등학교 시절, 황강 가의 함벽루에 앉아 뽀얀 먼지를 일으키며 도시로 가는 버스를 바라보면서 도시는 어떻게 생겼을까 동경의 나래를 펴던 중학교 시절이 생각난다. 그리던 부산에 가서 가정교사를 하며 어렵게 공부하던 고등학교 시절, 선생님에게 맞아 코피를 쏟고 고향으로 돌아와 소설가의 꿈을 꾸었다. 서울의 겨울이 너무 추워 발가락에 동상이 걸렸던 대학 시절, 밤열차에서 만난 사람과 거닐던 해운대 백사장은 〈해운대 엘레지〉를 나의 애창곡으로 만들었다.

경주에서 처음 받은 누런 월급봉투의 2만 3,544원은 후진국 대한민국의 고뇌였다. 뉴욕 근무 시절 초대받았던 월스트리트 다운타운클럽과 뉴욕대에서 기말시험을 마치고 폭설이 내린 조지워싱턴교(George

Washington Bridge)를 겨우 건너 새벽에 집에 도착했던 추억은 공직생활의 아름다움이었다. 좌파정부 10년간 야인생활을 하면서 구름에 달 가듯이 세월을 낚다가 정권탈환 대열에 참가한 것은 또 다른 도전이었다.

2008년 장관이 되어 두 번째 글로벌위기와의 외로운 싸움은 나에게 고뇌와 상처와 영광을 남겼다. 외국 언론에서 경의를 표하고, IMF에서 교과서적인 사례라고 평가한 다음 나는 이 글을 쓰기로 했다. 성경의 작은 나라 이야기가 큰 감동을 주듯이, 크지 않은 주변국 이야기가 지구촌의 사람들에게 작은 영감이라도 줄까 해서.

그때 받은 상처들 중에서 이 세상 끝날까지 남아 있을 아픔 하나가 아직도 가슴을 시리게 한다. 나의 딸은 나를 욕하는 인터넷 악플과 밤을 새우며 싸우다가 지쳐 아빠 제발 장관을 그만두라고 눈물로 호소했다. 내가 물러날 때 병이 너무 악화되어 3년의 투병 끝에 천국으로 떠났으니 애비의 애통은 시로 남았다.

애비는 어이하라고

지난밤 가을비에 우수수 낙엽 지고
너와 함께 걷던 길 애비 홀로 걷는데
산마루 초승달 뜨고 가을바람 소슬하구나

아픔이 몰아치고 죽음이 어른거릴 때
애비는 하릴없이 네 옆만 지켰구나
삼 년을 그리했어도 네가 있어 행복했노라

내 딸을 살려주고 이 애비 데려가라고
새벽마다 교회로 나가 주님께 빌었는데
애비는 어이하라고 너를 먼저 데려갔나

봄이면 싹이 트고 가을이면 낙엽 지고
만나면 헤어짐을 그 누가 막으랴만
너 먼저 천국에 가니 그것이 애닳구나

– 먼저 떠난 딸을 그리며 2012년 가을 미사리에서

1997 경제위기의 원인 · 대응 · 결과

1998. 1. 30

이 보고서는

당시 통계를 기준으로

대통령직인수위원회(1998. 1. 3), 비상경제대책위원회(1998. 1. 6),

감사원 감사(1998. 2)에 보고한 자료임

재정경제부

목차

[요약 – 위기의 전말]

1. 아시아지역 경제위기의 본질

- 그동안 동남아시아 경제권에서는 경제부진과 국제수지 적자가 지속되어오다가 자국화폐의 고평가 및 급속한 경쟁력 상실에 의한 문제점이 일시에 노출됨에 따라 금융·외환위기가 초래

  → 유사한 경제구조를 갖고 있는 이웃나라에 연쇄적으로 파급

- 아시아경제위기의 원인

  - 과다 단기차입에 의한 팽창경영 등 민간기업부문의 구조적 취약성
  - 기업 및 금융기관의 자금조달·운용구조의 불일치(maturity mismatch)
  - 인위적 고평가에 의한 국제수지 적자의 지속적인 확대
  - 아시아경제에 대한 신인도의 급속한 하락

2. 우리 경제위기의 원인

- 구조적 원인

  - 고비용·저효율구조의 심화와 이로 인한 국제수지 적자의 누적 확대
  - 과다한 차입에 의존한 외형성장 위주의 기업경영
  - 기업의 사업성, 수익전망, 현금흐름과 신용상태보다는 기업의 규모와 명성, 물적 담보의 유무, 외부의 개입 등에 따라 자금지원 여부를 결정하는 금융기관의 불합리한 대출관행
  - 금융의 자율화·개방화에 상응하는 적절한 정보통합체계와 효율적이고 강력한 금융감독체계의 미비

- 직접적 원인

  - 매출액 대비 과다한 차입, 총차입금 대비 과다한 단기차입, 비전문분야에의 무분별한 진출 등에 따른 연이은 대기업의 부도
  - 이에 따른 채권금융기관들의 부실채권 급증
  - 무담보대출을 주로 하는 제2금융권의 무차별적인 자금회수
  - 대외신인도 하락에 따른 외국금융기관의 급속한 자금회수

- 노동법 개정파동, 한보철강 부도사태 이후 기업경영의 투명성 결여, 금융개혁 추진의 지연, 기아사태의 장기화 등 일련의 정책추진과정에서 나타난 총체적 리더십 결여와 대외신인도 상실

3. 위기에 대한 대응

- 한국의 대외신인도가 급격히 하락하고 외국에서 자금공여를 기피한 주요원인을 요약하면
  - 한국기업의 부실구조에 대한 대책 미흡, 부실금융산업에 대한 구조조정대책 미흡, 내규모의 부실채권에 대한 정리계획 지연, 강력하고 효율적인 금융감독체계 미비, 한국기업과 금융기관에 대한 투명성 및 공시성(transparency and disclosure) 미흡 및 경제위기를 해결할 한국의 총체적 리더십 부재 등이었음
- 정부는 이에 대응하여 금융시장 안정과 대외신인도 제고를 위한 정책을 지속적으로 추진
  - 대기업의 연이은 부도사태를 막기 위해 채권·채무 당사자 간에 협상기회를 주는 부도유예협약제도를 도입
  - 한보사태 이후 금융시장의 안정을 위하여 금융시장 안정 종합대책 등 12차에 걸친 대책 추진
  - 부실채권정리기금을 통한 누적되는 금융기관의 부실채권 정리 추진
  - 금융감독의 효율성 제고를 위하여 통합금융감독기관을 설립하고 통화관리의 중립성과 효율성 제고를 위하여 중앙은행제도를 개편하는 등 강력한 금융개혁을 위해 20개 금융관련법률 개정 추진
  - 기업집단의 실질적인 재무구조와 경영행태를 파악할 수 있는 결합재무제표 작성 의무화
  - 해외차입 확대를 위해 장·단기 자본도입 자유화, 증권시장 개방, 우량 공기업의 해외차입 대폭 확대
  - 해외차입을 위하여 미국, 일본의 주요 인사 및 금융기관장들과의 접촉 등 다각적인 노력

- 한편, 국제수지 개선을 위한 거시정책적 노력도 병행 추진
  - 국제수지상황 등 시장실세를 반영할 수 있는 환율운용 노력
  - 경쟁력 취약산업의 관세율을 인상하는 등 단일관세율제도를 복수관세율제도로 개편하여 국내외상품의 공정한 경쟁여건 조성
  - 1998년 예산을 한 자릿수 재정규모 증가율로 편성
  - 중소기업 창업활성화와 구조조정 촉진을 위한 벤처기업활성화 대책 마련
  - 중장기적인 경제체질 강화를 위한 21세기 국가과제 추진
- 그러나 기아사태의 처리가 지연되고 13개 금융개혁법률들이 적기에 국회에서 처리되지 않았으며, 거시경제정책은 효과 발생에 상당한 시간이 소요되어 위기관리에 차질 발생

4. 결과 - IMF 자금지원 요청

- 정부의 다각적인 대책 이후에도 대외신인도가 계속 하락함에 따라 외국금융기관의 자금회수가 가속화되고 가용 외환보유고 수준이 격감
  - 정부는 한국은행의 외환보유고에 의한 대외지급이 지속될 수 없다고 판단하여 1997년 11월 21일 IMF에 유동성 조절자금 지원 요청
- IMF 자금지원 결정 이후에도 예상과는 달리 외환수급사정은 개선되지 않고 오히려 악화되었음
  - 대통령 당선자의 IMF 프로그램의 조기이행약속 등의 대외신인도 제고를 위한 노력으로 IMF 및 G7국가 등의 자금 조기지원 합의가 이루어지고 외환사정이 다소 개선
  - 1998년 1월 외국은행 채권단과의 단기외채 만기연장협상이 타결됨에 따라 외환위기는 탈출
- 시급한 외환위기는 일단 벗어났다고 판단되지만 이러한 경제위기를 근본적으로 벗어나기 위해서는 보다 적극적인 정책대응이 필요
  - 당면한 금융 · 외환시장의 안정과 대외신뢰 회복에 최대한 노력함과 동시에
  - IMF 프로그램을 포함한 경제구조 개선작업을 일관성 있고 집중적으로 추진하여 우리 경제의 체질과 행태가 근본적으로 개편되어야 할 것임

I. 아시아지역 경제위기의 본질

> - 그동안 동남아시아 경제권에서는 경제부진과 국제수지 적자가 지속되는 가운데 자국화폐의 고평가 및 급속한 경쟁력 상실에 의한 문제점이 일시에 노출
> - 이에 따라 금융·외환위기가 초래되었으며, 유사한 경제구조를 갖고 있는 이웃나라에 연쇄적으로 파급

1. 민간기업부문의 문제에서 출발

- 최근 아시아경제의 위기는 근본적으로 과다 단기차입에 의한 팽창경영 등 민간기업부문(private sector)의 구조적인 취약성에 의하여 발생
  - 과다한 차입, 특히 단기차입에 의존하여 투자를 확대함으로써 경기하강기에 도산위험에 급격히 노출되는 결과 초래
  - 노동집약적 생산방식을 통한 가격경쟁력 유지에 중점을 두어옴에 따라
  - 고급화·다양화라는 세계시장의 수요 변화와 거대한 중국경제의 출현에 대응하여 기술 및 자본집약적 생산방식으로 전환하는 데 실패
    * 1970년대 남미의 외채위기는 공공부문의 외채누증, 1994년의 멕시코 외환위기는 자국화폐의 고평가 유지를 위한 고금리 달러표시 국채의 발행 등 공공부문(public sector)에서 문제가 발생

2. 자금조달·운용구조의 불일치

- 기업은 물론 금융기관에서도 단기성으로 조달한 자금을 장기성 자금으로 운용하는 경영행태를 보임으로써 자산·부채구조의 만기불일치(maturity mismatch)에 따른 자금조달의 불안정성을 야기
    * 과거 남미의 외채위기는 외자에 의한 공공사업투자 등 외자의 비효율적 사용(misuse of financial resource)으로부터 문제 발생
- 국제금융시장에서의 위험관리경험이 적은 아시아의 금융기관들은 저금리의 단기자금을 과다 차입한 반면, 서구의 금융기관들은 아시아시장으로부터 조달한 장기자금을 단기자금으로 상당부분 운용

3. 인위적 고평가에서 발생한 금융문제가 실물부문으로 확대

- 아시아지역의 경우 그동안 경제성장률, 저축률, 실업률, 국제수지, 물가 등에 있어서 상대적으로 견실한 경제여건(economic fundamentals)을 유지해오고 있었음
- 그러나 중국의 세계시장 진출 등에 따라 경쟁력이 약화되어 국제수지 적자가 누적되고
  - 지속적인 경상수지 적자를 보전하기 위해 외자를 유입하고자 자국화폐의 인위적인 고평가를 무리하게 유지해오다 이를 포기하면서 발생한 금융위기가 실물부문을 포함한 경제 전체로 확대

4. 아시아경제에 대한 신뢰도의 급속한 하락

- 아시아 주식시장의 폭락과 환율의 폭등에 의한 대외신인도 추락(confidence collapse)으로 해외투자가들의 자금회수가 급속히 진행되어 외환위기를 더욱 심화
- 한국, 홍콩을 포함한 아시아 개도국을 대상으로 한 '이머징마켓펀드(Emerging market fund)'의 환매사태는 연쇄적인 전이효과(contagion effect)를 유발
  - 1997년 7월에 발생한 태국, 인도네시아의 외환위기가 10월에 홍콩, 대만으로 파급된 후 11월에 한국으로 전파
  - 특히, 1997년 10월 23일 홍콩증시의 폭락(전일 대비 -10.41%)은 한국증시 및 외환시장의 불안에 결정적 영향
  - 일본도 1997년 하반기에는 국제금융시장에서 10대 도시은행 중 상위 4대 은행만 정상 외화조달이 가능하게 되어 차입금리(Japan premium)가 상승. 이후 은행(4개)·증권(3개) 및 보험회사(1개) 등 8개 금융기관의 연쇄적인 도산과 주가폭락(1997년 중 -21.19%)으로 이어졌음
    * 1997년 중 교토교에이은행, 호카이도다쿠쇼쿠은행, 야스다신탁은행, 흥업은행, 오가와증권, 산요증권, 야마이치증권, 닛산생명보험 등 도산

도쿄미쓰비시은행 차입가산금리(Spread, bp) 추이

1997. 1월 말	11월 말	12. 1	12. 3	12. 31	1998. 1. 5	1. 20
12.5	66.1	78.2	100.0	69.1	71.9	37.5

주: 도쿄미쓰비시은행은 자산규모 세계 1위, LIBOR 가산금리 100bp는 개도국 은행금리 수준임

- 그리고 WTO체제하에서 동서양경제가 통합하는 과정, 즉 정경유착 등 아시아의 정실자본주의(crony capitalism)와 폐쇄사회(secrecy society)가 서구의 시장자본주의(market capitalism)와 투명사회(transparency society)에 통합되어 가는 과정에서 일어난 충격도 주요한 요인의 하나임

II. 우리 경제위기의 원인

- 최근 우리 경제위기는 경제체질의 약화로 요약될 수 있는 구조적 문제에서 출발하여
- 대기업 연쇄부도, 금융기관의 부실채권 급증, 대외신인도 하락 등 직접적 요인으로 인하여 급속히 악화

A. 구조적 원인

1. 고비용 · 저효율구조의 심화
- 임금, 금리, 지가, 물류비용 등 요소비용의 지속적 상승에 의해 고비용 · 저효율구조의 누적적 악화
  - 경쟁국보다 높은 임금상승으로 생산비용 증가

임금상승률 비교

	한국	미국	일본	대만	싱가포르
실질임금상승률[1] (연평균, %)	9.1	−1.0	1.4	6.6	6.9
단위노동비용증가율[2] (연평균, %)	6.0	−0.3	−0.5	3.5	3.5

주: 1) 1987~1995년 제조업 평균(한국은 1987~1996년), 자국통화 기준.
　　2) 명목임금상승률−노동생산성 증가율, 1987~1995년 제조업 평균

- 높은 금리수준과 과다한 차입의존으로 금융비용부담이 가중

금리 및 금융비용 비교

	한국	일본	대만
시장금리(1996 평균, %)	11.9	3.0	7.1
금융비용/매출액(1995, 한국: 1996,%)	5.8	1.3	2.2

- 공장용지 부족과 높은 용지가격으로 기업의 입지난 가중
  * 주요 산업단지 분양가격: 한국 100 기준, 미국 25.3, 일본 24.9, 태국 43.9
- 물류비는 사회간접자본시설의 부족으로 선진국에 비해 현저히 높은 수준
  * 매출액 대비 물류비(1994년 기준, %) : 한국 16.7(1995년), 미국 7.7 , 일본 8.8
- 한편, 고가사치품 수입과 해외여행 급증 등 과도한 소비지출도 경상수지 적자 확대요인으로 작용

상품수입
(백만 달러, 괄호 안은 증감률)

	1993	1994	1995	1996	1997
상품수입(억 달러)	800.3(2.4)	980.9(22.5)	1293.9(31.0)	1451.2(12.1)	1420.8(−2.0)
모피의류	9.7(124.3)	25.9(167.0)	59.4(129.3)	121.7(104.0)	37.6(−69.1)
향수	3.4(22.1)	7.1(108.8)	12.4(74.6)	25.3(104.0)	30.8(21.7)
위스키	45.1(7.3)	76.0(68.5)	121.7(60.1)	187.0(53.6)	177.0(−5.3)
포도주	5.9(2.4)	8.1(37.2)	13.7(69.1)	16.5(20.4)	22.1(33.9)
골프용품	21.3(−17.5)	23.0(7.9)	62.5(171.7)	110.3(76.4)	104.7(−5.0)
승용차	45.1(−18.0)	117.9(161.4)	258.3(119.0)	429.6(66.3)	269.3(−37.3)
컬러TV	8.7(17.6)	10.9(25.2)	21.5(97.2)	35.5(65.1)	38.3(7.8)
바닷가재	1.3(8.4)	3.4(161.5)	6.2(82.3)	12.7(104.8)	12.8(0.7)
여행수지(억 달러)	−5.7(60.5)	−11.7(105.2)	−11.9(1.7)	−26.0(118.4)	−22.6(−13.0)
여행자수(천 명)	2,420(18.5)	3,154(30.3)	3,819(21.0)	4,650(21.7)	4,327(−6.9)

자료: 통계청. 개별품목 1997년은 1~11월 실적

- 이에 따라 경제수지가 누적적으로 악화

경상수지 및 대미환율 추이

(억 달러, 원/달러, %)

	1990	1991	1992	1993	1994	1995	1996	1997*
경상수지	-21.8	-87.3	-45.3	3.9	-45.3	-89.5	-237.2	-88.5
(반도체 제외)	-26.3	-97.0	-59.0	-16.0	-110.4	-219.8	-310.2	-133.9
무역수지	-20.0	-69.8	-21.5	-18.6	-31.5	-47.5	-153.1	-28.9
무역외수지	-1.8	-17.5	-23.8	-14.7	-13.8	-42.0	-84.1	-60.4
달러환율	716.40	760.84	788.40	808.10	788.70	774.70	844.20	1,415.20
	(-5.14)	(-5.84)	(-3.50)	(-2.44)	(2.46)	(1.81)	(-8.23)	(40.35)

주: 당시 통계기준(1997년 경상수지는 잠정치), 괄호 안은 절상절하 비율

- 그럼에도 불구하고 국내에서는 우리 경제의 견실성에 대하여 과신하였고, 1990년대 초 반도체산업의 호황 즉, '반도체의 허상'으로 국제수지 적자 누증의 심각성이 거론되지 못한 채 "경기의 양극화"에 희석화되어 환율평가절하, 관세율조정 등의 대응책이 적절하게 마련되지 못하였음

  * 1997년 10월 IMF Consultation에서도 우리 경제의 기본여건(economic fundamentals)은 견실하다고 평가

- 원화의 고평가, 낮은 수준의 단일관세율, 기술개발의 미흡 및 노동시장의 비탄력성은 고비용·저효율구조를 더욱 심화시킴

  - 1994년과 1995년의 경우 경상수지가 적자임에도 불구하고 미국달러에 대한 원화가 평가절상(1994년 2.46%, 1995년 1.81%)

  - 1995년 4월 19일 엔화 최저시점부터 1996년 최고시점까지 엔화는 30.9% 평가절하(80.35→116.20)된 데 비해 동 기간 중 원화는 9.1% 평가절하(767.70→844.20) 되어 상대적으로 원화의 21.8% 고평가 초래

  - 1993년 이후 세계에서 유일하게 저율의 단일관세율(8%)을 유지함으로써 섬유·신발 등 일부 산업의 경우 사양화가 가속화

  - 특히, 8%의 보호 수준은 선진국 수준 기준과 개편 당시의 내외가격차를 기준으로 산출된 것으로서 현재는 그 타당성이 결여

주요품목 평균관세율 비교

(%)

	한국	일본	미국	EU	대만	중국
섬유의류	7.8	8.7	12.5	9.4	10.3	33.6
신발	7.3	21.3	9.3	8.7	6.2	14.5
철강비철금속	7.0	0	4.1	2.7	5.5	22.7

– 결과적으로 수출과 투자는 위축되고 수입과 소비는 급격히 증가함

수출입 · 투자 · 소비 증가율

(%)

	1994	1995	1996
수출증가율	16.8	30.3	3.7
수입증가율	22.1	32.0	11.3
설비투자증가율	23.9	18.1	9.1
민간소비증가율	8.2	9.6	7.1

- 국제수지가 어려운 상황에서 해외차입과 외자유입을 촉진하기 위하여 외국금
  융기관의 협력이 중요하나 지속되는 노사분규와 규제에 의하여 1993년부터
  12개의 외국은행 지점이 폐쇄되고 외국자본의 이탈현상이 가속화됨

  [우리나라에서 철수한 외국은행 지점 추이]

  93년 : 씨티 이태원(1개)
  94년 : 웨스트팩 서울, 체이스맨해튼 부산(2개)
  95년 : 도이체 부산(1개)
  96년 : 바클레이즈 서울, 체이스맨해튼 서울, 도쿄미쓰비시 서울중앙, 몬트리얼 서울(4개)
  97년 : BOA 부산, 크레디리요네 부산, 퍼스트내셔널보스톤 부산, AMEX 부산(4개)

2. 과다한 차입에 의존한 기업경영

- 기업들의 경우 차입을 통한 외형주의의 무모한 확장경영 지속으로 재무구조
  악화
  - "대기업은 망하지 않는다(too big to fail)"는 확대지향적 경영전략

기업의 총부채비율

	한국	미국	일본	대만
총부채비율(%)	333.8	159.7	206.3	85.7

주: 1) 부채비율(1996년): 제조업 317.1%, 30대그룹 382.0%
   2) 기준연도: 한국 1997년, 외국 1995년

- 특히, 과다한 단기차입금으로 회임기간이 긴 장기사업을 추진하는 등 현금흐름을 무시한 무모한 재무행태를 지속

  * 장단기차입금 중 단기차입은 51.8%(1997년 6월)

- 한편, 외자에 의존한 투자형태로 외채, 특히 단기외채가 누적되어 위기에 취약하게 된 결과 초래

외채추이

	1993	1994	1995	1996	1997
총외채(억 달러)	439	568	784	1,047	1,161
장기(억 달러)	247	264	331	437	545
단기(억 달러)	192 (43.7)	304 (53.5)	453 (57.8)	610 (58.2)	616 (53.1)

자료: 세계은행 기준. 괄호 안은 총외채 대비 단기외채 비중(%)

3. 불합리한 대출관행

- 우리 금융기관들은 기업의 사업성, 수익전망, 현금흐름과 신용상태 등에 대한 면밀한 분석보다는 기업의 규모와 명성, 물적담보의 유무, 외부의 개입 등에 따라 여신을 하는 관행을 지속
- 이와 같은 여신심사능력이 취약한 금융기관들을 통해서는 단기차입에 의존하는 기업의 재무행태와 경기흐름을 무시한 무모한 투자사업에 대한 견제역할을 하지 못함
  - 오히려, 경기확장기에 과다한 여신을 공급하다가 경기하강기에 기업 자금 사정이 어려울 때 여신을 감축하여 "기업부실→여신감축→기업도산→은행부실"의 악순환 자초

- 또한 건실한 기업이 일시적으로 자금난에 봉착한 경우에도 경쟁적으로 자금 회수에 나서기 때문에 흑자도산을 초래하고 부실채권을 양산
- 단기로 조달한 자금을 장기자금으로 대출(maturity mismatch)하여 유동성관리의 불안정성을 심화

국내 종금사의 외화자금 장단기구조(1997년 10월 말 기준) (억 달러)

	조달	운용
단기(1년 미만)	129(64.4%)	32(16.3%)
장기(1년 이상)	71(35.6%)	168(83.7%)
계	200(100.0%)	200(100.0%)

4. 감독체계의 미비

- 금융의 자율화·개방화에 상응하는 적절한 정보통합체계와 금융감독체계가 갖추어지지 못함
  - 규제(regulation)와 감독(supervision)을 구분하여 규제완화에 상응하는 적절하고 강력한 감독체계 정립 미비
  - 금융감독기관이 부문별로 다기화되어 있어 다수 금융기관이 관련된 대형 금융사고의 사전예방과 금융위기관리에는 취약
    (예) 한보철강의 경우 60개, 기아의 경우 143개 금융기관이 연관
- 최근의 급속한 금융시장 개방과 자율화에 상응하는 준비태세와 대응전략이 제대로 수립되지 못한 채 무분별한 영업 확대 및 해외진출 확대

국내은행 및 종금사의 해외점포망

	1994	1995	1996	1997
지점	72	83	91	103
현지법인	49(4)	58(7)	67(13)	81(18)
사무소	86(1)	216(8)	245(14)	285(19)
계	202(5)	216(8)	245(14)	285(19)

주: 괄호 안은 종금사의 해외점포망 수

- 특히, 1994년 9개사, 1996년 15개사 등 24개 종금사가 대량 허가되었으나 해외영업에 대한 관리체계는 미흡
- 이와 같은 금융기관의 행태들은 종국적으로 부실채권을 양산함으로써 금융기관의 부실화 및 대외신인도 저하 초래

  * 부실채권규모(1997년 11월 말 현재): 38.2조 원(은행 33.1조 원, 종금 5.1조 원)

- 금융감독의 기능 강화를 위한 금융감독체계 개편을 추진하였으나(1995년, 1997년) 관련단체와 정치권의 이해상충으로 실패

B. 직접적 원인

1. 연이은 대기업 부도

- 국경 없는 무한경쟁체제인 WTO시스템의 출범에도 불구하고 외형성장 위주의 차입경영 지속
  - 매출액 대비 과다한 차입(한보철강, 삼미 등), 총차입금 대비 과다한 단기차입(해태, 한라중공업 등)으로 부실자초
  - 비전문분야에의 과도한 진출로 중복·과잉투자 유발

주요 부도발생 사례(1997년 10월 현재)   (억 원, %)

	차입금 (A)	제2금융권 (B)	점유비 (B/A)	매출액 (C)	점유비 (A/C)	부도발생일	현재상황
한보철강	50,970	13,744	27.0	4,580	1,112.9	97.1.23	법정관리
삼미	17,390	7,943	45.7	14,923	116.5	97.3.19	법정관리
진로	25,257	11,564	48.5	14,910	169.5	97.4.21	화의신청
기아	97,398	45,931	47.2	121,440	80.2	97.7.15	법정관리
해태	29,329	15,997	54.5	27,157	108.0	97.11.1	법정관리
뉴코아	12,843	3,288	25.6	18,276	70.3	97.11.4	화의신청
한라	54,528	32,578	59.7	52,973	102.9	97.12.5	법정관리

주: 1) 차입금(순여신)은 1997년 8월 말 기준(한보철강 1997년 9월 말, 삼미 1996년 말)이며, 전국은행연합회
　　 기업신용정보자료에 근거하여 작성
　　 2) 기타는 1996년 말 기준
　　 3) 진로, 기아의 경우 부도유예협약 적용일

2. 제2금융권의 무차별적인 자금회수

- 대기업의 연이은 부도사태에 따른 위기감에서 무담보대출을 주로 하는 종금
  사 등 제2금융권의 급속한 자금회수사태 발생

종금사 어음할인실적 (억 원)

1996(잔액)	1997(증감)	1/4	2/4	3/4	4/4	(1997. 12중)
251,214	− 64,339	91,826	− 4,720	− 6,783	− 157,214	− 134,629

3. 부실채권의 급증 및 대외신인도 급락

- 대기업들의 연이은 부도에 따른 채권금융기관들의 부실채권 급증으로 금융기
  관의 신인도 추락
  - 부실채권규모(1997년 11월 말 현재) : 38.2조 원(은행 33.1조 원, 종금 5.1조 원)

연도별 부실채권규모 추이 (조 원, %)

	1993	1994	1995	1996	1997. 11말
총부실채권	13.8	14.2	16.0	16.2	38.2
은행	13.3	13.5	15.0	14.9	33.1
종금	0.5	0.7	1.0	1.3	5.1

주: 부실채권 = 고정 + 회수의문 + 추정손실

- 금융기관의 대외신인도 급락으로 차입금리가 급격히 상승하고 신규차입이 사
  실상 중단
  * 무디스사는 1997년 이후 우리나라의 신용등급을 장기 6단계(A1 → Ba1), 단기 2단계(P2 → Not Prime)
    하향 조정
  * S&P는 1997년 이후 장기 10단계(AA⁻ → B⁺), 단기 4단계(A1⁺ → A3) 하향 조정

한국물 스프레드 추이 (유통금리, TB+bp 기준)

	1996 말	1997.3 말	6말	9말	12말
산은 10년	60	78	86	123	650
산은 5년	48	66	68	102	720
수은 10년	55	79	89	125	600

주: 발행금리는 동 기간 중 최저 LIBOR+15bp

4. 외국금융기관의 급속한 자금회수

- 한보부터 기아에 이르기까지 대기업의 연이은 부도사태에 따른 대외신인도의 급속한 하락으로 해외에서의 장단기자금 차입 애로 발생
  - 특히, 단기자금의 만기상환연장(roll-over)이 10월 말 홍콩증시 폭락사태가 가세되면서 단절
  - 1997년 한 해 동안 외국금융기관은 단기 대출금 중 약 376억 달러를 회수

외화부채 잔액 및 상환 현황 (억 달러)

	96말	97말	증감
1. 단기부채	629.7	253.9	− 375.8
가. 기간물	555.6	247.4	− 308.2
일본계	218.8	88.0	− 130.8
미국계	56.7	34.9	− 21.8
유럽계	173.0	96.1	− 76.9
기타	107.1	28.4	− 78.7
나. CP	74.1	6.5	− 67.6
2. 중장기	315.9	375.3	59.4
합계	945.6	629.2	− 316.4

주: 13개 은행, 해외점포 및 역외계정 포함

- 특히, 국내 기업들의 재무제표가 국제적인 기준의 투명성과 공시성(transparency and disclosure)을 결여하고 있어 기업의 실상을 제대로 반영하지 않고 있다는 사실이 확인되자
  - 대출을 기피하거나 만기상환연장을 거부하고
  - 증권시장에서도 외국인 투자자금을 급격히 회수

외국인주식투자자금 유출입 월별추이 (억 달러)

	1997.1	2	3	4	5	6	7	8	9	10	11p	12p
유입	11.8	7.8	7.2	6.4	20.3	16.8	11.8	8.0	7.7	7.6	10.5	10.5
유출	6.2	7.9	10.1	7.5	7.5	8.5	9.6	8.4	11.5	15.4	18.1	7.1
순계	5.6	− 0.1	− 2.9	− 1.1	12.7	8.3	2.3	− 0.4	− 3.8	− 7.8	− 7.5	3.4

- 1997년 10월 23일 홍콩증시의 대폭락(전일 대비 -10.41%)과 일본의 은행 · 신탁 · 증권 · 보험회사 등 8개 금융기관의 대량도산에 따라 한국의 주력 단기차입시장이었던 홍콩과 도쿄 금융시장이 경색되어 단기차입이 사실상 중단
  - 일본은 1997년 중 단기대출금 220억 달러 중 130억 달러 회수. 특히, 11월 1~19일 13억 달러 등 11~12월 중 70억 달러를 회수

한국 금융기관의 단기차입금 감소 현황   (억 달러)

	1997. 11. 1~11. 19	1997. 11월중	1997. 11~12월중
기간물	− 40.7	− 79.0	− 207.4
(일본계)	(− 12.7)	(− 17.2)	(− 69.4)
CP		− 14.5	− 33.5
계		− 93.5	− 240.9

주: 13개 은행, 해외점포 및 역외계정 포함

5. 총체적 리더십 결여

- 노동법 개정파동, 한보철강 부도사태 이후 기업경영의 투명성 결여, 금융개혁 추진의 지연, 기아사태의 장기화 등 일련의 정책추진과정에서 보여준 총체적인 리더십 결여와 대외신뢰도 상실

  * 한국에 대한 외국의 평가: "행동은 없고 논의만 무성(many words, without deeds)"(부즈 앨런 앤드 해밀턴 보고서), "행동 없는 논의의 나라(talking without action)"(외국 언론)

III. 위기에 대한 대응

- 한국의 대외신인도가 급격히 하락하고 외국에서 자금공여를 기피한 주요원인을 요약하면
  - 한국기업의 부실구조에 대한 대책 미흡
  - 부실금융산업에 대한 구조조정대책 미흡
  - 대규모의 부실채권에 대한 정리계획 지연
  - 강력하고 효율적인 금융감독체계 미비

- 한국기업과 금융기관에 대한 투명성·공시성(transparency and disclosure)미흡
- 경제위기를 해결할 한국의 총체적 리더십의 부재 등이었음
- 정부는 대응책으로서 작년 초부터 금융개혁위원회를 중심으로
  - 금융감독기구의 설치에 관한 법률, 한국은행법 등 20개 금융개혁법안 마련 등 금융개혁작업을 추진하는 한편,
  - 국내금융시장과 국제수지 개선을 위한 환율, 관세율정책 등
  - 14차에 걸쳐 7개 금융구조조정대책, 13개 금융시장 안정대책, 15개 외환시 장안정대책 등 총 39개의 대책을 추진하였음

1997년 위기대응대책

구분	대책내용
금융구조 조정정책 (7개)	부실채권정리기금 설치[1조 원(7월 1일)→3.5조 원(8월 25일)→10조 원(11월 19일)], 상호지급보증한도 축소(4월 1일), 금융감독기관통합 개편(8월 23일), 중앙은행 개편 등 20개 금융개혁법 추진(8월 23일), 결합재무제표제도 도입(8월 23일), 종금사구조조정(인수합병폐지 등, 11월 19일), 금융기관담보부동산매각면세 등(8월 25일)
금융시장 안정대책 (13개)	한보철강재산보전처분(1월 24일), 중소기업 긴급자금 지원(5.5조 원, 2월 11일), 부도유예협약(4월 21일), 콜중개한도 폐지 등(4월 30일, 8월 25일), 기아그룹 부도유예(7월 15일), 중소기업보증한도 확대(7월 15일), 한은 특별대출(은행·종금 2조 원, 8월 25일), 제일은행 정부출자(8,000억 원, 8월 25일), 근로자주식저축한도 확대(10월 13일), 주식액면분할 허용 등(10월 19일), 배당소득 분리과세 등(10월 19일), 연기금 주식투자 한도 확대(10월 29일), 예금전액보장 및 기금 확대(8.3조 원, 11월 29일)
외환시장 안정대책 (15개)	환율실세화(3월 15일), 해외차입한도 확대(3월 15일, 3월 31일), 연지급수입기간 자유화(3월 31일), 외국인 주식투자 한도 확대[10%(2월 25일) → 20%(3월 31일) → 23%(5월 21일) → 26%(8월 25일)], 채권투자개방 확대(3월 31일, 11월 19일), 외화증권발행 자유화(4월 30일), 금융기관 대외채무지급 정부보증(8월 25일), 수출선수금 한도 폐지(8월 25일), 외국인 주식양도차익 비과세(10월 25일), 국공채시장 개방(10월 29일), 상업차관 자유화(10월 29일), 연지급수입 자유화(10월 29일), 환율변동폭 확대(10%, 11월 19일), 종금사 외환업무 중지(11월 19일), 외국은행 스왑 확대(20억 달러, 11월 29일)
기타 대책 (4개)	중소기업 구조조정과 창업 활성화 대책(3월 31일), 중장기경제체질 강화 대책(9월 1일), 긴축예산 집행 및 편성(10월 1일), 복수관세율 개편(12월 13일)

- 그러나 20개 개혁법안 중 7개만 통과되고 나머지 13개 법안은 정기국회에서도 통과되지 않았고, 거시정책들의 효과는 시간이 필요하므로 우리의 위기관리에 차질 발생

※ 20개 금융개혁법률안 추진상황

- IMF 자금신청 전 1997년 7월 3일 국회통과 법률(총 7개)
  - 금융기관 부실자산 등의 효율적 처리 및 성업공사의 설립에 관한 법률
  - 여신전문금융업법, 보험업법
  - 신용정보의 이용 및 보호에 관한 법률
  - 중소기업은행법, 한국산업은행법, 한국주택은행법
- IMF 자금신청 후 1997년 12월 29일 국회통과 법률(총 13개)
  - 금융감독기구의 설치 등에 관한 법률, 한국은행법
  - 은행법, 신탁업법, 증권거래법, 예금자보호법, 상호신용금고법
  - 주식회사의 외부감사에 관한 법률, 종합금융회사에 관한 법률
  - 선물거래법, 금융산업의 구조개선에 관한 법률
  - 금융감독기구의 설치 등에 관한 법률제정 등에 따른 공인회계사법 등의 정비에 관한 법률

A. 금융 · 외환시장 안정 및 대외신인도 제고대책

- 지난 한 해 동안 정부로서는 금융 · 외환시장 안정과 대외신인도 제고를 위한 정책을 계속적으로 추진하였음
- 특히, 대기업의 연쇄부도에 따른 은행 · 종금사 부실화는 주식시장으로 파급되어 외국인 주식투자자금 이탈로 연결되고 또한 이것이 외환사정 악화의 원인이 되므로
  - 외환시장 및 주식시장을 포함한 국내 금융시장 안정대책도 병행하여 추진
- 그러나 아시아 금융위기의 전이효과(contagion effect)가 매우 컸고 이에 따라 대책의 실효성과 적시성에도 차질이 있었음

1. 부도유예협약제도의 도입

- 대기업의 연이은 부도사태를 막기 위해 채권·채무 당사자 간의 협상기회를 주기 위하여 부도유예협약제도를 도입(1997. 4. 21)
    - 한 장의 어음부도로 모든 거래를 정지시키는 불완전한 어음제도에 대한 과도기적 대책으로 도입
- 그러나, 기아사태에 이르러 기업 측이 시간을 벌기 위하여 동 제도를 악용하게 됨에 따라 실효성이 저하

2. 금융·외환시장 안정대책 추진

- 한보사태 이후 금융·외환시장의 안정을 위하여 12차에 걸친 대책을 추진하였으나 악화되어가는 국내외 금융시장의 안정을 막는 데에는 역부족이었음
- 한보 부도 관련 대책(1997. 1. 24, 2. 11)
    - 한보철강에 대하여 재산보전처분(1. 31), 경영지원 등 경영정상화 기반을 마련하고 정상가동을 위한 부족자금을 지원
        * 그러나 외국투자자가 한국기업의 실상을 알게 되어 대외신인도 하락의 결정적인 계기가 되었음
    - 한보부도사태와 관련하여 다음과 같은 대책을 추진
        * 한보 부도로 인하여 자금애로가 예상되는 납품 및 하도급 중소기업의 경영안정을 위하여 5.5조 원의 긴급운영자금 지원
        * 납품 및 하도급 중소기업의 기대출금에 대하여 원금내입 없이 상환기간 연장 또는 대환지원 유도
        * 한은 저리자금 및 국고여유자금 운용 시 중소기업 대출실적이 많은 은행을 우대하여 금융기관의 중소기업대출을 적극 유도
- 은행 및 기업의 해외차입 확대조치(1997. 3. 14)
    - 국내은행의 중장기 차입에 대한 연간 한도제를 폐지
    - 기업의 해외 주식 연계증권 발행한도를 폐지
- 외환시장 안정과 대외신인도 제고대책(1997. 3. 31)
    - 자본시장 개방 확대
        * 외국인 주식투자 한도 확대 조기시행 및 추가 확대 검토
        * 중소기업 무보증 장기채와 대기업 무보증 전환사채에 대한 외국인투자를 조기 허용
    - 금융기관과 기업의 해외자금 도입 확대
        * 제조업을 영위하는 외국인투자기업에 대해 운전자금용 외화차입 허용

* 중소기업에 대한 연지급 수입기간의 자유화 조기 추진

* 국제금융리스규모를 확대하고 조기 도입 유도

     – 시장원리에 기초한 일관성 있는 경제운용과 대외개방의 차질 없는 이행

- 금융시장 안정대책(1997. 4. 30)

     – 한보사태의 후유증을 치유하기 위하여 다음과 같은 대책 추진

* 1997년 5월부터 시행예정이던 콜중개한도제도를 폐지

* 은행, 증권회사 등에 허용되고 있는 RP매매업을 전 금융기관으로 확대

* 타금융기관이 발행한 어음 매입을 허용

* 은행의 통화채 편입의무화율 폐지

[외환시장 대책]

     – 외화증권발행 자유화 등 기업의 외화자금조달 확대

- 기아사태 대책(1997. 7. 19, 7. 29, 8. 12, 9. 3)

     – 기아그룹 부도유예협약 적용(1997. 7. 15) 이후 시장기능에 따라 당사자 간 협의를 통한 해결방안을 모색하기 위하여 다각적인 노력을 추진

* 그러나 당사자간 협의가 조속히 이루어지지 못함에 따라 한보사태에 이어 다시 대외신인도를 크게 저하시키는 결과를 초래

     – 정부는 금융시장 안정 및 대외신인도 제고를 위하여 기아문제 해결을 더 이상 미룰 수 없다는 인식하에

* 산업은행이 주도하여 기아문제를 해결하도록 처리방안 마련(10.22)

     – 한편, 기아그룹 관련 하청 중소업체의 부도 방지를 위하여 신용보증기관의 상업어음할인 특례보증지원을 추가 확대(7. 21부터)

* 지원금액 증액: 5,000억 원, 업체당 1억 원

* 지원기간 연장: 1997. 8. 14 → 1997년 말

- 주식시장 대책(1997. 3. 31, 10. 13, 10. 19)

     – 투자자심리 회복과 증시 안정을 위한 다각적인 대책을 시행

* 주식 액면분할제도와 중간배당제도 신규 도입(1998. 1. 1부터)

     – 근로자주식저축 가입금액 확대(1,000만 원→2,000만 원) 및 가입기간 연장 (1997년 말→1998년 말)(1998. 1. 1부터)

* 3년 이상 장기보유자의 배당소득 저율분리과세(현행 15% 원천징수 후 종합과세 → 10% 분리과세) (1998. 1. 1부터)

* 투신사 벤처펀드에 대한 자금출처조사 면제 등 세제지원 확대(1998. 1. 1부터)

[외환시장 대책]

- 외국인 주식투자한도 확대(20% → 23%)(5. 21)
- 일본 · 독일 등의 투자자에게도 주식양도차익을 비과세(10. 25)

- 금융시장 안정 종합대책

[제1차 대책(1997. 8. 25)]

- 제일은행과 종합금융회사에 대하여 한은 특별대출을 1조 원씩 실시(대출금리: 8.0%, 대출기간: 1년)
- 제일은행에 정부보유주식 현물출자(8,000억 원)추진
- 종금사를 한국은행 RP거래 대상에 포함
- 성업공사의 부실채권정리기금의 규모 확충(3.5조 원)
- 금융기관 부채상환을 위한 기업부동산 매각 시 특별부가세 면제

[외환시장 대책]

- 금융기관의 대외채무상환에 대해 필요하면 정부가 지급보증하겠다는 확고한 의지 표명
- 산업은행, 수출입은행 등 국책은행은 제한 없이 차입 확대 허용
- 수출선수금 영수한도 폐지 등 무역거래 관련 자본자유화폭 확대
- 외국인주식투자한도 확대(23% → 26%)
- 산업은행 등이 종금사 등의 차입에 대해 필요 시 지급보증 제공

[제2차 대책(1997. 10. 29)]

- 연기금 투자확대 유도 등 주식시장 안정을 위한 수요기반 확충
- 금융기관 부실채권내역 공개 등 금융제도 안정성 제고 기반 강화

[외환시장 대책]

- 국공채시장 개방
- 중소기업의 연지급 수입기간 자유화
- 시설재도입용 상업차관 자유화 및 현금차관 허용

[제3차 대책(1997. 11. 19)]

- 부실채권의 조속정리를 위해 부실채권정리기금규모 증액(3.5조 원 → 10조 원)
- 부도상태 종금사의 외환업무정지 또는 외화자산 · 부채의 일괄이전

- 부실 은행·종금·금고의 실사 후 3등급으로 구분하여 중위 등급에 대해 경영개선명령, 하위등급에 대해 인수·합병·폐쇄 추진
- 3년간 예금보장한도를 2,000만 원에서 전액으로 확대. 이를 위해 예금보험기금에 정부주식 7조 5,000억 원 무상 출연하여 8조 3,700억 원으로 증액

[외환시장 대책]

- 환율의 실세반영을 위해 일중 환율변동폭을 ±2.25% → ±10%로 확대
- 외화조달 확대를 위해 채권시장 개방폭 확대 및 조기 시행
  * 대기업의 5년 이상 무보증 장기회사채, 3년 이상 보증 및 무보증 중장기회사채, 전환사채(CB) 즉시 개방
- 외화유입 확대를 위해 외국은행의 SWAP 한도를 10억 달러에서 20억 달러로 확대

3. 부실채권정리기금 설치

- 〈금융기관 부실자산 등의 효율적 처리 및 성업공사의 설립에 관한 법률〉을 제정(1997년 7월 임시국회)하여 누적되는 금융기관의 부실채권 정리를 추진하였으나 시기가 늦었음
  - 성업공사 내 부실채권정리기금(20조 원)을 설치하여 은행 및 종금사의 부실여신 정리를 지원하고 금융기관의 구조조정을 촉진

부실채권정리기금

	총부실채권	매각대상채권	매입채권	매입대금
은행(조 원)	33.1	25.2	8.3	5.4
종금(조 원)	5.1	5.1	2.7	1.7
계(조 원)	38.2	30.3	11.0	7.1

주: 총부실채권 및 매각대상채권의 경우 1997년 11월 말, 매입채권액 및 매입대금의 경우 1997년 12월 말

4. 금융감독체계 개편

- 감독기능의 효율성 제고를 위하여 부문별로 분산되어 있는 금융감독기관을 통합운영하도록 함

- 은행·증권·보험 및 신용관리기금을 통합하는 통합감독기구설치를 위한 법률을 제정하였으나 시기가 늦었음(1997. 8. 23 국회제출, 1997. 12. 31 공포)

5. 대외신인도 제고와 계열기업 구조조정을 위한 조치
- 기업집단의 실질적인 재무구조와 경영행태를 파악할 수 있도록 결합재무제표 작성을 의무화하고 외부감사인을 지정할 수 있는 기업의 범위를 확대하여 내부감사의 투명성과 공시성 제고
  - 〈주식회사의 외부감사에 관한 법률〉 개정(1997. 8. 23 국회제출, 1997. 12. 29 통과). 그러나 결합재무제표는 준비기간 때문에 2000년 사업년도부터 시행
- 계열사간 상호지급보증한도를 200%에서 100%으로 축소(1997. 4 공정거래법 개정)
- 기업의 과다차입을 축소하여 재무구조를 개선하기 위하여 세법 등 관련규정을 개정(1997. 9)
  - 부채상환을 위한 부동산매각 시 특별부가세 한시적 면제 등

6. 해외차입을 위한 노력
- 정부는 가능한 한 IMF에 자금을 신청하지 않고 문제를 해결하고자 미국, 일본의 주요 인사 및 금융기관장들과의 다각적인 접촉을 통하여 차입금의 만기연장 및 신규차입 등 계속적인 거래를 위한 노력
  - 미국과 유럽금융시장에서 개별 금융기관과의 차입거래를 계속 유지하고자 1997년 4월부터 경제특사와 고위간부를 파견하여 원활한 해외차입노력을 계속하고, 특히 IMF총회 시에는 한국경제 설명을 통하여 외국 금융기관과의 협력 강화 노력
- 1997년 10월에는 포철, 한전 등 공기업의 해외차입을 확대하고 대규모 중앙은행 간 차입(SWAP) 및 상업은행 대기성차관(Back-up facility)등을 위한 노력을 경주
- 신규차입과 만기연장이 불가능해지자 1997년 11월 16일 IMF 캉드쉬 총재와 서울에서 회동하여 IMF 자금지원 요청
  - 1997년 11월 21일 공시적으로 IMF 자금지원 요청

B. 국제수지 개선을 위한 거시정책적 노력

- 정부는 구조적인 국제수지를 개선하기 위해 다음과 같은 중장기 거시경제정책을 추진하였으나, 단기간에 효력이 나타날 수 없었음

1. 환율의 실세반영을 위한 노력
- 1997년부터는 인위적인 환율안정노력을 하지 않고 국제수지상황 등 시장실세를 반영할 수 있도록 운용
- 외환시장의 시장기능을 추가적으로 제고하기 위하여 1997년 11월 20일 일일환율변동폭을 2.25%에서 10%로 확대조정한 후, 1997년 12월 16일 일일환율변동폭 제한을 철폐

환율 및 외환보유고 변동 추이(연간)

	1993	1994	1995	1996	1997
₩/$환율(원)	808.10	788.70	774.70	844.20	1,415.20
(전년 말비, %)	(−2.4)	(2.5)	(1.8)	(−8.2)	(−40.3)
외환보유고(억 달러)	202.6	256.7	327.1	332.4	204.1

환율 및 외환보유고 변동 추이(월별)

	1996		1997	
	₩/$환율(원, %)	보유고(억 달러)	₩/$환율(원, %)	보유고(억 달러)
1월	784.30(−1.2)	332.6	861.30(−2.0)	309.7
2월	780.70(−0.8)	351.2	863.90(−2.3)	297.6
3월	782.70(−1.0)	334.5	897.10(−5.9)	291.5
4월	778.70(−0.5)	359.3	892.10(−5.4)	298.3
5월	787.90(−1.7)	362.4	891.80(−5.3)	319.0
6월	810.60(−4.4)	365.6	888.10(−4.9)	333.2
7월	813.30(−4.7)	350.6	892.00(−5.4)	336.7
8월	819.40(−5.5)	335.6	902.00(−6.4)	311.4

9월	821.20(-5.7)	328.4	914.80(-7.7)	304.3
10월	831.30(-6.8)	322.3	965.10(-12.5)	305.1
11월	828.70(-6.5)	323.2	1,163.80(-27.5)	244.0
12월	844.20(-8.2)	332.4	1,415.20(-40.3)	204.1

주: 골호 안은 전년 말비 변동률

2. 단일관세율을 복수관세율로 개편

- 1997년 기본관세율을 개정(1997. 12. 13 관세법 개정)하여 8% 단일세율로 묶여 있던 인조섬유, 신발 등 경쟁력 위기산업의 관세율을 인상하여 공정한 경쟁 여건 조성
- 특히, 집중적으로 경쟁력을 상실해온 중소기업의 경쟁력 강화에 주력
  - 총 2,871개 세목 중 8%가 대부분이었던 257개 품목의 세율 조정

    * 기초원자재 · 중간재 인하(152품목):

      천연고무 · 양모 · 원면 등 48개 비경쟁 기초원자재 2% → 1%,

      원피 · 팜유 등 18개 수입의존도가 높은 기초원자재 3% → 2%,

      수입의존도 높은 국산불가능 86개 중간재 · 부품 중 메타놀 등 8% 품목 → 5%, 항공기엔진 등 5% 품목 → 3%

    * 구조조정 중인 가격경쟁력 취약품목 인상(69품목):

      면직물, 합성직물 등 65개 의류 8% → 10-13-16%,

      가죽신발 등 4개 신발류 8% → 13%

    * 3년 이상 탄력관세 품목 및 역관세 품목 기본관세율 전환(36품목)

    * 첨단산업용품에 대한 관세감면율을 10%에서 30%로 인상

3. 한 자릿수 긴축예산 편성

- 1997년 일반행정경비를 대상으로 1.9조 원을 절감하고 추가로 1조 원 집행유보
- 1998년 예산은 13년 만에 한 자릿수(4%) 재정규모 증가율로 편성

4. 중소기업 창업활성화와 구조조정 촉진

- 벤처기업이 활성화될 수 있는 여건을 조성하기 위하여 자금출처 조사면제, 벤처기업 출자자금에 대한 소득공제(20%) 등의 세제상 우대조치를 시행하는 〈벤

처기업 활성화 대책〉 발표(1997. 3. 31)

5. 기업퇴출제도 개선 추진
- 합병차익에 대한 법인세를 합병시점에서 과세하지 않고 자산매각 또는 감가
상각시점에서 과세(1998. 1. 1 시행)

6. 중장기적인 경제체질 강화를 위한 21세기 국가과제 추진
- 열린 시장경제로 가기 위한 21개 당면과제를 선정(1997. 9)
  - 수요자 중심으로 달라지는 공공부문(6개 과제)
  - 투명하고 공정한 경쟁의 촉진(3개 과제)
  - 유연한 경제 · 사회구조로의 전환(6개 과제)
  - 인프라의 정비와 효율 향상(4개 과제)
  - 미래지향의 기초, 정보화와 기술혁신(2개 과제)

Ⅳ. 결과 - IMF 자금지원 요청

- 위에서 언급한여러 가지 대책에도 불구하고 아시아금융위기의 전이효과(Contagion
effect)가 워낙 컸고, 대책의 실효성과 적시성에도 차질이 있어 국내의 금융시
장을 안정시키고, 대외신인도를 회복하기에는 역부족이었음
  - 한보사태를 시발로 기아의 부도에까지 이르면서 민간금융기관의 중장기차
입은 사실상 중단
  - 10월 이후의 대규모 스왑자금, 백업자금 등 신규차입 노력은 실효를 거두
지 못하였고 11월에 접어들어 단기자금도 무차별 회수되어 보유고에 의한
금융기관 결제자금의 부족분 지원이 불가피하여 가용 외환보유고 수준이
격감
  - 자국통화가 국제결제통화가 아닐 경우 대외부도(Default)를 막기 위해서는
금융기관의 부족외환을 보유고에서 지원하는 것이 불가피
- 한편, 한국 상황에 대한 블룸버그통신 등 외국 언론기관의 부정확한 보도 및

S&P 등 신용평가기관들의 국가신용등급 하향 조정 작업이 진행되면서 외국투자가들의 중장기 및 단기에 걸친 전반적인 자금회수가 가속화

- 1997년 11월 5일 블룸버그통신: 외환보유고 최저 150억 달러, 외채 1,100억 달러 중 800억 달러가 연내 만기도래
- 1997년 11월 19일 루빈 미 재무장관: 한국의 금융체계 강화를 위한 강제적이고 효과적인 조치 촉구

• 정부는 한국은행의 외환보유고에 의한 대외지급이 더 이상 지속될 수 없다고 판단되어 1997년 11월 21일 IMF에 유동성 조절자금을 지원 요청

[IMF 경제프로그램 주요내용]

- 성장 3%, 물가 5%, 통화 및 재정긴축정책 등 거시정책조정
- 부실채권정리 및 금융기관에 대한 구조조정
- 금융개혁법안의 1997년 내 입법
- BIS 건전성감독기준의 이행계획 수립
- 외국인 주식투자한도 확대(26%→50%→55%) 등 자본시장 개방
- 결합재무제표 작성 및 기업공시기준 강화 등
- 고용보험제도 확충과 함께 노동시장 유연성 제고대책의 조속 추진 등

• IMF 자금지원 결정 이후에도 예상과는 달리 외환수급사정은 개선되지 않고 오히려 악화

- 대선결과와 IMF 프로그램 이행에 대한 불확실성 등

• 대통령당선자의 IMF 프로그램의 조기이행약속 등의 노력으로 인하여 IMF 자금과 함께 G7국가들의 자금지원이 재개

- 만기연장이 상당수준으로 회복되고 신규차입도 일부 추진
- 회전비율이 1997년 12월 초 10% 수준에서 12월 평균 40%로 회복
- 1998년 1월 들어 외국 금융기관들의 만기연장에 합의한 후 만기연장이 70%이상으로 회복

• 따라서 시급한 외환위기는 일단 벗어났다고 판단

- 그러나 이러한 경제위기를 근본적으로 벗어나기 위해서는
  - 당면한 금융·외환시장의 안정과 대외신뢰 회복에 최대한 노력하는 동시에
  - IMF 프로그램을 포함한 경제구조 개선작업을 일관성 있게 집중적으로 추진
    하여 우리경제의 체질과 행태를 근본적으로 개편하여야 함

[참고 1]

주요경제지표

	1993	1994	1995	1996	1997	1/4	2/4	3/4	4/4
1. 거시지표									
GDP 성장률(%)	5.8	8.6	8.9	7.1	–	5.5	6.4	6.3	–
소비자물가(%)	5.8	5.6	4.7	4.9	6.6	1.7	2.4	3.8	6.6
실업률(%)	2.8	2.4	2.0	2.0	2.6	3.1	2.5	2.2	2.6
경상수지(억 달러)	3.9	-45.3	-89.5	-237.2	-88.5	-74.1	-28.1	-21.1	34.8
2. 금융시장									
금리(3년 회사채, %)	12.22	14.22	11.93	12.60	28.98	12.50	11.75	12.60	28.98
주가지수	866	1027	883	651	376	677	745	647	376
외국인투자(억 원)	43294	9304	13613	31615	5609	1143	15891	-1453	-9967
원/달러환율(원)	808.1	788.7	774.7	844.2	1415.2	897.10	888.10	914.80	1415.2
(증감, %)	(-2.4)	(2.5)	(1.8)	(-8.2)	(-40.2)	(-5.9)	(-4.9)	(-7.7)	(-40.3)
3. 외환									
외환보유고(억 달러)	203	257	327	332	204	292	333	304	204
총외채(억 달러)	439	568	784	1047	1161	1103	1168	1197	1161
단기외채(억 달러)	192	304	453	610	616	642	678	656	616
(비중, %)	(47.3)	(53.5)	(57.8)	(58.2)	(53.1)	(58.2)	(58.0)	(54.8)	(53.1)
순외채(억 달러)	79	103	170	347	555	448	452	516	555
4. 대외거래									
수출(통관, 억 달러)	822.4	960.1	1250.6	1297.2	1366.3	297.3	355.4	343.3	370.3
(증감률, %)	(7.3)	(16.8)	(30.3)	(3.7)	(5.3)	(-5.6)	(7.1)	(16.1)	(4.4)
수입(통관, 억 달러)	838.0	1023.5	1351.2	1503.5	1446.4	370.6	373.6	357.0	345.2
(증감률, %)	(2.5)	(22.1)	(32.0)	(11.3)	(-3.8)	(3.9)	(0.8)	(-3.8)	(-14.8)
무역수지(통관, 억 달러)	-15.6	-63.4	-100.6	-206.2	-80.1	-73.3	-18.2	-13.7	25.1
(대일)	-84.5	-118.7	-155.7	-156.8	-123.9	-33.5	-37.4	-30.5	-22.5
(대미)	4.1	-10.3	-62.9	-116.4	-85.7	-30.8	-27.7	-17.2	-10.2

주: 1) 외채는 IBRD 기준, 2) 1997년은 11월 말 기준, 3) 1997년 4/4분기는 10~11월까지임

[참고2]

IMF협상일지

- 11월 16일: 미셸 캉드쉬 IMF 총재 극비 방한, 강경식 당시 부총리 면담
- 11월 20일: 스탠리 피셔 IMF 부총재, 티모시 가이트너 미국 재무차관보 방한, 임창열 부총리 면담
- 11월 21일: 정부, IMF에 긴급자금 지원 정식 요청
- 11월 23일: 재정경제원, IMF 협의단 편성. IMF 실무협의단 토머스 밸리노 통화환율팀장 등 1진 도착
- 11월 24일: IMF 실사·협상 착수
- 11월 25일: IMF 협의단 국내 금융기관 부실상태 집중 조사
- 11월 26일: 휴버트 나이스 IMF 실무협의단장(아태국장) 등 실무협의단 도착
- 11월 27일: 임 부총리와 나이스 단장 최대한 조속한 협상 마무리와 자금지원에 합의
- 11월 28일: 임 부총리 방일, 미쓰츠카 히로시 대장상 면담. 미 클린턴 대통령, IMF 긴급자금과 관련해 김 대통령에게 전화 통화
- 11월 29일: 정부·협의단 심야 협상
- 11월 30일: 실무협상 1차 잠정 타결
- 12월 1일: 미국 측의 의견으로 재협상 착수
- 12월 2일: 임 부총리·캉드쉬 총재 전화통화 합의 계속 난항. 금융시장 개방, 부실금융기관 정리 등 놓고 또다시 심야 재협상
- 12월 3일: 캉드쉬 총재 방한. 김 대통령·캉드쉬 회동. 3당 대선후보 합의문 서명. 임 부총리·캉드쉬 IMF 프로그램에 합의 발표

— 위기를 넘어 일류국가로 —
2008 글로벌경제위기 대응전략과 앞으로의 길

2011. 1. 11

※ 서울 G20정상회의 결과보고대회에서 대통령경제특별보좌관으로 대통령께 보고한 내용을 중심으로
하여 기획재정부 장관으로 2008년 업무계획 〈7% 성장능력을 갖춘 경제〉와 청와대·국회에 보고한
내용을 종합정리한 것임. 통계는 보고 당시를 원칙으로 하고 2012년까지 통계로 보완하였음

목차

Ⅰ. 글로벌경제위기의 도래

[위기의 도래: 글로벌경제위기(Global Economic Crisis)]

- 서브프라임사태(Subprime Mortgage Crisis)
  - 2006년까지 10년간 190% 주택가격 폭등
  - 2006년 6월부터 2년 10개월간 주택가격 34% 폭락
  - 2007년 4월 2일: New Century Financial(미국 2위 모기지회사)이 파산 신청
  - 2008년 3월 16일: Bear Sterns 파산 상태로 JPMorgan Chase 인수
  - 2008년 9월 15일: Lehman Brothers(IB) 파산 신청
  - 2008년 10월 3일: 미국 7,000억 달러 TARP
- 대침체(Great Recession)
  - 주가폭락(세계 6%) 금리폭등(LIBOR 4.29%): 2008년 9월 15일부터 3거래일
  - 세계 마이너스성장(2009년): 세계 -0.6%, OECD -2.5%, 선진국(미, 일, EU) -3.2%
  - 금리인하: FED 기준금리 0.25%
  - 양적완화(QE): 3조 달러 공급
  - PIGS 재정위기
- 역사적 힘의 이동(Historic Power Shift)
  - G20정상체제 출범
  - 생존게임(Survival Game): 통화전쟁

[위기의 본질: 비만경제(Obesity Economy)]

- 실물경제의 글로벌 불균형(Global imbalance): Obesity Economy
  - 저축과 소비의 불균형 - unsustainable
    * 개미(독일, 일본, 중국) vs. 베짱이(미국, 영국, 남유럽)
  - 경상수지 불균형
    * 금융거품, 자본거래 불균형, Euro화 등장
- 헛바퀴 금융(Free-wheeling finance): Casino Capitalism

- 모기지론의 통제 없는 파생상품 (unregulated derivatives): bubble burst

  * 세계 증권잔액(60.8조 달러) vs. 파생상품(596조 달러) → 9.8배(2007년 WFE)

- 과도한 투기적 외환거래(Over FX trade)

  * 세계수출거래(17.4조 달러) vs. 세계외환거래(803조 달러) → 46배(2007년 IMF, BIS)

- CEO governance →Greed, Fraud, Ponzi game, Parasite

  * M&A → too-big-to-fail, stock option, 250배 연봉, 24만 달러 바킹스

● 과도한 부채(Over-leveraged debt): Debtism

- saving/capital →leverage/asset →borrowed income/unearned income

  * 미국금융부채(GDP, Fed): 18%(1981년) → 105%(2008년), 가계부채: 62%(1997년) → 95%(2008년)

- borrowed finance

  * 국가채무: 일본 192%(2008년), OECD 80%(2008년), 그리스 113%(2008년)

● 인구구조 변화: 증가하는 인구(ever-growing population) →감소하는 노동인구(ever-shrinking workforce)

[위기의 전개: 역사적 힘의 이동(Historic power shift)]

● 역사적 힘의 이동(Historic power shift)

- 2차 대전 이후 최초 선진국의 총체적 위기

- 미국 중심 uni-polar →G7체제 →BRICs와 G20 등장

  * Bretton Woods 체제 위협: 1971년 금태환 중지 → 1985년 플라자합의 → 2008년 서브프라임사태

● 생존게임(survival game)

- 강자가 살아남는 것이 아니라 살아남는 자가 강자인 시대

  * GM(2009. 6. 1 파산보호), 씨티그룹(2008. 11. 24 구제금융), AIG(2008. 9. 16 구제금융)

- 살아남기 위한 현금확보와 보유고 확대 경쟁

  * 외환보유액(달러, 2010년 말): 중국(2조 8,661억), 일본(1조 615억), 대만(3,820억), 한국(2,915억)

● 통화전쟁(currency war)

- 내수부진을 수출촉진으로 보완하기 위해 환율 절하

  * "미 공정무역을 위한 통화개혁법"(하원 통과, 2010. 9. 24)을 통한 위안화 절상 압력

  * 1930년대 미국의 Smoot-Hawley Act 사례

- 2010 G20 서울 정상회의에서 "fundamental결정 환율체제"로 "정전" 합의

- 양적완화(QE): FED, ECB, BOJ 2009년 후 5조 달러 전후 방출

[세계금융권의 지각변동]

• 세계 10대 은행 순위변동(1999~2009년)

  - 10대 은행: 1999년 미국 6, 영국 2, 일본 1 → 2009년 중국 4, 미국 3, 영국 1, 일본 1(FT)

순위	1999	2009
1	Citigroup (미국)	Industrial & Commercial Bank of China (중국)
2	Bank of America (미국)	China Construction Bank (중국)
3	HSBC (영국)	Bank of China (중국)
4	Lloyds (영국)	HSBC (영국)
5	Fannie Mae (미국)	J.P. Morgan Chase (미국)
6	Bank One (미국)	Mitsubishi UFJ Financial (일본)
7	Wells Fargo (미국)	Banco Santander (스페인)
8	UBS (스위스)	Goldman Sachs (미국)
9	Bank of Tokyo-Mitsubishi (일본)	Wells Fargo (미국)
10	Chase Manhattan (미국)	Bank of Communications (중국)

II. 각국의 대응과 환율전쟁

[각국의 위기대응]

• 전례 없는 대책(unprecedented measures)

  - G20 워싱턴 정상회의(2008. 11. 15) 국제공조 합의

	GDP 대비	재정	금융
한국	7.1%	- 총 72.8조 원(3년: 2008~2010년) - 감세 34.9조 원 - 지출확대 37.9조 원	- 금리인하 5.25% → 2.00%(325bp) - 원화유동성 20.7조 원 공급 - 외화유동성 550억 달러 공급
미국	5.6%	- 감세 3,170억 달러 - 지출확대 7,872억 달러	- 금리인하 6.25% → 0.25%(600bp) - 양적완화(QE) 3.2조 달러

EU	–	– 감세 · 지출확대(GDP %): 독일 5.6, 영국 1.6, 프랑스 2.9	– 금리인하 4.25% → 1.0%
일본	5.7%	– 감세 · 지출확대 25조 엔(3년) – 고용보험료 인하 – 생활지원금 지급	– 양적완화 35조 엔
중국	22%	– 감세 · 지출확대 5.5조 위안(3년) – 인프라건설 중심	– 금리인하 7.47% → 5.31%

[위기대응결과 – Long Road]

- 10 years or More
  - "Simply transferring private debts to government"
  - "The long road to sustainable recovery, 10 years or more"(Rogoff 하버드대 교수)

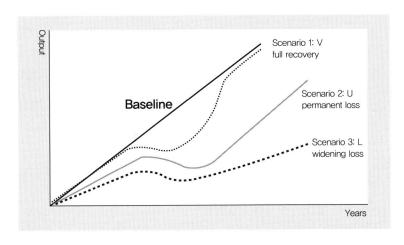

[경기회복 시나리오]

- 위기 대응책의 한계
  - 소비투자 지연: 버블 붕괴→자산 감소→저축 증가→Reserve for better day
    * 미국 개인저축률(%): 3.0(2007년) → 5.0(2008년) → 6.1(2009년) → 5.6(2010년) → 5.7(2011년)

- 노동시장충격(the 3rd wave shock): 10% 전후 실업률

  * 미국 실업률(%): 4.6(2007년) → 5.8(2008년) → 9.3(2009년) → 9.6(2010년) → 8.9(2011년)

- 재정여력 소멸: 재정적자 지속, 과도한 국가채무, G7 재정여력 감소

  * OECD 재정적자(%): 73.5(2007년) → 80.0(2008년) → 91.3(2009년) → 97.8(2010년) → 102.5(2011년)

- 글로벌 불균형(Global imbalance) 지속

  * 중국 경상수지(GDP %): +10.1(2007년) → +9.3(2008년) → +4.9(2009년) → +4.0(2010년) → +1.9(2011년)

  * 미국 경상수지(GDP %): −4.0(2007년) → −4.6(2008년) → −2.6(2009년) → −3.0(2010년) → −2.9(2011년)

- 리더십의 한계: G Zero시대, 재정과 통화가 분리된 유로화, 정치적 결단 부족

[환율전쟁과 G20정상회의]

- 환율전쟁의 전개: 경쟁적 환율절하
  - 미국: 양적완화와 위안화 절상압력(공정무역을 위한 통화개혁법 하원통과, 2010. 9. 24)
  - 일본: 6년 만의 시장개입(230억 달러, 2010. 9. 15) 개시
  - 유로: 약세를 위한 재정긴축, "재정과 통화가 분리된 유로화의 한계"
  - 중국: 위안화 0.2% 절하(2010. 7~10월 중에는 2.2% 절상)
  - 브라질: 자본도입세 인상(2%→4%→6%)
- 경주·서울G20회의 성과: 과도한 자본유출입 규제 합의
  - 경제지표를 반영한 환율: "reflect underlying economic fundamentals"
  - 과도한 환율변동성 경계: "vigilant against excess volatility in exchange rate"
  - 거시건전성정책 포함: "including carefully designed macro-prudential measures"
- 향후 G20 논의 동향(프랑스 정상회의)
  - 무역불균형 해소를 위한 지표(경상수지 적자 등) 채택, 물가변동성 완화, 국제통화시스템 개혁 추진
  - IMF 이사회 구조 등 G20 대표성 강화를 위한 체제변화(캉드쉬/쾰러/볼커) 논의 추진

※ 글로벌위기에 대한 반성

[글로벌위기에 대한 인식]

- 근본적인 문제 : Global imbalance
  - 선진국의 과도한 소비와 신흥국의 과도한 저축("grasshopper and ant") : Obesity
  - 경쟁적 환율절하는 근린 궁핍화 정책("beggar-my-neighbor")
    * 1930년대 Smoot-Hawley 관세법 통과 → 전 세계 보복관세전쟁 → 대공황 악화
- 구조적 대책 : Structural reform
  ☆ Work hard, save more, invest more !
  - 적자 선진국의 생산성 향상(higher productivity of rich countries)
  - 흑자 신흥국 지출 확대(more spending of emerging countries)
- 단기적 대응 : Stand still
  - 과도한 자본유출입 규제 합의 : 경제 펀더멘털이 반영되는 환율결정체제
  - 기축통화 달러화 유로화 엔화의 가치 유지, New gold standard 논의 제기

[글로벌위기에 대한 반성]

- 금융시장에 대한 반성

– Free-Wheeling Finance
    * Too big to fail
– CEO governance
    * M&A를 통한 주주권 약화
    * CEO 연봉 근로자의 250배
	– Volker Rule & Obama Tax
	    * IB분리, 차입금 과세, 자본거래 규제
	– Owner governance
	    * 스톡옵션 규제
	    * 과도한 성과급 규제

- 경제질서에 대한 반성

– 규제 없는 자유시장경제
    * "Washington Consensus"
– 서구 중심의 세계경제 질서
    * G7 중심 경제구조
	– 규제 있는 시장경제
	    * "Beijing Consensus"
	– G20을 통한 공조구조
	    * BRICs 등장

- 자본주의 대한 반성

– 소비와 차입이 미덕 = Fat 　* "Ant & Grasshopper" – Casino Capitalism 　* Ponzi game, Greed, Fraud		– 저축과 투자가 미덕 = Slim 　* work hard, save more, invest more – 실물중심 자본주의 　* "Back to the basic"

- 경제정책에 대한 반성

– 수요중심의 경기순환 　* Debt/Consumption/수요 증가 　　→ 통화 증발/지출 확대/증세/ 　　Keynes – 탐욕과 투기의 경제 　* 풍요/안일 → 나태/거품 　　→ 삼대 만석/백년 왕조?		– 공급중심의 경제성장 　* Saving/Investment/생산성 증가 　　→ Innovation/R&D/감세/ 　　Schumpeter – 절세와 근면의 경제 　* 재앙 발생/거품 붕괴 　　→ 수고하고 땀 흘려야/같이 가야 　　멀리

Ⅲ. 우리의 위기대응 전략

[좌파정부 10년 유산]

- 대내 · 대외 균형 실패

  - 대내: OECD 국가 중 유일한 저투자국가

    * 경제성장률(%): 8.6(1980~1989년) → 6.7(1990~1999년) → 5.2(2000~2007년) → 2.3(2008년) → 0.3(2009년)

    * 투자증가율(총고정자본형성 증가율, %): 9.1(1980~1989년) → 6.7(1990~1999년) → 4.5(2000~2007년) → −1.9(2008년) → −1.0(2009년)

  - 대외: 위기 전 3년 경상수지 급격한 악화

    * 1997위기 전 3년(억 달러): −38(1994년) → −85(1995년) → −230(1996년) → −82(1997년) → 403(1998년)

    * 2008위기 전 3년(억 달러): 281(2004년) → 149(2005년) → 53(2006년) → 58(2007년) → −57(2008년)

- 환율운용의 실패

  - 과도한 원화절상: 2001~2007년 41.4% 절상(일본보다 24.7%p 과대절상)

- 급격한 경상수지 악화 후 적자: 2001~2007년 22억 달러 악화(일본 1,237억 달러 개선)

한국·일본의 환율·경상수지

(억 달러)

	2001	2004	2007	2001~2007
원/달러(원)	1,326	1,044	938	+41.4%
엔/달러(엔)	131.8	104.1	114.0	+15.6
한국 경상수지	80	281	58	-22
일본 경상수지	877	1,720	2,104	+1,227

자료: 경세백서(새성성세부, 기획새정부)

글로벌경제위기 종합대응전략

[대응기조]

◇ 상황인식: 살아남는 자가 강자다/달러가 가장 중요하다/위기 때 순위가 바뀐다

◇ 전략기조: 수비, 전환, 그리고 공격/Preemptive, Decisive and Sufficient

◇ 국가비전: 일류국가 건설

◇ 전략목표: 위기감내와 성장역량 확대

◇ 4대전략: 경상수지 흑자/ 경기침체 예방/ 경제역량 확대/ 외부역량 확대

[20대 핵심과제]

위기감내 대책 시행	지속성장 대책 추진	미래성장 동력 확대	사회자본 확충	해외역량 동원
- 환율실세화 통화스왑 - 금융시장 안정 기금 조성 - 긴급기업자금 방출 - 긴급재정자금 투입	- 경쟁국 수준 세율인하 - 확장적 재정정책 추진 - 투자 확대를 위한 규제 혁신 - 4대강사업 추진	- R&D투자 GDP의 5% 확대 - 현장기술인력 육성 - 신성장동력 산업 육성 - 경제활동인구 확대	- 법치주의 확립 - 정직바탕의 제도 확립 - 글로벌 스탠더드 확대 - 신노사관계 정립	- G20체제 확립 노력 - FTA 지속 추진 - 해외M&A 적극 참여 - Open Korea 지속추진

[긴급위기감내 대책]

☆ 전략목표: GDP의 6.5% 긴급 위기감내 대책 시행

• 외환시장 안정

- 과대 절상된 환율실세화: 2007~2008년 −25.3% 절하, 2007~2009년 −15.1% 절하
- 경상수지흑자 조기전환: 2008년 −57억 달러 적자, 2009년 426억 달러 흑자 전환

2008~2009년 분기별 경상수지 추이
(원, 억 달러)

	1/4	2/4	3/4	4/4	2008	1/4	2/4	3/4	4/4	2009
환율	991.7	1043.4	1187.7	1257.5	1257.5	1377.1	1284.7	1188.7	1167.6	1167.6
수지	−48.6	−4.1	−83.3	78.3	−57.7	86.1	130.8	103.9	105.5	426.6

자료: 경제백서(재정부)

한국·일본의 환율과 경상수지
(억 달러, %)

	2001	2004	2007	2008	2009	2010	'01~'07	'07~'08	'01~'08
원/달러	1,326	1,044	938	1,256	1,168	1,139	+41.4	−25.3	+5.6
엔/달러	131.8	104.1	114.0	90.2	92.5	81.5	+15.6	+24.8	+45.7
한국수지	80	281	58	−57	327	293	−223	−115	−137
일본수지	877	1,720	2,104	1,571	1,418	1,948	+1,227	+539	+698

자료: 경제백서(재정부), 한국 경상수지 증감은 2004년 기준

- 외화유동성 공급
  * 국내은행 외화 공급: 550억 달러, 국내은행 대외채무보증: 1,000억 달러
- 외환보유액 확대
  * 외환보유(억 달러): 1,991(2004년) → 2,390(2006년) → 2,012(2008년) → 2,700(2009년) → 2,916 (2010년)
  * 미·중·일 통화스왑: 900억 달러 체결
- 과도한 자본유출입 방지
  * 외화건전성부담금(Bank Levy) 도입
• 금융시장 안정기금 조성
  - 금리인하: 5.25% → 2.00%(325bp 인하)
  - 10조 원 채권시장안정펀드 및 20조 원 은행자본확충펀드 조성
• 긴급기업자금 방출

- 시중유동성: 원화 20.7조 원 공급
- 긴급재정자금 투입
  - 근로자 유가환급금·보조금: 10조 원(유가환급금 1인당 최고 24만 원, 총 5.2 조 원) 지급
  - 2008~2009년 추경 및 2009년 수정예산 등 37.9조 원

[지속성장대책 추진]

- 경쟁국 수준의 세율인하
  - 법인세, 소득세 등 33조 원 감세(할당관세 포함 34.9소 원)
  - 법인세(2억 원 이상): 25%(2008년) →20%(2012년)
  - 소득세(최고세율): 35%(2008년) →33%(2012년)
  - 종합부동산세 단계적 폐지: 1단계 경감, 2단계 재산세 통합
    * 1970년 이후 OECD 회원국의 91개 경기부양책 분석결과 감세가 best tool
    * 1달러 감세로 평균 3달러 GDP 증가, 1달러 지출은 1.57달러 증가(Mankiw 교수)
    * 1920년대 이후 세율과 관계없이 미국의 세수는 GDP의 18~19% 수준(Hauser's Law)
- 확장적 재정정책 추진
  - 내수기반 확대를 위한 재정적자를 감수하는 예산편성: 37.9조 원 예산증액
    * 감세 34.9조 원 포함 72.8조 원 투입(GDP 7.1%)
    * OECD 국가 중 가장 양호한 GDP 30%대의 국가채무
- 기업규제 혁신
  - 원칙허용 규제혁신, 규제일몰제도와 개별구제제도 도입
  - 기업용지 공급 확대를 위한 국토이용제도 개편
- 4대강사업 추진
  - 관광, 레저 등 서비스산업 인프라를 위한 22.3조 원 다목적 사업

[미래성장동력 확대]

- 세계 최고 GDP의 5% R&D투자
  - 민간: 세계 최고 GDP의 5% / 세계 최초 3단계 조세지원: (준비단계)매출액 3% 준비금손금산입, (투자단계)시설투자액 10% 세액공제, (연구단계)연구

비지출액 6% 세액공제
- 정부: GDP의 1.5%까지 예산 증액
- R&D인프라: 창의자본회사(Innovation Capital) 지식재산관리회사(Patent Troll) 설립, 지식재산금융(Techno Banking) 도입, 지식재산기본법 제정 (2009. 7. 29. '지식재산강국실현전략' 국가경쟁력강화위원회 보고)
- 현장기술인력 양성: 품질향상
  - 마이스터고, 특성화고 육성
- 신성장동력산업 육성
  - 반도체, 조선, 자동차를 이을 새로운 성장동력 창출
  - 농업 등 전통산업의 첨단 고부가가치화
- 경제활동인구 확대
  - 출산율 제고, 조기취업, 정년연장, 여성취업 확대, 해외이민 확대

[사회자본 확충]
- 사회전반 법치주의 확립
  - 법의 지배, 다수결 원칙 확립, 노사관계 개선
- 정직바탕의 제도확립
  - 사회적 신뢰(Social Trust) 구축을 위한 사회제도 및 행정절차 개편
- 글로벌스탠더드 확대
  - 교통운영체제, 한글표기법의 국제적 보편성 제고
- 신 노사관계의 정립
  - 공정한 노사대타협 추진

[해외역량 동원]
- G20정상체제 확립 노력
  - 서울 G20 정상회의 추진
- FTA 지속 추진
  - 한 · EU, 한 · 중, 한 · 일 FTA 조기추진

- 해외 M&A 적극 참여
- Open Korea 추진
  - Global Korean Network 구축
  - 재외동포 복수국적 허용

IV. 위기대응 성과

☆ **세계 7위 수출대국 도약**
- 살아남은 자가 강자다
- 7대 위기대응 성과
  - 가장 빠른 성장회복
  - 세계 7위 수출대국 도약
  - 세계 1위 R&D투자국 도약
  - 자본수출국 정착
  - 아시아 최고 신용등급
  - Rule maker 국가 전환
  - 원조국 전환
※ Text Book Example
  - "Hats off to officials in Seoul"(2009. 7. 27. Bloomberg, William Pesek)
  - "Textbook example of fiscal & financial policy"(2011. 8. 5. IMF, Subir Lall)
  - "Korea is no longer underdog"(2010. 2. 24. *Financial Times*)

[가장 빠른 성장회복]
- OECD 국가 중 플러스 성장: 2009년 0.3%
  - 2008년 성장률 추이(전기비): -0.1(3Q) →-4.5(4Q) →0.2(2009년 1Q) → 2.4(2Q) →0.2(2009년)
  - 2009년 OECD 국가 중 한국, 호주, 폴란드 외 모두 마이너스 성장
- 2010년 OECD 평균 3.0% 성장에 한국 6.3% 성장

[7위 수출대국]

- 12위에서 7위 수출대국 도약
  - 수출(억 달러, 세계 순위): 4,346(2008년 12위)→3,581(2009년 9위)→4,614 (2010년 7위)
  - 무역수지 흑자 일본 추월: 2010년 410억 달러(일본 199억 달러)
- 경상수지 흑자기조 정착
  - 2008년 경상수지 추이(억 달러, 분기별): -48(1Q)→-4(2Q)→-83(3Q)→ 78(4Q)
  - 경상수지(억 달러): -58(2008년)→427(2009년)→288(2010년)→187(2011년) →508(2012년)
  - 경상수지 일본 추월: 2013년 705억 달러(일본 341억 달러)

[세계 1위 R&D투자국 도약]

- 세계 1위 R&D투자 한국
  - GDP 대비 R&D(OECD 기준): 2.98%(2007년, 7위)→3.21%(2008년, 5위) →3.74%(2010년, 3위)→4.36%: 공공 1.09% 민간 3.27%(2012년, 1위)
    * 2012년 주요국의 R&D: 일본 3.34%(5위), 미국 2.79%(11위), 이스라엘 4.20%(2위)
  - 삼성전자 세계 2위 R&D 83억 유로 투자(EC R&D Scoreboard, 2012년 기준)
    * Volkswagen 95억 유로(1위), Microsoft 79억 유로(3위), Toyota 71억 유로(5위)
- 특허출원
  - GDP 대비 특허출원: 1위 한국, 2위 일본, 3위 중국(2012특허백서)
    * 한국 국제특허출원(건수): 4위(9,669건), 1위 미국(4만 5,029건), 2위 일본(3만 8,874건), 3위 독일 (1만 7,568건), 4위 중국(1만 2,296건)

[자본수출국 정착]

  - 외환보유고(억 달러): 2,012(2008년)→2,699(2009년)→2,915(2010년)→ 3,064(2011년)→3,269(2012년)
  - 대외순채권(억 달러): -301(2008년)→152(2009년)→946(2010년)→986 (2011년)→1,296(2012년)

[아시아 최고 신용등급 부상]

- 한국 신용등급 일본과 중국 추월(Fitch, 2012년 9월)
  - 한국 AA-, 일본 A+(2단계 하락), 중국 A+
- 한국산업은행 최고등급 부상(Moody's, 2012년 8월)
  - KDB: Aa3, Goldman Sachs: A3(3단계 아래), Citi: Bbb2(5단계 아래), Tokyo-Mitsubishi: Aa3

- 최고 재정건전성 유지
  - 재정적자(GDP 대비 %, 2009년): 한국(-2.8%) vs. 선진 G20 평균(-7.8%)
  - 국가채무 변화: 한국 30.7%(2007년)→33.8%(+3.1%p)(2009년), OECD 평균 73.5%(2007년)→91.3%(+16.9%p)(2009년)

2010년 재정건전성 비교
(GDP 대비 %, IMF 전망)

	한국	미국	일본	영국	프랑스	독일
재정수지	-1.7	-11.1	-9.3	-10.1	-7.3	-4.1
국가채무	33.4	95.2	216.0	78.4	82.4	82.4

- 최고의 기업재무건전성
  - 세계 최우량 수준의 부채비율(제조업 부채비율 축소, %): 396(1997년) →
    97.8(2007년) →102(2010년)
  - 탁월한 이자보상비율(제조업, %): 264(2002년) →435(2007년) →545(2010년)

※ 환율효과
  - 환율효과(2008~2009년): 수출매출의 15.7%
  - 순환차익(2008~2009년): 상장사 105.9조 원, 5대그룹 73.0조 원

환율효과

(조 원)

	상장사			5대그룹		
	2008	2009	계	2008	2009	계
수출액	324.2	337.2	661.4	226.9	242.7	469.6
순환차익	37.7	68.2	105.9	26.0	47.0	73.0
환율효과(%)	11.6	20.2	16.0	11.4	20.0	15.5
차감이익	− 19.3	− 39.1	− 58.4	− 13.3	− 28.5	− 41.8

주: 1) 상장사: 2008년 765개, 2009년 770개
    2) 5대그룹: 삼성 · 현대자동차 · LG · SK · POSCO
    3) 기준환율(원/달러): 929(2007년), 1102(2008년), 1275(2009년)
    4) 환율변동률(2007년 대비): 18.7%(2008년), 37.4%(2009년)
    5) 순환차익은 수입환차손공제
    6) 환율효과 = 순환차익/수출액

- 시장점유율 확대
  - 2009년: 반도체(47.9%), LCD(49.7%), 선박(39.7%) 세계 1위, 자동차 5위
    (약 500만 대)

[Rule Maker 국가 전환]

- 2010 G20 경주재무장관회의, 서울정상회의 의장국: Rule Taker에서 Rule Maker로
  - * 한중일 재무장관회의(2008. 5. 3. 마드리드): G20 재무장관회의 의장국 합의
  - * G20 재무장관회의(2008. 11. 7. 상파울루): 의장국 선출
  - * G20 Summit(2008. 11. 15. 워싱턴): 서울정상회의 및 의장국 합의
  - * 2010 G20 서울정상회의 개최
- 환율개입에 관한 원칙 합의(2010 G20 경주재무장관회의)
  - * 원칙: 경제지표 반영 환율: "reflecting underlying economic fundamentals"
  - * 선진국: 환율변동성 경계: "vigilant against excess volatility in exchange rate"
  - * 신흥국: 거시건전성정책 포함: "including carefully designed macro-prudential measures"
  - IMF quota 개혁: 6% 지분 신흥경제 이전 합의
  - G20 서울 컨센서스: 환율개입원칙 합의, 국제금융기구 개혁, 글로벌금융안
    전망 구축, 개발협력액션플랜 합의, 무역자유화 원칙 합의

[수원국에서 원조국 전환]

- 세계 최초 수원국에서 원조국으로 성장
  - 2009년 DAC(OECD Development Assistance Committee) 가입

V. 앞으로의 전략

위협요인

[성장잠재력 둔화]

- 잠재성장률 지속하락

- 잠재성장률: 7% 전후(1990년대) →4.5% 전후(2000~2005년) →3.5% 전후(2006~2010년)
- 가계부채 지속 증가
  - 가계부채(조 원): 723(2008년) →843(2010년) →961(2012년)
  - 가계부채 GDP 비중(2011년, %): 89.2(한국), 89.9(미국), 82.1(일본)

[내수산업 부진]
- 대외의존도 심화
  - 수출입/GDP 비중(%): 55(2002년) →69(2007년) →92(2008년) →87(2010년) →95(2012년)
- 일자리 창출 부진
  - 제조업취업자 증감(천 명): -52(2008년) →-126(2009년) →191(2010년) →14(2012년)

[생산가능인구 감소]
- 세계 최저 출산율
  - 합계출산율(2010년, 명): 한국 1.15, 세계 평균 2.56
- 생산가능인구 감소
  - 생산가능인구: 정점 3,612만 명(2017년) 후 감소 전망

[환율변동성 심화]
- 원화 강세지속
  - 원/달러: 1,257(2008년) → 1,071(2012년) / 엔/달러: 90.2(2008년) →85.8(2012년)
- 과도한 자본유출입
  - "아시아의 Bonanza, ATM": 501억 달러 유출(2008년), 500억 달러 유입(2009년)
  - 한국의 옵션시장 세계 60%, NDF 시장(1일 50억 달러 전후) 세계 1위

- 비실수요외환거래 과다
  - 수출액(3,638억 달러) vs. 외환거래 (40,138억 달러)(2009년 추정)

전략기조

☆ 수비, 전환에서 공격으로

[대응기조]
- 공격적 전략 전환: "Never up, never in!"
  - '수비', '전환'에서 '공격'으로 제2의 국운 융성 전기 마련
- Rule Maker 역할 확대
  - G20 서울 컨센서스 활용

[기본전략]
- 비전: 글로벌 일류국가
- 추진전략
  - 더 지속가능한 성장 경제(More Sustainable & Growing Economy)
  - 더 패기 있고 균형된 사회 (More Vitalized & Balanced Society)
  - 더 세계로 개방된 나라 (More Global & Open State)

추진과제

A. 더 지속가능한 성장 경제(More Sustainable & Growing Economy)

[최고 기업환경 조성]
- 환율안정과 과도한 자본유출입 규제
  - "mitigate the excessive volatility in capital flows"을 위한 적절한 시장개입
  - 과도한 자본유출입 방지를 위한 외화건전성부담금(Bank Levy) 확대
- 감세기조 유지와 재정균형 동시 유지

- 전략적 감세와 균형재정정책 추진

  * 미국의 실패: 1934년 10.8%, 1936년 13% 성장 → 재정통화정책 긴축기조 변경(1936~1937년 지급준율 2배 인상 및 재정지출 축소, 세율인상) → 1938년 −3.4% 침체, 민주당 선거참패(하원 70석, 상원 7석 상실) → 제2차 세계대전 발발 때까지 불황지속

  * 일본의 실패: 1990년대 버블붕괴 → 금리인하·경기부양 → 1990년대 중반 경기회복 조짐(1996년 2.7%) → 1997년, 하시모토 정권 증세(소비세 인상 등) → 1998년 −2.0% 침체, 불황 장기화 ("잃어버린 10년")

- 기업활동에 대한 규제 혁신
  - 기업활동 경쟁원칙 확대
  - 국토이용규제 개편

[지속적 신성장동력 발굴]

- 최고 R&D투자 지속
  - GDP 5% R&D투자 조기 달성
  - 품질향상을 위한 현장기술인력의 지속 양성
- 내수산업 획기적 발전
  - 전통산업, 문화산업, 한류산업 발전
- 서비스산업 규제 혁신
  - 서비스산업 진입규제 완화

[경제활동인구 확대]

- 출산율제고 대책 추진
  - 합계 출산율 2.0 대책 추진
- 재외동포 중심 이민 확대
  - 재외동포 복수국적 자유허용
  - Cyber Korean Empire 건설
  - 갈등유발 가능 이민 억제
- 조기취업 확대, 여성인력 확대, 정년연장
  - 고졸 취업 확대와 특성화고 활성화

- 시간근로제 확대, 임금피크제에 의한 정년 단계적 폐지

B. 더 패기 있고 균형된 사회(More Vitalized Balanced Society)

[패기 있는 청년 육성]
- 고교평준화 폐지
- 취업학업 병행 확대
- 의무적 병역 또는 사회봉사

[사회자본 확충]
- 정직과 글로벌스탠더드 바탕 제도 정비
- 사회 전반 법의 지배 확립
- 약자와 경쟁탈락자 지원 확대

[균형된 복지와 노사]
- 최소생활 보장과 일하는 복지
- 공정한 노사대타협 구현
- 불법파업 무관용원칙 적용

[대기업 · 중소기업 동반발전]
- 대중소기업 간 Network Productivity 향상
- 글로벌시장 Hidden Champion 강소기업 육성

C. 더 세계로 개방된 나라(More Global & Open State)

[해외 M&A 참여]
- 해외 M&A를 통한 외국 우수기업 인수
- 국부펀드 확충과 KIC기능확대

[FTA 지속 추진]

- 동북아 FTA 추진
- 환태평양TPP 동참

[한국형 ODA 추진]

- 한국형 Fund + Knowledge ODA 추진
- 청년봉사단 World Friends Korea 확대

맺음말

☆ 한국은 "no longer underdog"(2010. 2. 24 FT)
  - 100년 전 한국은 "고래 싸움의 새우", 지금은 "작지만 영리한 돌고래!"
  - "인류사 양대 기적, 한 세대에 선진국이 된 한국, 2,000년 만에 재건국한 이
    스라엘"
- 가장 빠른 성장 회복
  - 서울 관료에게 경의를("Hats off to officials in Seoul": 2009. 7. 27 Bloomberg,
    William Pesek)
  - 한국 재정금융정책은 교과서적 사례("Textbook example of fiscal &
    financial policy": 2011. 8. 5. IMF, Subir Lall)
- 세계 7위 수출대국
  - 수출 순위: 12위(2008년) →9위(2009년) →7위(2010년), 시장점유율 3%
  - 세계 2위 R&D대국: 7위(2007년) →4위(2009년) →2위(2012년), 특허출원 4위
  - 2009년 무역수지 흑자 사상 처음 일본 추월(韓 410억 달러 〉日 199억 달러)
  - 경제규모는 인구 20배의 인도와 비슷, 수출은 영국 추월(2010. 2. 24 FT)
    * 현대자동차: 세계 최고 영업이익, 미국 시장점유율 3.7%(2008년) → 4.4%(2009년) → 4.6%(2010년)
    * 삼성: HP 추월 세계 최대 전자회사, 일본 상위 15개 전자회사 매출 상회(2009년)
- 세계질서의 Rule Maker
  - G20정상회의 의장국

- 비서구 최초, 비G7 최초로 G20정상회의 개최
- 수원국에서 원조국이 된 최초의 국가
- "글로벌 일류국가" 건설
  - Historic Power Shift: BRICKs(BRICs+Korea)
    * 삼대 만석 없고, 삼대 진사 없다. 백년 왕조도 드물다.
  - 새로운 세계질서로 재편되는 불확실성의 시대
    * 성장이 없는 안정은 없다. 포퓰리즘은 망하는 길이다.

강자가 살아남는 것이 아니라 살아남는 자가 강자가 되는 시대다!

A friend in need is a friend indeed!

역사는 긍정적인 사고로 행동하는 사람에 의해 이루어진다!

지은이 강만수(姜萬洙)

1945년 경남 합천에서 태어나 서울대에서 법학을, 미국 뉴욕대에서 경제학(경제학석사)을 공부
했다. 1970년 행정고시를 거쳐 재무부에서 이재국장, 국제금융국장, 세제실장, 주미대사관 재무
관으로 근무했다. 관세청장, 통상산업부 차관, 재정경제부 차관을 거쳤고, 2008년 기획재정부 장
관으로 일했다. 2009년 대통령경제특별보좌관 겸 국가경쟁력강화위원장, 2011년 KDB금융그룹
회장을 지냈다.

현장에서 본 경제위기 대응실록
아시아금융위기에서 글로벌경제위기까지

2015년 1월 5일 초판 1쇄 발행

지 은 이 | 강만수
펴 낸 곳 | 삼성경제연구소
펴 낸 이 | 정기영
출판등록 | 제302-1991-000066호
등록일자 | 1991년 10월 12일
주   소 | 서울특별시 서초구 서초대로74길 4 (서초동) 삼성생명서초타워 30층
전   화 | 02-3780-8153(기획), 02-3780-8084(마케팅), 02-3780-8152(팩스)
이 메 일 | seribook@samsung.com

ⓒ 강만수 2015
I S B N | 978-89-7633-462-6 03320

삼성경제연구소 도서정보는 이렇게도 보실 수 있습니다.
홈페이지(http://www.seri.org) →SERI 북→SERI가 만든 책